청소년이여! 자기주도로 꿈을 보라

청소년이여! 자기주도로 꿈을 보라

발행	2021년 08월 04일
저자	김민환(꿈샘)
펴낸이	한건희
펴낸곳	주식회사 부크크
출판사등록	2014. 07. 15(제2014-16호)
주소	서울특별시 금천구 가산디지털1로 119 A동 305호
전화	1670-8316
E-mail	info@bookk.co.kr
ISBN	979-11-372-5234-9

www.bookk.co.kr

청소년이여! 자기주도로 꿈을 보라

김민환(꿈샘) 지음

BOOKK

Contents

1. 꿈은 무엇일까?

2. 꿈에 대하여

5. 꿈꾸는 자의 다양한 모습

부록

참고 자료

청소년들이 꿈의 날개를 마음껏 펼치기를 기대하며…

헌법 제 10조는 '행복추구권'이다.
누구나 행복할 권리가 있는 것이다.
하지만 우리 청소년들은 과연 행복할까?
행복하지 않다는 사실에 아마 동의할 것이다.
그렇다고 청소년을 탓할 수는 없다.
법과 제도, 사회는 기성세대가 만들었으니까…
더구나 교직에 있는 저자는 이런 사실이 안타깝다.
하루하루가 행복하다면 굳이 '꿈'을 강요할 필요가 없다.
만약 행복하지 않다면 '꿈'을 꾸는 것이 행복에 더 가까이 다가갈 것이다.
그렇다면 '꿈'이란 무엇일까?
도대체 '꿈'이 무엇이기에 이토록 청소년들에게 강요하는가?
그리고 어른들은 꿈꾸지 않으면서 아이들에게만 꿈을 강요하는 것은 아닌지…
이 책으로 꿈꾸는 것이 무겁거나 어렵지 않다는 것을 알려주고 싶었다.
어느 부분은 재미있게, 어느 부분은 생각지도 못한 생각들을 담아 꿈을 응원한다.
이 책을 읽는 동안 과연 꿈이 무엇이고 어떤 마음가짐으로
어떻게 행동하여야 하는지 돌아보는 시간이 된다면 좋겠다.
더군다나 코로나 19로 우리 아이들의 '꿈'이 점점 현실에서 멀어지는 것이 마음 아팠다.
그래서 그동안 학생들의 꿈을 응원하며 틈틈이 적은 글들로 블로그를 시작하였고
이제는 책으로 아이들의 꿈을 응원하고자 한다.

끝으로
아이들의 꿈을 응원하는 일련의 일들에 흔쾌히 일조한
아내 이서목, 딸 아르미, 아들 마루한에게도 감사함을 표한다.

김 민 환

거제제일고등학교 공모 교장(2020.3.1. ~ 2024.2.29.)

이학박사

중등학교 수학교사 26.6년, 진로진학상담교사 3.6년

경남교육청 진로교육 담당 장학사 4.6년

전 교육부 교육과정심의위원회(진로와 직업) 심의위원(4년)

전 중학교 진로와 직업 교과서 및 교사용 지도서 검수위원

현 고등학교 진로와 직업 교과서 및 교사용 지도서 집필위원

전 한국대학교육협의회 대입상담교사단(3년)

전 커리어넷 사이버 진로상담원(4년)

진로독서 가이드북(2013, 공저)

교육부 및 교육청 진로교육 자료 개발(16회)

교육부 및 교육청, 지자체 심사, 자문, 심의 등 위촉 활동(50회)

교육부 및 교육청, 지자체 진로교육 심포지움, 포럼, 워크숍 패널 참석(10회)

학생, 학부모, 교사 및 지자체 등 전국 진로교육 특강 150회

(서울대, 경상대, 인제대, 대교협, 강원, 대전, 대구, 울산, 경북, 경남, 한국고용정보원, 통계청, 농업진흥청, 김해도서관 등)

교육부 장관 표창 4회 및 기타 표창 7회 수여

블로그(https://blog.naver.com/minani5, 청소년이여! 자주 꿈 보라)

페이스북(https://www.facebook.com/minanikim)

인스타그램(https://www.instagram.com/gimminhwan68)

minani5@naver.com

추 천 사

공부와 경쟁에 지친 아이들에게 꿈이란 게 있을까? 나를 알아가는 동안 꿈을 꿀 수 있고 행복을 느낀다. 학교의 존재 이유는 이제 아이들의 행복에 둬야 한다. 참 교육자 김민환 교장선생님의 교육철학이 꿈으로 요약됐다. 어른들도 봐야 할 책이다.
이종승(동아일보 진로교육연구소장)

시골에서 진로 교사를 하다 교육행정직으로 옮겼고, 교육부 지방교육자치강화추진단에 갈 때 진로 상담을 받았다. 개방형 직위인 감사관으로 경남에 돌아오니, 선생님께서는 공모 교장으로 학교 전체를 진로 중심으로 재구조화하고 계셨다. 도전이 필요한 분, 차분하게 들춰 보시기 바란다. 제가 도움을 받았던 여러 경험과 경구들이 군데군데 번뜩이며 녹아 있다.
이민재(경남교육청 감사관)

그는 학생 하나하나의 꿈이 새싹에서 시작해, 가지가 나고 기둥이 되고 큰 나무가 되도록 언제나 옆에서 지켜주는 든든한 멘토. 그가 아이들이 자신의 꿈을 가꾸는데 도움이 될 금언들, 다양한 도구들, 그리고 관점들을 모아 꿈-도움-사전을 만들었다. 하지만 어른들에게도 이 책을 추천하고 싶다. 삶의 순간 순간 다시 자신을 되돌아보고 싶을 때, 넘어졌을 때, 답답할 때, 왜 나는 안되지! 하는 생각이 들 때, 새로 자세를 가다듬고 다시 시작할 때, 이 책을 아무쪽이나 펼쳐 몇 문장만 읽어도 힘이 나고, 발걸음이 가벼워지는 경험을 하게 될 것 같다.
최승복(서울시교육청 기획조정실장)

어릴 때부터 꿈을 강요당했지만(공부만 하라는) 칠흑같은 미래를 어떻게 헤쳐갈지는 배우지를 못했다. 단언컨데 이 책은 우리 모두가 행복한 미래를 위해 꿈꾸는 방법과 꿈과 희망에 대한 해부학이자 행복 지침서이다. 왜 이제서야 이런 책이 나온 걸까? 좀더 일찍이 나왔더라면...

하지만 환갑을 앞둔 나에게도 이 책은 나를 설레게 한다.
배경환(진양고등학교 교장)

꿈을 철학적, 인문학적, 공학적으로 요리조리 뜯어 살펴본 저자의 위트가 가득하다. 교육자로서, 그 또한 자신의 삶을 '꿈'으로 가득 채워온 열정가로서 저자가 '꿈'에 대해 깊게 탐구해온 결과물을 한 눈에 살펴본 것은 매우 흥미로운 경험이었다.
방혜진(한국직업능력개발원 진로교육센터 전문연구원/숙명여자대학교 인적자원개발 대학원 겸임교수)

저자는 교육자로서 아이들이 아니 모든 사람들이 자신의 '꿈' 성취를 통해 행복해지길 소원하며 살아온 사람이라는 것을 곁에서 30여 년 동안 지켜보며 알아 온 사실이다.
고민 끝에 '꿈'이라는 단어에 '꿈'을 실었고 수학자, 통계학 박사로서의 전문성과 '꿈'에 대한 열정으로 주옥같은 글이 나온 것이다. '꿈'에 대한 수많은 자료에 저자의 교육 철학으로 살을 붙인 내용으로 가득 차 있어 흥미롭고 유익하게 읽어 나갈 수 있다.
'꿈'이 무엇이며 '꿈'을 어떻게 이루며 그런 '꿈'을 이루는 사람들의 모습과 생각, '꿈'을 이끌어가는 관점들을 만날 수 있다. 그리하여 이 책은 진로에 대한 어떠한 다른 책들과 구분된다.
많은 사람들이 이 책과의 만남을 통해 행복지수가 한층 올라가길 소원해 본다.
양수만(전 경상남도교육청 교육연수원장)

꿈을 이루게 도와주는 주문서와 같은 책입니다.
교장선생님의 진로에 대한 애정과 꿈을 만나는 방법을 찾을 수 있도록 응원하는 메세지가 따뜻하게 느껴지는 내용들로 가득차 있네요!
아이들뿐만 아니라 학교 현장의 선생님들께도 강추합니다.
김형남(경남교육청 진로교육과 장학사)

1. 꿈은 무엇일까?

꿈은 무엇일까?

'꿈'의 사전적 의미
1. 잠자는 동안에 깨어 있을 때와 마찬가지로 여러 가지 사물을 보고 듣는 정신 현상.
2. 실현하고 싶은 희망이나 이상.
3. 실현될 가능성이 아주 적거나 전혀 없는 헛된 기대나 생각.

  우리는 평소에 이 3가지 의미를 막 섞어서 사용하다 보니 앞뒤 문장을 들어봐야 어떤 의미인지 알게 된다. 그래서 우리가 '**실현하고 싶은 희망이나 이상**'으로서의 꿈을 이야기하려면 단순하게 '단어'로만 이야기하는 것보다 좀 더 구체적으로 이야기하여야 한다. 꿈은 꾸는 과정이 성공보다 더 많은 의미를 두어야 한다. 그래야 성취감이 크기 때문이다.
  꿈에도 5가지 전제 조건이 있다.
  첫 번째, 꿈은 과정과 성공이 행복한 삶이어야 한다. 물론 그 과정이 때로는 눈물 나게 힘들지라도 마음만은 행복한 삶을 지향하여야 한다. 현재 너무 행복하다면 굳이 힘든 꿈을 꿀 필요도 없다. **두 번째**, 직업 자체가 꿈이어서는 안 된다. 물론 대통령이 꿈인 사람이 대통령이 되었다면 꿈을 이루었다고 볼 수는 있지만, 그 과정과 어떤 대통령인지가 훨씬 중요한 까닭이다. 우리나라 전직 대통령을 보면 더욱더 선명하다. **세 번째**, 당연하겠지만, 나의 꿈이 타인의 삶을 방해하거나 사회생활에 반(反)하는 행위여서는 안 된다. 나의 꿈을 위해 타인을 불행하게 하면 안 되는 것이다. **네 번째**, 꿈은 한 두 번 또는 우연히 이루어지는 것이 아니다. 만약 로또 복권 당첨이 꿈이라는 사람이 당첨되었다고 꿈을 이루었다고 하겠지만, 이것은 진정한 꿈이 아니고 그것 또한 다음에 또 로또를 사는 과정에 도움이 되는 것이 아니기 때문이다. **다섯 번째**, 꿈을 꾸는 과정이 지속적이어야 한다.
그래서 꿈을 다음과 같이 정의하여 보았다.

> Dream = Do + real + enjoy + always + mission
> 꿈(Dream)은 실제로(real) 좋아하는(enjoy)
> 목표(mission)를 항상(always) 실행하는(do) 것.

'꿈(Dream)'은 어떻게 하면 이룰 수 있을까?

어릴 때는 대부분 꿈(Dream)을 꾼다. 아주 멋진 꿈을 꾸는 사람들을 보면 한 번쯤 내가 크면 꼭 해 보고 싶은 마음이 생긴다. 그러나 곧 잊는다. 그 이유는 계속해서 비슷한 경험을 하지 못하거나 지속적 자극이 없기 때문이고 무엇보다 주위 환경이 제대로 갖춰지지 않았기 때문이다. 꿈을 이루는 사람마다 그 방법은 천차만별이다. 그러나 기본적으로 끊임없이 노력하는 습관을 실천했다는 것은 사실이다.

우리는 매일 매일 의식하든 의식하지 않았던 수많은 행동을 한다. 그 행동들은 처음부터 한 것이 아니다. 내가 어느 날 스스로 또는 부모님의 도움으로 형성된 것이다. 그래서 꿈을 이루려면 내가 의식하지 못할 정도로 너무나도 쉽게 아주 작은 실천을 하도록 만드는 것이다.

그래서 국어 교사가 꿈이라면 구체화하기 위해 '수치'나 '가치', '시기'를 정하는 것이 좋다. 그리고 위의 표와 같이 교사가 되기 위해 대학을 가는 큰 계획이 아닌 아주 작은 습관들로 만들어 실천해야 한다.

즉 10권의 책을 출판하는 국어 교사라면 '매일 매일 책을 읽는 습관'을 만들어야 한다.

수치 + 직업	10권의 책을 출판하는 국어 선생님 현직 EBS 1타 강사인 국어 선생님 시 100편을 쓰는 국어 선생님
가치 + 직업	학생들과 공감 능력이 뛰어난 국어 선생님 웃음과 유머로 학생들과 함께 하는 국어 선생님 IT와 수업 기술이 뛰어난 국어 선생님

그 습관 중에서 책에 관련된 습관만 구체적으로 살펴보자. 반드시 주의할 것은 절대 실패하지 않을 정도로 아주 구체적으로 계획을 세우고 기록으로 남기도록 한다.

책 관련 습관이 정착하되 나면 또 다른 습관(학과 공부, 학과 지식, 관련 각종 대회 준비 등)을 만들도록 한다.

1. 어떤 한 분야 책을 정하기(예를 들면 1~2개월마다)
2. 매일 매일 해당 책을 읽고 그 느낌을 기록하기(페이지 수와 느낌 기록은 개인 역량만큼)
3. 책 읽기가 습관화되었을 때 시간과 양을 늘리기
4. 책 읽는 습관이 완전히 습관화되면 글을 쓰는 습관 도전하기
   (하루 1줄이라도 상관없으나 반드시 아주 조금씩 쓰기)
5. 일정 시간(1~2개월 단위로 지난 기록 평가하여 기록하기)

Dream 습관 확인표

　꿈을 이루기 위해서는 기록으로 남겨서 확인해야 지속하기 쉽다. 처음에는 아주 쉬운 과제들로 시작해서 실패하지 않도록 하는 것이 중요하다.

　만약 이 확인표로 하루하루 이루어져 월급이 많아진다면 생각한다면 재미도 함께 하므로 실천해 보기 바란다.

　첫 주 7일을 성공한다면 월급이 10,000,000원이지만, 하루에 성공하지 못한다면 '0'이 하나 모자라는 1,000,000원이 된다. 하지만 첫 주를 성공하고 둘째 주 14일까지 성공한다면 월급이 20,000,000원, 셋째 주 21일까지 성공한다면 월급이 30,000,000원, 넷째 주 28일까지 성공한다면 월급이 40,000,000원이 된다고 생각하는 것이다.

　물론 28일 1회차를 성공했다고 월급을 4천만 원을 주지는 않지만, 받는다고 생각하고 꾸준히 한다면 2차, 3차, 4차, … 로 거듭해 나간다면 결국 현실이 될 것이다.

(　　)년 (　　)차 Dream 습관 확인표

(　　　　　　　)하기

	1일차 (/)	2일차 (/)	3일차 (/)	4일차 (/)	5일차 (/)	6일차 (/)	7일차 (/)
1							

+

	8일차 (/)	9일차 (/)	10일차 (/)	11일차 (/)	12일차 (/)	13일차 (/)	14일차 (/)
1							

+

	15일차 (/)	16일차 (/)	17일차 (/)	18일차 (/)	19일차 (/)	20일차 (/)	21일차 (/)
1							

+

	22일차 (/)	23일차 (/)	24일차 (/)	25일차 (/)	26일차 (/)	27일차 (/)	28일차 (/)
1							

Dream(꿈) 시계

우리는 하루에 시계를 몇 번을 볼까?

모르긴 해도 수도 없이 볼 것이다. 특별히 중요한 시각이 아니더라도 무심결에 보는 경우도 많다. 하지만 꿈을 이루기 위해 분초를 다툴 만큼 촘촘한 계획을 세운 사람이라면 시계를 훨씬 더 자주 볼 것이다.

그러나 아무 생각 없이 살아가는 경우는 시계를 자주 보지 않을 것이다. 굳이 몇 시에 무엇을 해야 하는 것이 아니기 때문이다. 그럴 경우 본인이 가장 관심 있는 분야를 하나 정해서 시작해 보면 된다.

그리고 주변 환경에 관심 분야에 대해 지식을 찾는 습관을 기른다. 그런 전문 지식들이 모이고 모이면 전문가가 되고 누군가의 롤 모델이 되는 것이다. 처음부터 잘하는 경우는 극히 드물다. 본인 눈에 가장 잘 띄는 곳에 시계를 두고 관심사를 적어서 활용하자.

※ 사용법 : 우연히 시계를 보고 해당하는 시(時)에 글귀 확인(다짐)하기

1시 : 꿈의 *일정표* 확인하기

2시 : 꿈의 *이정표* 확인하기

3시 : 꿈의 *삼매경*에 빠지기

4시 : 꿈을 *사계절* 지속하기

5시 : 꿈의 *오덕후* 다짐하기

6시 : 꿈의 *육해공* 불문하기

7시 : 꿈의 *칠전팔기* 기억하기

8시 : 꿈의 *팔다리*로 실천하기

9시 : 꿈의 *구슬땀* 동반하기

10시 : 꿈 *십중팔구* 성공 예감하기

11시 : 매일 꿈 *일일 점검*하기

12시 : 매일 꿈 *정오(正誤)* 확인하기

'꿈'은 '땀'을 먹고 자란다

꿈은 '땀'을 먹고 자란다. 만약 꿈이 자라지 않는다면 꿈이 너무 크거나 땀이 부족한 경우이다. 꿈이 너무 크다면 아주 작은 꿈들로 잘게 나누면 된다. 그렇지 않다면 땀을 흘려야 한다. 때로는 한여름날에 '비지땀'을 흘릴 때도 있고 큰 도전 후 손에 땀이 흐르는 '식은땀'도 흘려야 한다. 곡식이 농부의 발소리를 먹고 자라듯이 진정한 꿈은 '땀'을 배신하지 않는 법이다.

꿈을 이루기 위해서는 '피땀 어린 정성과 노력이 필요하고 하루하루 최선을 다하는 '구슬땀'도 필요하다. 그때 흘리는 땀방울 하나하나가 나중에 평생에 기억될 꿈의 완성으로 나타날 것이다. 그리고 땀을 흘린 기억 또한 오랫동안 기억되며 다른 꿈을 꾸기 위해 무엇보다 중요한 밑거름이 된다.

요즈음 같이 네트워크가 잘 이루어진 세상에는 앞서 '땀'을 흘린 사람들을 무수히 만날 수 있다. 굳이 꼭 만나지 않아도 얼마든지 좋은 흔적들을 찾을 수 있다. 나만 외롭게 고군분투하며 '땀'을 흘린다고 생각할 필요가 없다.

각종 블로그나 유튜브 영상을 참고하면 함께 하는 사람들을 만날 수 있다. 그리고 내 꿈을 주변 사람들에게 공공연하게 알려라. 그럼 함께하거나 같은 꿈을 꾸는 사람들을 알려 줄 것이다.

자, 지금 당장 '땀'을 흘려 보자. 아무튼 꿈이 땀이고, 땀이 곧 꿈이다.

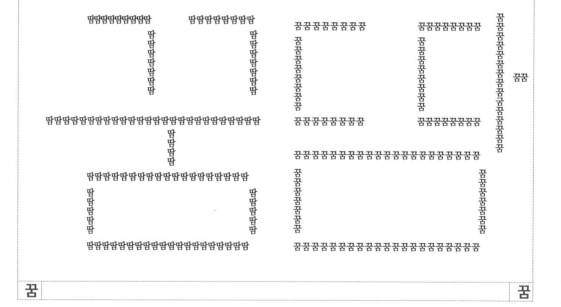

그대는 꿈을 어떻게 꾸나요?

　꿈을 꾸는 방법은 사람마다 다르다. 먼 훗날 더 큰 행복을 위해 우리는 꿈을 꾼다. 그러나 누구나 처음에는 서툴 수밖에 없다. 그래서 쉽지 않다. 꿈이 없을 때는 처음부터 무리하게 너무 큰 꿈을 꿀 필요는 없다. 그 무게가 나를 덮치지 않을 정도로 작게 시작하면 좋다. 작은 것부터 차근차근 하나씩 이루어가면 된다.

　어릴 때부터 꿈을 꾸고 있었다면 다행이지만, 그렇지 않은 경우가 대부분일 것이다. 그래서 내가 왜 꿈을 꾸어야 하는지 자신이 알아야 한다. 무작정 그냥 꿀 수 있는 것은 아니다. 작심삼일이 되고 만다. 꿈을 꾸는 표현을 보면서 '꿈'에 대해 생각해 보자.

한글 표현		English 표현	
행복한 꿈	소중한 꿈	Dynamic Dream	cherish Dream
영원한 꿈	유일한 꿈	Forever Dream	Unique Dream
위대한 꿈	찬란한 꿈	Great Dream	Brilliant Dream
가벼한 꿈	엄청난 꿈	Particular Dream	Happy Dream
엽떼슴 꿈	지독한 꿈	Fluttering Dream	FIREWORKS DREAM
소박한 꿈	놀라운 꿈	Breathless Dream	Passionate Dream
성공한 꿈	강렬한 꿈	Successful Dream	Power Dream
처절한 꿈	치열한 꿈	Fantastic Dream	Naive Dream
대단한 꿈	화려한 꿈	Meaningful Dream	wonder Dream
생소한 꿈	절박한 꿈	Unfamiliar Dream	Urgent Dream
빛나는 꿈	파란만장한 꿈	Silky Dream	Crunchy Dream
화려한 꿈	치열한 꿈	Fancy Dream	Tearful Dream
색다른 꿈	불타는 꿈	Awesome Dream	Flaming Dream
집요한 꿈	끈질긴 꿈	Persistent Dream	Trembling Dream
떨리는 꿈	사무치는 꿈	Cruel Dream	Cutthtoat Dream
가슴벅찬 꿈	의미심장한 꿈	Vicious Dream	Sreadfast Dream
눈물나는 꿈	끝내주는 꿈	eternity Dream	Exorbitant Dream
환상적인 꿈	불꽃같은 꿈		
이름다운 꿈	휘황찬란한 꿈		
상상 이상의 꿈	확고부동한 꿈		

꿈 관련 국가별 단어

요즈음은 인터넷의 발달과 스마트폰의 등장으로 세계가 그렇게 멀리 느껴지지 않는다. 유튜브와 같은 동영상으로 많은 것을 배우게 되었다. 시간이 지날수록 점점 더 공간적 거리는 느끼지 못하게 되었다. 실시간으로 공연, 축제 등이 생중계가 되고 지구 반대편의 사건들도 시차를 느끼지 않을 정도로 빨리 접하게 되었다.

세계 주요 나라들도 우리와 같이 '꿈, 이상, 희망, 소원, 가능성, 목표, 비전' 단어들이 있을 텐데 하는 생각을 해 본 적이 있을 것이다. 혹시 모르지 않는가? 우리가 언제 어디서 어느 나라 사람과 이런 단어들을 이야기할는지...

국가 / 단어	영어	일본어	중국어	프랑스어	이탈리아어	독일어
꿈	Dream 드림	夢(ゆめ) 유메	夢 멍	réve 레브	sogno 소뇨	Traum 트라움
이상 (理想)	ideal 아이디얼	理想 (りそぅ) 리소	理想 리샹	modéle 모델	idolo 이돌로	Ideal 이데알
희망 (希望)	hope 호프	希望 (きほぅ) 기보	希望 시왕	espérance 에스페랑스	speranza 스페란차	Hoffnung 호프눙
소원 (所願)	wish 위시	願い (ねがぃ) 네가이	夙愿 쑤위안	souhait 수에	augurio 아우구리오	Wunsch 분슈
가능성 (可能性)	possiblity 퍼스빌리티	可能性 (かのぅせぃ) 가노세	可能性 커녕싱	possiblité 포시빌리테	possiblità 포시빌리타	Möglichkeit 뫼글리햐카이트
목표 (目標)	goal 골	目標 (もくひょぅ) 모쿠효	目标 무뱌오	but 뷔	obiettivo오 비에티보	Ziel 칠
비전	vision 비전	ビヅョン 비존	林见 夕 몐젠	vision 비지옹	visione 비지오네	Vision 비지온

24

꿈은 '잘하는 것(적성)'과 '좋아하는 것(흥미)'의 조합

사람들은 누구나 무엇인가를 잘하기도 좋아하기도 한다. 다만 내가 아직 한 번도 해 보지 않아 무엇을 잘하는지 모를 수도 있고, 아직 한 번도 보거나 경험하지 않아 좋아하는지 좋아하지 않은지 모를 뿐이다. 이것은 '계란'이 먼저냐 '닭'이 먼저냐는 논제와는 다르다.

과학적으로 밝혀지지 않아서 그렇지 분명 뭔가가 있을 것이다. 하지만 '잘하는 것'과 '좋아하는 것'은 내가 어디에 더 '집중할 수 있는가'이고 또한 '지속 가능한 것인가'의 문제임과 동시에 '경제 활동'과도 연관된 것이다.

예를 들어 내가 그 두 가지 중에서 한 가지를 가지고 '유튜브(개인 방송 등)'를 다른 사람들보다 아주 뛰어나서 경제 활동과 연관되면 되는 것이다. 물론 그 두 가지가 일치한다면 더없이 좋지만, 그렇지 않은 경우가 대부분이다. 그래서 잘하는 것, 좋아하는 것만으로는 부족하고 '매우 잘하는 거나 매우 좋아하는 것'이어야 한다.

그리고 '잘하는 것'과 '좋아하는 것'이 살아가면서 달라질 수 있다. 왜냐하면 아직 내가 경험하지 못한 것들이 수없이 많기 때문이다. 그래서 많은 경험을 해야 하는 것이다. 이 경험이야말로 내가 진정으로 '잘하는 것'과 '좋아하는 것'을 찾아가는 과정인 것이다.

내가 현재까지라도 무엇을 잘하고 좋아하는지 알아보자. 이런 과정은 아마 평생을 해야 할지도 모르니 지금부터라도 생각해보자. 우리나라는 특히 대학 전공과 직업이 일치하는 '전공 일치도'가 50% 내외라고 한다. 예·체능이나 의학 관련을 포함한 수치이니 인문학의 경우는 전공 일치도가 훨씬 더 낮다.

부모님들이나 친척들의 직업을 살펴보고 한번 여쭤보라. 대부분 잘하거나 좋아해서 하는 일들은 많지 않다. 어쩌다 보니 현재 직업을 가졌을 수도 있다. 그리고 전문직일지라도 직업이 마음에 들지 않거나 일을 하고 배우다 보니 그냥 적응되었을 수도 있다. 그래서 현재 내가 잘하는 것과 좋아하는 것을 기준으로 생각하면 된다.

물론 적성과 흥미가 이 세상에 가치 있는 일, 세상에 필요한 일과도 함께 고려할 수도 있다. 또한 적성과 흥미는 내가 음식을 선택할 때 맛과 멋(모양), 양과 질과 같은 것 중에서 선택하는 것과도 비슷하다. 한 쪽이 일방적으로 마음이 쏠려 선택할 수도 있지만, 그 중간을 선택할 수도 있다.

그 선택 또한 나의 현재 감정하고도 연결되어 있다. 예전에 선택한 것과 지금의 선택이 다르고 앞으로의 선택이 다를 수도 있다. 그러나 지금 나의 선택이 중요하다. 앞으로 바뀔 것을 굳이 지금 염려할 필요는 없다.

O 적성(適性) = 너비

[사전] 어떤 일에 알맞은 성질이나 적응 능력. 또는 그와 같은 소질이나 성격

적절한 자극만 있어도 어떤 일을 잘 할 수 있는 성질

적당히 해도 다른 사람의 평균 이상의 성과를 내는 성질이나 성격

적절한 동기 부여가 없어도 어떤 일을 잘 할 수 있는 성질

O 흥미(興味) = 깊이

[사전] ① 흥을 느끼는 재미

② 어떠한 사물(事物)에 대한 특별(特別)한 관심(關心)을 기울이는 감정(感情)

흥이 나도록 언제나 재미를 느끼는 일

흥분되도록 푹 재미에 빠지는 일

재미 : 아기자기하게 즐거운 기분이나 느낌.

특기 : 남이 가지지 못한 특별한 기술이나 기능

취미 : 전문적으로 하는 것이 아니라 즐기기 위하여 하는 일

호기심 : 새롭고 신기한 것을 좋아하거나 모르는 것을 알고 싶어 하는 마음

 [호기심 → 재미(like) → 취미 → 특기(well)]

그래서 끊임없이 내가 고민해 보고 적어보는 노력이 필요하다.

아래 빈 칸에 적어 보자.

잘하는 것(적성)과 좋아하는 것(흥미)의 조합		
	잘하는 것(적성)	좋아하는 것(흥미)
잘하는 것 (적성)	매우 잘하는 것 (직업으로 할 수 있는 것)	좋아하는 것 〉 잘하는 것
좋아하는 것 (흥미)	잘하는 것 〉 좋아하는 것	매우 흥미하는 것 (직업으로 할 수 있는 것)

중·고등학교 온라인 진로 심리검사

자아가 형성되기 전인 학창 시절에는 끊임없이 자기를 이해하는 기회를 가져야 한다. 자기가 누구인지, 자기가 어떤 것을 잘하고 좋아하는지 그리고 무엇을 중요하게 생각하는지 잘 알아야 한다.

무작정 무엇을 하기보다는 자기가 잘하고 좋아하는 일을 해야 재미도 있고 행복한 삶을 살 수 있다. 매번 그럴 수는 없지만 적어도 자기가 선택할 수 있는 기회가 왔을 때는 잘하거나 좋아하는 일을 하면 된다.

물론 잘하는 일과 좋아하는 일이 다를 수 있다. 그럴 때는 여러 가지를 고려하여 선택할 당시의 감정에 따라 선택하면 된다.

학창 시절에는 좋아하는 일이 여러 번 바뀔 수도 있으므로 끊임없이 자기를 이해하는 기회를 얻어야 한다. 가장 쉬운 방법은 온라인 진로 심리검사로서 학교에서도 많이 활용하고 있다.

온라인 진로 심리검사는 여러 곳이 있는데 교육부에서 주도하는 커리어넷(www.career.go.kr)과 고용노동부가 주도하는 워크넷(www.work.go.kr), 민간에서 운영하는 한국가이던스(http://www.guidance.co.kr)가 있다.

진로 심리검사는 적성(앞으로 잘할 수 있는 잠재력을 가진 분야), 흥미(관심을 두고 있는 분야), 성격, 가치관(진로 선택에 있어서 중요하게 여기는 기준), 진로발달(진로 관련 객관적인 성숙 정도)과 같은 것들이다.

커리어넷	워크넷	한국가이던스
진로성숙도 검사 직업가치관 검사 직업적성 검사 직업흥미(H) 검사 직업흥미(K) 검사	청소년 직업흥미검사 청소년 적성검사(중) 고등학생 적성검사 청소년 진로발달검사 청소년 직업 인성검사 직업가치관검사	자아존중감 검사 일반 성격 검사 성격강점 검사 자아탄력성 검사 진로지향성 검사 진로고민 영역 검사 진로문제원인 검사

커리어넷 직업적성 검사

커리어넷(www.career.go.kr) 직업적성 검사는 학생들이 꿈을 이루기 위해 직업을 가지게 될 때 어떤 직업이 적성에 맞는지 알아보는 심리검사이다. 자신의 적성별 능력 정도를 알려주고 관련된 직업을 제시한다.

적성 영역은 11가지인데 신체·운동 능력, 예술시각 능력, 자연친화력, 대인관계 능력, 자기성찰 능력, 수리·논리력, 언어 능력, 창의력, 음악 능력, 공간지각력, 손 재능이 있다. 영역별 6개의 문항으로 이루어져 있다.

학생들이 중·고등학교 시절에 워크넷(www.work.go.kr)과 함께 진로심리검사를 입학 때부터 매년 한 번씩 실시하고 있는데 학교에서 진로상담을 할 때 근거 자료가 된다. 검사 시간은 20~30분이 소요된다.

학생들이 학교에서 하는 진로체험에도 6가지 유형이 있는데, 현장직업체험형, 직업실무체험(모의 일터 직업체험)형, 현장견학형, 학과체험형, 진로캠프형, 강연·대화형이 있다.

진로체험을 할 때도 진로심리검사를 바탕으로 자신의 적성에 맞는 영역의 관련 직업으로 가는 것이다. 물론 민간에서 실시하는 심리검사도 다양하게 있지만, 그것은 유료이고 학교나 개인의 선택에 의해 실시할 수도 있다.

이제는 2015년에 진로교육법이 시행되고 중학교 자유학기제로 인해 학교별로 다양한 진로체험과 진로교육이 실시된다. 이런 모든 개개인 활동들에 있어서 가장 중요한 것이 진로심리검사이고 그중에서도 적성검사와 흥미검사이다. 청소년 시기에는 몸과 마음이 성숙해져 가는 과정이므로 매년 검사하는 것이 가장 좋다.

직업적성 검사로 알 수 있는 것은?

신체·운동 능력
손재능
예술 시각능력
공간 지각력
자연 친화력
음악능력
대인관계 능력
창의력
자기성찰 능력
수리·논리력
언어능력

적성 영역별 능력 정도 및 관련 직업 제시

커리어넷 직업흥미 검사(K, H)

커리어넷 직업흥미 검사는 학생들이 꿈을 이루기 위해 직업을 가지게 될 때 어떤 직업이 좋아하는지 알아보는 심리검사이다. 흥미는 어떤 종류의 활동에 대해서 개인이 가지고 있는 좋음, 싫음, 수락, 거부의 경향성을 알려주는 것인데 여러 가지 인간 행동을 하는 데 중요한 역할을 한다.

흥미 영역이 16가지로 나누는 K(Kuder 이론)형과 6가지로 유형으로 나누는 H(Holland, 홀랜드)형이 있으며, 일반적으로 H형을 많이 사용한다.

H형 6유형은 실재형(Realistic), 탐구형(Investigatve), 예술형(Artistic), 사회형(Social), 기업형(Enterprising), 관습형(Conventional)이고 RIASEC는 이웃하는 유형과는 매우 높은 상관관계를 맺고 있다.

유형별로 직업군, 대표 직업, 고등학교 계열을 알려 주고 선호 직업은 17개 직업군으로 되어 있으며, 검사 시간은 15~20분이 소요된다.

직업 선택에 적성과 흥미가 가장 중요하듯이 직업적성 검사와 직업흥미 검사가 가장 중요하다.

이 검사는 자신의 성장 과정에 따라 흥미를 발견하고 흥미 유형에 관련된 직업 세계를 탐방하도록 함으로써 진로 탐색과 선택을 보다 효과적으로 실시할 수 있도록 도와준다.

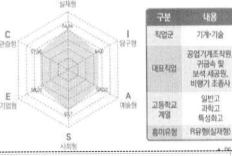

커리어넷 직업가치관 검사

커리어넷 직업가치관 검사는 직업과 관련된 여러 욕구와 가치에 대해 학생이 무엇을 우선으로 중요시하고, 어느 정도 더 중요시하느냐를 알려 준다. 사람은 자신의 가치관과 일치하는 직업을 선택하고, 그 가치가 맞는 환경에서 일할 때 직업만족도가 높다.

직업가치관의 검사 항목은 8가지인데 능력 발휘, 자율성, 보수, 안정성, 사회적 안정, 사회봉사, 자기계발, 창의성으로 구성되어 있고 검사 시간은 10~15분 정도 소요된다. 항목별 특징, 직업 선택, 직업 생활로서 의미가 있고 결과는 막대그래프로서 가장 높은 것과 낮은 것을 알려 준다.

직업가치관이란 직업을 선택할 때 기준이 되는 자신만의 믿음과 신념인데 자신이 인생을 살아가면서 중심을 잡아주는 중요한 개념이다. 또한 자신의 흥미, 적성, 성격 등과 같이 직업 선택에 중요한 기준이 될 수 있다.

검사를 통해 자신의 직업가치관에 대해 더욱 잘 이해할 수 있게 되고 친구들과 검사 결과를 비교해 봄으로써 나의 직업가치관이 갖는 의미에 대해 생각해 볼 수 있다.

또한 직무의 특성, 근무환경, 복리후생, 사회적 지위 등과 밀접한 관계를 갖기 때문에 해당 가치관을 충족시키는 직업을 확인하는 것은 매우 중요하다. 그래서 중요하게 생각되는 두 가치관의 평균 학년 직업명과 종사자의 평균 계열별 직업명을 알려 준다.

직업가치관 검사로 알 수 있는 것은?

능력발휘	직업을 통해 자신의 능력을 발휘하는 것입니다.
자율성	일하는 시간과 방식에 대해서 스스로 결정할 수 있는 것입니다.
보수	직업을 통해 많은 돈을 버는 것을 말합니다.
안정성	한 직장에서 오랫동안 일할 수 있는 것입니다.
사회적 안정	내가 한 일을 다른 사람에게 인정받는 것입니다.
사회봉사	다른 사람들에게 도움이 되는 일을 하는 것입니다.
자기계발	직업을 통해 더 배우고 발전할 기회가 있는 것입니다.
창의성	스스로 아이디어를 내어 새로운 일을 해볼 수 있는 것입니다.

커리어넷 진로성숙도 검사

　커리어넷 진로성숙도 검사는 학생들이 진로 탐색과 결정을 위해 필요한 태도 및 능력, 행동을 어느 정도 갖추고 있는가를 알 수 있게 한다. 학생들이 성숙해지면서 변화하는 직업을 많이 알게 되는 과정을 겪게 된다.

　진로성숙도 검사는 3가지 차원(태도, 능력, 행동)이 있다. 그 3가지 차원에서 각각 하위 영역이 있는데 태도 차원은 계획성, 직업에 대한 태도, 독립성, 진로 낙관성으로 4가지이고, 능력 차원은 자기 이해, 정보 탐색, 합리적인 의사 결정, 희망 직업에 대한 지식이다. 마지막으로 행동 차원은 진로 탐색 및 준비 행동으로 구성되어 있다. 검사 시간은 20분 내외이다.

　진로성숙도 검사는 정답이 없고 신중하게 생각하여 자신에게 가장 가깝다고 느끼는 난에 체크해야 하며 변할 수 있다. 또한 학생 스스로 성장 발달에 따른 어떤 영역을 개발하려고 노력해야 하는지 확인할 수 있는 정보를 제공한다.

　자신이 스스로 어떤 사람인지 잘 모를 때 자신의 장단점, 성격, 좋아하는 일을 정리하고 주변 사람들에게 자신의 장점과 재능에 대해서도 물어보면 진로성숙도가 향상될 수 있다. 　　진로 목표를 설정한 친구에게 물어보거나 나의 진로 선택 어려움을 선생님과 친구의 도움도 필요하다.

　검사 결과에서 측정하는 3개 차원(태도, 능력, 행동)과 9개 영역의 점수를 제시한다. 종합 프로파일 그래프에는 진로 태도와 능력 차원의 8영역이 8각형 그래프로 제시되며, 행동 차원의 진로 탐색 및 준비 행동 영역은 막대그래프로 제시된다.

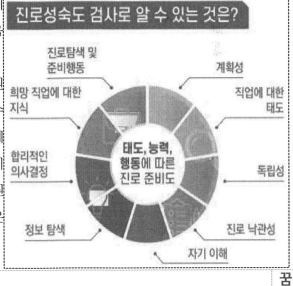

커리어넷 온라인 진로상담

청소년들은 자아 정체감을 찾아가는 시기이다. 이 시기에는 초등학생 때 생각과 많이 달라진다. 비로소 부모나 친지들의 직업도 좀 더 구체적으로 알게 되고 자신들의 미래도 막연하게 불안감을 가진다. 자연스럽게 공부나 특기가 있는 친구들과도 비교하기 시작한다.

하지만 그런 비교는 청소년기뿐만 아니라 20대까지 이어지는 경우가 대부분이다. 따라서 생각이 많아진다. 어떻게 해야 할까? 어떤 일을 해야 하고 지금 내가 뭘 해야 하는지도 고민하게 된다. 금방 해결할 수 있는 문제가 아니다 보니 자신감도 없고 자존심도 낮다.

그러다 보니 비슷한 고민을 하는 친구들과 이야기를 많이 한다. 하지만 친구들과도 해결되지 않는 경우도 많다. 물론 부모, 선생님과도 진로상담을 하지만 속 시원히 해결되는 경우는 많지 않다. 어느 정도 해결되었다가도 어느 순간 고민이 다시 원점으로 돌아오는 경우도 다반사다.

대표적 진로상담 역시 교육부 주관의 커리어넷(www.career.go.kr)과 고용노동부 주관의 워크넷(www.work.go.kr)이 있고 커리어넷 진로상담은 전체가 공개로 하지만 워크넷은 본인이 공개, 비공개 선택할 수 있어서 비공개가 상대적으로 많다.

학생들이 가장 많이 사용하는 커리어넷은 현직 선생님들 위주로 실시하고 있는 반면 워크넷은 자체 전문가로 진행하고 있다. 그리고 커리어넷은 다른 친구들의 고민을 검색을 통해 얼마든지 볼 수 있다는 큰 장점이 있다.

커리어넷의 진로상담 영역은 대략 6가지이며, 성적으로 대학 진학 상담은 하지 않고 있다.

1. 자신에게 맞는 직업과 학과 탐색
2. 학교, 학과, 직업정보, 자격, 취업, 훈련정보
3. 진로심리검사 결과 이해 및 해석
4. 학업 및 성적 관리
5. 진로 및 진학계획
6. 진로 관련 의사결정

자기주도 진로체험

학생들은 학교에서 다양한 진로교육을 받는다. 이런 진로교육의 궁극적 목표는 학생들의 자기주도적 진로 설계에 있다. 자신의 적성과 흥미를 파악하고 그것을 바탕으로 미래를 설계하는 것이다.

따라서 학교에서는 진로수업(진로와 직업, 창체 진로활동), 진로심리검사, 진로상담, 진로체험을 기본적으로 하고 있다. 그중에서 진로체험은 다른 영역에서 얻은 정보들을 바탕으로 직접 실행을 하는 것이다. 물론 강의하는 경우도 있지만, 직업과 관련된 것이라 진로체험의 유형에 해당한다.

몸으로 체험하는 기억은 오랫동안 남게 되고 자신에게 맞는지 아닌지를 알 수 있는 중요한 활동이다. 따라서 가능하면 진로체험을 많이 할수록 진로설계에 도움이 된다.

진로체험은 진로교육법 제2조에 학생이 직업 현장을 방문하여 직업인과의 대화, 견학 및 체험을 하는 직업체험과, 진로캠프 · 진로특강 등 학교 내외의 진로교육 프로그램에 참여하는 활동으로 규정하고 있다.

교육부 진로체험지원전산망 '꿈길(https://www.ggoomgil.go.kr/)'에 진로체험도 6가지 유형을 소개하고 있고 활동 내용은 다음과 같다.

유형	활동 내용
현장직업체험형	학생들이 관공서, 회사, 병원, 가게, 시장과 같은 현장 직업 일터에서 직업 관련 업무를 직접 수행하고 체험하는 활동 ※ 멘토 1인당 10명 내외 학생 지도 권장
직업실무체험형 (모의일터 직업체험)	학생들이 직업체험을 할 수 있는 모의 일터에서 현장직업인과 인터뷰 및 관련 업무를 직접 수행하고 체험하는 활동(현장직업인 멘토 필요) ※ 멘토 1인당 15명 내외 학생 지도 권장
현장견학형	일터(작업장), 직업관련 홍보관, 기업체 등을 방문하여 생산공정, 산업 분야의 흐름과 전망 등을 개괄적으로 견학하는 활동
학과체험형	특성화고, 대학교(원)를 방문하여 실습, 견학, 강의 등을 통해 특정 학과와 관련된 직업 분야의 기초적인 지식이나 기술을 학습하는 활동
진로캠프형	특정 장소에서 진로심리검사·직업체험·상담·멘토링·특강 등 종합적인 진로교육 프로그램을 경험하는 활동(1일 6시간 이상 운영)
강연형·대화형	기업 CEO, 전문가 등 여러 분야의 직업인들의 강연, 진로특강을 통해 다양한 직업세계를 탐색하는 활동(대화형은 40명 내외 학생 기준)

꿈(Dream)을 제대로 꾸기 위하여

사람은 누구나 잠을 잔다. 시간은 사람마다 다를지라도 반드시 잠을 잔다. 하지만 꿈이라고 했을 때 종종 혼돈된다. 꿈이 무엇을 이야기하는지 잠깐 비교해 보았다. 꿈을 제대로 알고 누구나 꿈을 꾸며 행복한 삶을 살자는 의미이다.

[잠과 꿈의 차이]

	잠(夢, Sleeping)	꿈(Dream)
눈(eye)	감음	뜸
형태	정(靜)적	동(動)적
대상	동물, 인간	인간
주 활동 시간	밤(夜)	낮(晝)
없을 경우	사(死)	생(生)
비고	혼돈	

'생각대로 살지 않으면 사는 대로 생각한다.'라는 말을 들어본 적이 있을 것이다. 대부분 사람은 그저 머리로만 '꿈을 가져야지'라고 생각한다. 그래서 그냥 사는 것이고 아무 생각이 없이 하루를 보내고 있다. 꿈을 기억하기보다 기록하는 이유는 잊어버리지 않기 위함이다. 기록한 꿈은 언제든지 다시 볼 수 있게 지속해서 노력할 수 있기 때문이다.

그리고 지속하기 위해서는 흥미나 재미를 느끼며, 의미를 더할 때 더욱 힘을 발휘하고 성취 확률을 높이는 것이다. 꿈이 이루어지지 않는 이유를 알아본다면 꿈꾸기가 더욱 잘 안 될까 한다.

[꿈의 유무 차이]

삶 　　　 꿈	無(없음)	有(있음)
첫 번째(탄생)	대부분 (살아가면서 생각)	소수의 사람 : 성공 (생각하면서 삶)
새로운 삶	행복한 삶	행복한 성공

꿈이 이루어지지 않는 이유	꿈이 글자 수로 표현하면?
1. 절박함의 문제	한 글자로 하면 '땀'
2. 꿈을 이룰 환경을 만들지 않음	두 글자로 하면 '노력'
3. 습관을 못 바꿈	세 글자로 하면 '바로 나'
4. 정보와 지식의 부족	네 글자로 하면 '할 수 있다'
5. 꿈을 주위에 알리지 않음	다섯 글자로 하면 '이루어진다'
6. 투자 시간의 부족	
7. 꿈의 잦은 교체	

꿈을 이루기 위해 표현하는 다양한 방법들

꿈을 꾸지 않는 사람들도 있다. 그런 사람이라도 한때는 꿈을 꾼 적이 있을 것이다. 이제는 더 꿈꿀 필요가 없든지 꿈조차 사치로 여기고 그럭저럭 살아가고 있을 뿐일 것이다. 그러나 잘 생각해 보자. 정말 꿈을 꿀 필요가 없는 사람이 있을까?

예전에 '998834'라는 숫자가 유행한 적이 있다. 나이 많은 노년층 사이에 모두의 '꿈'이었는데 '99세까지 88 하게 살다가 3일 앓다가 4일 만에 죽는다'라는 뜻이다. 대부분은 꿈은 어릴 적에만 꾸는 것으로 생각한다.

하지만 꿈은 나이에 상관없다는 것을 누구나 알고 있다. 단지 어른이 되어 갈수록 당장 눈앞에 닥친 생계나 문제들만 해결해 나가기 벅찬 경우가 많아 꿈을 잊어버리고 살아갈 뿐이다. 간혹 뒤늦게 나이가 들어 도중에 예전의 꿈을 찾아 모든 것을 버리고 다시 시작하는 경우가 있지만 대부분은 그냥 살아간다.

우리가 꿈을 포기하지 않는 한 언젠가는 이룬다. 그러나 많은 경우 중도에 그만둔다. 꿈을 이루는 자신만의 방법을 찾지 못했기 때문이다. 하루 중에서 내가 가장 집중이 잘 되거나 시간이 여유로울 때 꿈을 이루기 위한 노력을 습관으로 만들면 된다.

내가 꿈을 잊어버리지 않기 위해 다양한 방법으로 표현하여 내가 가장 많이 보거나 늘 접하는 장소에 두면 좋다. 내 꿈을 내 눈으로 보는 것만큼 도움이 되는 것은 없다.

예를 들어, 내 꿈을 글이나 그림으로 그려서 깃발, 부채, 신문, 컵, 수첩, 명패, 쟁반, 아바타(브로마이드, 나의 모습), 현수막, 미니북, 액자, 버튼 등과 같은 것을 만들어 두면 정말 도움이 된다. 앞의 예시에 있는 것 중에서 같은 것들 여러 개 또는 서로 다른 것을 많이 만들수록 더욱 도움이 된다.

처음부터 잘 되는 것은 없다. 포기하지 않고 아주 조금씩 작게 시작하면 된다. 나는 너무 자신이 없다고 하는 사람들은 절대 실패하지 않을 계획을 만들어 실천하면 된다. 내가 매일 하는 행동들에서 가능하면 조금만 더 하면 되도록 해 보자. 예를 들어 작가가 되고자 한다면 좋아하는 작가의 책 제목만이라도 매일 매일 기록해 보자.

'포기'란 꿈을 이루는 4가지 기술(Four 技)

우리가 살아가면서 '성공'이라는 말 못지않게 많이 듣는 말이 '포기'가 아닐까 한다. 그래서 누군가는 '포기'를 배추 셀 때 쓰는 말이라고 하기도 하고 포기를 포기하라는 말도 있다.

그래서 '포기'를 <u>4가지 기술(技術)</u> 즉 '자기 이해하기, 긍정적 사고 갖기, 매일 매일 감사하기, 꿈 실천하기'로 생각해 보는 것은 어떨까? 주변 사람들에게 '나는 꿈을 포기하고 있어'라고 말해 보자. <u>포기</u>는 <u>4가지 기술</u>이다.

1. 자기 이해하기(技)

꿈을 꾸는 데 가장 중요한 일로서 '나'를 모르고는 불가능하다. 자기 이해하기는 아마도 평생을 해야 할 과업이다. 모든 일의 근본이기 때문이다. 청소년기에 주기적으로 각종 심리검사(적성검사, 흥미검사, 가치관검사, 성숙도검사 등)를 하는 이유는 자기를 올바르게 이해하는 과정이기 때문이다.

2. 긍정적 사고 갖기(技)

삶을 똑같이 살아간다고 하지만 삶의 결과는 아주 다양하게 나타난다. 새로운 일에 도전하거나 처음 겪는 상황에서도 내가 어떤 마음가짐을 하는지 잘 살펴보라. 다음에 그런 비슷한 일이나 상황에서 더 나은 결과를 가져오는 데 꼭 필요한 것이 '긍정적인' 자세이다. 그렇게 해야 다음이 두렵지 않다.

3. 매일 매일 감사하기(技)

만약 삶이 힘들거나 지쳐 있을 때 단 한 줄이라도 '감사일기'를 써 보라. 물론 평소에 감사일기를 쓴다면 더 좋다. 이 단 한 줄의 감사일기가 한 달, 두 달 지속할 수 있다면 분명 달라져 가는 자신을 보게 될 것이다. 더 나아가 하루하루가 아닌 그때그때 감사한 마음을 가진다면 100% 꿈을 이룰 것이다.

4. 꿈 실천하기(技)

내가 이루고자 하는 꿈이 공상으로 끝나지 않으려면 반드시 해야 할 일이다. 대부분 사람이 생각만 하고 실천하지 않아서 실패한다. 처음에는 100% 성공할 수 있는 너무나도 작은 습관으로 실천해 보라. 그 습관 실천이 점점 더 많아지고 지속적 실천한다면 꿈은 저절로 이루어진다.

꿈의 '실패'와 '포기'의 차이

실패와 포기의 차이가 무엇인지 아는가? 물론 목적하는 바는 이루지 못했다는 사실에는 같을 수 있지만, 또 다른 목적에서는 차이가 존재한다. 실패는 다음 목적에서 아무런 영향을 미치지 않지만, 포기는 다음을 기약하지 못한다는 사실이다. 따라서 실패와 포기의 차이는 **다음이 있느냐 없느냐**이다. 누구나 실패를 하지만 그때마다 포기는 사람마다 차이가 있을 것이다.

다음은 영국의 유명한 수상이었던 윈스턴 처칠이 옥스퍼드대학 졸업식에서 행한 축사이다. "Never give in, never give in, never, never, never, never—in nothing, great or small, large or petty—never give in except to convictions of honor and good sense.". 명예와 선의의 신념을 제외하고는 절대로 포기하지 말라는 내용이었는데 'never(절대로)'가 무려 7번이 나온다. 사람은 꿈을 포기하면 삶에 의미가 퇴색되기 때문이다.

어느 책에서 본 쥐들을 실험한 내용이다. 빛이 완전히 차단된 아주 큰 물통에서 쥐가 포기할 때까지 헤엄치도록 실험을 했더니 3분이 약간 넘었다. 그런데 또 다른 쥐에게는 똑같은 환경에서 한 줄기 빛이 비치도록 실험을 하였더니 무려 36시간 이상 헤엄을 쳤다.

무려 700배 차이가 나는 것이다. 이것은 무엇을 의미하는가? 삶에는 희망이 있어야 한다는 것이고 사람들에게는 한 줄기 빛이 '꿈'이 아닐까 한다. 꿈꾸기를 지속해야 할 이유이다.

큰 꿈을 이룬 사람들이 '더 많이 실패하고 더 일찍 실패하라, 그리고 두려워하지 마라.'라고 권하고 있다. 꿈 준비에 실패하면 꿈 실패를 준비하는 것이며, 꿈은 실패했을 때 끝나는 것이 아니라 포기했을 때 끝나는 것이다.

> 세상에는 단 두 가지의 법칙만이 존재한다.
> 첫째, 절대로 포기하지 말 것.
> 둘째, 첫 번째 법칙을 절대로 잊지 말 것.
> - 에드워드 케네디

내가 정말 잘 할 수 있다고 말하면
내가 정말 잘 할 수 있다고 생각하면
내가 정말 잘 할 수 있다고 마음먹으면
내가 정말 잘 할 수 있다고 꿈꾸면
내가 정말 잘 할 수 있다고 믿으면
내가 정말 잘 할 수 있다고 행동하면
나는 정말로 잘 할 수 있습니다.

꿈꾸기 위한 작은 성공(Small Victory) 습관

사람들은 자신감이 없는 이유는 평소에 성공 경험이 별로 없기 때문이다. 그래서 평소에 작은 성공(small victory or small win)을 실천하는 습관이 중요한데 구글 웹스팸팀장이자 총괄 엔지니어인 맷 커츠(Matt Cutts)는 '30일 동안 새로운 것 도전하기'를 통해 다음 4가지를 얻을 수 있다고 한다.

1. 시간을 그냥 흘려보내는 대신 **더 기억에 남는 순간**으로 만들 수 있다.
2. 더 다양한 도전들을 통해 **자신감**을 얻을 수 있었다.
3. 여러분이 무엇인가를 정말 간절히 원한다면 **30일이면 그 일을 충분히 할 수 있다**.
4. 지속적인 변화들, 특히 계속 실천할 수 있는 변화들은 **오래 갈 가능성이 더 높다**.

맷 커츠가 실천한 습관을 예를 들면, '하루 15분 집 주위 청소하기', '매일 사진 찍기', '자전거로 출근하기', '하루에 1667자씩 소설 쓰기', '매일 아내와 15분 산책하기', '30일 동안 소설 쓰기', 'TV 안 보기', '단 것 섭취 안 하기' 등과 같다.

My 30 day challenges

Add:
Bike to work
10,000 steps/day
Take a picture a day
Write a novel

Subtract:
No TV
No sugar
No Twitter
No caffeine

KBS 다큐멘터리 '습관' 2부작을 참고로 보면 습관이 얼마나 중요한 것인지 알 수 있으며, 2부 '꼴찌 탈출, 습관 변신 보고서'에서 실험을 한 내용을 확인 보면 알 것이다. 정말 평범한 학생들이 공부에 자신감을 갖고 성적이 향상되는 것을 알 수 있다.

그래서 우리가 자신감이 없을 때 아주 작은 것이라도 매일 도전하여 성공 여부를 기록해 보자.
'하루에 영어 단어 3개 외우기'
'잠자기 2시간 전에 TV, 인터넷, 스마트폰 하지 않기'
'매일 두 번 이상 스스로 칭찬하기'
'매일 세 번 이상 웃기'
'매일 친구 2명 이상에게 칭찬하기'
'평소 일어나는 시간보다 5분 일찍 일어나기'
'수업 시간 3시간 이상 졸지 않기' 등

습관의 힘

생각을 조심하라. 그것이 너의 말이 된다.
말을 조심하라. 그것이 너의 행동이 된다.
행동을 조심하라. 그것이 너의 습관이 된다.
습관을 조심하라. 그것이 너의 인격이 된다.
인격을 조심하라. 그것이 너의 운명이 된다.

꿈을 이룬 사람들이 즐겨 쓰는 단어들

꿈을 이룬 사람들을 만난 적이 있거나 인터뷰를 들어본 적이 있는가?
평소에는 아무 생각 없이 '그저 그렇구나'라고 느끼는 경우가 많을 것이다. 하지만 이분들의 쓰는 단어를 종합하여 들어보면 긍정적이거나 도전적인 말들을 많이 한다. 만약 들어본 적이 없거나 기억이 나지 않는다면 지금부터라도 아래 표를 비교해 보기 바란다.

물론 내가 꿈을 이루기 위해 노력하고 있다면 과연 나는 어떤 단어들을 즐겨 쓰는지 한번 체크해 보면 좋겠다. 아래 단어들을 많이 쓰는 친구가 있다면 그 친구는 앞으로 성공할 확률이 아주 높을 것이다.

항상	마침내	오로지
드디어	기필코	반드시
꾸준히	남 몰래	절박한
점점 더	묵묵히	신나게
설레는	꿈꾸고	간절하게
의도적으로	자나 깨나	꽂혔다
정신없이	생생하게	미친 듯이
습관처럼	절절하게	도전하여
주저 없이	목숨 걸고	차근 차근
지금부터	과감하게	매일 매일
끊임없이	더 신나게	노력하고
상상으로	밤낮으로	색다르게
굳게 믿고	재미있게	즐기면서
보람있게	행운으로	가슴 벅찬
두근 두근	소리치며	망설임 없이
혼자 힘으로	희망을 품고	미처 모르고
꿈이 현실로	흔들림 없이	꿈에 그리던
오뚝이처럼	벼랑 끝에서	다 팽개치고
일단 저지르고	일단 들이대고	밤잠을 설치며
그토록 그리던	죽을 힘을 다해	눈물을 머금고
환상을 가지고	조금씩 조금씩	남들과 다르게
어느 순간엔가	밀쳐봐야 본전	너무 힘들어서
상상도 못했던	맨 밑바닥부터	누구의 도움 없이
하루에도 몇 번씩	운명의 장난처럼	끝없이 실패해도
자신감을 가지고	남 의식하지 않고	그럼에도 불구하고
추호의 의심 없이	뒤도 돌아보지 않고	하루도 거르지 않고
아무도 생각지 않았던	당장에는 아니더라도	의식적·무의식적으로
더 이상 물러설 곳이 없어서	시간 가는 줄 모르고	지푸라기라도 잡는 심정으로

꿈을 이룬 사람들이 즐겨 쓰는 문장들

'꿈을 이룬 사람들이 즐겨 쓰는 문장들' 역시 '꿈을 이룬 사람들이 즐겨쓰는 단어들'과 마찬가지이다. 우리가 유심히 관찰하지 않으면 그냥 지나치지만 조금만 주의를 기울여 보면 알 수 있다. 제일 좋은 방법은 성공한 사람들의 책을 읽다 보면 자연스럽게 알게 된다.

그래서 나도 지금부터 아래 '문장들'을 앞의 '단어들'처럼 자주 말하기만 해도 꿈을 이룰 확률이 높다. 사람은 말한대로 이루어진다는 말이 있지 않은가? 만약 그렇지 못하다면 아래 문장들 중에서 마음에 드는 문장을 매일 매일 시간을 내어 적어보는 것도 한 방법이다. 물론 처음에는 쉽지 않을 것이지만 계속해 보면 분명 좋은 변화가 있을 것이다.

꿈은 내 안에 있다	세상에 너를 소리쳐
나는 매일 진화한다	쉬지 않고 했습니다
기어서라도 갔습니다	될 때까지 했습니다
내 꿈은 내가 만든다	열정보다 뜨거운 도전
끝은 또 다른 시작이다	성공의 모습을 그려라
꿈을 향한 과감한 배팅	인생의 관객이 되지 마라
가슴 뛰는 일을 찾아라	절박함이 기적을 만든다
삶은 꿈을 이루는 여정이다	살면서 포기할 것은 없다
꿈이 이끄는 삶이 행복하다	끊임없이 목표를 되뇌어라
너만의 캐릭터로 승부하라	바닥은 생각보다 깊지 않다
자신을 믿는 자가 승리한다	성공을 가로막는 편견을 깨라
포기하지 않으면 끝이란 없다	꿈이 있는 이는 지치지 않는다
정말로 최선을 다했는지 물어라	멈추지 마, 다시 꿈부터 써 봐
내 안에 숨겨진 열정을 찾아라	자신이 타고난 재능을 인정하라
강점으로 가슴 뛰는 일을 찾아라	정직한 노력은 어디서나 빛난다
최고의 라이벌은 최고의 멘토다	도전하는 사람만이 꿈을 이룬다
인생의 전환점을 통해 꿈을 찾다	뛰어라! 지금이 마지막인 것처럼
누구에게나 최고의 하루는 있다	간절히 꿈꾸고 뜨겁게 도전하라
내 인생을 만드는 건 바로 나 자신	희망을 품는 순간, 기적은 일어난다
당신을 위대하게 만들 결심이 먼저다	혼자보다 함께 꿈꿀 때 더 행복하다
기적이란 천천히 이루어지는 것이다	가슴 속 꿈을 튼튼하게 키워 나가다
내 꿈을 이뤄야 하는 이유를 찾아라	꿈을 이루는 프로세스는 모두 통한다
누구나 실패한다. 그 다음이 중요하다	종이 위에 원하는 것을 구체적으로 적어라
넘어졌다? 바로 그 자리에서 승부를 보라	작은 일에도 충실하면 성공은 가까이 있다
한 가지 꿈만 꾸기에는 인생은 너무나 길다	내 꿈은 내가 결정한다. 꿈의 모델을 만나라
그대 눈동자 속이 아니면 답은 어디에도 없다	좋아하는 것은 잘하게 되고 잘하면 열정 생긴다

기록하면서 나의 꿈 찾기(예시 30가지)

꿈을 기록하는 이유는 꿈이 날아가지 않도록 붙잡는 방법이다. 나는 분명 알고 있지만, 바쁜 일상 속에서 급한 일을 하다 보면 내 꿈을 향한 열정은 점점 식기 마련이다. 그래서 많은 성공한 사람들이 에너지가 가장 넘쳐나는 새벽을 택해서 꿈을 실천하는 경우가 많다.

본인이 기록할 수 있는 시간을 만들어 매일 매일 기록하고 관련 자료를 찾아보자.

◉ **실천 방법 : 30가지 항목 중에서 1~2가지 골라서 매일 매일 1개월 기록해 보기**

◉ **반드시 이유를 적을 것. 그리고 이유를 적으면서 내 꿈과 연관 지어 볼 것**

1	내가 가고 싶은 곳(여행지) 30가지
2	내가 좋아하는 음식 30가지
3	내가 타고(자동차 등) 싶은 것 30가지
4	내가 좋아하는 옷 30가지
5	내가 살고 싶은 집 30가지
6	내가 좋아하는 영화 30편
7	내가 좋아하는 드라마 30편
8	내가 좋아하는 책 30권
9	내가 가지고 싶은(물품) 것 30가지
10	내가 만들고 싶은 것 30가지
11	내가 꼭 배우고 싶은 것 30가지
12	나의 롤 모델(닮고 싶은 존경인) 30인
13	내가 꿈을 이루기 위해 꼭 만나고 싶은 30인
14	내가 좋아하는 공연 30가지
15	나의 장점 30가지
16	내가 가지고 싶은 재능(자격증, 능력 등) 30가지
17	내가 좋아하는 노래 30곡
18	내가 좋아하는 신문이나 잡지 30가지
19	내가 좋아하는 연예인 30명
20	내가 하고 싶은 봉사활동 30가지
21	내가 다른 사람에게 베풀고 싶은 것 30가지
22	내가 가장 도전하고 싶은 일 30가지
23	내가 좋아하는 웹페이지(블로그, 카페 등) 30가지
24	내가 좋아하는 스마트폰 앱 30가지
25	내가 가지고 싶은 직업 30가지
26	내가 하고 싶은 3개 이하의 직업이 하는 일 30가지
27	내가 좋아하는 운동 30가지
28	내가 겪었던 일 중에서 즐거웠던 추억 30가지
29	내가 100억을 가지고 있을 때 하고 싶은 일 30가지
30	내가 10,000명을 고용한 회사 회장일 때 하고 싶은 일 30가지

꿈을 꾸고 있는 사람들의 특징

꿈을 꾸고 있는 사람은 사랑하는 사람이 있는 것처럼 숨길 수가 없다. 본인은 숨긴다고 하지만 조금만 자세히 살펴보면 금방 알 수 있다. 꿈을 제대로 꾸고 있는 시간에는 힘들거나 슬퍼하지 않는다. 비록 잠깐은 흔들릴 수 있지만, 금방 제자리를 찾는다. 사물이나 사람을 만나는 관점이 이전과 확연하게 구별이 된다. 무엇보다 행복한 시간을 보내게 된다.

다른 사람들은 이해가 잘 될지 모르지만, 같은 꿈을 가진 사람과의 만남의 시간이나 횟수에는 큰 영향을 받지 않는다. 흡사 이상형을 만났을 때 행동들과 닮았다. '조금만 더 조금만 더'라는 간절한 마음이 솟구쳐 올라올 것이다. 하지만 시작하지 않았다고 실망할 필요는 없다. 지금이라도 시작하면 된다.

1	관심 분야가 재미 있어서 자꾸 하게 된다.
2	관심 분야을 하고 있을 때는 시간 가는 줄 모르고 열중한다.
3	관심 분야를 쉼 없이 계속해서 하고 싶어 한다.
4	관심 분야에 대하여 다른 사람에게 알려 주고 가르쳐 주고 싶어 한다.
5	관심 분야 관련 자료를 끊임없이 찾는다.
6	관심 분야와 관련 있는 사람과 만나기 시작한다.
7	사용하는 언어가 관심 분야 용어로 달라진다.
8	관심 분야에 관련된 이야기가 나오면 눈빛이 달라진다.
9	관심 분야에 일을 하고 있을 때는 다른 일에 별로 관심이 없다.
10	관심 분야 일을 할 때는 밤을 새워도 피곤해하지 않는다.
11	누군가를 만나면 계속 관심 분야를 이야기한다.
12	관심 분야에 대해 주위에 끊임없이 묻는다.
13	관심 분야에 대해 밤낮을 가리지 않는다.
14	관심 분야 동영상을 끊임없이 찾아서 듣는다.
15	일상 생활이 관심 분야에 맞춰져 있다.
16	관심 분야와 관련된 책을 읽기 시작한다.
17	관심 분야와 관련된 동영상(유튜브 등)을 끊임없이 본다.
18	관심 분야와 관련된 음악(노래 등)을 듣기 시작한다.
19	관심 분야와 관련하여 성공한 사례를 찾기 시작한다.
20	관심 분야와 관련된 용품이나 물품을 사기 시작한다.
21	관심 분야와 관련된 일을 할 때는 배고픈 줄도 모르고 집중한다.

꿈을 이루기 위한 '화두(話頭)' 찾기

꿈을 이루기 위해서는 나를 당연히 잘 알아야 한다. 그래서 내가 뭘 잘하고 좋아하는 지도 무엇보다 중요하다. 그리고 또 한 가지가 '내가 무엇을 가장 중요하게 생각하는가?' 라는 것이다. 사람마다 누구나 중요하다고 생각하는 것이 있다.

어떤 사람은 경제적으로 여유 있는 삶, 행복한 가정, 내 마음대로 살 수 있는 삶 등과 같이 내 삶의 중심을 잡아주고 지탱해주며 나아가고 싶어 하는 삶이 무엇이냐 하는 것이다. 나를 끊임없이 알아가는 일을 소홀히 하는 한 내 꿈을 세울 수도 이룰 수도 없다. '나'와 '세상'에 관한 내 생각들을 아래 예시를 보고 깊이 있게 한번 해 보길 바란다.

	1	내가 가장 잘하는 일이 무엇일까?
	2	내가 가장 좋아하는 일이 무엇일까?
	3	내가 꼭 시도하고 싶은 일이 무엇일까?
	4	내가 가장 좋아하는 일이 무엇일까?
	5	내가 가장 필요한 일(과목)이 무엇일까?
	6	내가 지금 당장 하고 싶은 일이 무엇일까?
	7	내가 가장 성공할 수 있는 일이 무엇일까?
	8	내가 가장 오랫동안 할 수 있는 일이 무엇일까?
	9	내가 지치지 않고 계속할 수 있는 일이 무엇일까?
	10	내가 다른 사람보다 특별히 다른 점이 무엇일까?
나	11	내가 평생 동안 할 수 있는 일이 무엇일까?
	12	내가 가장 잘 만들 수 있는 일이 무엇일까?
	13	내가 하지 않으면 안 되는 일이 무엇일까?
	14	내가 가장 아름답게 생각되는 일이 무엇일까?
	15	내가 가장 창의적으로 할 수 있는 일이 무엇일까?
	16	내가 가장 동경(존경)하는 일이 무엇일까?
	17	내가 평소에 항상 하는 일이 무엇일까?
	18	나의 신체적 특징으로 잘 할 수 있는 일이 무엇일까?
	19	나를 가장 행복하게 하는 일이 무엇일까?
	20	내 인생에서 가장 중요한 일이 무엇일까?
	21	세상에서 가장 가치 있는 일이 무엇일까?
	22	세상에서 가장 필요한 일이 무엇일까?
	23	세상에서 가장 최신의 기술은 무엇일까?
	24	세상에서 없어서는 안 될 직업은 무엇일까?
	25	세상을 깜짝 놀라게 할 일이 무엇일까?
세상	26	세상에서 가장 오래된 직업은 무엇일까?
	27	직업과 직업이 합쳐져서 생긴 직업은 무엇일까?
	28	가장 오랫동안 없어지지 않을 직업은 무엇일까?
	29	우리나라에만 있는 직업은 무엇일까?
	30	우리나라에만 없는 직업은 무엇일까?

꿈을 이루기 위한 30일(1달) 습관 만들기 예시(기초)

　꿈을 이루려면 하나라도 시작이 중요하다. 보이지 않는다고 빛나지 않는다고 꿈이 아니라고 생각하지 마라. 꿈을 위해 잠시 쉬더라도 혹은 더디더라도 나아가고 있는 것이 훨씬 더 중요하다. 꿈을 머리에 기억하는 것이 아니라 기록해야 하는 이유는 사라지지 않기 위함이요. 그래서 꿈은 머리보다는 몸(손)으로 기억해야 한다.

　당신이 만약 꿈이 전혀 필요 없다면 당신은 진정으로 행복한 삶을 살고 있다고 볼 수 있다. 우리는 꿈에 푹 빠질 때도 있지만, 조그마한 쪽 꿈(토막꿈)을 꿀 수도 있다. 들으면 잊어버리기 쉽고 보면 기억하기는 하지만 오래가지 못하기 때문에 기록해야 한다.

1	자기가 관심 있는 분야 책 하루 1페이지 읽기
2	스마트폰 게임 하루에 1시간 이내 하기
3	스마트폰 하루 3시간 이내 사용하기
4	하루 2끼 이상 밥 먹기
5	하루에 5분 이상 가족과 이야기하기
6	하루에 5분 이상 친구와 이야기하기
7	내가 좋아하는 과목 하루에 10분 이상 공부하기
8	내 꿈과 관련된 노래 1곡 이상 듣기
9	등교 시간 자신이 정해진 시간에 30일 지키기
10	학교 수업 시간 중 하루에 1시간 이내로 30일 지키기
11	하루에 양치 2번 이상 하기
12	안 좋은 버릇(발 떨기, 코 후비기, 침 뱉기 등) 매일 횟수 줄이기(3회 등)
13	하루에 영어 단어 2개 외우기
14	하루에 수학 1문제 풀기
15	PC 게임 하루에 1시간 이내 하기
16	하루에 TV 2시간 시청하기(주말은 5시간 이내)
17	하루에 3회 미만 가족과 다투지 않기
18	하루 물 1리터 이상 마시기
19	하루 1번 반찬 투정 하지 않기
20	하루 한 번 조금이라도 책상 정리하기
21	하루 한 번 조금이라도 옷 정리하기(양말 바로 벗기, 옷걸이 정리 등)
22	하루 한 번 조금이라도 침대 정리하기(이불 등)
23	하루 20분 이상 책상에 앉아 있기
24	자신의 꿈에 관련된 카페나 블로그, 유튜브 매일 방문하기
25	매일 밤 12시(새벽 1시 등) 이내 잠들기
26	매일 아침 7:20(07:40 등) 이내 일어나기
27	매일 잠들기 20분(30분 등) 전에 스마트폰 만지지 않기
28	매일 잠들기 전에 책(영단어 2개 외우기 등) 1페이지 보기
29	학교 쉬는 시간에 다음 과목 책(준비물) 준비하기
30	하루 한 가지 운동 15분 이상 하기

꿈을 이루기 위한 60일(2달) 습관 만들기 예시(심화)

꿈을 이루기 위한 작은 습관이 만들어진다면 조금 더 강도를 높여서 해 보기를 바란다. 이번 심화 과정에 성공한다면 여러분은 아마 자신감이 붙으리라 본다. 그래서 심화 과정도 1가지를 성공한다면 다른 것을 만들면 분명 무엇인가를 이루게 될 것이다.

여러 번 행하였는데도 잘 안 된다고 낙심하지 말자. 몇 번 했다고 다 성공한다면 무슨 재미가 있겠는가? 그리고 잘하려면 습관이 되도록 계속해 보면 된다.

자기 몸값은 자기 자신에게 달려 있다. 지속해서 자기 자신을 돌아보고 자신의 가치를 발견하고 장점을 더 키우면 되는 것이다.

1	꿈과 관련된 분야 책 하루 5페이지 이상 읽기
2	스마트폰 게임 하루에 30분 이내 하기
3	스마트폰 하루 1시간 이내 사용하기
4	하루에 15분 이상 가족과 이야기하기
5	하루에 15분 이상 친구와 이야기하기
6	내가 좋아하는 과목 하루에 30분 이상 공부하기
7	등교 시간 자신이 정해진 시간에 60일 지키기
8	학교 수업 시간 중 하루에 1시간 이내로 60일 지키기
9	하루에 양치 2번 이상 하기
10	안 좋은 버릇(발 떨기, 코 후비기, 침 뱉기 등) 매일 횟수 줄이기(2회 등)
11	하루에 영어 단어 5개 이상 외우기
12	하루에 수학 3문제 이상 풀기
13	PC 게임 하루에 30분 이내 하기
14	하루에 TV 1시간 시청하기(주말은 2시간 이내)
15	매일 가족과 다투지 않기
16	하루 물 1리터 이상 마시기
17	매일 반찬 투정 하지 않기
18	매일 책상 정리하기
19	매일 옷 정리하기(양말 바로 벗기, 옷걸이 정리 등)
20	매일 침대 정리하기(이불 등)
21	하루 1시간 이상 책상에 앉아 있기
22	자신의 꿈과 관련된 카페나 블로그, 유튜브 매일 2군데 이상 방문하기
23	매일 밤 12시(새벽 1시 등) 이내 잠들기
24	매일 아침 7:20(07:40 등) 이내 일어나기
25	매일 잠들기 20분(30분 등) 전에 스마트폰 만지지 않기
26	매일 잠들기 전에 책(영어 단어 3개 외우기 등) 2페이지 보기
27	하루에 한 가지 이상 운동 30분 이상 하기
28	학교 수업 쉬는 시간에 다음 수업 3분 이상 예습하기
29	학교 수업 쉬는 시간에 이전 수업 3분 이상 복습하기
30	인스턴트 음식 하루에 1가지만 먹기

꿈을 이루기 위한 인생 운명의 '단어'

　꿈을 이루기 위해서는 어떤 분야(단어, 키워드)에서든 많은 시간을 투자하거나 평생을 준비하는 분들이 있다. 그냥 단순히 이루어지지는 않는다. 노력 없이는 성공할 수 없다.

　U20 남자 FIFA 대회 'MVP'를 수상한 '이강인' 선수나 칸영화제에서 '황금종려상'을 수상한 봉준호 감독을 보면 아주 어린 시절부터 자신이 하고 싶은 분야의 꿈을 가지고 있었음을 확인할 수 있다.

　내 인생의 '단어'는 어느 날 아침에 뚝딱 생겨나는 것은 아니다. 처음에는 아주 사소한 호기심에서 시작할 수도 있습니다만 성공하기까지는 시간이 오래 걸릴 수도 있다.

　만화가 허영만도 원고 1회분(25~30쪽)을 그리려면 참고 서적 20~30권을 조사하고 취재를 나갈 때는 수백 장의 사진을 찍는다.

　또한 〈바람과 함께 사라지다〉와 〈로마제국의 흥망사〉를 쓰기 위해 자료 수집하는데 각각 20년, 〈웹스터 사전〉을 만드는 데는 36년이 걸렸다.

　그러나 너무 어려워할 필요는 없다. 개인 차이도 있고 나중에 바꿀 수도 있지만, 무엇보다 '뭔가'를 시작하는 것이 훨씬 더 중요하다.

성공인	단어(키워드)	성공인	단어(키워드)
BTS(방탄소년단)	노래와 춤	김정호	지도
손흥민, 이강인	축구	세종대왕	한글
류현진, 박찬호	야구	아우디	건축
유재석, 강호동	MC	파스퇴르	미생물
도티TV, 대도서관 TV	유튜버	앙리 파브르	곤충
김병만	도전(달인)	빌 게이츠	IT
이상혁, 임요환, 홍진호	프로게이머	스티브 잡스	아이폰
송강호, 황정민, 김혜수	배우	간디	비폭력운동
나영석, 김태호	PD	허준, 슈바이처	의사
손석희	아나운서	나이팅게일	간호
봉준호, 박찬욱, 임권택	영화 감독	노벨	화약
박인비, 박세리, 나경주	골프	에디슨	전구
이세돌	바둑	비아이지, 제이지	래퍼
서정권, 윤미래	래퍼	베컴, 메시, 펠레	축구
설민석	역사	톨스토이, 세익스피어	소설
한강, 공지영, 신경숙	소설	라이트 형제	비행
윤동주, 한용운	시인	피카소, 고흐	그림
방정환	어린이	스티븐 호킹	블랙홀
강풀, 허영만	만화	찰스 다인	생물

꿈을 이루는 데 도움이 되는 '자연 생태계'들

　자연 생태계를 보면 인간과 달리 신기한 것들이 많다. 그중에서도 일부는 과학이 많이 발달한 오늘날까지도 그 비밀이 완전히 풀리지 않은 것들이 있는데, 아주 오랜 시간 동안 환경에 적응하기 위해 진화한 생명체도 있다. 그래서 우리가 뭔가를 이루려고 하는 것들은 시간이 필요하다. 금방 뭔가 이루어지는 것들은 단지 호기심으로 하는 것들이다. 날개를 가지고도 날지 못하는 새는 펭귄, 거위, 닭, 오리 등과 같이 전 세계적으로 40여 종이나 된다.

　이들은 처음부터 날지 못하지는 않았을 것이다. 주변 환경에 지배되어 날지 않는 방향으로 진화한 것뿐이다. 우리가 살아가면서 주변에 꿈을 꾸는 사람들이 별로 없다면 나도 꿈을 꾸지 않을 확률이 높다. 물론 아무도 주변에 꿈꾸는 사람이 없더라도 나는 꿈을 꿀 수 있다. 그런 정신이 당연히 필요하지만 여기서 소개하는 것들을 보면서 나의 꿈에 대한 도전을 멈추지 말자. 이 자연계 생물체들의 신비로움이 나의 꿈에 도움이 될까 한다.

벌새

　벌새는 아메리카 대륙에서만 사는 아주 작은 조류로서 공중에서 앞뒤, 수직 및 정지까지 할 수 있는 아주 희귀한 새이다. 작지만, 알라스카에서 아르헨티나까지 그리고 사막과 해안가, 저지대에서 안데스산맥의 5,000m까지 가혹한 환경에서도 살아가고 있다. 날개짓은 새인데도 불구하고 초당 15~80회에 육박하기 때문에 자연히 '윙' 소리를 낸다. 심장 박동은 평소에는 분당 500번을 뛰지만, 빠른 속도로 날 때는 분당 1,200회에 이르며, 평생 박동 수는 45억 번으로 70세 노인의 생애 심장 박동 수의 두 배에 해당한다.

호박벌

　호박벌은 덩치가 커서 꽃에 앉았다가 기울어져 떨어지기도 한다. 다른 벌들과 비교해서 날개가 작고 몸집이 큰 벌로 크기는 여왕벌 19~23mm, 수컷은 20mm 일벌은 12~19mm로 역할에 따라 크기가 다르다. 유체학적으로 날기에 부적합한 몸집인데도 불구하고 호박벌은 꿀을 모으기 위해 하루에 약 200Km 이상(일주일 평균 1,600km: 약 서울-부산 왕복 2회) 되는 먼 거리를 쉴 새 없이 날아다닌다.

기러기

　기러기는 먹이와 따뜻한 곳을 찾아 최고 7,600m 높이의 히말라야산맥을 넘는다. 인도기러기는 길이 70㎝에 몸무게 1.8~2.9㎏으로 에베레스트(8,848m)를 넘기도 한다. 남극과 북극을 2번 오가는데 그 거리가 40,000km나 되는데 전체 비행시간의 90% 이상은 6,000m 정도로 날아간다.

기러기의 위대한 비상은 장거리 여행의 최적화를 위해 여러 특징을 가지는데 첫째, V
자 형태의 집단으로 대형을 이루어 서로 단합하여 나는데 이는 혼자 나는 거리의 72%
정도 더 멀리 날 수 있기 때문이다. 두 번째는 가장 힘든 맨 앞 기러기가 일정 기간 날
아서 지칠 때가 되면 곧바로 그 뒤를 따르는 기러기가 교대한다. 세 번째는 맨 앞 리더
가 끊임없이 격려하는 소리를 냄으로써 동질감을 가지게 한다. 마지막으로는 기러기 중
에서 한 마리가 낙오되면 꼭 두 마리가 함께 남아서 낙오된 기러기를 돕는다. 그래서 꿈
도 함께 꾸면 힘도 덜 힘들고 오랫동안 꿈을 키울 수 있는 사례로서 기러기를 예시로 소
개된 적이 많다.

큰뒷부리도요새

큰뒷부리도요새는 몸길이 41㎝에 70~80㎝ 길이의 날개를 지니고 있으며, 태평양을 세
로로 건너질러 뉴질랜드에서 알래스카까지 비행하고 있다. 1만㎞가 넘는 이 끝없는 망망
대해를 8~9일 동안 아무것도 먹지 않고, 잠도 한숨 자지 않고, 물 한 방울 마시지 않고
쉬지 않고 날갯짓을 한다. 어느 다큐멘터리에서 소개된 한 도요새는 2만7000㎞에 이르
는 알래스카~뉴질랜드~서해~알래스카 여정을 4번 완수하였는데 이 거리는 지구에서 달
까지의 거리 중 3분의 1을 난 셈이다. 도요새에게는 몸의 조직과 장기가 변하는 극단적
생리 변화가 일어나는데 여행을 떠나기 전 최대한 많은 지방을 몸에 채우기 위해 비행하
는 동안 불필요한 소화기관 등의 장기는 가능한 한 축소한다.

유럽칼새(Common swift, 학명: Apus apus)

유럽 칼새는 장거리 비행 완주(完走)를 위해 태어난 새로서 10개월간 쉬지 않고 날면
서 스칸디나비아와 중앙아프리카 사이를 이동한다. 지금까지는 단지 오랫동안 날고 있다
는 추측만 무성하였으나 추적 장치 개발로 놀라운 사실이 밝혀졌다. 중간에 앉아 있는
새를 본 적이 없어서 추측뿐이었다. 일부 새들은 겨울철에 몇 번 짧게 야간착륙을 시도
했지만, 전체적으로 보면 99%의 시간을 공중에 머물렀다고 한다. 동물 대부분은 약간의
수면 부족만으로도 큰 고통을 받는 것에 비하면 경이로운 사실이다. 유선형 몸매와 길고
좁은 날개 덕분에, 그들은 저비용으로 양력(lift force)을 만들 수 있으며, 날아가는 흰개
미, 공중부양한 거미, 기타 날아다니는 곤충을 먹고 산다.

민물장어(뱀장어-뱀長漁)

민물장어는 몸길이 40~60cm로 몸이 긴 원통형이며 피부가 미끌미끌하며 수명은 10
년~15년이다. 민물에서 5~12년간 살다가 8~10월에 산란하기 위해 바다로 내려가 난류를

따라 16~17℃의 높은 수온과 높은 염도를 가진 3,000km 밖 심해에 들어가 알을 낳는다. 알에서 깨어나 5~7cm 반투명체 실뱀장어가 되면 다시 어미가 살던 민물로 돌아오는데 아무것도 먹지 않고 6개월을 헤엄쳐 온다. 민물에 돌아온 민물장어는 70~150cm로 확 자라게 된다. 그 과정이 아직 자세히 밝혀지지 않았고 민물에서 태어나 바다에서 자라서 산란하기 위해 다시 민물을 찾는 연어와는 정반대이다.

코이(Koi)

일본에서 관상어로 많이 키우는 비단잉어로서 수명은 30년 정도로 긴 편이다. 이 물고기는 작은 어항에서 기르면 5~8㎝밖에 자라지 않지만, 커다란 수족관이나 연못에 넣어두면 15~25㎝까지 자란다. 그리고 강물에 방류하면 90~120㎝까지 자란다. 같은 물고기이지만, 환경에 따라 그 크기가 달라지는 물고기이다. 우리는 대부분 자신이 사는 환경에 별로 신경을 쓰지 않는 것에 비하면 아주 특이하다고 할 수 있겠다. 더 크고 넓은 세상에 나가서 나의 역량을 마음껏 발휘한다면 분명 작은 곳에서 살 때보다는 더 큰 성과가 있을 것으로 생각한다.

메뚜기, 벼룩, 거품벌레

메뚜기는 앞쪽에 있는 다리는 4개, 뒤쪽 다리는 2개로 몸길이가 3~4cm 정도이며 평소에 높이뛰기를 하면 자기 몸의 6배 정도 뛰어오를 수 있습니다만 바람을 잘 타면 200배까지 날 수 있다고 한다. 벼룩은 몸길이가 2mm로 아주 작으며, 눈이 2개, 뾰족한 입이 1개, 다리가 6개 있습니다. 벼룩은 높이뛰기를 하면 20cm까지 뛸 수 있는데 자기 몸의 100배 정도이다. 그러나 작은 병에 오래 두면 그 병 높이만큼만 뛸 수 있다.

거품벌레는 몸길이가 6mm 정도인데 70cm를 뛰어올라 약 120배이며 초속 4,000m로 중력이 자기 몸무게 400배가 넘는 데도 안전하게 착지한다.

모죽(毛竹)

모죽은 5년 동안 3cm 정도로만 자라다가 5년이 지나서야 비로소 쑥쑥 자라는 대나무이다. 심은 후 5년 동안은 아무런 변화가 없다가 5년이 지난 다음에야 죽순이 돋아나고 그때부터 하루 70cm씩 자라기 시작하고 불과 6주 만에 30m가 넘도록 자란다. 그 뿌리가 약 4km 뻗는다고 하니 그저 놀랍다. 우리 육안으로는 보이지 않았지만, 튼튼한 대나무로 자라기 위해 뿌리부터 아주 오랫동안 튼튼하게 만들고 있었다. 본인이 꿈을 이루려고 노력하고 있다면 시간이 걸리더라도 그 결과는 반드시 있으리라 생각한다.

꿈을 이루는 데 도움이 되는 '꿈의 호르몬'들

　사람들이 하루를 열심히 살아가고 있지만, 시간이 흐르면서 지치게 마련이다. 본인은 물론 최선을 다한다고 하지만 점점 체력이나 정신은 처음과 다름을 알 것이다. 나에게 가장 잘 맞는 신체 리듬을 찾아야 '꿈'을 이루는 데 도움이 될 것이다. 그래서 내 몸속의 호르몬을 알아볼 필요가 있다. 무엇이든 처음에는 쉽지 않지만, 행복한 꿈을 꾸기 위한 내 몸에 최고의 '호르몬'이 흐르게 하자. (위키 백과 참조)

세라토닌(Serotonin)
　뇌 속 40여 종류의 신경전달물질 중 하나. 자율신경과 호르몬의 균형을 담당하며 특히 우리의 감정 조절에 중요한 역할을 하고 있다. 분비되면 심신의 안정과 행복감을 주는 특성 때문에 '행복호르몬'이라고도 하고 신경의 지휘자 역할을 한다. 도파민(긍정적 마음)과 노르아드레날린(부정적 마음)을 잘 조절하여 평상심을 유지할 수 있도록 한다.
○ 생활 속에서 세라토닌이 많이 흐르게 하는 방법
　· 복근 리듬(단전 호흡, 명상, 요가 등, 호흡 스트레칭, 소리내기), 햇빛 쐬기, 걷기, 일상생활 리듬 동작(몸 움직이기. 신경 써서 호흡하기), 건강달리기, 씹기, 웃기, 수영, 노래 부르기, 소리 내어 읽기, 리듬체조 등
○ 세라토닌이 많이 흐르게 하는 식사
　· 세로토닌 합성에 필요한 필수아미노산인 트립토판이 들어 있는 치즈 등의 유제품, 바나나, 콩 식품 등

도파민(Serotonin)
　쾌락과 긍정적인 마음, 성욕, 식욕 등을 담당하고, 혈압조절, 중뇌에서의 정교한 운동 조절 등에 필요한 신경전달물질이자 호르몬이며 쾌감·즐거움 등에 관련한 신호를 전달하여 인간에게 행복감을 느끼게 한다. '꿈'을 이루어가는 짜릿한 흥분도 도파민의 분비를 촉진한다. 사람을 기분 좋게 만드는 중독 물질에 더 많이 분비되는데 마약, 담배, 게임, 알코올, 도박이 대표적이다. 그리고 단백질 중에서 티로신(tyrosine)과 페닐알라닌(phenylalanine)이라고 불리는 아미노산이 도파민 생성에 중요한 역할을 한다.
○ 도파민이 많이 흐르게 하는 식사
　· 닭가슴살, 소고기, 달걀, 유제품, 콩 등 양질의 단백질 식품

엔도르핀(Endorohins)

내인성 모르핀(endogenous morphine)이라는 뜻으로, 뇌 속의 마약으로 아픔을 못 느끼게 하는 모르핀의 100배 이상의 통증을 줄여주는 물질이다. 마라톤, 높은 산 등산, 스카이다이빙과 같은 격한 운동을 할 때 그 고통을 줄여주는 역할을 한다. 산모의 출산에서도 인생 최대의 어마어마한 출산의 고통을 줄여주기 위해 산모도 아기에게도 엔도르핀이 생성되어 고통을 완화 시켜주는 것이다. 밀가루, 가짜 진통제 약(플라시보, placebo)도 믿으면 뇌에서 진짜로 인식하여 통증을 못 느끼게 된다. 따라서 '안 아프다.', '안 괴롭다.', '할 수 있다.'라는 생각이 부정적인 것보다 뇌에 마약 같은 신경계로 이르게 되어 내 몸에 면역력을 높여주는 효과가 있다.

아드레날린(Adrenaline)

우리가 살아 있음을 느끼게 해 주며, 뇌가 특정 자극을 위협하는 것으로 이에 대항하거나 도망칠 수 있도록 신체를 준비시켜 준다. 운동하거나 춤을 추거나 사랑을 하거나 놀이 기구를 타면 만족감이 최고 상태에 달한다. 아드레날린이 분비되면 정신 건강과 관련된 호르몬인 세로토닌이 생성되어 스트레스를 받지 않는다. 또한 우리의 혈관을 확장하고, 우리의 심장 박동을 증가시킨다. 우리의 도전을 극복하기 위해 우리를 자극할 수 있다. 우리가 시험에 최선을 다하거나, 낭만적인 데이트를 즐길 수 있게 해 주며, 춤을 추고, 다른 사람들과 즐거워할 때 우리를 즐겁게 만든다.

다이돌핀(Didorphin)

다이돌핀은 엔도르핀보다 4,000배나 강한 호르몬으로 최근 발견되었으며, 암을 치료하고 통증을 해소하는 효과가 있다. 또한 다이돌핀은 커다란 감동이나 아주 새롭고 놀라운 사실을 알게 되었을 때 가장 많이 생성된다. 대표적으로 많이 생성되는 것들을 소개한다.
 - 노래와 춤으로 감성지수가 높아져 감동을 받을 때.
 - 멋진 풍경에 감동을 받았을 때.
 - 가슴이 뭉클한 감동을 받았을 때.
 - 자신이 원하는 대단한 목표를 성취했을 때.
 - 매우 힘들 때 누군가로부터 구원의 손길을 받았을 때.
 - 환상적인 사랑에 빠져 있을 때.
 - 마음 속 깊이 한없는 기쁨이 용솟음칠 때

꿈을 이루는 데 도움이 되는 '용어(用語)'들

꿈을 이루어가는 과정에서 우리는 알게 모르게 크고 작은 도전을 받게 되어 있다. 그 도전을 포기하지 않고 무사히 잘 넘기는 지혜가 필요하다. 물론 개인의 차가 있지만, '현상'들을 알고 있으면 좋지 않을까 한다.

Tipping point(티핑 포인트)

꿈을 이루기 위한 다양한 작은 노력이 아무리 해도 그대로 인 것 같지만, 어느 정도 기간을 두고 쌓여, 어느 순간 적은 노력 하나만 더 일어나도 갑자기 큰 결과를 초래하는 효과로서 공부나 운동을 아무리 해도 그대로인 것 같은데 포기하지 않고 계속하면 어느 순간 쑥 늘어나는 순간을 말한다. 이것은 어떠한 현상이 서서히 진행되다가 작은 요인으로 한순간 폭발하는 것으로 단어 그대로 풀이하면 '갑자기 뒤집히는 점'이라는 뜻이다. 때로는 엄청난 변화가 작은 일에서 시작되어 폭발적으로 번질 수 있음을 의미한다. 그로진스(Morton Grodzins)가 1957년 '화이트 플라이트' 연구에서 처음 사용

Quantum jump(퀀텀 점프) 대도약

원래는 양자역학이라는 학문에서 나온 말로서 원자에 에너지를 가하면 핵 주위를 도는 전자는 낮은 궤도에서 높은 궤도로 점프하면서 에너지 준위가 계단을 오르듯 불연속적으로 증가하는 현상. 꿈을 이루기 위해 노력하는 만큼 매번 성장하는 것이 아님을 알 것이다. 예를 들면 게임을 하다 보면 어느 순간 다음 단계로 넘어가는 현상을 겪게 되는 것을 말한다. 티핑 포인트와 비슷한 현상인데 티핑 포인트가 순간이라면 퀀텀 점프는 다음 단계로 나아가는 현상을 말한다.

Critical Mass(크리티컬 매스) 임계량[臨界量]

물리학에서 시작된 개념으로 어떤 핵분열성 물질이 일정한 조건에서 스스로 계속해서 연쇄반응을 일으키는 데 필요한 최소한의 질량을 말한다. 이것은 꿈을 이루기 위해 내가 그동안 쌓아야 할 노력이나 인내의 양을 말한다. 그 노력이나 인내가 어느 정도 쌓여야 한다는 것이다. 그래서 '임계량'까지 가지 못한 노력이나 인내는 시작하지 않은 것보다는 훨씬 좋지만, 만족할만한 결과는 얻지 못한다는 것이다. 물이 99도에는 끓지 않다가 1도만 더 높아지면 끓는데 그 1도가 임계량이다.

Plateau effects(플레토 이펙트) : 고원(高原) 효과

　산 정상에 올라가다 보면 넓은 공간이 나오는 데 이를 고원(高原)이라 한다. 세계적으로 유명한 히말라야 산지 부근의 티베트고원과 파미르고원, 북아메리카 로키산맥 부근의 콜로라도고원 등이 있으며, 우리나라에도 백두고원, 개마고원 등이 있다.

　공부할 때 성적 상승이 일시적으로 정체하는 현상으로 공부를 계속하는데 성적이 올라가지 않고 지지부진한 현상이다. 고원 효과는 학생들이 학습 노력에서 성적이 정비례하는 것이 아니라 계단 형태로 성적이 오른다는 것이다.

　개인의 차가 있지만, 성적이 멈춰 있는 계단은 공부를 잘할수록 점점 더 길게 나타나는 경향이 있다. 공부가 부족한 학생들이 열심히 하면 성적이 짧은 기간에 오르지만, 상위권에 올라갈수록 오르는 시간이 많이 소요되는 것이라고 할 수 있다.

Exceeding limits(익세딩 리미츠)

　'한계를 넘어서'라는 뜻으로 어떤 힘든 일에 부딪히고 있을 때 계속하여 나아갈 때를 말하는 현상. 우리는 아주 힘든 상황이 오면 '여기까지인가 보다'라는 생각을 하게 되고 멈춰서게 된다. 이때 포기하면 끝이지만, 포기하지 않고 묵묵히 진행한다면 내공이 계속 쌓이게 되고 이 내공이 뭔가 결실을 보게 된다.

　달리기를 해 보면 정말 죽을 것 같은 시점(dead point)이 온다. 거기서 그만두면 끝이지만 속도를 아주 완벽히 낮추어서 아주 천천히라도 나아가면 목적지에 도착하게 되는 것이다. 꿈이 있는 사람에게는 한계(限界)가 없고, 꿈이 없는 사람은 한 게 없다.

Fighting spirit(파이팅 스프릿)

　우리 말로는 '투혼'이라고 할 수 있는데 자신의 몸과 마음을 한계치까지 끌어올려 나아가고 있는 현상을 말한다. 흔히 올림픽 같은 큰 대회가 시작되면 우리가 모르고 있었던 운동선수들의 '투혼' 소식을 언론들이 알려 준다. 때로는 가난이나 신체의 약점을 극복하여 좋은 결과를 낼 때 우리는 자연스럽게 알게 된다.

양질전환(量質轉換)의 법칙

　헤겔과 마르크스가 말한 개념으로 '양(量)적인 것들이 쌓이면 어느 한순간 질(質)적인 변화가 일어난다.'라는 의미이다. 피카소의 2만 점의 작품, 아인슈타인의 240편 논문에서 보듯이 꿈을 위해 지속해서 꾸준히 열심히 하면 그중에서 아주 뛰어난 결과가 나오는 것이다.

꿈을 이루는 데 도움이 되는 '공식(公式)'들

인간이 살아가는 가장 큰 목적은 '삶이 계속되는 한 행복'이 아닐까 한다. 누군가에게는 아주 시시하게 보이는 아주 작은 행동들(예, 수집 등)이 그 사람에게는 엄청난 행복일지도 모른다. 꿈을 꾸는 목적도 '행복'이 아닌가 한다. 만약 꿈이 이루어졌을 때 행복하지 않다면 아마도 꿈의 진정한 의미를 모르는 것이다.

그 과정에서는 아주 고통스럽고 힘들 과정이 있을지도 모른다. 올림픽이나 국제대회에 참가하는 목표는 가시적으로는 '1등'을 하는 것이지만, 최종 목표는 행복한 마음을 가지는 것이다. 극한 체험(사막 마라톤, 철인 경기, 에베레스트 등정 등)도 가시적으로는 그 행동들이 성공하는 것이지만, 최종 목표 또한 행복한 마음을 가지는 것이다.

그러면서도 가끔은 내가 누군가와 비교해 보거나 내가 꿈을 꾸는 과정에 대하여 객관적으로 바라보는 것들이 필요할 수 있다. 이에 관련된 공식들을 소개하니 참고하길 바란다.

❖ 행복 방정식

$$P + (5 \times E) + (3 \times H) = (\qquad)$$

P (개인 인격)	E (존재)	H (고차원)
1+2를 합한 점수	3의 점수	4의 점수

질 문	점수 (1~10)
01 당신은 얼마나 사교적이고, 열정적이며, 변화에 유연한가?	( )
02 당신은 얼마나 긍정적인 시각을 가지고 있는가, 우울하거나 가라앉은 기분에서 얼마나 빨리 벗어나고, 인생을 스스로 잘 통제한다고 느끼는가?	( )
03 당신의 건강, 재정 상태, 안전, 자유 등의 조건에 만족하는가?	( )
04 당신이 하는 일에 몰입하고, 기대를 충족하며, 목적 의식을 가진 일을 하고 있는가?	( )

※ 행복지수가 100에 가까울수록 행복한 것을 의미하며, 영국 심리학자 로스웰(Rothwell)과 인생상담사 코언(Cohen)이 2002년에 발표한 행복 공식

생생하게 꿈을 꾸면 꿈은 반드시 이루어진다

$$R = V \times D$$ (Realization = Vivid × Dream)

R=VD는 생생하게 꿈을 꾸면 꿈은 반드시 이뤄진다는 뜻으로 이지성 작가의 《꿈꾸는 다락방(2007)》에 언급된 내용으로 일반인들에게 많이 알려져 있다. 비슷한 개념으로 '행운은 우연히 찾아오는 것이 아니라 마음속으로 끊임없이 바랐던 일이 현실로 나타난다는 일종의 경험 법칙'이라는 '줄리의 법칙(Jully's law)'을 들 수 있는데, 이는 간절히 바라는 일은 언젠간 이루어질 수 있다는 법칙을 의미한다. 또한 '머피의 법칙(Murphy's law, 하는 일마다 잘 풀리지 않은 일들이 계속 되풀이된다)'과 반대되는 '셀리의 법칙(Sally's law, 하는 일마다 연속적으로 잘 이루어진다)'과도 다르다. 셀리의 법칙이 행운이나 우연에 더 초점이 맞춰져 있다면, R=VD는 내가 꿈을 이루기 위해 포기하지 않고 지속해서 나아가기만 한다면 이루어진다는 노력에 초점이 맞춰져 있다.

'폭풍 성장'은 '진정한 스펙'이 '올바른 방향성'을 가질 때 이루어진다

$$CG = R \times V$$ (Crazy Growth = Real spec × Vector)

CG=RV는 2017년 청룡영화상 남우 조연상을 받은 영화배우 '진선규'는 20년 연기 생활이었지만, 무명이었다. 한국 나이 40살이 넘도록 오로지 앞만 보고 달린 '스펙'과 '방향성'이 제대로 이루어진 것이다. 시작은 주로 대학로에서 연극과 뮤지컬을 했지만, 드라마와 영화로 그 방향을 돌렸다. 꿈을 위해 포기하지 않고 묵묵히 진정한 스펙을 쌓았고 그 방향성도 올바르게 되었다.

휴대전화 판매원이던 폴 포츠(Paul Potts)는 초라한 외모, 가난과 왕따, 교통사고, 종양 수술 등 어려운 상황 속에서도 오페라 가수의 꿈을 포기하지 않았다. 그러다가 오디션 TV 프로그램인 '브리튼즈 갓 탤런트'에 출연해 우승함으로써 순식간에 세계적인 스타덤에 올랐다. 휴대전화 외판원으로 얻은 수입으로 노래를 계속하는 스펙을 쌓았고 또한 대중에게 다가가는 방향성도 올바르게 이루어진 것이다.

'역경지수(Adversity Quotient)'와 '회복탄력성 지수(Resilience Quotient)'

꿈을 이루어가는 과정에서 반드시 만나게 되는 '역경'이 있다. 그 역경을 누군가는 '걸림돌'이라고 하지만 또 다른 누군가는 '디딤돌'이라고도 한다. 누구나 '꽃길'을 걷고 싶겠지만 '가시밭길(역경)'을 피할 수는 없다. 당연한 세상의 '이치'이지만, 극복해야 할 과제이다. 어딘가를 갈 때 우리는 수없이 많은 '빨간' 신호등과 '초록' 신호등을 만나지 않는가?

'역경지수(Adversity Quotient)'는 역경과 고난에 굴하지 않고 합리적인 판단으로 목표를 성취하는 능력을 말한다. 1997년 미국의 소통 이론가 폴 스톨츠(Paul G. Stoltz)가 자신의 책 "장애물을 기회로 전환시켜라(Turning Obstacles into Opportunities)"에서 사용한 용어로서, 역경지수가 높을수록 포기하지 않고 도전하는 의지와 위험을 긍정적으로 감수하고자 하는 낙관주의가 확립되어 있다고 한다.

스톨츠는 자신의 책에서 역경 대처 방식을 3가지 등산가로 분류했다.

첫 번째는 산에 오르다 힘이 들거나 장애물을 만나면 쉽게 등반을 포기하는 퀴터(quitter),

두 번째는 뚜렷한 대안을 찾지 못하고 캠프를 치고 안주하는 캠퍼(camper),

세 번째는 자신의 모든 능력과 지혜를 동원해 산을 정복하려고 하는 클라이머(climber)이다.

세 번째가 AQ가 가장 높고 역경을 헤쳐 나가려는 리더십을 발휘하며 두 번째 캠퍼가 전체의 80%이다.

정복자 칭기스칸(Chingiz Khan, 1162-1227)은 역경을 넘어서는 '리더'가 되라고 했다. 그리고 그가 한 말은 다음과 같다.

"집안이 나쁘다고 탓하지 말라. 나는 9살 때 아버지를 잃고 마을에서 쫓겨났다. 가난하다고 말하지 말라. 나는 들쥐를 잡아먹고 연명했고, 목숨을 건 전쟁이 직업이고 일이었다. 작은 나라에서 태어났다고 말하지 말라. 그림자 말고는 친구도 없고, 병사는 10만, 백성은 어린애, 노인까지 합쳐 200만도 되지 않았다. 배운 게 없다, 힘이 없다고 탓하지 말라.

나는 이름도 쓸 줄 몰랐으나 남의 말에 귀 기울이면서 현명해지는 법을 배웠다. 너무 막막하다고, 그래서 포기해야겠다고 말하지 말라. 나는 목에 칼을 쓰고도 탈출했고, 뺨에 화살을 맞고 죽었다 살아나기도 했다. 적은 밖에 있는 것이 아니라 내 안에 있었다. 나는 내게 거추장스러운 것은 깡그리 쓸어버렸다. 나를 극복하는 그 순간 나는 칭기스칸이 되었다."

'회복탄력성(Resilience)'은 어려운 일을 마주쳤을 때 그것을 이겨내고 다시 회복하는 힘이다. 회복탄력성이 높은 사람은 어려움을 만났을 때 그 어려움을 극복하는 것은 물론이고 그 이전보다 더 높은 위치로 올라간다. 몸의 힘이 근육에서 나오듯 마음의 힘은 회복탄력성에서 나온다. 그래서 회복탄력성은 근육과 비슷하다.

근육과 회복탄력성은 모두 가지고 있지만, 개인 차이가 있다. 태어날 때부터 근육량이 많은 사람이 있듯이 선천적으로 회복탄력성 또한 모두 다르다. 학자들은 대략 인구의 3분의 1만이 선천적 회복탄력성을 지니고 있다고 한다.

컵에 물이 반 정도 있을 때 낙관적인 사람은 "반이나 있다", 비관적인 사람은 "반밖에 없다"라고 한다. 하루 아침에 '지금부터 긍정적으로 생각해야지'라고 한다고 갑자기 '물이 반이나 있다.'고 생각되지 않는다. 이것은 근육질의 '몸짱'으로 만든다는 생각만 가진다고 갑자기 이루어지는 것은 아니다.

회복탄력성 지수를 높게 하려면 3가지가 중요하다.

첫째는 자신의 강점을 발견하고 그걸 일상생활 속에서 발휘하는 훈련을 해라.

둘째는 감사하기 훈련, 감사 일기를 쓰는 것이다.

셋째는 규칙적인 운동이다.

유명한 해양지질학자인 서울대 이상묵 교수는 야외 지질조사 프로젝트를 수행하다 차량 전복 사고로 전신 마비 판정을 받았다. 사고 후 3일 만에 깨어나 6개월 만에 정상적으로 서울대 교수로 복귀하여 더 많은 연구 성과를 이루었다.

그리고 태어날 때부터 두 다리가 없는 기형을 가진 에이미 멀린즈(Aimee Mullins)는 올림픽 멀리뛰기, 100m 기록을 세우고 모델, 배우, TED 강연자 등 다양한 활동을 하여 타임즈 선정 '세계에서 가장 아름다운 50인'에 선정되었다.

이들은 자신에게 불리하거나 좋지 않은 모든 사실에 대하여 인정하면서 끊임없이 긍정적으로만 생각하는 경향이 있다.

드림(버킷) 리스트(Dream List, Bucket List)

보통 '꿈의 목록(Dream List)'은 자기가 평생 이루고 싶은 목표(꿈)를 적어서 이루어가는 것인데 요즘에는 '버킷 리스트(bucket list)'로도 불린다. 이것은 생전에 꼭 해 보고 싶은 일과 보고 싶은 것들을 적은 목록을 가리킨다. '죽는다'라는 말의 속어인 '킥 더 버킷(kick the bucket)'에서 나온 말이다.

중세 시대에는 교수형이나 자살을 할 때 목에 올가미를 두른 뒤 뒤집어 놓은 양동이(bucket)에 올라가서 양동이를 걷어차 목을 맸는데, 여기에서 '킥 더 버킷(kick the bucket)'이라는 말이 나왔다고 한다. 특히, 2007년 미국에서 제작된 롭 라이너 감독, 잭 니컬슨·모건 프리먼 주연의 영화 〈버킷 리스트〉가 상영된 후부터 '버킷 리스트'라는 말이 널리 사용되기 시작했다.

대표적인 사람이 세계적인 탐험가인 존 고다드(John Goddard)인데 127가지 목록을 만들어서 평생을 이루었다고 합니다. 카약 하나에 의지하여 세계에서 가장 긴 나일강 탐험을 역사상 처음으로 해낸 인물이기도 합니다. 그리고 비 오는 어느 오후 열다섯 살에 작성한 꿈 목록은 111개의 꿈을 성취했으며, 그 후에도 500여 개의 꿈을 추가로 이루었다고 합니다.

우리나라의 대표적인 꿈 목록 작성자는 김수영인데 여자상업고를 다녔고 그 당시 고교생 퀴즈 프로그램에서 '골든 벨'을 울리기도 했다. 저서로는 '당신의 꿈이 무엇입니까?', '멈추지 마, 다시 꿈부터 써 봐', '드림 레시피'가 있다. 그리고 드림 레시피에서는 본인이 중요하게 여긴다고 생각한 가치들 '성취, 건강, 재미, 개인적 성장, 인정, 가족, 재정적 안정, 관계, 사랑, 행복'을 기준으로 83가지를 만들어 실천하는 방법을 보여주고 있다.

그리고 또 한 사람을 소개하면 '누 홀츠(Lou Holtz)'인데 그는 1986년 노트르담 대학의 미식축구 감독이 되었고 1988년에 노트르담을 우승팀으로 이끌어 일약 스타가 되었고, 1996년 시즌을 끝내고 은퇴할 때까지 그의 승리 행진은 이어졌다.

선수들에게 동기 부여를 하는 데 뛰어난 재능을 발휘했던 그는 은퇴한 뒤 프로 연설가 및 ESPN의 대학 미식축구 해설자로 활약했다. 28살에 만든 107가지 꿈 목록이 2005년까지 103가지 목표를 달성했다고 한다.

삶의 목표라는 '꿈(Dream)'과 '버킷 리스트(Bucket List)'

인생을 살아가다가 누구에겐가 '넌 꿈이 뭐니?', 또는 '너는 꼭 해 보고 싶은 일이 뭐니?'라는 말을 하기도 하고 듣기도 한다. 여기서 '너는 꼭 해 보고 싶은 일이 뭐니?'가 버킷 리스트(Bucket List)이다. 보통은 '죽기 전에 꼭 해 보고 싶은 일들을 적은 목록'이라는 뜻이지만, 사람들은 혼돈하여 쓰는 경우가 많다. 꿈은 꿈으로 끝나는 경우가 많지만, 어디를 가거나 어떤 행위를 해 보는 버킷 리스트는 누구나가 가지고 있고 1~2개 이상은 달성한다.

비교적 청소년기에 형성되는 꿈은 점점 성장하면서 달성이 멀어지는 경우가 많다. 그러나 성공한 사람(가수, 운동선수, CEO 등)들의 경우는 어릴 적 꿈을 포기하지 않고 꾸준하게 노력하여 꿈을 이룬 것이다. 삶에도 우여곡절이 있듯이 꿈도 살아가면서 바뀌기도 한다. 두 가지 모두 삶 전체에 막대한 영향을 주기도 하지만 누군가에게는 삶의 전부일 수도 있다.

당연히 말이지만, 두 가지 모두 이루기 위한 노력은 필수이다.

조금씩 조금씩 포기하지 않고 노력한다면 이루지 못할 것은 없다고 생각한다.

	꿈(Dream)	버킷 리스트(Bucket List)
갯수	1개(일반적으로)	다수(때론 100개 이상)
비용	비교적 적음	모두 달성하려면 많음
시작 시기	청소년기	청소년기 이후
시간	장기간	1개는 단기간
변동 여부	고정적(잘 안 바뀜)	유동적(주로 추가)
준비 기간	많은 시간	비교적 적은 시간
인원	개인(혼자)	여럿이도 가능
멘토	필요	대체로 불필요
달성 기간	거의 평생	1개는 짧은 시간
달성 확률	비교적 낮음	일부 달성
목록	불필요	필요
지속적 노력	필수	때에 따라 필요
동기(動機)	필요(이유 존재)	불필요(이유가 없는 경우 많음)
주된 대상	직업(직위 포함), 경제적 만족	행동이나 장소 탐방
공통점	삶의 희망 또는 삶의 강력한 동기 부여	

2. 꿈에 대하여

'꿈이 있는 동네'에서 볼 수 있는 100가지 모습

옛 어른들은 살아가는 모습이 비슷하셨다. '생로병사'라는 큰 관점에서 보면 어른들 말씀이 틀린 것은 아니지만, 자세히 살펴보면 가정마다 살아가는 모습이 달랐다. 가치관도 개인 차이가 있고 '부자(富者)', '미인(美人)'과 같은 단어처럼 각자가 생각하는 기준이 서로 다르다.

여기서는 가치관을 이야기하는 것은 아니고 내가 과연 어떤 모습으로 살아가고 있는지 살펴보고 앞으로 '꿈'을 꾸기 위해 어떤 모습으로 살지 생각해 보자.

♣ 좋아하는 사람	명인	♣ 좋아하는 부족	만족	♣ 좋아하는 새	창조
♣ 사용하는 머리	일머리	♣ 좋아하는 나라	자치국	♣ 좋아하는 개	발견
♣ 사용하는 손	일손	♣ 좋아하는 섬	그래도	♣ 좋아하는 닭	신세계
♣ 사용하는 발	자발	♣ 좋아하는 강	건강	♣ 좋아하는 벌	라이벌
♣ 사용하는 코	기어코	♣ 좋아하는 산	발산	♣ 좋아하는 소	활력소
♣ 사용하는 귀	존귀	♣ 좋아하는 해	이해	♣ 좋아하는 돼지	정돈
♣ 사용하는 목	재목	♣ 좋아하는 달	통달	♣ 좋아하는 양	배양
♣ 사용하는 다리	무쇠다리	♣ 좋아하는 별	샛별	♣ 좋아하는 배	축배
♣ 사용하는 입	몰입	♣ 좋아하는 비	단비	♣ 좋아하는 무	근무
♣ 사용하는 이빨	하모니	♣ 좋아하는 바람	열풍	♣ 좋아하는 박	또박또박
♣ 즐겨 쉬는 숨	단숨	♣ 좋아하는 구름	청운	♣ 좋아하는 파	타파
♣ 몸에 흐르는 피	해피	♣ 좋아하는 물	마중물	♣ 좋아하는 장	선봉장
♣ 좋아하는 신발	자신	♣ 좋아하는 불	햇불	♣ 좋아하는 균	유산균
♣ 좋아하는 걸음	첫걸음	♣ 좋아하는 나무	자작나무	♣ 좋아하는 맛	살맛
♣ 좋아하는 님	벗님	♣ 좋아하는 동네	이상촌	♣ 좋아하는 음식	자의식
♣ 좋아하는 소리	깨달음	♣ 좋아하는 길	키우길	♣ 좋아하는 밥	햇밥
♣ 좋아하는 웃음	함박웃음	♣ 좋아하는 거리	미담거리	♣ 좋아하는 탕	호탕
♣ 좋아하는 마음	한마음	♣ 좋아하는 방	책방	♣ 좋아하는 복	행복
♣ 좋아하는 심리	자립심	♣ 좋아하는 담	경험담	♣ 좋아하는 차	영차영차
♣ 사용하는 말	정말	♣ 좋아하는 집	결집	♣ 좋아하는 라면	나라면
♣ 사용하는 언어	존대어	♣ 좋아하는 문	긍정문	♣ 좋아하는 판	발판
♣ 좋아하는 춤	어깨춤	♣ 좋아하는 절	간절	♣ 좋아하는 술	저술
♣ 좋아하는 짓	날개짓	♣ 좋아하는 자리	일자리	♣ 좋아하는 법	비법
♣ 좋아하는 노래	내가(歌)	♣ 즐겨 타는 배	최선	♣ 좋아하는 답	확답
♣ 좋아하는 시	자작시	♣ 자주 꾸는 꿈	자각몽	♣ 좋아하는 실	충실
♣ 좋아하는 책	최선책	♣ 좋아하는 쇠	열쇠	♣ 좋아하는 표	이정표
♣ 좋아하는 색	자주색(色)	♣ 좋아하는 금	지금	♣ 좋아하는 난	신난
♣ 좋아하는 나이	익살	♣ 좋아하는 약	도약	♣ 좋아하는 꽃	주체화
♣ 사용하는 그릇	자기(器)	♣ 좋아하는 종	신종	♣ 좋아하는 풀	뷰티풀
♣ 좋아하는 날	앞날	♣ 좋아하는 관념	낙관	♣ 좋아하는 죄	속죄
♣ 좋아하는 글	싱글벙글	♣ 좋아하는 성	자율성	♣ 좋아하는 끈	화끈
♣ 좋아하는 짝	활짝	♣ 좋아하는 경치	존경	♣ 좋아하는 벌레	껑충
♣ 좋아하는 층	지지층	♣ 좋아하는 점	장점	♣ 진학하는 대학	들이대
		♣ 살고 있는 나	바로 나		

'꿈이 없는 동네'에서 볼 수 있는 100가지 모습

'행복한 집'의 모습은 비슷하지만 '불행한 집'의 모습은 서로 다르다는 말을 들은 적이 있다. '꿈'이 있는 동네와 없는 동네의 모습도 그와 비슷하리라 생각한다. 그래서 '꿈'이 있는 동네 모습도 중요하지만 '꿈'이 없는 동네 모습도 의미 있다고 생각한다.

'꿈'이 있는 동네는 본보기로 삼고, '꿈'이 없는 동네 모습은 반면교사로 삼는다면 좋을 것이다. 내 주위의 사람들이 '꿈이 없는 동네'의 모습으로 살고 있지나 않은지 잘 살펴보자.

♣ 좋아하는 사람	낙인	♣ 좋아하는 부족	불만족	♣ 좋아하는 새	퇴조
♣ 사용하는 머리	잔머리	♣ 좋아하는 섬	몰라도	♣ 좋아하는 개	선입견
♣ 사용하는 손	불손	♣ 좋아하는 강	대강	♣ 좋아하는 닭	한계
♣ 사용하는 발	설레발	♣ 좋아하는 산	무산	♣ 좋아하는 벌	파벌
♣ 사용하는 코	잠자코	♣ 좋아하는 해	방해	♣ 좋아하는 소	냉소
♣ 사용하는 귀	팔랑귀	♣ 좋아하는 달	미달	♣ 좋아하는 돼지	혼돈
♣ 사용하는 목	맹목	♣ 좋아하는 별	차별	♣ 좋아하는 벌레	대충
♣ 사용하는 다리	헛다리	♣ 좋아하는 비	마비	♣ 좋아하는 배	패배
♣ 사용하는 이빨	망나니	♣ 좋아하는 바람	허풍	♣ 좋아하는 무	휴무
♣ 즐겨 쉬는 숨	한숨	♣ 좋아하는 구름	망운	♣ 좋아하는 박	강박
♣ 몸에 흐르는 피	회피	♣ 좋아하는 물	우물쭈물	♣ 좋아하는 파	편파
♣ 바라보는 곳	절망	♣ 좋아하는 불	열불	♣ 좋아하는 장	고발장
♣ 좋아하는 신발	맹신	♣ 좋아하는 동네	폐가촌	♣ 좋아하는 균	기생균
♣ 좋아하는 걸음	뒷걸음	♣ 좋아하는 길	방랑길	♣ 좋아하는 맛	쓴맛
♣ 좋아하는 님	주(酒)님	♣ 좋아하는 거리	트집거리	♣ 좋아하는 음식	탄식
♣ 좋아하는 소리	다음	♣ 좋아하는 방	훼방	♣ 좋아하는 밥	눈칫밥
♣ 좋아하는 웃음	비웃음	♣ 좋아하는 담	암담	♣ 좋아하는 탕	허탕
♣ 좋아하는 마음	딴마음	♣ 좋아하는 집	트집	♣ 좋아하는 복	번복
♣ 좋아하는 심리	자만심	♣ 좋아하는 문	부정문	♣ 좋아하는 차	중도하차
♣ 사용하는 말	막말	♣ 좋아하는 절	좌절	♣ 좋아하는 라면	너라면
♣ 사용하는 언어	유언비어	♣ 좋아하는 통	침통	♣ 좋아하는 떡	개떡
♣ 좋아하는 춤	멈춤	♣ 좋아하는 끈	발끈	♣ 좋아하는 쌀	시치미
♣ 좋아하는 짓	허튼짓	♣ 좋아하는 자리	뒷자리	♣ 좋아하는 감	절망감
♣ 좋아하는 노래	이따가(歌)	♣ 즐겨 타는 배	어수선	♣ 좋아하는 판	놀자판
♣ 좋아하는 시	꼭두각시	♣ 자주 꾸는 꿈	춘몽	♣ 좋아하는 술	심술
♣ 좋아하는 책	무대책	♣ 좋아하는 쇠	모르쇠	♣ 좋아하는 법	편법
♣ 좋아하는 색	궁색	♣ 좋아하는 금	앙금	♣ 좋아하는 답	묵묵부답
♣ 좋아하는 벽	장벽	♣ 좋아하는 약	만약	♣ 좋아하는 실	부실
♣ 사용하는 그릇	자포자기	♣ 좋아하는 종	방종	♣ 좋아하는 표	공수표
♣ 좋아하는 날	허구한날	♣ 좋아하는 관념	방관	♣ 좋아하는 난	비난
♣ 좋아하는일(日)	차일피일	♣ 좋아하는 성	소극성	♣ 좋아하는 꽃	타성화
♣ 좋아하는 글	부글부글	♣ 좋아하는 경치	색안경	♣ 좋아하는 풀	끄나풀
♣ 좋아하는 짝	헌신짝	♣ 좋아하는 점	자책점	♣ 진학하는 대학	구시대
		♣ 살고 있는 나	아무나		

주소로 알아보는 꿈이 있는 사람들과 없는 사람들

꿈을 이루기 위해서는 소위 서울이라는 특정 지역에 살지 않아도 된다. 고등학교 학생이 아니라도 'SKY'라고 하면 최고의 명문대라고 생각한다. 'SKY'라는 단어는 본래 우리가 매일 매일 쳐다보는 '하늘'이라는 뜻도 있지 않은가? 학생들의 목표가 최고의 명문대 입학으로 맞춰져 있기 때문에 생기는 현상이니 요즘 말로 '우프지' 않을 수 없다.

옛날에는 주거의 제한과 대중매체의 부재로 '맹모삼천지교'라는 말이 교육에 있어서 중요한 기준이 되었다. 물론 현재도 좋은 학군에는 집값이 비싸지만, 예전에 비할 바가 아니다. 사람이 태어나면 서울로 보내고 말은 제주로 보내라는 것도 사는 곳의 중요성을 이야기한 것이었다.

오늘날에는 인터넷 강의, 유튜브, 사이버학습, 모바일학습 등은 지역이나 학교에 얽매이지 않고 공부할 수 있는 시대인 것이다. 하지만 아래 표와 같이 가상의 주소 1개 정도 가진다면 꿈꾸는 데 도움이 되지 않을까 한다.

꿈이 있는 사람들 주소	
도시	○ 꿈꿀시 십중팔구 꿈꾸는대로 5. 드림아파트 101-1010(백일 열열)
농촌	○ 꿈도 크군 넘어지면 일어서리 7-8(칠전팔기) ○ 꿈도 신나군 노력하면 이루리 4-5(사전오기) ○ 꿈도 야무지군 지속하면 끝내주리 1472(일사천리) ○ 꿈도 멋지군 소리치면 신나리 88 ○ 꿈도 굉장하군 사무치면 성공하리 365 ○ 꿈도 아름답군 뒤처지면 달리리 24(시간) ○ 꿈도 새롭군 신나면 계속하리 8282 ○ 꿈도 찾았군 시작하면 끝마무리 24 ○ 꿈도 괜찮군 함께하면 멋지리 222
꿈이 없는 사람들 주소	
도시	○ 꿈꿀시 주먹구구 제멋대로 24(이사). 그냥아파트 1000-1000(천천히)
농촌	○ 꿈도 작군 적당하면 그만하리 3355(삼삼오오) ○ 꿈도 없군 지치면 지겨워리 5-10(오열) ○ 꿈도 모르는군 놀면 푸념거리 108 ○ 꿈도 지겹군 지치면 헛소리 18 ○ 꿈도 못꾸는군 자포자기하면 골칫덩어리 772(칠칠이) ○ 꿈도 무시하는군 모르면 엉터리 36(삼십육계)

꿈의 '학교'를 알고 있는가?

대부분 사람은 태어나서 학교에 다닌다. 많은 사람은 초등학교는 집 근처를 다니고, 더 나아갈수록 대체로 자신이나 부모의 생각에 따라 선택의 범위가 넓어진다. 드라마 '스카이 캐슬'처럼 일부 가정에서는 초등학교 이전인 유치원에서부터 사교육으로 엄격하게 관리하기도 한다.

하지만 학교가 학생들의 꿈과 끼를 자동으로 키워주지는 않는다. 여러 가지 좋은 환경을 가진 학교는 아무래도 학생들의 진로에 도움을 주는 것이 사실이다. 그러나 학교의 환경 못지않게 학생들의 마음가짐이 더욱 중요하다.

그래서 **초등학교**에서는 잘 웃고 잘 놀고 책도 많이 읽으며 항상 희망을 품고 행복하면 될 것 같다. **중학교**에서는 책 읽고 생각하고 늘 새로운 것을 모색하고 노력하면 발전할 것 같다. **고등학교**에서는 어떤 새로운 일에도 들이대고 저질러서 나아가며 중간에 어려움이 닥쳐도 포기하지 않고 긍정적이면(그런데도) 될 것 같다. **대학교**에서는 끊임없는 도전 정신으로 실패를 두려워하지 않으면 좋을 것 같다.

확실하게 결정하지도 못한 대학을 굳이 비싼 등록금을 주고 다닐 필요는 없다. 자신의 진로가 확실하고 대학을 나오지 않으면 자격이 주어지지 않는 일부 학과(예·체능 및 의학 등)를 제외하고는 말이다. 공무원 시험에 대학 졸업장이 필요한 것은 아니다.

따라서 고등학교는 무엇이든 도전하는 '**들이대고(高)**'를 다니는 것이 좋고, 만약 대학을 진학한다면 '**들이대(大)**'를 추천한다.

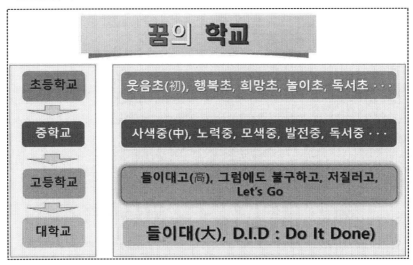

꿈을 가로막는 5대 '적(敵)'은 무엇일까?

꿈은 누구나 이루고 싶어 한다. 그러나 여러 가지 이유로 누구는 시작도 못 하고, 또 다른 누구는 중도에 그만두는 경우가 있다. 손발 움직이는 것을 싫어하여 '**허우적**'거리고, 어떤 일이든지 관심이 없어 '**미온적**'이다. 그리고 어떤 일이든지 실행하는 속도가 '**뭉그적**'거려지고, 때로는 시간에 쫓겨 '**흐느적**'거리며 몸을 움직이는 것을 싫어하여 '**어기적**'거린다.

삶을 살아가면서 매번 죽을 듯이 치열하게 살아갈 수는 없다. 그렇지만 적어도 '*허우적, 미온적, 뭉그적, 흐느적, 어기적*'이지 않는다면 성공적인 삶은 아닐지라도 완전히 실패할 삶은 아닐 가능성이 크다.

우리는 살아가면서 등수 매김을 당하는 경우가 많다. 이제 막 세상을 알기 시작하는 초등학교에서부터 누구는 잘한다는 이야기를 듣곤 했다. 그러다가 중학교를 진학하면서부터는 더욱더 등수 매김을 더 자주 많이 겪게 됨을 알 수 있다. 세상은 1등, 2등만 살아가는 것은 아니지 않는가?

누군가는 꼴찌가 될 수밖에 없다. 남들이 잘하는 것을 모두 내가 잘할 필요는 없지 않은가? 그래서 '1등, 2등'이 아니라고 '아등바등'할 필요는 전혀 없는 것이다.

처음부터 모든 것을 잘 할려고 할 필요가 없다. 내가 좋아하고 잘하는 일을 만났을 때 최선을 다하면 되는 것이다. 그런 일을 만나기 전에 어쩔 수 없이 해야 하는 일이 있다면 그저 묵묵히 하기만 하여도 되는 것이다.

꿈을 이루기 위해서 하루하루 계획하고 실천하면 된다. 아무리 큰 꿈이라도 아주 작은 행동들로 나누어서 기록하면 이루기 쉽다. 꿈은 크기도 중요하지만 그 꿈을 이루기 위한 아주 작은 세부 행동들이 훨씬 더 중요하다.

꿈을 한 번에 이루거나 너무 완벽하게 이루려고 하다 보니 중간에 '5대 적'들을 만나게 된다. '5대 적'을 물리치는 좋은 방법은 아주 작게 나눈 실천 행동들과 자신에 대한 칭찬, 끊임없는 동기 부여라고 생각한다.

꿈의 5대 적
허우적, 미온적, 뭉그적, 흐느적, 어기적

꿈을 여행할 것인가? 관광할 것인가?

인생을 살아가는 여정에서 나는 과연 어떻게 살 것인가? 관점에 따라서는 살기 위해 일을 하는지, 일하기 위해 사는지 모를 경우가 많다. 그만큼 먹고살기가 쉽지 않다는 것이다. 아주 힘들고 어렵게 살아가는 가정에서도 아이들이 훌륭하게 잘 성장하는 경우를 보면 분명 삶에 뭔가가 있다. 가끔 다른 가정이 부럽기도 하지만 저런 환경에서는 하루도 살기 힘들 것 같다는 가정이 있다. 그래서 우리는 어떻게 하면 잘 살아갈까를 고민해야 한다. 좋은 방법으로는 나이와 관계없이 지속해서 꾸준히 '꿈'을 꾸고 가꾸는 일이다.

그리고 꿈을 꾸는 방법은 삶에서 별다른 생각 없이 스쳐 지나가듯 꿈을 관광하지 말고 내 삶의 꿈을 여행하듯 하면 좋을 듯하다. 분명 삶을 살아가면서 확실한 꿈을 꾸면 더욱더 좋겠지만, 꼭 그렇지 않더라도 항상 생각하면서 내 삶을 살아가면 좋을 것 같다. 아래 표는 관광과 여행의 차이를 나름대로 정리해 보았다. 표를 보면서 과연 나는 내 꿈을 '관광'하고 있는지 '여행'하고 있는지 생각해 보면 좋겠다.

[관광과 여행의 차이]

	관광(Tour)	여행(Travel)
목적	떠남	자신과의 만남
주(主)목표	관광지(지식, 문화, 자연)	정신(체험, 사색, 관계)
관심	장소(어디)	방법(어떻게)
시작	목적지	떠나는 순간
비용	반드시 필요	유동(소액 가능)
거리	비교적 장거리	다양(근거리, 장거리)
가이드	필요	불필요
동기(動機)	필요(이유 존재)	불필요(이유 없음)
준비 기간	많은 시간	비교적 적은 시간
날짜	고정적	유동적
인원	여럿이	혼자도 가능
신체 활동	육체(눈, 입 등)	정신(느낌 등)
습관	그대로	변형
차이점	돌아와서 힘 듦	돌아오면 생동감
공통점	다시 돌아오는 것	

꿈에는 '남들처럼'이나 '남들보다'가 아닌 '바로 나'

학교에서의 진로교육은 학생들이 자기 주도적으로 자신이 하고 싶은 일을 찾고 활동하기도 하지만 다른 학생들이 어떻게 하는지를 지켜본다. 자신이 무엇을 어떻게 할 것인가를 결정할 때 또래나 사회가 중요하다고 생각하는 것을 기준으로 삼다 보니 생기는 현상이다. 빠른 속도로 복잡하고 다양화되는 이 시점에도 '남'을 살펴야 한다는 의존적 사고와 경쟁의 동기가 크게 작용한 것으로 생각된다.

그러나 사회에서 요구하는 기준은 절대적이지도 않고 절대적 지식조차 의문시되는 이 시점에서는 '내(나)'가 기준이 되어야 한다. '나'의 적성, 흥미, 가치관, 성격 등이 무엇보다 중요하고 다른 사람 말을 듣지 않는 독불장군과는 다른 '나'를 중심으로 생각해야 할 때이다.

교사는 학생들이 '검색'보다 '사색', '대박' 대신 '절박'의 중요함을 교육하고 가정에서는 아이들에게 '사치'보다는 '가치'가 중요함을 가족 구성원이 실천하며, 사회(회사, 직장 등)는 '보석'보다는 '원석'을 찾는 노력을 해야 할 것이다.

'내'가 태어나기 위해 얼마나 많은 사람이 필요한지 생각해 본 적이 있는가? '부모'가 있고 '조부모, 외조부모', '증조부모, 외 증조부모'가 있으며, 계속해서 선조가 있다. 그 숫자를 생각해 보면 '2+4=6'으로 6분이다.

따라서 선조를 찾아보면 2+4+8+16+… 이런 식으로 '등비수열'이 된다.

○ 10대 선조까지는 2,046분 ($\sum_{n=1}^{10} 2^n = 2 + 2^2 + 2^3 + 2^4 + \cdots + 2^{10} = 2,046$),

○ 20대 선조까지는 2,097,150분 ($\sum_{n=1}^{20} 2^n = 2 + 2^2 + 2^3 + 2^4 + \cdots + 2^{20} = 2,097,150$),

○ 30대 선조까지는 2,147,483,646분(약 21.5억)

$$\sum_{n=1}^{20} 2^n = 2 + 2^2 + 2^3 + 2^4 + \cdots + 2^{20} + \cdots + 2^{30} = 2,147,483,646$$

정말 엄청나지 않은가?

가정이기는 하지만 그중에 한 분이라도 안 계셨으면 이 세상에 나는 존재하지 않았을 것이니 '나'라는 존재가 정말 기적적으로 오늘을 살아가고 있다.

평소에 내가 무엇을 좋아하고 잘하는지를 살펴볼 필요가 있다. 내가 야구를 좋아한다고 야구를 잘하는 것은 아니다. 좋아하는 것과 잘하는 것은 다른 의미다. '내가 좋아하고 잘하는 것'을 발견하는 것이 제일 중요하다.

그래서 우선 내가 좋아하는 일이라면 일단 시작해 보는 것이 중요하다. 좋아하는 일을 지속해서 계속해 나가면 잘 할 수 있게 되지 않을까? 그래서 진로는 '바로 나'의 적성과 흥미이다. '나'의 적성과 흥미를 중심에 두고 잘하게 될 때까지 담금질을 견뎌내는 인고의 시간을 보내야 할 때이다.

너 자신이 되라. 다른 사람은 이미 있으니까.
- 오스카 와일드

[꿈의 다양한 글자체]

'나(自)'의 소중함을 얼마나 알고 있는가?

세상을 살아가면서 많은 사람을 만난다. 좋은 사람, 안 좋은 사람 등 수없이 만나지만, 정작 본인은 그냥 '평범하다 또는 그저 그런 사람이다'라고 생각하는 경우가 많다. 나는 특별한 사람이다. 나와 똑같은 사람은 지구에 어디에도 없고 이전에도 앞으로도 없기 때문이다.

그만큼 소중한 존재이다. 아래의 글자들을 보면 나(自)와 관련된 긍정적인 글자들이 얼마나 많은지 확인해 보자. 물론 부정적인 말들도 있지만, 긍정적인 말들이 훨씬 많다. 세상을 긍정적으로 생각하는 것이 내 삶을 영위하는 데 유리하기 때문이기도 하지만 공동체 사회에서 서로에게 미치는 영향이 적지 않기 때문일 것이다. 이왕이면 즐겁고 유쾌하고 멋지게 살 필요가 있지 않을까?

지금부터라도 나와 관련된 일이라면 적극적으로 긍정적인 생각을 기르도록 하자. 평소에는 습관적으로 내가 보고 싶은 대로 보고 살기 때문에 일부러라도 자꾸 나를 되돌아보고 아무 생각 없이 또는 부정적으로 살고 있지 않은지 살펴봐야 한다.

지금 내가 처한 상황이 항상 힘든 '지옥'이라고 생각하지만 실제로는 그렇지 않다. 진짜 힘든 시기는 아직 오지 않았다고 봐야 하고 내 인생의 최고의 날도 아직 오지 않았다고 보아야 한다. 다만 최고의 날이 그냥 오지는 않는다. 나를 알고 긍정적으로 생각하며 끊임없이 노력하는 습관을 길러야 한다.

평소에 '자(自)'로 시작하는 단어가 여러 개 있다는 것은 알았지만, 2글자, 3글자만 모았는데도 이렇게 많다는 것을 아는 사람은 많지 않을 것으로 생각한다. 한번 읽어보자.

나(自)로 시작하는 긍정적 2글자	나를 글자 수로 표현하면?	
자가, 자구, 자각, 자결, 자급, 자금, 자기, 자득, 자성, 자랑, 자력, 자립, 자발, 자백, 자비, 자생, 자선, 자습, 자신, 자아, 자영, 자유, 자율, 자의, 자작, 자제, 자족, 자존, 자주, 자진, 자처, 자청, 자취, 자치, 자필, 자활		
나(自)로 시작하는 긍정적 3글자	한 글자	'나'
자구책, 자구적, 자구안, 자존감, 자족감, 자각성, 자각심, 자결성, 자생력, 자위책, 자위대, 자위력, 자위권, 자신감, 자신력, 자영업, 자율적, 자율성, 자긍심, 자급력, 자발적, 자연인, 자유인, 자유민, 자양분, 자기애, 자비심, 자취생, 자주민, 자주력, 자주권, 자치회, 자치권, 자치단, 자치구, 자치제, 자제력, 자작글, 자작시, 자습서, 자선가, 자발성, 자가용, 자애심, 자부심, 자의식, 자립적, 자립성, 자립심	두 글자	'또 나'
	세 글자	'바로 나'
	네 글자	'그래도 나'
	다섯 글자	'다시 봐도 나'

꿈을 향한 적극적인 사고방식

'꿈'은 '저절로'나 '탄탄대로'가 아니고 '스스로'이다.

'꿈'은 명사이면서도 실질적으로는 동사에 가깝다. 꿈은 그냥 가만히 있다고 이루어지지는 않고, 무언가를 실제로 행동하지 않으면 안 되는 것이기 때문에 의미적으로는 동사에 가깝다는 이야기이다. 그리고 삶에도 굴곡이 있듯이 '꿈'에도 굴곡이 있다. 그래서 '꿈'을 이루어가는 과정에 대한 관점이 아주 중요하다.

내 인생은 내가 어떤 선택을 하느냐에 달려 있고 '꿈'은 결과보다는 과정이 중요하다. 아주 우연히 내가 아무것도 또는 별로 한 것도 없는데 꿈이 이루어졌다면 진정한 꿈이 아니라고 생각한다.

평소에 우리는 사고방식을 '성장형(열린)'으로 살아가는 데 유리하다. 어떤 결과가 다른 결과에 좋은 영향을 주기 때문이다. 그리고 어떤 사실을 어떻게 생각하느냐는 상당히 주관적이다. 내가 평소에 어떤 방식으로 살아가고 있는지 되돌아보자. 만약 잘 모르겠으면 친구나 가족에게 물어보면 알 수 있을 것이다.

'표'와 같이 자기 관점, 도전, 실패, 노력, 비판, 다른 사람의 성공이라는 6가지 항목에 대해 자신의 사고방식을 비교해 보고 '꿈'을 이루는데 '성장형 사고방식'이 얼마나 도움이 되는지 잘 생각해 보자.

항목 \ 방식	고정형 사고방식	성장형 사고방식
자기 관점	지능과 성격은 고정	지능과 성격은 유동
도전	자기가 잘 할 수 있는 것에 매진	자신을 성장시키는 초석
실패	자아에 위협 느낌(불가항력 판단)	성장을 위한 과정
노력	노력의 가치를 저평가	노력의 가치를 고평가
비판	상처를 입고 비관에 빠짐	성장하고 개선되는 계기
다른 사람의 성공	열등 의식 또는 찬양	배울 점을 찾고 성공인의 노력을 본보기

[출처 : 완벽한 공부법, 고영성·신영준 지음, PP 28~29]

꿈이 저절로 영글리가 없다

　세상을 살아가면서 누구나 꿈을 꾼다. 그러나 꿈만 꾸고 머리로만 생각하는 사람들이 대부분이다. 아니면 시간이 없다거나 경제적으로 힘들거나 등과 같은 이유로 아예 시작하지 않거나 중도에 포기하고 만다.

　세상에서 가장 무섭거나 허무한 것은 우연히 아무 노력도 없이 덜컥 꿈이 이루어지는 경우가 아닐까 한다. 물론 꿈도 여러 종류가 있겠지만, 어느 날 갑자기 꿈이 이루어진다면 좋기는 하겠지만, 성취감은 아무래도 크지 않을 것이다. 세상에는 '걷는 놈' 위에 '뛰는 놈'이, '뛰는 놈' 위에 '나는 놈'이 있다고 한다.

　그러나 실상은 갑부 부모를 두었다든지 로또 복권이 당첨되는 것과 같은 '재수(운) 좋은 놈'이 '나는 놈'보다 위에 있다. 그러나 '재수(운) 좋은 놈'보다 위에 있는 놈이 있는데 바로 '꿈에 미친 놈'이다.

걷는 놈 ‹ 뛰는 놈 ‹ 나는 놈 ‹ 운 좋은 놈 ‹ 꿈에 미친 놈

　꿈은 결론보다는 그 과정이 꼭 필요하고 중요하다. 그래서 우리는 그 과정에서 무수히 많은 땀방울을 흘리게 될 수밖에 없다. 그 땀방울이 나중에 아주 큰 성취감을 얻게 되는 것이다. 그 성취감으로 또 다른 원대한 꿈을 꾸게 되는 것이다.

　하나의 작은 성취감이 또 다른 꿈을 꾸게 되고 내가 주도적으로 행복한 삶을 영위하게 되는 것이다. 따라서 꿈은 머리에 땀도 흘려야 하고 손에 땀도 흘려야 하며 발에 땀이 날 만큼 뛰어야 할 것이다.

> 꿈이 저절로 영글리가 없다.
>
> 그 속에는 머리에 땀 몇 바가지!
> 그 속에는 손에 땀 몇 바가지!
> 그 속에는 발에 땀 몇 바가지!
> 그리고 눈에 눈물 몇 바가지!

꿈의 '와이파이(Wi-Fi)'를 찾아다녀라

ID: Dream 7-8(칠전팔기)
PW: 1472(일사천리)

대부분 사람은 하루를 이동하면서 생활한다. 학생들은 학교에 가고 직장인은 직장을 간다. 원격 수업이나 재택근무를 한다고는 하지만 아직은 대세가 아니거니와 집에만 있는 것도 아니다.

사람들은 자기가 좋아하는 환경이 있다. 그래서 똑같은 구조의 아파트일지라도 가정마다 인테리어를 다르게 한다. 가장 안락하고 편안한 공간으로 만들며 가족 구성원 각자의 방도 자신만의 공간으로 만든다.

학생이나 성인들이 공부해야 할 때 즐겨 찾는 곳이 독서실이다. 왜냐하면 공부에 최적화된 공간이기 때문이다. 운동을 제대로 하기 위해 피트니스센터를 찾는 것과 같은 이치이다. 그러기 위해서 일정 금액을 지불하더라도 꼭 가야 하는 곳이기에 대가 여부를 고민하지 않는다.

취미가 같은 사람들도 취미에 최적화된 장소를 찾거나 만들어 그곳에서 정기적이든 부정기적이든 모여서 취미 생활을 하는 것이다. 평소에는 각자의 생활을 하다가 매주 또는 매월 함께 모여 취미 생활을 즐기는 것이다.

자신의 꿈을 이루기 위한 최적의 장소는 어디일까? 아마도 그곳에 가면 가슴이 뛰고 힘이 불끈 솟아나고 삶의 희열을 느낄 것이다. 그런 공간이 자신의 생활 주거지에서 가까이 있다면 정말 행운이다. 자신이 평소 생활하는 공간이면 금상첨화이겠지만 대부분 그렇지 못하다.

어떤 공간이 처음부터 가슴 뛰는 공간을 만나기는 쉽지 않다. 그래서 자신이 자주 찾아가는 공간에 꿈에 대한 의미를 찾을 수 있도록 만들면 된다. 그런 공간에 가구를 바꾸거나 의미 있는 글이나 그림을 붙이고 재해석을 하는 것이다.

어떤 특정 날을 잡아서 가능하면 많은 변화를 주어 이제는 꿈을 이루는 공간이라고 생각이 들도록 하면 된다. 만약 그렇게 할 경제적 부담이나 직위에 있지 않다면 내가 전용으로 사용하는 책상에 의미 있는 변화를 주면 된다.

꿈은 어느 날 하루아침에 뚝딱 이루어지는 것은 아니고 대부분 칠전팔기 도전 정신으로 이루어진다. 쉽지 않겠지만 내 마음속으로 일사천리로 꿈을 이루어간다고 믿으면 된다. 그런 믿음을 위한 안전 장치(기록 등)를 한다면 더욱 꿈의 도전은 탄력을 받을 것이다.

꿈의 와이파이(Wi-Fi)는 언제나 당신 가까이에 있음을 잊지 말자.

꿈은 '1kg의 계획'보다 '1g의 실천'이 중요하다

많은 사람이 새해에 계획을 세우지만, 대다수 실패한다. 그래서 우리는 '작심삼일(作心三日)'이라는 말을 일찌감치 알게 된다. 실제로 미국의 시장분석 기관인 통계브레인조사연구소(SBRI)가 조사한 바에 따르면 전 세계에서 새해 결심을 한 사람 중 92% 정도가 실패하는 것으로 밝혀졌다.

전 세계 새해 결심을 하는 사람들 10명 중에서 단 1명만 성공하는 것이다. 내가 계획을 세워서 성공하고 싶다면 그 1명이 하는 대로만 하면 된다. 그 방법은 성공할 수밖에 없도록 아주 작은 습관을 만들어 실천하면 된다. 시시할 정도로 아주 작은 습관들로 계획하여 지속하면 된다. 왜냐하면 성공할 수밖에 없도록 만들었으니까…

'맥스웰 볼츠 성공의 법칙' 저자이면서 성형외과인 맥스웰 볼츠는 사람이 손, 발을 잃었을 때 익숙해지는 시간이 21일 걸린다고 했고 영국 런던대학교 필리파 랠리(Phillipa Lally) 교수팀과 그 연구진은 습관 형성은 66일 걸린다고 〈유럽 사회 심리학 저널〉에 발표하였다.

두 사람의 견해가 다르긴 하지만 최소한 무엇인가를 하려면 21일 이상이라는 시간에는 이견이 없을 것이다.

꿈을 이루려면 '습관적 실천'만이 필수이다. 많은 사람이 계획을 세우지만, 실천은 잘 안 된다. 따라서 '1kg의 계획'보다 '1g의 실천'이 더 중요하다. 자, 그럼 방법을 한 번 알아보자.

1. 일단 계획이 성공할 수 있도록 아주 작은 실천 습관으로 나누어라.

1kg의 계획을 100% 성공할 수 있는 1g의 실천으로 나누면 된다. 그래서 지속하면 된다. 불가항력으로 하지 못한 날이 생기면 그날은 실천하지 않는 대신 자책하지 않아야 한다.

2. 매일 매일 '할 수 있다'라고 스스로 끊임없이 되뇌어라.

자신감과 긍정적인 사고로 스스로 주문을 외우듯이 '할 수 있다'라는 믿음을 끊임없이 지속해서 틈틈이 되뇌어라.

3. 실천이 성공할 수 있는 시간에 맞추어서 시작하라.

나의 일과 중에서 성공하기 힘든 시간이 아닌 내가 가장 성공할 확률이 높은 시간을 찾아서 그 시간에 시작하라.

4. 누구라도 볼 수 있는 집안에 '실천 습관 달력'을 만들어라.

실천 습관이 지속해서 성공할 수 있는 가장 강력한 힘을 가진 것이 습관 달력을 만들어 붙이는 것이다. 매일 매일 성공하는 모습을 보게 될 것이고 더 확실하게 지속할 것이며 성공하게 될 것이다.

꿈의 1% 법칙(The 1 percent Rule)
(2배의 결과를 위해 2배로 노력할 필요는 없다)

사람들은 누구나 습관을 지니고 있다. 누군가는 없다고 할지 모르지만, 자신과 가까이 있는 사람은 그 습관을 알고 있을 것이다. 하지만 습관에도 좋은 습관과 나쁜 습관이 있다. 물론 좋고 나쁨에도 정도의 차이가 있을 수 있다.

그것은 극히 주관적이라 사람마다 차이에 관해 이야기하고자 하는 것은 아니다. 그것보다 우리는 좋은 습관에 관해 이야기하고자 한다. 어떤 일을 할 때 100분의 1쯤을 어떻게 생각할까? 별로 신경 쓰지 않을 정도로 적은 부분일 것이다. 그렇지만, 그것이 계속 유지된다면 이야기는 달라진다.

브라질 아마존에는 무수히 많은 동식물이 살아가고 있다. 그중에서 식물은 무려 1만 6천여 종, 4천억 그루의 나무가 살고 있는데 그 숲을 지배하는 종은 불과 227종이라는 사실을 2013년 120여 명의 과학자들이 연구하여 〈사이언스〉 논문에 기고하였다. 이는 전체 1.4%의 '극단적 지배종(hyper dominant species)'이 숲의 절반을 차지하고 있다.

자기계발 컨설턴트 제임스 클리어는 이를 '누적 효과(accumulative)'라고 부르는데 이는 비슷한 두 나무가 나란히 자라다가 햇빛, 토양, 위치 등과 같은 차이로 나무의 성장 속도가 차이를 만든다. 물론 처음에는 눈에 띄기 힘들 정도로 아주 작은 차이에서 시작하지만, 시간이 흐를수록 두 나무는 크기가 점점 큰 차이를 보인다.

결국 큰 나무가 그 주변을 지배하는 시대가 온다. 여기에서 우리는 어떤 일을 2배, 3배 잘하기 위해 2배, 3배 노력해야 하는 것으로 착각하는 사람이 있다. 그렇지 않다. 아래 수식들은 매일 단 1%만 노력하면 10일, 20일, 30일, 60일(습관이 거의 형성되는 날짜)이 지나면 어떤 차이가 있는지를 보여주는 것이다.

그리고 1년이 지나면 아주 어마어마한 차이를 보여주는 수식이다. 만약 하루하루가 똑같다면 당연히 $1^{365}=1$일 것이고 항상 똑같은 자신이 될 것이다. 그러나 사람들은 관계 속에서 살아가기 때문에 늘 비교하면서 살아가게 되어 있다.

♣ 10일과 20일 격차

	10일	20일
1% 노력	$(1+0.01)^{10}=1.105$	$(1+0.01)^{20}=1.122$
1% 퇴보	$(1-0.01)^{10}=0.904$	$(1-0.01)^{20}=0.818$
격차	1.22배	1.37배

♣ 30일과 60일 격차

	30일	60일(습관 정착 시기)
1% 노력	$(1+0.01)^{30} = 1.348$	$(1+0.01)^{60} = 1.817$
1% 퇴보	$(1-0.01)^{30} = 0.740$	$(1-0.01)^{60} = 0.547$
격차	1.82배	3.32배

♣ 1년(365일) 격차

	1년(365일)
1% 노력	$(1+0.01)^{365} = 37.8$
1% 퇴보	$(1-0.01)^{365} = 0.026$
격차	1,454배

♣ 2년(730일) 격차

	2년(730일)
1% 노력	$(1+0.01)^{730} = 1,292.38$
1% 퇴보	$(1-0.01)^{730} = 0.0007$
격차	1,846,257배

　수치상으로 보면 그야말로 어마어마한 격차라는 것을 알 수 있다. 1년이면 격차가 1,454배가 되는 것이다. 물론 사람이 매일 매일 1% 노력하는 것이 말이 쉽지, 실천하는 것은 결코 쉬운 일이 아니다. 더군다나 매일 1% 노력을 2년간 하루도 빠짐없이 실천하는 사람은 아마 없을 것이다.

　다만 여기서는 노력을 하면 나도 모르게 엄청난 결과를 가져온다는 사실을 기억하면 좋을 것이다. 실제 내가 100원짜리 동전 100개쯤 가지고 있다고 생각했을 때 1개쯤 아무렇게 생각하지 않고 누구에게나 줄 수 있지 않을까?

　우리가 무시하기 쉬운 1° 차이는 오른쪽으로 진행할수록 그 차이는 실로 엄청날 것이다. 만약 비행기 경로에서 아래 그림처럼 두 비행기가 달리고 있다면 1시간, 2시간 지나 10시간쯤 달린다면 아마 도착하는 나라는 큰 차이가 있을 것이다. 그 두 나라를 가기 위해서는 다시 비행기를 타고 30분쯤 더 가야 하는지도 모른다.

영원히 살 것처럼 꿈을 꾸고
내일 죽을 것처럼 오늘을 살아라
- 제임스 딘

'끝' 글자로 알아보는 다양한 꿈의 직업들

가족을 포함한 주변에 직업을 가진 사람들은 직위도 있고 직책도 있다. 많이 알려진 직위나 직책도 있지만, 그렇지 않은 때도 있다. 물론 승진하여 직위를 가질 수도 있다. 따라서 직장을 들어가서 시간이 지나면 불리는 명칭도 달라질 수밖에 없지만, 기본적으로 많이 불리는 직업을 소개한다.

요즘은 직업이나 직장을 많이 바꿀 수밖에 없는 시대이기는 하나 자기의 직업이 가장 멋지다는 긍정적인 생각으로 살아가는 것이 진정한 프로이다.

2018년 기준 우리나라 직업의 개수는 약 15,000개 정도라고 하고 미국은 약 35,000개, 일본은 약 20,000개가 있다고 한다. 기술이 지속해서 발달하고 있는 지금 시대에는 평생 가지는 직업의 개수는 이전보다 많이 늘어날 것은 명백한 사실이다. 아래 직업의 종류 표를 보면 끝 자가 '자', '사', '원'이 제일 많은 것으로 나타났다. 얼마나 종류가 많은 지 한 번쯤 읽어볼 필요가 있다.

끝자	직업의 종류
수	가수, 목수, 교수, 조수, 군수, 투수, 포수, 궁수, 장수, (운동)선수, 무용수, 도편수
자	기자, 저자, 노동자, 감독책임자, 작곡자, 작사자, 연주자, 성직자, 설계자, 사회자, 기술자, 경영자, 수학자, 과학자, 경제학자, 언론학자, 국문학자, 천문학자, 건설업자, 대부업자, 세탁업자, 여행업자, 무역업자, 제조업자, 도축업자, 가구업자, 골재업자, 임대업자, 방송업자, 경매업자, 수산업자, 개발업자, 광고업자, 유통업자, 인쇄업자, 산림업자, 통신업자, 창고업자, 낙농업자, 양계업자, 가공업자, 전산업자, 측량업자, 하역업자, 벤처업자, 요식업자, 양묘업자, 식품업자, 물류업자, 숙박업자, 전기업자, 출판업자, 건축업자, 운송업자, 양봉업자, 판매업자, 설비업자
사	기사, 의사, 강사, 목사, 교사, 약사, 판사, 검사, 변호사, 항해사, 해기사, 한의사, 조종사, 조련사, 정비사, 재단사, 장학사, 연구사, 재봉사, 전도사, 장의사, 운전사, 이발사, 요리사, 영양사, 수의사, 속기사, 세무사, 사진사, 변리사, 법무사, 미용사, 마술사, 도지사, 도선사, 기술사, 기관사, 건축사, 간호사, 치료사, 소방사, 노무사, 중개사, 보험설계사, 공인중개사, 공인회계사
가	화가, 작가, 평론가, 탐험가, 조각가, 작사가, 작곡가, 연주가, 연출가, 소설가, 만화가, 수필가, 번역가, 미술가, 공예가, 극작가, 안무가, 성악가, 투자분석가
원	공무원, 회사원. 승무원, 판매원, 연구원, 경비원, 영업원, 사무원, 매표원, 정비원, 조작원, 조립원, 용접원, 수리원, 수선원, 시험원, 조작원, 안전원, 조리원, 특파원, 역무원, 집배원, 세관원, 철도원, 편집원, 전산원, 택배원, 판촉원, 홍보원, 공안원, 심판원, 통신원, 검역원, 군무원, 기록원, 미화원, 갑판원, 해설원, 경호원, 심사원, 은행원, 검사원, 속기원, (지방, 국회)의원
관	감사관, 검찰관, 경찰관, 교도관, 군의관, 대법관, 부사관, 비서관, 소방관, 외교관, 법무관, 연구관, 장학관, 경무관
장	면장, 기장, 점장, 함장, 학장, 총장, 청장, 차장, 원장, 시장, 사장, 회장, 대장, 교장, 소대장, 중대장, 대대장, 연대장, 사단장, 군단장, 조합장, 소방장, 교육장, 이사장, 합참의장, 참모총장, 검찰총장, 국회의장
감	교감, 경감, 교육감, 법무감, 교정감, 치안감, 치안정감, 치안총감, 소방감, 소방감, 소방준감, 소방정감, 소방총감

세상에 '나쁜 직업'은 없다. '맞지 않는 직업'만 있을 뿐

꿈을 이루는 과정에서 누구나 직업을 가진다. 그 기간이 아주 짧을 수도 있지만, 삶을 마감하는 직전까지 계속될 수도 있다. 공식적으로 '한국표준직업분류'에서는 직업을 "개인이 계속 수행하는 경제 및 사회 활동의 종류"라고 규정하고 있다. 누구나 생계유지의 수단이 되고 사회 기능을 유지하게 되며, 삶의 보람과 만족을 느끼게 한다.

직업은 일의 계속성이 중요한 기준이 되고 있는데, 이는 "주기적으로(매일, 매주 또는 매월), 계절적으로 행하고 있는 경우 또는 명확한 주기가 없더라도 현재 하는 일에 대하여 의사와 능력을 갖추고 행하는 것"을 말한다.

따라서 직업이 되지 않는 경우가 5가지이다.

첫째, 이자, 주식 배당, 임대료 등 재산 수입

둘째, 연금법이나 사회보장에 의한 수입

셋째, 자기 집에서의 자기활동

넷째, 정규 추천 교육기관에 재학

다섯째, 법률위반행위 및 법률에 의한 강제노동

사람들은 자기가 하는 일에 대해 항상 자부심을 가지고 있는 것은 아니다. 오히려 수입이 더 좋거나 여러 다른 이유로 다른 직장을 끊임없이 곁눈질한다. 처음부터 자신에게 딱 맞는 직업을 찾기보다 우선 조건을 보고 결정하는 경우가 더 많기 때문이다.

우리가 직업을 구할 때 자신의 적성과 흥미를 우선해야 하는데 그게 간단한 게 아니다. 꿈과 현실 사이에서 갈등을 겪을 수밖에 없다.

직업에는 '생계형, 전문형, 천직형'이라는 3가지 유형이 있다고 한다.

직업의 3가지 유형(類型)

	생계(生計)형	전문(專門)형	천직(天職)형
목표	살아가기 위해	부와 명예를 위해	자신의 만족
필요성	경제적 궁핍 탈피	신분 상승	행복
행동 특성	필요한 일만 한다	의무적으로 한다	스스로 찾아 한다
계속 여부	형편이 좋아지면 당장 그만 둔다	최고가 될 때까지 한다	끝까지 한다
심신 상태	피곤, 불안, 초조	스트레스, 만족, 노력	평온, 행복, 배려

일반적으로 특별한 경우를 제외하고는 대부분 직업은 몇 번을 바꾼다고 한다. 그래서 직업의 유형이 달라지기도 한다. 처음에는 큰 기대를 하지 않고 일을 하다 보니 점점 더 좋아지고 그래서 천직이나 생계형이 전문직이 되는 예도 있다. 처음부터 어느 직업 유형이 되는 것은 아니다. 내가 어떤 일을 할 때 일단은 최선을 다하는 게 우선이다.

이 직업에서 끝장을 보자는 생각으로 주위에서 인정할 때 해 보고 그때 다른 길을 고민해 보자. 대학을 졸업하면 이제야 그 전공으로 제대로 해 볼 수 있는 시기라고도 한다.

그리고 좋은 대학보다는 나에게 맞는 학과가 중요하다. 물론 아주 유명한 대학을 갔더라도 자신에게 맞지 않은 전공이라면 첫 직장이야 잘 구할 수 있을지 모르지만, 오래 버티지 못한다. 요즈음 대기업에 합격하는 사람들 30%는 취업하는 첫해에 그만둔다고 한다. 그럼 그다음이 문제이다.

만약 어떤 전공으로 취업을 해서 잘 버텨서(열심히 해서) 시간이 흐른다고 했을 때는 승진을 하게 된다. 승진하게 되면 물론 전공 관련 일을 하더라도 부하 직원 관리 같은 다른 업무가 추가로 생긴다. 계속해서 승진한다면 자신의 전공 능력보다 소속 부서 관리나 경영 분야에 더욱 열심히 해야하는 것이다. 그래서 처음에 자신에게 맞지 않는 직업이라고 과감하게 회사를 나갈 것이 아니다. 회사를 나가서 무엇을 할지 확실하게 정해지고 만반의 준비를 했을 때 이직을 하면 될 것이다.

직업에 관해서 나라마다 정책이 다르고 문화가 다르다. 우리나라는 대학을 졸업하면 대기업, 공무원을 최고로 생각하고 길게는 몇 년을 준비하기도 한다. 그러나 중국이나 유럽에는 정책적으로 창업을 권장하고 선호하고 있다. 우리나라는 대기업에 취업해서도 임원이 되기 위해 정말 모든 것을 바친다. 하지만 미국은 '세상 바꾸기'와 같은 더 큰 꿈을 꾸고 있다. 우리도 이런 꿈을 꾸는 사람들이 좀 더 많았으면 좋겠다.

꿈의 차이			
	취업 목표		입사 후 목표
한국 학생	대기업(삼성) 입사	대기업(삼성) 직원	임원
미국 학생	삼성 같은 기업 만들기	기업(구글) 직원	세상 바꾸기

이 세상에 비천한 직업이란 없다.
다만 비천한 사람이 있을 뿐이다.
- 링컨

꿈은 <u>시간이 나서</u> 하는 것이 아니라 <u>시간을 내서</u> 하는 것이다

 사람들이 꿈을 이루어가는 과정은 사람마다 다르다. 그렇지만, 땀 흘리는 시간에 비례한다고 할 수 있다. 누구나 하루를 24시간 똑같이 보내고 있지만, 꿈을 이루어가는 삶의 모습은 너무나도 다르다. 하루를 시작하는 시간부터 다르다. 누구는 아침 6시에 하루를 시작하는가 하면 누구는 9시 되어서야 시작한다.

물론 하는 일에 따라 다를 수도 있지만, 같은 직업을 가지고 있는 사람들끼리도 사뭇 다르다. 그리고 같은 직업이라도 사람마다 책임감, 사명감이 다를 수도 있고 직위나 직책에서 오는 차이도 있을 수 있다.

하시만 내부분 직장에서 최고 경영사를 세외하고는 비슷한 식위나 식책이 있다. 그만큼 자기 자신의 의지에 따라 시간을 쓰고 있다는 것이다.

어떤 일을 제대로 하기 위해서는 하루 중 최고의 의지력을 발휘할 수 있는 시간을 택하는 것이다. 그러나 그런 의지력은 온종일 유지할 수는 없다. 내가 내 마음대로 시간을 쓸 수 있는 사람은 많지 않다. 다시 말해 매일 의무적으로 해야 하는 일들이 있다.

그럼 언제 내가 꿈을 이룰 시간을 보내야 하는가? 시간이 나서 꿈을 이루는 것이 아니라 대부분 일부러 시간을 '내서' 꿈을 이룰 시간을 만들어야 한다는 것이다. 하루에 한 가지 일만 하는 것은 아니다. 일과에는 우선순위가 있고 그 순위에 따라 시간을 보낸다. 그러다 보면 가장 아래 순위에 있는 일들을 못 하는 경우가 있을 수 밖에 없다.

따라서 내가 꿈을 이루기 위해 해야 할 일의 순위를 최대한 위 순위로 배치하여야 한다. 즉 시간을 '내서' 꿈을 이루어야 한다는 것이다.

우리가 하루를 보내는 시간을 분석하면 의외로 아무것도 하지 않는 시간이 많다. 단지 내가 의식하지 못할 뿐이다. 그래서 나의 하루 24시간을 꼼꼼히 분석해 보면 자투리 시간이 의외로 많이 존재한다. 그런 시간을 '내는' 계획을 세워서 실천한다면 분명 꿈을 이룰 것이다.

오늘 하루를 헛되이 보냈다면 그것은 커다란 손실이다.
하루를 유익하게 보낸 사람은 하루의 보물을 파낸 것이다.
하루를 헛되이 보냄은 내 몸을 헛되이 소모하고 있다는 것을 기억해야 한다.
- 앙리 프레데리크 아미엘

꿈은 '크면 클수록' '더 작고 간단'하게 시작해야 한다

누구나 화려하고 거창한 꿈을 꾼다. 그러나 그런 꿈을 이루는 데는 복잡하면 이루기 어렵다. 쉽게 지치기 때문이다. 단순해야 오랫동안 계속할 수 있다. 내가 큰 꿈을 꾸고 있다고 그 꿈이 화려하고 멋지게 하지 않아야 하는 이유는 성공 가능성을 높이려고 하는 것이다. 꿈을 이루는 본질에 충실해야 하지 겉치레나 남이 보는 시선에 너무 의식하면 안 된다.

우리 말 중에서 한 글자인데도 중요한 단어들이 많다. 중요하다고 글자 수가 많아야 하는 것이 아님을 알 수 있다. 사람의 육체에는 '몸', '뼈', '피', '살', '눈', '코', '입', '귀', '간', '폐'가 있고 '밥'을 먹고 나면 '똥'이 나오며, 정신적으로는 '맘', '얼'과 '넋'이 있고, 사람을 '놈', '년', '님', '남', '나', '너'로 부른다.

우리가 생활하기 위하여 '돈', '꿈', '말', '글'이 필요하고, 자연에는 '물', '불', '비', '강', '산', '밭', '논'이 있으며, 두꺼운 '옷'을 입고 뛰면 '숨'을 헐떡이고 '땀'을 흘리기도 한다. 물론 한 글자가 더 있기는 하지만 우리는 평소에 두 글자 이상을 워낙 많이 접하다 보니 잘 인식하지 못하고 있었을 뿐이다. 이렇듯 간단하다고 무시할 일이 아니다. 그러나 사람들은 보통 꼭 필요하거나 중요한 일은 되게 복잡하고 거창하리라 생각한다.

작가	학교선생님	부산	교육학과	대학원
신문기자	멘토	대학	학과	박사
고전	독서	국어교사	여행	국내
소설	공부	유학	작문	신문사설
인강	학원	캐나다	평론	도서관

내가 하루에 하는 일이 분명히 있을 것이다. 그중에서 내 꿈과 관련된 일이 얼마나 되는지 알아보자. 물론 학생이나 취업 준비생이라면 분명한 목표가 있기 때문에 비교적 하는 일이 많지 않을 것이다.

하지만 학생 또는 취업 준비생도 궁극적으로 내 꿈과 관련되어 있다. 그 중간 과정을 거치고 있을 테니까. 아무튼, 그런 많은 일 중에서 내 꿈과 직접 관련된 일을 반드시 적어서 기록해야 한다.

단 한 줄이 되더라도 기록하지 않으면 알 수 없다. 1주일 전에 점심 뭐 먹었는지 기억나지 않은 것처럼.

국어 교사가 꿈이라면 예시처럼 만들 수 있고 그중에서 실천 항목인 '소설'에서 매일 1~2쪽 읽고 그것을 기록으로 남기면 간단하게 되는 것이다.

작은 도끼라도 찍고 찍으면 큰 참나무는 넘어진다.
- 셰익스피어

꿈은 '지금-여기'부터 시작하는 것이다

내 인생에서 가장 중요한 시기는 바로 '지금'이다. 왜 '지금'이 가장 중요한가 하면, 어떤 경우에라도 자유롭게 이용할 수 있는 것은 지금 밖에 없기 때문이다. 그래서 지금 꿈을 꾸며 행복하면 지난 과거도 아름다워 보이고 다가올 미래도 기대되고 가슴도 두근거릴 것이다.

'과거'는 다시 돌려받을 수 없는 '부도수표'이고 '미래'는 무책임하게 발행된 '약속어음'에 불과하며, 그리고 오직 '지금'만이 과거와 미래를 변화시킬 수 있는 가치 있는 '현금(Cash)' 이다.

현금을 사랑하는 것처럼, 지금을 사랑하자. 그러면 인생 전체가 바뀌는 기적을 경험하게 될 이다. 지금 여기에서 무엇이든 시작하면 된다.

우리나라 말에는 '어제, 오늘'이라는 말이 있다. 그다음은 '내일(來日)'이다. 그러나 내일은 한자(漢字)이고 우리말에는 없다. 그런 것을 보면 우리 조상들은 미래보다는 오늘, 지금을 중요하게 생각했다는 것을 알 수 있다. 그래서 우리는 '금' 중에서 가장 소중한 금이 '지금' 이라고 한다.

지금을 영어로 하면 'Now'이다. 이 'Now'를 뒤집으면 사람들이 좋아하는 'Won(원)'이 되는 것은 우연이 아니라고 생각한다. 지금은 현재이고 'Present'이면서 '선물'이라는 뜻도 있다. 그래서 '지금이 선물이다'라는 말이 성립된다고 할 수 있다.

지금 (현재)	Now	Won(원, 한국 화폐)	Won(원, 原) 없이 꿈꾸라
	Present	현재, 선물	지금이 선물이다

여러분이 이 글을 보고 있는 이 시각이 '지금'이다. 너무나도 당연하게 지금이 없다면 당연히 앞으로의 시간이 존재하지 않는 것이다. 지금은 늘 있는 것처럼 생각되지만 그렇지 않다. 지금 흐르는 물이 어제의 물과 다르듯이 말이다.

'지금'의 '지'에 '점(·)' 하나 추가하면 '저금' 또는 '자금'이 되는 것을 보면 '지금'은 얼마나 중요한 단어인지 알 수 있을 것이다.

> 삶은 바로 지금 여기, 이곳에만 있습니다.
> 지금 여기가 그대 인생, 최고의 순간입니다.
> - 틱낫한

꿈은 '지금까지'보다 '지금부터'이다

지난 날까지가 '어제'였다면 지금부터는 '이제'다. '어제'와 '이제'는 점(·) 하나의 차이이다. 그만큼 아주 작은 차이고 지금부터 하는 것이 아주 중요하다는 것이다. 꿈을 '즉시' 시작하지 않으면 '다시' 시작하기는 더욱더 어려워진다.

영화 〈쿵푸팬더〉에는 '어제는 History(역사), 오늘은 Present(지금), 내일은 Mistery(신비)'라는 대사가 나온다. 어제와 내일을 고민하지 말라는 것이다. 우리는 지금 살아가고 있기 때문이다. 또 'Time is an illusion, there is only 'NOW'(시간은 환상이야, 단지 지금이 있을 뿐이지)'라는 대사도 나온다.

지금부터 아주 작은 것이라도 하라는 의미이다.

하나만 더 소개하면 'If you only do what you can do, you'll never be better than what you are(할 줄 아는 것만 하면, 넌 지금부터 절대 더 나아지지 않아)'라고도 한다. 세상을 살아가다 보면 온갖 고난과 역경을 겪게 되는데 할 줄 아는 것만 하다 보면 내가 결코 넘기 힘든 어려움을 겪게 될지 모른다. 따라서 내 꿈과 관련된 것이라면 아주 작은 혹은 낯선 것이라도 할 수 있는 데까지 해 보는 것이다. 내가 할 수 있는 것은 '지금부터' 밖에 없다.

지금까지 어떻게 했는지는 모르지만, 지금부터가 중요하다. 그래서 '땅(터)' 중에서 가장 좋은 땅은 '지금부터'라고 생각한다. 처음에는 절대 크게 시작하지 말고 내가 습관을 만들 수 있을 만큼만 작게 시작하면 된다.

'작가'가 되겠다면 '지금부터' 매일 좋은 책 제목만 적기를 권한다. 1달 이상 적다 보면 너무 읽고 싶은 책이 생길 것이고 그때 책을 본격적으로 읽기 시작하면 된다. 꿈을 이루지 못하는 것은 아무것도 하지 않아서라기보다는 방법을 잘 알지 못하는 경우가 많다.

지금부터 꿈에 관련된 일을 매일 매일 할 때마다 기록으로 남기면 된다. 그 기록들이 나의 꿈을 이루는 원동력이 되기도 하고, 자신감을 키우기도 한다. 자! 지금부터다!

가장 중요한 것은
당장 자리에서 일어나서 무엇인가를 하는 것이다.
- 놀란 부쉬넬

꿈은 '나중, 다음'이 아닌 '지금'이다

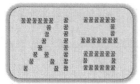꿈을 이루는 사람과 이루지 못하는 사람과의 차이는 크다. 그 이유는 자신이 처한 경제적·사회적 환경, 신체적 특징 같은 것들에 의해 차이가 날 수밖에 없다. 우리는 언제나 현재를 살고 있지만, '나중에', '다음에'를 남발하고 산다.

여기서 남발이라는 것은 아무 생각 없이 그때그때 급한 것만 생각하고 살고 있다는 것이다. 내가 꿈을 꾸고 그것이 가장 중요하다는 것을 알면 조금씩 행동이 달라지리라 생각한다.

사전에 의하면 '나중'에는 '순서상이나 시간상의 맨 끝'이라는 뜻이 있다. '다음'은 '어떤 차례의 바로 뒤'라는 뜻이 있다. 둘 다 처음은 아니라는 공통점이 있다. 우리는 모든 것을 동시에 할 수는 없지만 순위를 정해서 할 수 있다.

보통 친구나 지인을 만날 때 '다음에 보자'라는 말을 자주 한다. 그런데 이 말은 언제 볼지 모른다는 의지이다. 최악에는 만나지 못할 수도 있다.

그래서 꼭 만날 생각이 있다면 이번 주 토요일 오후라든지 특정 요일과 시간이 있어야 한다. 막연하게 미루는 것은 언제 할지 모른다고 보면 된다. 그래서 하루의 일과 중에서 꿈에 관한 일은 항상 최우선으로 생각해야 한다. 하루 중에 정해진 시간에 하는 것이 제일 좋지만, 2~3번에 나누어서 해도 된다. 매일 매일 하루도 빠지지 않고 하는 것이 중요하다.

처음에는 시간의 양이 중요하지 않고 횟수에 더 신경을 써야 한다. 점점 시간이 흘러 어느 정도 익숙해지면 그때부터는 '양'보다 '질'에 관심을 두어야 하고 잘 되면 꿈꾸기 위한 다음 활동들을 똑같이 실행하면 된다. 그리고 그런 활동들을 하루 한 줄이라도 적어서 내가 언제든지 볼 수 있도록 한다면 성취감과 더불어 커다란 동기 부여가 될 것이다.

내가 하루 중 가장 많은 시간을 보내는 곳에서 가장 많이 시선을 보내는 곳에 내 꿈을 적어 꿈꾸기 위한 활동들을 잊어버리지 말자. 큰 꿈을 잘게 나누어 하나하나 이루어 나가면 되는 것이고 잘게 쪼갠 하나가 매일 매일 실천할 수 있는 행동들로 바꾸면 쉽게 이룰 수 있다. 이렇게 해야 내가 '나중'이나 '다음'이 아닌 '지금' 할 수 있게 하는 것이다.

> 지금이야말로 일할 때다. 지금이야말로 싸울 때다.
> 지금이야말로 나를 더 훌륭한 사람으로 만들 때다.
> 오늘 그것을 못하면 내일 그것을 할 수 있는가?
> - 놀란 부쉬넬

꿈은 '소유'보다 '경험'이 중요하다

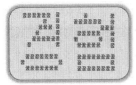행복하기 위해 우리는 꿈을 꾼다. 그 꿈을 꾸는 데는 다른 사람과 비교하지 않는 것이 좋다. 행복해지자고 꿈을 꾸는데 남과 비교한다면 우열이라는 행복하지 않은 결과를 가져올 수도 있다. 즉 불행은 비교에서 오는 경우가 많다. 따라서 비교는 남보다 나와 하는 것이 좋고 내가 전보다 나아졌는가를 비교해 보는 것이 좋다.

소유보다 경험이 중요한 이유는 소유는 비교할 수 있지만, 경험은 비교로부터 자유롭기 때문이다. 경험은 진정한 자기 자신을 만나기 때문에 자아정체성을 길러주기도 하고 풍부한 이야기를 만들어 준다. 반면 명품을 소유하는 처음에는 좋은 감정이 생기지만, 오래가지 않고 자꾸만 더 좋은 명품을 찾게 되는 것이다.

그래서 많은 경험을 하면 꿈이 더 커지고 살찌게 한다. 그리고 소유는 함께하기가 쉽지 않아 지극히 개인적이지만 경험은 여럿이 할 수 있다. 심지어 더 많은 사람과 경험할수록 더 풍부한 이야깃거리를 만든다.

많은 사람의 버킷리스트인 여행을 보면 더욱 확실하게 알 수 있다. 누구나 가고 싶은 여행은 소유보다 경험을 위해 기꺼이 지갑을 여는 것이다. 여행하면서 많은 경험을 하게 되고 그 경험은 자신의 꿈을 실현하는데 알게 모르게 도움을 주고 있다. 물론 여행지에서도 어떤 물건을 소유하게 되지만, 그 물건 또한 제한적이고 부수적인 행위일 경우가 많다.

그래서 사람들은 시간과 경제적 여유만 된다면 끊임없이 여행을 가는 것이고 각종 행사나 이벤트에 참여하려고 하는 것이다. 좋은 경험은 자신이 살아가는 평생 기억에 남겨질 것이다. 그리고 좋은 경험은 매번 할 수 있는 것이 아니기 때문에 가능한 여러 가지 경험을 해 볼 필요가 있다.

때에 따라서는 별로인 경우도 있겠지만 경험의 횟수가 많을수록 더 좋은 경험이 찾아오리라는 것은 자명하다. 경험은 어릴수록 더 강렬하게 남아서 젊어서 고생은 사서도 한다고 말하는 이유이기도 하다.

경험은 소중한 스승이지만,
바보는 경험을 해도 배우지 못한다.
- 벤자민 프랭클린

꿈은 '패션(Fashion)' 보다는 '스타일(Style)'

Style

'레밍(Lemming)'이라는 쥐과 포유류가 있다. 이들은 7~15cm로서 집단생활을 한다. 그 집단들 중에 우두머리가 있어서 항상 그 우두머리만 보고 따라다닌다. 아주 특이한 경우이기는 하지만 막다른 절벽으로 우두머리가 향하면 모두 뒤를 따라가고 우두머리는 되돌아올 수 없어서 그냥 절벽 아래로 상당수가 떨어져 죽는다. 이런 현상을 빗대어 '레밍 효과'라고도 하는데 맹목적으로 다른 사람들을 따라 하는 현상을 말한다.

오늘날에는 많은 사람이 대도시 주변에 살고 있어서 다른 사람들을 보고 살 수밖에 없다. 그러다 보니 생활 방식뿐만 아니라 맛집, 즐길 거리, 생필품까지 서로 비슷하게 된 것이다.

남들이 좋다는 아파트로 이사를 해야 하고 남들이 좋다는 차를 타며, 남들이 맛있다는 집을 찾아가서 인증 샷을 남기고 멋지고 좋다는 옷이 나오면 몇 시간 줄을 서서 사고 마는 패션(유행)을 따라간다. 어느 나라나 이런 현상은 있기 마련이지만, 우리나라가 좀 더 그런 경향이 많다. 심지어는 장래 희망까지 '삼성 입사'나 '공무원'으로 엄청나게 몰리고 있다.

우리는 태어날 때 각자 다른 환경에서 태어나고 자란다. 그런데 자라면서 점점 '레밍 효과'가 나타난다는 것은 어른들의 잘못이 크다. 그리고 학교 교육도 일조하고 있는지 모른다. 서로 다른 생각이 있을 수도 있는데 학교 급식이야 단체 생활이니까 그렇다 치더라도 교복까지 똑같이 입기를 강요하고 있다. 이것은 단지 교복이 없어야 한다는 것과는 다르다. 교복은 있되 경우에 따라서는 허용의 폭을 넓혀야 한다는 것이다.

학교 운동회를 할 때는 체육복을 입고 등교하듯이 학교 체험활동을 할 때는 각자 자신에게 맞는 간편복을 입어도 되지 않는가? 엄청나게 다양한 산업들이 빅뱅을 일으키고 있는 이 시대에 고민해 볼 필요가 있다. 미국에는 심지어 '나이키' 신발을 '구독'하고 있다.

자라나는 청소년들이 자라면서 신발이 작아지는 점에 착안하여 일정 금액을 지급하면 어느 정도 시간이 지나 새 신발을 본인 선택하여 바꿔 신는 시대에 살고 있다. 자신만의 '스타일'이 중요한 시대인 것이다.

물론 나 혼자 모든 것을 할 수 있는 것은 분명 아니다. 쌍둥이로 태어나도 각자의 삶을 살 듯이 꿈꾸는 자는 반드시 자신만의 '스타일'이 필요하다.

> 아무도 자신을 믿지 않을 때도
> 자기 자신을 믿는 것
> - 슈거레이 로빈슨

그대는 꿈을 '모래'에 새길 것인가? '바위'에 새길 것인가?

우리는 중요한 일을 잊어버리지 않게 어딘가에 기록하고 새긴다. '용서는 모래에 새기고 은혜는 돌에 새겨라'처럼 쉽게 잊어야 하는 것은 바람이나 물에 쓸어 없어지게 '모래'에 새기고 은혜처럼 절대 잊어버리면 안 되는 것은 지워지지 않게 바위에 새기라는 것이다.

그래서 중요한 것은 쉽게 지워지지 않는 곳에 새긴다. 우리나라에는 합천 해인사의 '팔만대장경'은 1,236년에서 16년 동안 부처의 힘으로 외적을 물리치기 위해서 만들었고, 414년 광개토대왕의 업적을 기리기 위해 큰 비석 4면에 1,802자를 새긴 '광개토대왕비'는 아들 장수왕이 세웠다.

미국에는 역대 미국 대통령 4명을 기리기 위해 '큰바위얼굴'을 만들었고, 이집트 나일강 하구의 로제타 마을에서 발굴한 흑색 화강섬록암의 비석 조각인 '로제타 스톤(Rosetta Stone)'은 가로 72㎝, 높이 114㎝, 두께 30㎝의 크기로 기원전 196년 프톨레마이오스 5세의 공덕을 기리는 내용이 새겨져 있다.

이처럼 아주 중요한 일들은 쉽게 잊히지 않게 어디엔가 새긴다. 요즘은 건물을 지으면 머릿돌이나 주춧돌에 주요 이력을 기록하고 생전에 주요한 업적을 남긴 분들에게는 묘비에 적기도 한다.

물론 개인적으로 무엇인가를 집중할 때는 한번 물면 놓지 않는다는 '핏불테리어'라는 개처럼 집요해야겠지만 언제든 꿈을 상기할 수 있도록 뭔가 의미 있는 것에 기록해야 한다. 그 기록이 나중에 바뀌는 경우가 있더라도 기록해야 한다. 만약 바뀌면 다시 기록하면 되는 것이다.

물, 바람이나 구름처럼 흘러가지 않도록 해야 하고 마음이나 가슴에 절대로 잊히지 않도록 해야 하며 언제든지 눈으로 직접 만지고 확인할 수 있어야 한다.

자, 그럼 이제 나의 꿈을 지워지지 않는 곳에 기록해 보자.

> **그대의 꿈이 한 번도 실현되지 않았다고 해서**
> **가엾게 생각해서는 안 된다.**
> **정말 가엾은 것은 한 번도 꿈을 꿔보지 않았던 사람들이다.**
> – 에센바흐

꿈은 '평균'이나 '표준'에 얽매이지 않는다

 우리나라 사람들은 다른 사람들과 많이 비교하면서 살아가는 편이다. 다른 사람이 어떤 아파트에 살고 평수는 어떻게 되는지, 어떤 자동차를 타는지, 어떤 옷을 입는지를 비교한다.

물론 국토가 좁고 인구 밀도가 높은 이유도 있겠지만 선조부터 어디를 가더라도 항상 함께해야 한다는 공동체적 관념으로 살다 보니 자연스럽게 다른 사람들을 의식하며 산다.

그래서 연봉별로 아파트, 자동차, 시계, 옷 등을 이야기하곤 한다. 그만큼 나도 '평균' 정도가 되거나 '표준'이 되어야 편하다고 생각한다. 그저 모나지 않는 것이 좋다고 생각하고 어른들도 중간 정도만 하면 된다고 늘 이야기한다. 물론 중간이 나쁜 것은 아니다. 문제는 정신적인 것보다 경제적인 것을 더 많이 따진다는 것이 문제다.

세상에는 똑같은 사람이 없듯이 사는 방식이나 마음가짐도 다를 수 있다. 다름을 인정해 주는 문화가 세상을 더 다채롭고 풍요롭게 만든다. 세상은 늘 변하게 되어 있고 그 변화를 자연스럽게 받아들이는 것은 서로 다름을 인정하는 문화가 자리를 잡고 있는 것이다.

무엇보다도 '평균'이나 '표준'은 다른 사람들의 기준이라는 것이다. 사람들은 살아온 여러 가지 환경과 체격, 그리고 그 지역의 문화도 다르기 때문에 저마다의 방식으로 꿈을 꾸고 이루어가야 한다. 이제는 4차 산업혁명이 본격적으로 진행되는 시기이기에 직업의 분화가 급속도로 이루어지므로 더욱더 남다른 나만의 방식으로 살아가야 한다.

기존의 직업은 자기가 사는 지역을 크게 벗어나지 않기 때문에 직업이나 삶에 비교적 평균이나 표준이 있었다. 직업도 부모나 친지들의 도움을 받는 경우가 많을 정도로 직업 수 또한 많지 않았다.

자기만의 창업이나 창직을 하는 경우가 많아지는 것도 자기만의 꿈에서 '평균'이나 '표준'이라는 것은 의미가 없다는 것이다.

나는 내 운명의 주인이요.
나는 내 마음의 선장이다.
- 윌리암 어네스트 헨리

꿈을 꾸는 여정은 '속도'보다 '방향'이다

세상은 정말 빠른 속도로 변화하고 있다. 선진국일수록 그 변화 속도는 더 빠르고 광범위하다. 한 연구 결과에 따르면 기업은 100마일, 시민단체는 90마일, 가족은 60마일, 노동조합은 30마일, 정부는 25마일, 공교육은 10마일, UN을 비롯한 다국적기구는 5마일, 정치조직은 3마일, 마지막으로 법과 법기관은 1마일이라고 밝혔다. 이 사실에서 볼 때 공교육은 기업의 1/10 속도로 나아가고 있다.

지금까지의 세상은 어느 정도 미래가 예측이 가능한 시대였다. 그래서 속도가 중요했다. 특히 기업은 미래를 읽기 위해 엄청난 노력을 한다. 기업은 이윤 추구가 가장 큰 목표이기에 속도야말로 최고의 무기였다. 하지만 오늘날 일본 전자제품을 보면 속도만 강조하고 방향을 제대로 잡지 않아 전 세계적으로 침체의 길을 가고 있다.

점점 더 빠른 것을 원하는 사회에서 속도를 무시하자는 것이 아니라 속도를 강조하면 방향 전환이 쉽지 않기 때문이다. 달리는 자동차도 빨리 달릴수록 커브가 쉽지 않은 것이다. 만약 비행기를 예를 든다면 방향을 조금만 잘못 잡아도 나중에는 완전히 다른 지역으로 갈 수 있다. 특히 장거리일수록 그 차이는 엄청나다.

빠르게 달리면 못 보고 지나치기 쉽다. 따라서 속도는 부분적 완급을 조정하고 방향에 더 큰 시간과 노력을 기울여야 한다. 2013년 영국 동북부에서 열린 한 마라톤에서 5,000명이 무더기로 실격당했다. 1등을 차지한 사람을 제외하고 모든 사람이 2, 3등을 보고 따라 뛰었는데 264m를 적게 뛰었다. 속도에만 신경을 쓰고 방향을 제대로 못 본 대표적인 사례이다. 기업 중에서 속도만 강조하다 사라진 경우가 수없이 많다.

일에 있어서 효능은 '방향'이고, 효율은 '속도'로 볼 수 있다. 일할 때는 먼저 시작하는 것이 올바른 방향성을 확보하는 것이고 그다음에 어떤 속도로 목표에 도달할 것인지를 생각해야 한다. 그래서 올바른 방향 설정이 올바른 방법 선택보다 우선이 되어야 한다. 또한 '효율'은 어떤 일을 하는 가장 좋은 '방법'을 가리키고 '효능'은 일의 '결과'를 가리킨다.

그래서 꿈을 차거나 이루어가는 과정에서 다른 사람과 비교하여 내가 늦다고 생각할 필요가 없다. 내 방향을 잡는 것이 우선이기 때문이다.

**문제는 목적지에 얼마나 빨리 가느냐가 아니라,
그 목적지가 어디냐는 것이다.
– 메이벨 뉴컴버**

꿈이 없는 자! '기울어진 운동장'과 '유리 천장' 탓한다

'기울어진 운동장(Unlevel Playing Field)'은 축구 경기에서 운동장 한쪽이 기울어지면 기울어진 아래쪽은 불리할 수밖에 없는 현상을 말한다. 국가나 사회 곳곳에서 이런 현상이 존재한다. 요즘 같은 초 현대화 사회에서도 이런 현상은 아직 존재한다.

미국의 오바마 대통령이 당선되기 전까지만 해도 미국은 흑인에게 정치는 '기울어진 운동장'이었다. 1963년 마틴 루터 킹의 'I have a Deam(나에게는 꿈이 있습니다)'을 이야기할 때만 해도 절대로 평평한 운동장으로 될 것이라고 누구도 예측하지 못했다. 물론 아직도 많은 나라와 사회에 '기울어진 운동장'이 존재한다. 아니 영원히 없어지지 않을지도 모르겠다.

'유리 천장(Glass Ceiling)'은 충분한 능력을 갖춘 사람이 특정 차별로 인해 승진하지 못하는 상황을 말한다. 특정 차별은 여성, 장애 등과 같은 것을 말하는데, 아직도 사회 곳곳에 존재하고 있다. '유리 천장'은 '기울어진 운동장'과 같이 좀처럼 그 현상을 뛰어넘기 힘들다.

그러나 운동장과 천장은 누군가에 의해 조금씩 조금씩 평평해지고 유리에 금이 가고 있다. 그것은 넘을 수 없는 벽이라고만 하고 오르지 않고 바라만 본다면 운동장은 결코 평평해지거나 유리가 깨어지지 않을 것이다.

세상은 처음부터 모든 것이 평등하거나 공평한 것은 아니었다. 대다수 많은 사람은 그냥 당연한 것으로만 생각한다. 본인이 처음 보거나 접했을 때부터 그랬으니까 앞으로도 계속 그럴 것으로 생각한다. 조금 불합리하거나 불편해도 이의를 달지 않고 주위에서도 분위기를 기존 질서가 최고인 듯이 몰아간다.

그러나 모두가 문제를 인식하지 못하는 것은 아니고 그저 편한 대로 생각하는 습관대로 살아가고 있기 때문이다. 이때 용기 있는 누군가가 자신을 희생하며 앞으로 나아가기 시작하면 그때서야 조금씩 움직이는 것이다. 그리고 한두 사람만의 힘으로는 '기울어진 운동장'이 평평해지거나 '유리 천장'이 깨지지는 않는다. 그러나 앞으로 나가는 한 두 사람이 결정적인 역할을 하는 것임은 틀림없다.

꿈이 있는 자는 '기울어진 운동장'이 있어도 절대 포기하지 않고 계속해서 달리고, '유리 천장'을 그냥 바라보기만 하지는 않고 끊임없이 두드린다. 평평하거나 깨어지지 않는다는 사실을 알면서도 쉬지 않고 나아간다.

> 꽃길을 걷는 가장 확실하고도 좋은 방법은
> 걷는 길마다 꽃을 심는 것이다.

꿈은 남다른 '?'가 쌓이고 쌓여 '!'가 되는 과정이다

인생의 커다란 목표인 꿈을 이루는 일에 모두가 노력한다. 그 노력의 결과가 헛되지 않도록 최선을 다한다. 단 한 번의 행동으로 이루는 것이 있다면 진정한 꿈이 아니다. 그래서 꿈은 결과가 아니고 과정이다. 하지만 그 과정이 처음부터 내가 생각한 대로 계획한 대로 잘 이루어지지는 않는다.

처음에는 이게 나에게 딱 맞아서 앞으로 나는 이걸 내 꿈으로 해야지 하고 지내다 보면 잘 안 되는 경우가 있어 꿈을 바꾸기도 한다. 누구나 겪는 작은 시행착오이다. 그런 시행착오가 모여서 내공이 쌓이는 것이다. 시행착오를 두려워하거나 회피할 필요가 없다.

세상에 알려진 유명 관광지를 가거나 유명한 산을 가 본 적이 있을 것이다. 처음에는 아무 생각 없이 따라갈 것이다. 그러면서 이런 곳이 왜 유명한지 의문을 가진 적이 있을 것이다. 물론 자연경관이 아주 뛰어나거나 유명한 어떤 현상을 만나면 수긍을 하겠지만, 그렇지 않을 때도 있을 것이다. 그런 의문을 가진다면 그것은 제대로 못 본 것이다. 분명한 이유가 있는데도 그 이유를 자세히 알려 주지 않았을 확률이 높다.

세계적인 과학자 뉴턴, 아인슈타인, 에디슨, 세계적 투자자 워렌 버핏, 세계적인 CEO 빌 게이츠 등과 같이 자기 분야에서 엄청난 업적을 이룬 사람들은 남다른 무언가가 있다는 것을 알고 있을 것이다. 이분들은 자기 분야에서 끊임없는 연구와 고도로 집중하여 해당 분야 문제를 생각하는 몰입이 있었다는 것이다.

어느 하루 아침에 뚝딱 결과가 나오는 것이 아니라 시간은 짧더라도 완벽에 가까운 집중된 몰입 상태가 계속하여 좋은 결과를 도출한 것이다. 고민하고 고민하되 그 해결 방법을 포기하지 않고 지속해서 노력한 결과가 깨달음을 가져다주는 것이다.

여러분도 한참을 고민(?)하다가 어느 날 해결(!)한 경험이 있을 것이다. 꿈을 '깨닫기(!)' 전에는 반드시 '노력하고 고민(?)' 하던 시간이 있었을 것이다. 그래서 중요한 것은 과정인데 그 과정 중에서도 뭔가가 남다르면 더욱 좋다. 항상 꿈을 꾸는 여정에서 남다르고 색다른 과정을 거친다면 분명 감동의 느낌을 받게 될 것이다.

> 사막이 아름다운 것은
> 어딘가에 샘이 숨겨져 있기 때문이다.
> - 생떽쥐베리

꿈은 '덤'이나 '별책(別冊)부록'이 아니다

꿈 사람들은 물건을 살 때 '덤'을 주면 좋아한다. 그래서 마케팅에도 활용하여 '1 + 1', '2 + 1'과 같은 상품을 만들어 출시한다. 똑같은 품질일 때 좀 더 많은 상품을 가져가도록 고객들의 마음을 사로잡게 한다. 선택 기준에서 아주 유리한 방법으로 활용한다.

사람들이 책을 고르는 기준은 다양하다. 일반적인 책의 기준은 책 제목, 내용, 디자인, 가격, 저자 등이다. 하지만 잡지와 같은 책들은 종종 '별책부록'이 책을 선택하게 된다. 별책부록이 기존의 부록과 다르게 특별하면 선택의 아주 중요한 기준이 된다.

우리는 무엇인가를 이루기 위해서 여러 가지 노력을 한다. 그리고 사람들은 무언가를 이루기 위해 무수히 많은 선택을 한다. 하루에도 크고 작은 선택을 하고 아주 작은 선택들은 큰 고민 없이 한다. 선택한 결과가 바로 나올 수도 있고 시간이 조금 지나서 나올 수도 있다. 결과 또한 좋을 수도 있고 그렇지 않을 수도 있다.

꿈을 이루는 과정에서의 선택은 기존의 과정과 다르다. 이루고자 하는 꿈 자체에 관심을 가지고 노력해야 한다. 꿈을 이루는 과정에서 얻을 수 있는 부수적인 것에 마음이 뺏겨서 중도에 꿈을 포기하면 안 된다. 즉 꿈에 관해서는 본말이 전도되어서 안 되고 본질(꿈)에 충실해야 한다.

세상 여러 제품에는 '덤'이나 '별책부록'이 넘쳐난다. 그러나 그것이 가장 중요한 선택이 되어서 안 된다. 덤으로 과연 유리한지도 따져봐야 한다. 그리고 제품의 용량을 줄여서 덤으로 만든 것인지 확인해야 한다.

별책부록이 탐이 나서 책을 매번 구매한다면 문제가 있다고 할 수 있다. 어쩌다가 선택하는 경우라면 모를까 구매 선택 기준에 신중할 필요가 있다.

꿈은 분명한 목표를 정하고 그 목표를 향해 차근차근 앞으로 나아가는 것이다. 그 과정에서 생기는 '덤'이나 '별책부록'에는 그저 작은 하나의 즐거움으로 삼고 기뻐하며 꿈의 여정을 계속해 나가면 된다.

자기가 노력한 게 스스로를 감동하게 만들 정도가 되어야
그게 정말로 노력하는 것이다.
- 조정래

지금 생각대로 살지 않으면 사는 대로 생각하게 된다

이 글을 읽는 당신은 '생각대로 사는가?' 아니면 '사는 대로 생각하는가?' 물론 아무 생각 없이 사는 분들도 있겠지만, 대체로 두 가지 방식을 적당하게 적용하며 살아가고 있을 것이다. 내가 무엇을 할 것이라는 원대한 꿈을 꾸거나 아주 절박하게 무엇인가를 하고 있다면 그 꿈과 무엇을 위해 오로지 그 생각만으로 살아갈 것이다. 그러나 대부분 사람은 그냥 하루하루 사는 대로 생각하고 살아가고 삶의 별다른 변화 없이 살아간다.

영국 옥스퍼드 의대생이었던 로저 베니스터(Roger Mannister)는 '할 수 있다'라는 생각을 늘 가지고 있었으며, 1950년대 당시 육상 선수로서 '마의 벽'이라는 '1마일을 4분 안에 뛰는 것'을 잊지 않고 살아가고 있었다. 인간은 신체적 한계가 있어서 불가능하다는 게 육상계의 통설이었다. 그러나 베니스터는 포기하지 않고 자신이 마의 벽을 깰 수 있다는 생각으로 연습을 거듭해 나갔다. 그러다가 드디어 1954년 5월, 베니스터는 1마일을 3분 59초 4라는 기록으로 '인간의 한계'를 뛰어넘는 결과를 만들어냈다. 오로지 트랙을 전력 질주하다 보니 결승전을 통과 후 바닥에 쓰러져 정신을 잃었을 정도였다.

그러나 6주 후에 존 랜디가 1마일을 4분 안에 돌파하였으며, 그 이후에도 지속하여 그 기록을 달성하는 선수가 생기기 시작하였다. 심지어 1년 후에는 그 숫자가 37명으로 늘어났고 2년 후엔 1마일을 4분 이내로 돌파하는 선수가 무려 300여 명에 이르렀으며, 오늘날에는 육상 선수 10명 중에서 7~8명이 그 기록을 세우고 있다.

그래서 '생각대로 사는가'는 능동적으로 내 삶의 주체가 되는 것이고, '사는 대로 생각하는가'는 내 삶의 주체가 내가 아닌 그저 하루하루를 생활하는 것이다. 생각하는 삶이 인생을 좌우할지도 모른다. 인간은 하루에 보통 6만 가지 생각을 한다고 한다. 하루를 정신없이 살다 보면 내가 무슨 생각을 하는지도 모르지만, 하루를 시작하거나 마무리할 때만이라도 나의 꿈을 다시 한번 더 생각해 보는 습관을 지니자.

사람은 자신이 생각하는 모습대로 된다.
지금 자신의 모습은 자기 생각에서 비롯된 것이다.
내일 다른 위치에 있고자 한다면 생각을 바꾸면 된다.
- 데이비드 리버만

아무 것도 하지 않으면 아무 일도 일어나지 않는다

　누구나가 아는 아주 당연한 말이 아무것도 하지 않으면 아무 일도 일어나지 않는다는 말이다. 그런데 왜 이런 말을 할까? 사람은 내 마음대로 아무것도 하지 않을 수 있을 것 같지만, 실제로는 그렇지 않다. 의식주는 제외하고라도 어릴 때부터 부모의 등쌀에 학원을 다녀야 하고 초등학교부터 고등학교까지 공부도 해야 한다. 물론 다니기만 하고 항상 꼴찌를 할 수는 있지만, 그 모든 상황을 자신이 감내하여야 한다.

　예전에 대통령이 '내가 이러려고 대통령 했나?'라는 말이 언론에 보도된 적이 있었다. 세상을 다 가진 듯한 대통령조차도 마음대로 할 수 있는 것이 적지 않음을 알 수 있다. 내가 가진 것이 어마어마하게 많아서 평생을 아무것도 하지 않아도 된다고 가정해도 아무것도 안할 수는 없다.

　내가 가진 것을 관리하는 관리인이 있다 하더라도 관리인을 관리해야 하지 않는가?. 관리인을 관리하는 사람을 둔다고 한들 그를 또 누가 관리하는가? 결국 내가 해야 한다.

　살다 보면 먹고 싶은 것, 사고 싶은 것, 살고 싶은 곳, 가고 싶은 곳, 놀고 싶은 곳 등 무수히 많은 욕구가 생겨나게 마련이고 그 욕구를 모두 충족할 수는 없지만, 어느 정도 충족하기 위해서는 내가 '아무것도'가 아닌 '무언가'를 할 수밖에 없다. 학교에 다니고 남자라면 군대에 가고 직장을 다니고 하면서 이왕이면 내가 좋아하고 잘하는 일을 찾아서 하면 행복한 삶을 살 수 있지 않겠는가?

　어차피 해야 할 일을 만난다면 굳이 피하지 말고 긍정적으로 최대한 즐기면서 하겠다는 마음가짐을 가지면 좋겠다. 내가 무슨 일이든지 긍정적이고 즐겁게 살다 보면 잘하고 좋아하는 일을 만날 것이다. 그 과정에서도 자연스럽게 주변에 사람들과 함께하는 일도 늘어나고 내 꿈을 도와주는 의인이나 멘토를 만날 수 있을 것이다.

　그래서 아무것도 하지 않고 있다는 생각이 들면 정말 그런지 주위를 둘러보고 내가 하는 일에서부터 그 의미를 찾아 나가는 노력을 해 보자. 그 의미를 찾는 과정이 쉽지 않다면 왜 안 찾아지는 지 매일 단 한 줄이라도 적어 보자. 만약 한 달 이상 지속하면 분명 뭔가 '내가 할 일'이 생각날 것이다.

> 아무 하는 일 없이 시간을 허비하지 않겠다고 맹세하라.
> 우리가 항상 뭔가를 한다면 놀라우리만치 많은 일을 해낼 수 있다.
> － 토마스 제퍼슨

'때문에'와 '덕분에' 어느 단어를 쓰는가?

덕분에 아이들이 태어나서 17세가 되는 동안 '넌 할 수 없어'라는 부정적인 말을 150,000번 듣는다고 한다. 반면에 '넌 할 수 있어'라는 긍정적인 말은 3,000번을 듣는다고 한다. 무려 30배나 부정적인 말을 많이 듣고 자란다.

부정적인 말을 많이 듣고 자라는 아이라면 아무래도 자존감도 낮아지고 그 원인도 자꾸 부정적인 말을 해 주는 사람 '때문에'라고 많이 할 수밖에 없다. 그러나 긍정적인 말을 많이 듣고 자라는 아이라면 당연히 긍정적인 말을 많이 해 주는 주변 사람들 '덕분에'라는 말을 많이 할 것이다.

4세 아이들 96%가 높은 자아존중감과 긍정적인 자아 이미지를 가지고 있어서 '뭐든지 할 수 있다'라는 생각한다고 한다. 그래서 그 또래 아이들이 자기 고집을 피우고 자기 마음대로 하려고 하는 것이다. 반면에 18세 아이들은 5%만이 긍정적인 이미지를 가지고 있어서 뭐든지 하지 않으려고 하는 경향이 있다.

그만큼 아이들이 성장하면서 부정적인 이미지에 노출되고 있다는 것이다. 그러나 그 속에서도 일부 아주 긍정적인 아이들은 누구의 '탓'이나 '때문에'라고 하지 않고 자라나는 아이들이 있다. 긍정적인 아이들은 아마도 부모나 학교에서 만나는 사람들로부터 좋은 영향을 받았을 것이다.

아주 일부 '금수저'를 가지고 태어난 사람들을 제외하고는 대부분 자라나면서 성공보다는 실패를 더 많이 경험할 수밖에 없다. 그래서 부정적인 이미지에 노출이 더 많이 되고 요즈음처럼 경제마저 어려워지다 보니 어느새 7포 세대(연애, 결혼, 출산, 내 집, 인간관계, 취업, 희망)까지 나온 게 아닌가 한다.

그리고 '환경, 교사, 경제, 부모, 언어, 시대, 나이, 신체'에 '때문에'를 사용한다. 세상은 그렇다 하더라도 우리는 일부러라도 '덕분에'라는 긍정적인 말을 사용하기를 바란다. 그 '덕분에'로 인하여 나의 자존감이 높아지고 더욱더 긍정적으로 될 것이기 때문이다.

어떤 현상을 보고 내가 어떻게 생각하느냐는 오로지 나 자신에게 달려 있다. 어떤 사실에 대해 나의 감정이나 태도는 내가 선택하는 것이다. 그래서 내가 의도적으로 긍정적으로 생각하는 습관이 기르는 게 중요하다.

꿈이 무럭무럭 자라게 하려면 '때문에'보다는 '덕분에'를 선택해야 할 이유는 충분하다. 그 '덕분에'라는 말을 많이 하는 사람들을 자주 어울리면 나도 그 영향을 받을 수 있다.

단 하나의 하늘에 올려진 고마워하는 생각이 완전한 기도이다.
- 레싱

꿈은 '몸'과 '마음'이 함께하는 시간에 비례한다

몸과 마음

사람이 일할 때 술술 잘 풀릴 수도 있고 그렇지 않을 수도 있다. 나뿐만 아니라 다른 사람들도 마찬가지다. 그리고 잘하고 있을 때는 시간 가는 줄도 모르고 몰입하지만 그렇지 않을 때는 시간도 더디게 흐르고 행동도 자연스럽지 못하게 된다.

처음에는 잘하고 못하고 차이가 크게 나지 않지만, 시간이 점점 흐르면 차이가 나기 시작한다. 일이 잘되지 않는 시간이 계속되면, 결국 중단하는 사태에 이르게 된다. 이것은 몸과 마음이 함께하지 않는다는 것이다.

몸과 마음이 함께 하지 않을 때는 주위 사람들도 단번에 알 수 있다. 하던 일이 자주 멈추고 멍청한 상태가 반복된다. 그럴 때는 하는 일의 당위성과 필요성에 따라 일의 지속 여부는 달라진다.

처음에는 잘하였는지도 모르고 무심코 반복하다 보니 자연스럽게 몸에 붙어서 잘하게 되는 것이다. 그런 경우는 몸이 먼저 가고 마음이 나중에 가는 경우인데 몸과 마음의 균형을 찾고 함께 하는 것이다.

세상을 살면서 모든 일이 몸과 마음이 함께 하는 것은 아니다. 내가 하기 싫을 때 또는 누가 시켜서 억지로 할 때는 비교적 몸과 마음이 따로 논다. 평생을 자기 하고 싶은 일만 하고 살기는 정말 어렵다.

TV 프로그램 '나는 자연인이다'가 장수하는 것을 보면 많은 사람이 온전히 자신의 방식으로 살아가고 싶어 한다는 것을 알 수 있다. 그만큼 몸과 마음이 함께하는 일을 하지 않고 있다는 방증이기도 하다.

평소에 몸과 마음이 함께하는 시간이 얼마큼인지 생각해 보라. 그런 시간이 많으면 많을수록 행복하고 자신이 꿈꾸는 삶을 살아가고 있다는 것이다.

자신을 돌아보고 내가 뭘 해야 하는지 생각해야 한다. 우선 어쩔 수 없는 일이라도 꼭 해야 하는 일이라면 몸과 마음이 함께한다고 생각하고 어느 정도 계속해 보고 판단하자. 쉽지 않겠지만 정말 몸과 마음이 맞는 일을 만나기 전까지는 계속해 보자.

꿈을 이루고 싶을 때는 몸과 마음이 함께하는 일을 찾아서 시간을 쌓자.

> 열중하는 마음이 없다면 이 세상에
> 진보란 있을 수 없다.
> - 윌슨

꿈은 '비르투(노력)'가 앞서고 '포르투나(운명)'가 뒤따른다

이 그림은 카롤루스 보빌루스의 〈지혜에 대하여, 1510〉에 삽입된 '포르투나와 비르투'라는 제목의 목판화이다.

왼쪽 사람은 회전하는 운명의 바퀴를 들고 둥근 의자에 앉아 있는 운명의 여신이고, 성찰의 거울을 들고 사각의 안전한 의자에 앉아 있는 것이 지혜의 여신이다. "비르투(Virtu, 노력)를 믿어라. 포르투나(Fortuna, 운명)는 파도보다 더 순식간에 사라진다"라고 씌여 있다.

이탈리아의 마키아벨리 군주론에서 비르투와 포르투나를 언급하였다. 비르투는 라틴어 vir(man)에서 유래한 말로 인간의 역량, 결단력, 용기, 탁월할 정도로 이해될 수 있는 단어이다. 반면 포르투나는 운명은 정해져 있다는 단어로서 인간이 아무리 노력해도 정해진 진로 자체를 바꿀 수는 없다고 했다.

그러면서도 그는 포르투나가 크게 진로를 결정하면 비르투가 실행에 옮긴다고 하였다. 그는 인간의 의지보다 운명을 더 강조하였다. 그 당시 시대 상황에서는 정치적, 사회적 환경이 완전히 안정적인 사회가 아니었던 시절이었기에 그와 같은 주장이 나오지 않았나 한다.

물론 오늘날에도 포르투나을 완전히 무시할 수는 없다. 지금과 같은 급격한 문명의 발달로 기업의 운명은 그야말로 한 치 앞을 내다보기 힘든 상황임은 틀림없다. 하지만 오늘날에 포르투나만을 강조하는 학자나 문화는 존재하지 않는다. 그래서 비르투가 우선한다고 할 수 있다. 아무것도 하지 않으면 아무 일도 일어나지 않는 것처럼.

그리고 중국 청나라 포송령이라는 사람의 글에 '운칠기삼(運七技三, 운7, 노력3)'이라는 말이 나온다. 아직도 사용하는 이 말은 인생 전체를 통틀어 적용하는 것은 아니다. 어느 부분에서 최선의 비르투를 한 다음 '진인사대천명(盡人事待天命)'처럼 포르투나를 맞이하자는 것이다.

따라서 비르투(노력)가 앞장서고 포르투나(운명)가 따라오는 것이 맞다. 에디슨의 전구, 스펜서의 전자레인지, 혈압 낮추는 약 개발 과정에서 탈모치료제 개발 등과 같은 지속 해서 끊임없는 비르투 과정에서 예상치 못한 결과를 찾게 되는 것이었다.

이기는 것이 중요한 것이 아니다, 어떻게 노력하는가가 문제이다.
- 쿠베르탕

어떤 칼라(Collar)의 꿈 블루? 화이트? 그레이? 골든? 실리콘?

학창 시절이 끝나면 많은 사람은 직업을 가진다. 누구는 1개의 직업으로 평생을 살기도 하지만 대부분 2~3개의 직업을 가진다. 아마 앞으로는 평생 가지게 되는 직업의 수는 늘어날 것으로 예측된다.

어떤 직업을 옷깃(Collar)으로 표현하기도 한다. 직업의 현장에서 주로 입는 옷깃의 색깔을 보고 이름 지어졌다. 처음에는 작업 현장과 사무실로 대표하는 2가지 직업에서부터 이름 붙여져 왔다.

예전에는 현장 노동자로 불리는 블루 칼라와 사무직 노동자로 불리는 화이트 칼라로 구분하였으나 이제는 그레이 칼라, 골든 칼라, 실리콘 칼라로 확장되었다. 세상은 점점 더 복잡해지고 직업의 경계가 불분명해지고 있다.

우리나라는 상대적으로 고임금을 받는 화이트 칼라가 선망의 대상이 되었고 아직도 많은 취업 준비생들이 선호하고 있다. 이제는 직업이 세분화되면서 특정 칼라를 고임금으로 규정하기는 쉽지 않다.

따라서, 어떤 칼라의 직업을 가지는 것보다 내가 과연 어떤 관점으로 최선을 다해 그 분야의 전문가가 되는가가 더 중요한 시대이다.

종류	뜻
블루 칼라(Blue Collar)	작업 현장에서 입는 청색 옷에서 유래된 현장 노동자
화이트 칼라(White Collar)	샐러리맨들의 흰색 와이셔츠에서 유래된 일반 사무직 노동자
그레이 칼라(Gray Collar)	블루 칼라와 화이트 칼라의 중간 성격을 가진 노동자
골든 칼라(Golden Collar)	전문 기술직에 종사하는 지식 노동자
실리콘 칼라(Silicon Collar)	창의적인 사고와 뛰어난 컴퓨터 실력으로 무장한 두뇌 노동자

그대들 일생의 일로서 무엇을 하든 개의치 않았다.
그러나 무슨 일을 하든 제일인자가 되라.
설혹 하수도 인부가 되는 한이 있어도 세계 제일의 하수도 인부가 되라.
- 존. F. 케네디

'Digital Nomad(디지털 유목민)' 시대의 'Dream Nomad'

'노마드(Nomad)'는 '유목민'을 뜻하는 라틴어로서 몽골이나 중앙아시아 등지에서 가축과 함께 이동 생활을 하는 민족을 말한다. 정착하는 동안 가축들이 풀을 어느 정도 뜯어 먹으면 더 풀이 많은 곳으로 계속해서 이동했는데 이를 유목민 생활이라고 하는 것이다.

프랑스의 철학자 '들뢰즈다'가 저서 『차이와 반복』에서 '노마디즘'이라는 용어를 사용하였고, 프랑스의 경제학자 자크 아탈리는 저서 『21세기 사전』을 통해 "현대의 시간적, 공간적 제약받지 않고 여러 디지털 시스템에서 여기저기 '유목'으로 다니게 되어 유목민이 된다."며 디지털 노마드를 이야기했다.

우리는 요즘 스마트폰으로 각종 물건을 쇼핑하고, 대중교통이나 식당을 예매하며, 자유 여행을 다닌다. 유럽의 일부 국가는 이제 화폐를 발행하지 않으며, 중국도 '알리페이'가 도심 골목 편의점까지 깊숙이 통용되고 있다.

불과 몇십 년 전에만 하더라도 태어나면 고향이나 고향 근처에서 직업을 가지는 경우가 많았지만, 요즘에는 무조건 대학부터 서울로 가는 경우가 많다. 서울로 가면 자연스럽게 이곳저곳 유목민 생활을 하게 된다. 직장을 옮겨 다닐 수밖에 없는 시대에는 꿈을 찾아 떠돌아다니는 '드림 노마드' 생활을 하게 되는 것이다.

고향을 떠나는 대부분 청년은 일자리의 불안정으로 잠자리 또한 한곳에 정착하기가 쉽지 않다. 대부분의 큰 도시들에서 자신의 능력만으로 집을 마련하기가 점점 어려워져가는 것이 현실이다. 요즈음과 같은 전 세계적 젊은이들이 같은 고민을 하게 된다.

'드림 노마드' 시대에는 1개의 꿈을 이루면 또 다른 꿈을 꾸게 될 것으로 생각되는데 이를 위해서는 한 살이라도 젊은 시절에 다양한 분야에 도전하여 실패를 포함한 많은 경험을 하여야 한다. IT의 발달로 시간과 장소에 구애받지 않게 됨으로써 본인의 의지가 무엇보다 중요하다.

하나의 기술만 잘 연마하면 평생을 먹고 사는 시대는 지나가고 있고 평생 10가지 이상의 직업을 가져야 할지 모르는 시대가 도래하는 시점에서는 '드림 노마드'를 준비해야 한다.

자, 출발!

> 길이 이끄는 곳을 가지 말라.
> 대신 길이 없는 곳을 가서 자취를 남겨라.
>
> - 랄프 왈도 에머슨

3. 그대여! 이렇게 꿈꿔라

세상을 향해 마음껏 꿈꾸는 그대가 '바로 나'다

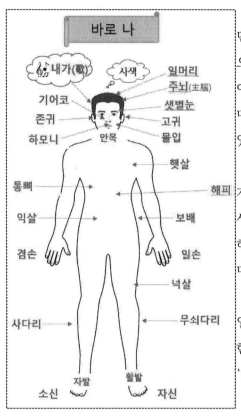

꿈꾸는 자는 '나'이지만, 어떤 신체를 가지고 어떤 마음을 가져야 할까? 꿈을 향한 끊임없는 생각으로 '사색하고' 꿈을 노래할 때는 '내가'를 부른다. 어떤 일을 하더라도 초롱초롱한 '샛별 눈'으로 '일머리'를 가지고 있으며, 머릿속에는 '주뇌(主腦)'가 있어서 언제 어디서나 리더의 자질을 가지고 있다.

꼭 해야 할 일을 만나면 '기어코' 해내는 습성을 가지고 있고 주변 사람들로부터 '존귀'와 '고귀'한 사람으로 기억된다. 아무리 힘든 일이라도 반드시 해야 할 일이라면 '몰입'하는 습관을 지니고 있으며, 함께 하는 사람들과는 '하모니'를 이룬다.

무슨 일을 하든지 '해피'하게 생각하며, 필요한 일에는 '통뼈' 있게 밀고 나간다. 어수선하게 어색한 상황에서도 '익살'과 '넉살' 있게 행동하며 늘 '햇살'처럼 빛나는 모습을 보여준다.

늘 자신이 '보배'로운 사람임을 잊지 말고 늘 '겸손'하고 일이 있는 곳에 '일손 역할을 한다. 나와 관련된 일들은 '자발'적이고 '활발'하게 행동하며 주변 사람들의 신분 상승에 '사다리' 역할도 한다. 비록 꿈의 여정이 멀고 힘든 길일지라도 단단한 '무쇠다리'처럼 한 걸음 한 걸음 나아간다. 남들이 주저하는 일이더라도 내가 옳다고 생각되는 일은 '소신' 있게 그리고 '자신'을 믿고 나아간다.

'안(An) 된다'에서 An(안)을 뒤집으면 Na(나)가 되지 않는가? 그럼 '나(Na) 된다'로 바뀐다. '할 수 있다'라는 생각을 기본 전제로 하면 되는 것이다.

만약 당신이 꿈을 꿀 수 있다면, 그것을 이룰 수 있다.
언제나 기억하라.
이 모든 것들이 하나의 꿈과 한 마리의 쥐로 시작되었다는 것을.
-월트 디즈니

시간 흐르는 대로 아무 생각 없는 사람은 '아무나'다

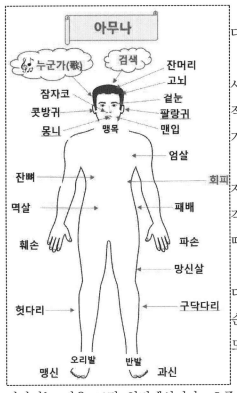

사람이 살면서 평생 열정적으로 살기는 쉽지 않다. 그만큼 주변에서 만나기도 어렵다는 것이다.

하지만 성공한 사람 중에는 열정적으로 살지 않은 사람은 없다. 물론 성공한 사람들이라고 평생 열정적으로 살지는 않는다. 성공한 사람은 중요한 시기가 올 때는 아주 열정적인 삶을 산다는 것이다.

평소 아무 생각 없이 사는 시간이 많으면 많을수록 자기의 행복도는 낮다고 할 수 있다. 세상은 아무 생각 없이 사는 사람에게 무엇이든지 거저 주지 않기 때문이다.

삶의 중요한 순간에는 정말 치열하게 부딪쳐야 한다. 그래야 나중에 후회하지 않게 된다. 그런 중요한 순간은 청소년기나 청년기에 반드시 찾아온다. 적어도 1~2번 많게는 여러 번 올 수도 있다.

주변의 어른들이 청소년기나 청년기에 잔소리가 많아지는 것은 그런 염려에서이다. 요즘 청소년이나 청년들은 여러 어려움을 겪는다. 이전 세대보다 새로운 직업이 끊임없이 생겨나기도 하고 IT 발달 또한 엄청나게 발달하고 있기 때문이다.

무엇인가를 해야 하는데 자기의 적성과 흥미를 찾기도 쉽지 않은 상황에서 세상의 흐름까지 빠르니 이중 삼중고를 겪고 있다. 그렇다고 가만히 있으면 습관적으로 중요한 시기를 회피하거나 뒤로 미루게 된다.

그런 습관은 삶의 자신감도 부족하고 행복도도 낮아지기 때문에 아주 작더라도 미래에 도움이 되는 뭔가를 하는 것이 좋다. 세상에 정해진 것은 별로 없다. 그저 이 순간 내가 마음 가는 대로 일단 계획을 세워 앞으로 나가는 게 최상이다. '아무나'가 되지 않기 위해서.

목적 없이 존재하는 것은 아무것도 없다.
- 보들레르

그대 머리가 '잔머리'가 아닌 '일머리'가 되게 하라

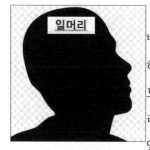 사람들의 일하는 방식은 천차만별이다. 똑같은 일을 하는데도 그 방식은 사람마다 다르다. 어떤 사람을 정해진 대로 제대로 하는가 하면 어떤 사람은 건성으로 하는 사람이 있다. 처음에는 잘 모를지 모르지만, 시간이 지나면 이 사람이 요령을 피우면서 '잔머리'를 굴리며 하는지 아니면 진짜 꼼꼼하게 제대로 하는 '일머리'가 있는지 알 수가 있다. 일머리는 처음부터 생기기보다는 일을 하면서 고민하고 생각하는 시간과 경력에 비례한다.

일머리는 학력이나 IQ와는 특별한 관련이 없다. 오히려 어떤 일에 대한 적성과 흥미에는 관련이 있을 수 있다. 〈최고들의 일머리 법칙〉이라는 책에서는 일머리 없는 사람들이 어떻게 하면 일머리가 생길 수 있는지 분석을 하였다. 명문 대학을 졸업했거나 좋은 가정환경에서 자란 사람들도 의외로 일머리가 없는 사람들이 많다는 것이다.

그런 사람들이 일머리를 가지기 위해서는 몇 가지 노력을 해야 한다. 요즈음에는 동료 평가를 하는 경우가 많은데 이때 대부분 알 수 있게 된다. 물론 일머리는 개인에게 타고난 능력도 무시할 수 없지만, 가족을 포함한 주변에 영향도 받는다. 가족이나 친구들이 하는 것을 보고 은연중에 배우기 때문이다. 이것은 외모와도 상관없으며 주변 사람들을 잘 만나면 자연스럽게 '일머리'가 생기게 되는 것이다.

일할 때 어떻게 하면 효율적으로 할까를 끊임없이 노력해야 한다. 그러나 정말 하기 싫은 일을 하라고 한다면 당연 '일머리'를 기대할 수 없다. 그래서 나에게 맞는 일을 해야 하기도 하고 다른 사람에게도 적성과 흥미를 고려하여 일을 시켜야 한다. 처음부터 아예 '일머리'가 없으면 그 사람을 대체하든지 조금 다른 일을 맡겨야 한다. 일머리를 단련하기 위해서는 일에 대한 전체적인 흐름을 주지시키고 중요한 일은 메모하며, 주변을 정리·정돈하고 시간을 잘 지키도록 한다. 그리고 주변 사람들과 스스럼없이 지내면서 작은 성과도 크게 칭찬하고 작은 실수에도 격려해 주면 되는데 아울러 일에 대한 자신감도 함께 생길 것이다.

일머리는 노력한 만큼 늘게 되어 있다. 무엇보다 일에 대하여 깊이 고민하고 한 일에 대해 반성과 할 일에 계획을 세우는 지속적 습관이 중요하다.

그대 뇌(腦)가 '번뇌, 고뇌'가 아닌 '주뇌'가 되게 하라

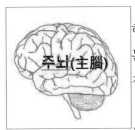

우리의 뇌 무게는 1,400g~1,600g이며 1,000억 개의 뉴런을 포함하고 1,500cc의 부피를 가진다. 뇌는 사람의 중추 신경계를 관장하는 기관으로 생명에 가장 중요한 역할을 한다. 신체에 관련된 모든 정보가 모이고 다시 몸의 여러 기관에 각종 명령을 내린다.

심장 박동, 혈액, 혈압 내의 온도를 유지해 주고 학습, 감정, 기억 등을 담당하기도 한다. 이런 뇌에서 문제가 생기면 바로 생명과 직결되기도 하고 정상적인 인간 사회활동을 하지 못할 수도 있다. 뇌 안에서도 전두엽, 두정엽, 측두엽, 후두엽으로 나뉘고 그 역할도 각각 다르다. 특히 우리가 매일 매일 일상에서 일어난 일들을 기억해 주는 해마가 있다.

그런데 사회생활을 하다 보면 자연히 스트레스가 쌓이고 쌓여 '번뇌'와 '고뇌'를 겪게 된다. 그래서 불교에서는 '백팔번뇌'라 하여 인간의 과거, 현재, 미래의 삼세에 걸쳐 있는 모든 번뇌를 말하기도 한다. 평범한 인간은 '번뇌'와 '고뇌'에서 벗어나려고 하지만 쉽지 않다. '번뇌'와 '고뇌'로부터 완전하게 벗어날 수는 없다.

그래서 사람들은 '번뇌'와 '고뇌'를 벗어나는 것보다는 사회생활 속에서 아주 작은 행복을 찾는 '소확행'이 인기가 있다. 그리고 우리는 사회생활 속에서 여러 가지 규범과 이념들을 '세뇌'를 받기도 한다. 그러나 뇌는 모든 정보를 받기도 하지만 착각을 일으키기도 한다.

'플라시보 효과'에서 알 수 있듯이 아무 약 성분이 없는 것을 약사가 '약'이라고 주면 그것을 먹은 환자는 진짜 '약'을 먹은 것처럼 낫는다. 이런 사실을 보면 뇌는 보고 듣는 것만을 판단하지는 않는다.

다른 예로는 캄보디아 남자가 냉동고에 갇혀서 죽었는데 '손발이 얼어온다. 몸을 움직일 수 없다.'라는 메모가 발견되었다. 그러나 실제로는 고장 난 냉동고로서 전혀 죽을 만큼의 온도가 아니었는데도 불구하고 자신이 계속해서 뇌를 속인 것이다.

꿈을 꾸는 사람은 '할 수 있다'라는 긍정적인 생각이 너무나도 중요하다.

이런 생각은 실패에도 다시 일어설 수 있는 원동력이 되는 것이고 나중에는 '주뇌(主腦, 조직에서 가장 중요한 사람)'가 되는 것이다.

그대 코가 '잠자코'가 아닌 '기어코'가 되게 하라

 어떤 일이든지 열심히 하기란 정말 힘든 일이다. 그런 일을 할 수 있는 주변의 여러 환경이나 본인의 의지력도 중요하다. 그래서 사람들은 할 수 있는 일에만 매달리는지 모르겠다.

대부분은 몇 번 도전해 보고 뜻대로 되지 않으면 그만둔다. 그 일이 아주 중요해서 해야 하는 아주 중요한 일이 아니라면 말이다. 그러다 보니 '무심코' 지내는 경우가 많다. 물론 모든 일을 잘할 필요는 없다.

그래서 내가 어떤 일을 할 때 이 일이 나중에 나에게 어떤 의미로 다가올지 고민하는 노력을 해야 한다. 어떤 경우는 정말 '무심코' 행한 행동이 나중에 '기어코' 해야 하는 일로 다가올지 모를 일이다.

그래서 조금이라도 새로운 일(여행, 강연, 모임, 독서 등)을 할 때는 그 일이 끝난 후에 그 일에 대한 의미를 생각하는 습관과 함께 한 사람들의 새로운 일에 대한 의미를 묻고 기록하는 일이 필요하다.

'뜻이 있는 곳에 길이 있다'라는 말에서 뜻은 내가 뭘 '기어코' 하겠다는 구체적 목표이다. 어릴 때일수록 그런 마음가짐이 중요하다. 나이가 들수록 할 일이 많아져서 점점 더 무심코 하는 일이 늘어나기 때문이다. 성인이 되면 끊임없이 선택과 집중이 필요하기도 하다.

내가 음악을 들을 때 어떤 곡을 들을지 누가 선택하는가? 내가 보는 책이나 영화는 과연 누가 선택하는지 생각해 보자. 본인일 것이다. 이런 나의 의지는 자존감과 자아상에도 밀접한 관련이 있다.

반면 이런 의지는 유전하고 별 관련이 없으므로 노력으로 달라질 수 있다. 그래서 무슨 일을 만나면 무조건 안 할 게 아니라 이왕이면 한번 해 보자는 마음가짐이 중요하다. 물론 급하거나 중요한 일이 있다면 어쩔 수 없는 일이지만, 그렇지 않다면 일단 해 보는 것이 중요하다.

내가 행복하기 위하여 꿈을 꾼다. 그리고 매일 행복한 꿈을 꿀 수 없기에 아주 작은 계획과 그 계획의 실천이 '기어코' 성공할 수 있는 전략이 필요하다.

그대 귀가 '콧방귀나 팔랑귀'가 아닌 '존귀와 고귀'가 되게 하라

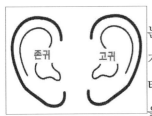

사람은 귀는 두 개, 입은 하나다. 사람은 깨어있는 시간의 70%는 주변 사람들과 의사소통에 사용하고 있다. 그중에서 48%가 듣기이며 35%가 말하기이다. 그리고 1%가 읽기, 7%가 쓰기이며, 기타가 9%이다. 그래서 우리의 일상 중에서 듣기는 의사소통의 절반을 차지하고 있다.

그러나 많은 사람이 듣는 것에 익숙지 않다. 대부분 자기 이야기를 하고 싶어 한다. 아니면 다른 사람들의 의견에 '콧방귀'를 뀐다. 그도 아니면 그냥 자기 생각을 전혀 고려하지 않는 '팔랑귀'가 되는 것이다. '콧방귀'나 '팔랑귀'는 본질보다는 오해의 소지가 될 수도 있다.

상대방이 누구든 잘 들어주는 것이 중요한데 경청이 진정성이 있을 때 우리는 자동으로 '존귀'를 받을 것이다. 점점 자기 할 말을 더 많이 하고 싶은 사회에서 경청이야말로 우리 사회생활에서는 '고귀'한 단어이다. 대화의 근본은 듣는 것에서 출발한다. 우리가 상대의 말을 귀 기울여 듣는 것은 상대의 마음을 이해하는 것을 뜻한다. 또 겸손과 존중의 뜻도 담겨 있다.

'지피지기(知彼知己)면 백전백승(百戰百勝)'이라는 말이 있듯이, 나를 알고 상대를 안다는 것은 어떤 경쟁에서도 내가 유리하다는 유명한 말이다. 경청에 따른 일의 개선과 수정은 시행착오를 줄이는 데 큰 역할을 하기도 하여 가치 있고 의미 있는 일이 아닐 수 없다.

커뮤니케이션 전문가인 래리 바커는 20년 이상의 연구를 통해, '말을 하는 입이 아니라, 말을 듣는 귀'가 모든 대화의 성패를 좌우한다는 사실을 밝혀냈다.

우리가 세종대왕을 가장 존경하는 이유는 아주 많지만, 그중에서도 여러 가지 방법으로 백성들의 소리에 직접 귀 기울였기 때문이다. 세계적인 토크쇼 진행자로 유명한 '오프라 윈프리'도 자신의 성공 비결은 상대방의 말을 잘 들어주는 것이라고 했다. 기업들 또한 고객들의 소리를 듣는 일에는 조금도 게을리하지 않는다. 그만큼 경청이 중요한 시대이다.

경청은 사회생활에서 상대방 마음의 문을 여는데 최고의 기술임과 동시에 내 꿈에 '존귀'와 '고귀'를 가져다줄 것이다.

그대 입이 '맨입'이 아닌 '몰입'이 되게 하라

어떤 때는 시간 가는 줄 모르고 지낸다. 운동, 여행, 영화, 등산 등 사람에 따라 다르겠지만, 그런 경험은 누구나 가지고 있다. 몰입(沒入, flow)은 주위의 갖가지 잡념, 방해물들을 의식하지 않고 원하는 어느 한 곳에 자신의 모든 정신을 집중하는 일이다.

대부분 좋은 경험으로 기억될 것이고 가능하면 자주 그런 경험을 가지고 싶어 하지만 그렇게 간단한 것은 아니다. 우선 나 자신이 하고 싶은 것이어야 하기도 하고 무엇보다 시간과 장소도 맞아야 한다. 그러나 내가 원하는 공부나 일은 생각보다 쉽게 되지는 않는다.

헝가리 심리학자 미하이 칙센트미하이는 몰입했을 때의 느낌을 '물 흐르는 것처럼 편안한 느낌', '하늘을 날아가는 자유로운 느낌'이라고 하였다. 몰입하는 방법을 익히기만 하면 짧은 시간에도 경험할 수 있다. 몰입은 학습과 노력을 통하여 도달할 수 있다.

그리고 몰입을 잘 경험할 수 있다면 하고 싶은 일에 대한 능률이 향상될 뿐만 아니라 삶의 질은 저절로 향상될 것이다.

대표적인 예를 들면 게임을 할 때이다. 보통은 시간을 정하지만 지키기가 어려운 이유가 시간을 아주 짧게 느꼈기 때문이다. 이런 현상이 몰입 상태이다. 그런데 다른 것을 할 때는 그런 시간을 못 느끼는 것이 대부분이다. 만약 내가 꿈꾸는 일에 몰입할 수 있다면 아주 짧은 시간에 구체적인 성과를 분명 보게 될 것이다.

몰입하고자 하는 일이 너무 난이도가 높으면 지루하게 느껴도, 난이도가 너무 낮으면 시시하여 주의가 산만하여 몰입하기 힘들게 된다. 그래서 집중도가 필요한 작가나 예술가가 주위에 방해를 받지 않도록 외딴 곳에서 작업을 하는 경우가 많다.

진정한 몰입으로 밤을 새워 아침이 오는지도 모르는 경우가 비일비재하다. 의외로 어린아이들도 오랫동안 무엇인가를 열중할 때도 있다. 아이들이야 그런 경험을 금방 잊어버리고 기억하지 못하지만.

머릿속의 생각과 목표, 행동 등 모든 정신이 하나로 통일되는 상태인 몰입을 하기 위한 노력을 하기 위해 무엇을 어떻게 해야 할지 확실한 목표가 있어야 한다.

그리고 가능한 짧은 시간 내에 할 수 있는 것이 좋다. 그래서 자신의 꿈을 아주 작은 목표로 잘게 나누어 몰입에 도전해 보자.

그대 이가 '몽니'가 아닌 '하모니(Harmony)'가 되게 하라

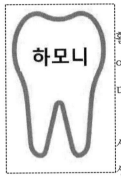

사람은 사회적 동물이다. 아주 아주 특별한 경우를 제외하고는 사회생활을 한다. 아주 옛날에는 주로 가족들 품에서 자라난다. 하지만 요즈음에는 걸음마를 배우고 나면 어린이집에 다니는 경우가 많다. 옛날보다 더 어릴 때부터 사회생활을 한다.

그리고 수명이 길어지면서 사회생활을 더 오랫동안 하게 된다. 여러 사람과 함께 해야 할 일 때는 치열한 논쟁을 거쳐서 나온 결과가 자기 생각과 달라도 승복하는 자세가 필요하다. 남은 나와 다른 환경에서 자랐기 때문에 먼저 '다름'을 인정해야 한다.

그리고 다른 사람들의 의견을 끝까지 듣는 지혜와 인내도 가져야 한다. 내가 상대방을 무시하면 똑같이 나도 무시당할 수밖에 없다. 그래서 사회생활에서는 소통과 협력이 필요하다. 외국에는 그런 사례가 많지만, 아직 우리나라에는 완전히 자리 잡지 못한 일로 선거 패배 후 당선자에 대한 태도이다. 그냥 형식으로 축하한다는 한마디 하는 것으로 끝이다.

자기 지역을 위해 열심히 하겠다고 나온 선거에서 당선자와 함께 지역 사회를 위해 열심히는 아니더라도 협력해야 하는데 그렇지 않은 것이 안타깝다.

'몽니'는 음흉하고 심술궂게 욕심부리는 성질이란 뜻으로 자신만의 생각을 고집하는 경우를 말한다. 물론 모든 상황을 승복할 수는 없겠지만, 적어도 공동의 목표가 있다면 함께 하여야 할 방법을 찾는 노력이 필요하다.

요즈음 사회적으로 풀기 힘든 과제들을 각종 공청회나 공동 지원단을 만들어서 결과를 도출하였으나 그 결과에 반대되는 진영에서는 절차상 하자를 찾거나 논리상 불합리를 주장하는 기자회견을 바로 하는 경우가 많다. 양측의 주장을 충분히 수렴하는 전문적 시스템과 이런 사례를 이끌어갈 사회적 지도자가 부족한 탓도 있을 것이다.

사회생활을 시작하는 아주 어린 시절부터 함께 하는 '하모니'를 더 잘 익혀야 할 것 같다. 그럼으로써 더 큰 이익을 얻을 수 있고 함께 행복할 수 있을 것으로 본다. 다름을 인정하고 조금 양보하고 배려하는 마음을 가진다면 함께 꿈꾸는 사회가 되리라 생각한다.

그대 목이 '맹목이나 반목'이 아닌 '안목이나 화목'이 되게 하라

오늘날과 같은 바쁘게 변화하는 사회에서 정말 중요한 것이 '안목'이다. 물론 아주 구체적인 미래는 예측할 수 없지만 시대 흐름을 읽을 수 있는 능력인 안목이 있어야 한다.

일자리, 살 자리, 놀자리, 잠자리뿐만 아니라 삶의 방식 모두에도 안목이 필요한 것이다. 그저 아무 생각없이 남이 하는 일만 따라서 '맹목'적으로 살아가는 것은 행복할 수 없는 것이다.

어떤 사물이나 현상을 볼 때 눈으로 직접 관찰하는 안목도 있어야 하지만 사물의 본질과 가치를 알아보는 안목도 있어야 한다. 그런 안목은 관심을 가지고 자료를 찾고 분석하고 사고하는 노력만 하면 얼마든지 길러지는 것이다.

안목을 기르는 것이야말로 인생에서 자기 성장의 큰 디딤돌이자 '버팀목'이 되는 것이고 '괄목'상대한 사람으로 살아가게 되는 것이다. 처음부터 안목이 가지고 태어나는 것은 아니므로 어릴 때부터 안목을 기르는 습관을 기르면 된다.

더욱 큰 행복을 위해서는 다른 사람들의 '반목'을 사지 않고 '면목'이 없는 일도 하지 않으면서 '화목'하면 불행에 '발목'을 잡히지 않게 된다. 따라서 자기 주변 사람들과의 '친목'을 도모하는 일이 중요하다.

시대 흐름에 따라 사회는 다양한 변화를 겪게 된다. 온라인이 점점 더 중요한 세상이 되어 가고 있어서 스마트폰으로 할 수 없는 것이 거의 없을 정도이다. 그래서 생활에 필요한 것들의 대부분이 앱으로 만들어져 있는 것이다.

이전의 신문이나 잡지의 '정기 구독'에서 한발 더 나아가 '구독 경제'나 '공유 경제'라는 사회 현상이 생기게 되었다. 사람들의 다양한 요구(음식, 방송, 컨텐츠 등)에 의해서 만들어지는 것이지만 이런 트렌드를 읽는 안목을 가진 개인이나 기업들에 의해 생겨난 것이다.

자기 주도적으로 미래를 설계하기 위해서는 일을 할 때 '맹목'적으로 하지 않고 다른 사람과 '반목'하지 않으며, 다른 사람들과 '화목'하게 지내도록 하며 매일매일 자신이 하는 일에 대한 냉철한 사고하는 '안목'이 필요하다.

그대 손이 '훼손이나 파손'이 아닌 '겸손과 일손'이 되게 하라

자신의 꿈을 이루는 데 꼭 필요한 것이 '겸손'이다. 그 과정에서 가능한 많은 사람의 도움을 받을 수밖에 없는데 이때 가장 필요한 것이다. 이것은 자신을 다른 사람들보다 낮춤으로써 더 많은 것들을 채워 넣는 매우 지혜로운 덕목이다.

그래서 더 사랑을 받게 된다. 반면 겸손하지 못한 사람은 다른 사람들의 질투와 시기를 받아 꿈을 꾸는 여정에서 많은 방해를 받게 된다. 더 나아가서는 어떤 일의 본질을 '훼손'하거나 만들어진 결과물에 '파손'될지도 모른다.

무조건 타인의 말대로 따라가거나 나를 없애라는 것이 아니다. 상대를 존중하고 경청하는 것에서 시작하면 되는 것이다. 내가 겸손하면 나의 적은 그만큼 줄어든다.

옛날 중국 당나라의 백장 회해선사라는 분은 90세의 노구에도 낮에는 일하고 밤에는 수행하는 등 후학들에게 모범을 보였다. 그분이 '일일부작 일일불식(一日不作 一日不食, 하루 일하지 않으면 그날은 먹지 않는다)'이라는 말씀을 하셨다.

누구나 사람이라면 자기가 해야 할 일을 해야 한다고 하셨다. 기독교 경전에서도 '일하지 않은 자 먹지도 마라'라는 구절이 나오는 것을 보면 노동의 가치는 더 필요하지 않을 것 같다.

노동은 삶을 지탱해주는 중요한 요소이며, 더욱 더 나은 삶을 꿈꾸며 성취할 수 있도록 이끌어 준다. 이제는 시대의 흐름에 따라 예전에 비해 달라진 노동의 모습도 보인다. 급속도로 발전하는 전산화가 진행될수록 근대의 육체노동은 점점 사라져간다.

노동의 패러다임은 앞으로 점점 더 빠르게 변할 것을 예측할 수 있다. 또한 '평생직장'이라는 개념이 사라져 가고 있다. 하지만 본질적으로 인간이 처음과 마지막을 하게 된다. 그래서 노동의 형태가 끊임없이 변할지라도 없어지지는 않는다.

내가 사회생활에 있어서 다른 사람들에게 '겸손'하고, 나의 손이 필요한 곳에 '일손'이 되어 준다면 내 꿈이 더 피어나갈 것이다. 처음부터 '겸손'과 '일손'이 순조롭게 되지는 않을 것이지만, 포기하지 않고 조금씩 노력한다면 분명 빛나는 '양손'을 가지게 될 것이다.

그대 발이 '오리발이나 반발'이 아닌 '자발과 활발'이 되게 하라

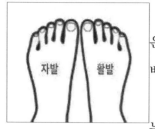

'배가 항구에만 정박해 있다면 그것은 배가 아니다'라는 말을 들은 적이 있을 것이다. 배의 원래 목적이 바다를 항해하도록 만든 배이기 때문이다.

꿈을 꾸는 여정에서 만나는 수 없이 많은 일을 그냥 지나칠 수는 없는 것이다. 내가 '자발'적으로 '활발'하게 움직일 때만 순항할 수 있다. 자신이 한 행동에 대한 '오리발'이 아닌 책임감을 느끼며, 다른 사람들과의 합의된 의견에 '반발'하지 않으면서 나아가면 되는 것이다.

'피할 수 없으면 즐겨라'라는 말은 더 선택할 수 없는 상황에서 내가 그 상황을 어떻게 정의하는지가 중요한 것이다. 그 상황을 내가 어떻게 보느냐에 따라 이후 행동이 결정되는 것이다. 내가 그 상황에 굴복하여 끝없이 끌려다닌다면 그 이후는 내가 주체가 되지 못한다.

하지만 그 상황을 내가 어쩔 수 없는 상황을 받아들이고 즐거운 마음으로 내가 감당할 수 있는 부분만 생각한다면 그 상황은 그렇게 지나갈 것이다.

무슨 일이든지 누가 뭐라고 하지 않더라도 자발적으로 일을 해야 그 결과가 오로지 나의 것이 되는 것이다. 하지만 사회생활을 하다 보면 남의 눈치를 보는 경우가 많다. 특히 우리나라는 부모님들조차 남을 많이 의식한다. 따라서 자식들이 자신의 적성과 관계없이 안정된 직장을 선호하는 경우가 다른 나라보다 높다.

자식을 자신의 못다 푼 한풀이라도 하려고 한다. 자녀의 학생 시절부터 누구 집에 애는 어떻다는 이야기도 하고 자식 자랑을 하기도 하며, 친한 사람들끼리는 무슨 학원이 좋다는 이야기도 많이 한다. 아이들의 개성과 성격, 흥미가 다른데도 불구하고 무조건 대학을 가야 한다고 생각한다. 그래서 좋은 학군은 집값에 영향을 미친다.

지금도 그렇지만 앞으로는 직업의 분화가 더 가속될 것이다. 당장 10년 후에는 어떤 직업이 유망할지 전문가조차도 예측하기 힘들다. 따라서 지금부터는 더욱더 자신의 적성과 흥미에 맞춰 자발적이고도 활발하게 하는 마음가짐이 중요하다.

그대 다리가 '헛다리와 구닥다리'가 아닌 '사다리와 무쇠다리'가 되게 하라

사람은 태어나고 돌이 지나면 누구나 걷는다. 특별한 이상이 없으면 생을 마감하기 직전까지 걷는다. 예전보다 점점 걷는 경우가 줄어들지만, 수명은 늘어나니까 많이 걷는 것만은 확실하다. 하지만 걸을 때 분명 목표를 가지고 걷는다. 아무 생각 없이 걷는 경우는 드물다.

걷는 것도 노력과 연습을 많이 하면 잘 걷게 되는 것이다. 인생이라는 길은 적지 않은 길을 가야 한다. 그래서 신중하고 많은 생각을 동반해야 한다. 깊은 고민을 거치지 않고 순간적인 판단으로 일을 하다 보면 '헛다리' 짚는 일이 벌어진다.

하지 않은 것보다 못할 수도 있다. 물론 그런 일이 경험되기도 하지만 의도적이고 의미 있는 도전이어야 한다는 것이다. 내가 가는 길에 대한 깊은 성찰과 고민은 기존의 방식대로 하는 '구닥다리'가 되어서는 안 된다. 늘 새롭고 색다르고 참신한 생각을 하는 노력을 해야 한다.

앞서간 선각자들의 기상과 패기를 본받아 더 높은 '사다리'를 올라가야 한다. 때로는 단 한 칸을 오르는데 아주 많은 시간이 걸리더라도 포기하지 않으면 한 칸 한 칸이 최고 높이에 오를 수 있도록 할 것이다. 그런 사다리를 오르기 위한 내면의 내공을 쌓아야 한다.

쉽게 중단하거나 부러지지 않도록 '무쇠다리'처럼 단련하여야 한다. 만나는 사람들도 무쇠다리로 힘차게 내딛는 사람들과 자주 어울려야 한다. 그리고 가능하면 같은 꿈이나 비슷한 꿈을 꾸는 사람들과 동행하면 함께 하는 이의 성공을 지켜보고 힘을 얻을 수도 있고 서로 힘들고 지칠 때는 위로와 격려가 될 수 있어서 좋다.

요즈음에는 맨발로 흙을 걷는 사람들이 늘어났다. 자연에서 맨발로 걷는 것이야말로 인간에게 얼마나 많은 선물을 주는지 모른다. 맑은 공기, 신선한 바람, 푸르른 자연, 부드러운 흙에서 오는 상쾌한 기분은 자신의 힘든 여정을 말끔히 보상해 준다.

걷는 일에 게을리하지 않아야 한다. 지금 걷지 않으면 나중에 걷는 것도 잊어버릴지 모른다. 꿈을 향한 힘찬 발걸음은 내 꿈을 이루어 갈 '사다리'이자 '무쇠다리'가 되는 중요한 일이다.

그대 몸이 '멱살, 망신살'이 아닌 '익살, 햇살'이 되게 하자

많은 사람은 대부분 나이가 들면서 살이 찐다. 나라마다 지역마다 차이는 있겠지만, 어른들이 특히 많이 찐다. 그래서 어른들은 살과의 전쟁을 벌인다. 기꺼이 돈을 지불하고 살을 빼기 위해 헬스 클럽을 가기도 한다.

더 나아가서 다이어트 먹거리인 샐러드, 신선식품, 시리얼바, 보조식품 등 그 분야를 점점 더 확장하고 있다. 2018년 말 기준으로 우리나라 다이어트 산업은 10조 원에 육박하는 것을 보면 도시에 사는 아주 많은 성인이 다이어트를 고민하고 있다고 보면 될 것 같다.

전 세계적으로 다이어트하는 사람들이 늘어나면서 그 방법도 수백만 가지나 된다고 하니 실로 엄청나다고 할 수 있다. 최근에는 첨단 웨어러블 기기가 다이어트를 도와주는 '스마트 헬스케어 산업'의 눈부신 성장을 하고 있다. 이 기기는 심장 박동, 혈당량, 만보기 등 생체신호를 측정해 건강과 다이어트에 도움을 주고 있고 웬만한 스마트폰 제조 회사는 앞다투어 생산하고 있다.

내 몸의 살도 문제지만, 나이를 먹는 데서 오는 걱정도 있다. '세 살 버릇 여든 살까지 간다.'라는 속담처럼 한번 들인 습관을 고치기 힘들다는 것이다. 어른이 되어 가면 책임을 질 일도 많은데 어릴 때 하는 버릇이 어른이 되어서도 계속하다가 '멱살'을 잡힌다거나 '망신살'을 뻗치면 안 되지 않는가?

살다 보면 어쩔 수 없이 찾아오는 '몸살'이야 금방 낫지만, 점점 늘어나는 '주름살'을 어쩔 수 없다. 하지만 젊을 때 '엄살' 부리지 않고 '굳은 살'도 박혀 가면서 살아간다면 '나잇살'이 부끄럽지 않을 것이다.

똑같은 일을 해도 누구는 너무 힘들어서 못 하겠다고 하고 누구는 '익살' 부려가면서 잘 하는 사람이 있다. 그래서 누군가와 함께 일을 할 때 사람들을 즐겁게 하고 익살도 부리는 사람이 있다면 행복할 것이다. 그런데 그 누군가가 내가 되지 말라는 법은 없지 않겠나.

처음에는 쑥스럽고 창피할 수도 있지만, 재치와 익살은 타인과의 관계에서 중요한 윤활유 역할을 할 것이다. 타인과의 원만한 관계 형성은 따뜻한 봄날 '햇살'에 비유될 수 있다.

그대 심장에 '기피(忌避), 회피(回避), 도피(逃避)'가 아닌 '해피(Happy)'가 흐르게 하라

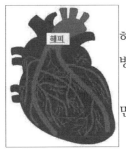

세상을 살아가는 방식은 천차만별이다. 정답은 없다. 단지 내가 만족하고 행복하려고 노력하면서 살아간다. 살다 보면 자의든 타의든 삶의 방식도 바뀌고 가치관도 바뀐다. 평생 바뀌지 않는 사람은 별로 없다.

하지만 사람이 태어나서 청소년기를 거치고 청년기에 접어들 때쯤이면 자신의 삶 방식이 외부의 영향보다는 자기 생각대로 살아가게 된다.

그리고 사물이나 현상을 보고 생각하는 관점도 자신도 모르게 고정되어 간다. 그것이 때로는 여러 분야에서 다른 사람 또는 사고방식에 힘들게 되는 경우가 있다. 그래서 끊임없이 대화하고 이해하려고 하여 충돌을 최소화하려고 한다.

사람들은 일상 속에서 행복하기 위해 여러 행동을 한다. TV 보기, 운동, 수다, 먹기, 컴퓨터, 영화, 독서, 게임 등 무수히 많은 행동을 하고 행복해한다. 많은 행동 중에서 나에게 가장 많은 행복을 주는 것이 무엇인지를 깨닫게 되는 것이다. 그래서 우리는 뭐든 '기피'하거나 '회피'하지 말고 경험해 봐야 한다. 모든 사람이 태어나자마자 '난 이걸 해야 행복해'라고 알게 되는 것은 아니지 않는가?

살아가면서 '기피, 회피, 도피'하지 않고 최대한 많은 도전을 해야 내가 '해피'할 확률이 높다. 내가 도전하는 분야가 많을수록 행복할 확률이 높다. 나이가 들수록 자연스럽게 도전의식이 줄어든다. 늘 하는 습관으로 살아가게 되는 것이다.

어릴수록 아주 조그마한 일이라도 일단 한번 해 보는 것이야말로 자신의 심장에 '해피'가 흐르게 한다. 어른들도 어릴 때는 조금씩 도전을 하다가 시간이 흘러 삶에 쫓겨서 늘 하던 일만 하게 된다.

나는 평소에 아무것도 안 해도 행복하다면 굳이 도전할 필요도 없다. 다른 사람들이 행복해하는 모습을 보고 부러워하지 않을 자신이 있다면 도전할 필요는 없다. 만약 그럴 자신이 없다면 나이에 상관없이 무엇인가를 부담 없이 도전하여 '기피'하거나 '도피'하거나 '회피'하지 마라.

TV나 동영상을 보면 가끔 '내가 안 해 봤으면 후회할 뻔했어'라는 말을 들은 적이 있을 것이다. 물론 주위의 권유가 어쩔 수 없는 상황이었는지는 모르지만, 아주 짧은 시간이라도 자신의 몸에 '해피(happy)'가 흘렀을 것이다.

그대 신발을 '맹신, 과신'이 아닌 '소신, 자신'을 신으라

사람들이 걷기 시작하면 신발을 신는다. 신발도 날씨에 따라 사용 목적에 따라 다양하다. 그래서 자신의 신발이 하나밖에 없는 경우는 거의 없다. 각종 부패 혐의를 받는 필리핀 이멜다 의원은 신발이 1,280켤레나 가지고 있어서 세계 뉴스거리가 된 적이 있다. 그 정도로 많은 신발을 가진 사람은 내 신발을 잘 구별할 수 있을까에 대해 의문이 든다.

사람들의 신발을 보면 그 사람의 특징을 알 수 있다. 운동하는지 취미는 무엇인지 심지어 좋아하는 색깔까지도 알 수 있다. 신발을 보면 직업까지도 무엇인지 알 수 있다고 한다. 군인이나 어부처럼 특별한 신발을 신는 경우가 있기도 하고 스포츠의 경우 그 종목에 맞는 신발이 별도로 존재한다. 예전에는 신분의 차이를 알 수 있기도 하였다.

'그 사람의 신발을 신고 걸어보기 전까지는 그를 판단하지 마라'라는 속담이 있다. 그 사람의 처지에서 보면 내가 생각한 것과 다를 수 있다는 뜻이다. 내 마음대로 '맹신'하거나 '과신'하지 말라는 것이다. 그래서 좀 더 신중하고 객관적으로 생각하는 습관을 길러야 한다.

우리에게는 너무 흔한 신발이지만, 헐벗고 굶주린 아프리카 어린아이들에게는 언감생심이다. 그들 모습이 촬영된 동영상에는 언제나 신발 벗은 아이들의 모습이 클로즈업된다. 신발을 신을 수 없을 만큼 가난하다는 것은 다른 어떤 일에서도 '소신'을 가지기 힘들다는 것이다.

자연히 어디 가서 '자신'을 드러내기도 어렵다. 인간으로서 최소한의 '소신'과 '자신'을 나타내기 위한 기본 요건을 갖추기 위해서는 자신의 경제적 여건도 필요한 것이다. 우리나라 역시 가난한 어린이들이 맨발일 수밖에 없는 현실만큼이나 신발이 귀했던 시절이 있었다.

지금의 우리 현실을 보면 누구나 여러 가지 신발을 가지고 있다. 신발의 종류에 따라 운동화를 신고 운동하거나 등산화를 신고 산을 올라가곤 한다.

그런 인간의 몸에 맞는 신발도 필요하지만, 자신의 길이라고 판단되면 '소신'껏 자신의 직분을 밀고 나가서 내 인생에 올곧은 '자신'이 되기를 바란다.

그대 안경을 '색안경(色眼鏡)'이 아닌 '삼매경(三昧境)'을 쓰라

사람마다 사물을 보는 관점이 조금씩 다르다. 그래서 사물을 보는 방법도 다양하게 존재한다. 분명 똑같은 사물을 보는데도 생각이 다르다. 누구는 그 사물의 모양, 쓰임새, 위치, 크기 등을 자신의 관점에서 생각하고 판단한다.

음식만 해도 분명 유명 맛집인데도 개인의 호불호가 있을 수밖에 없다. 그리고 어떤 일에도 '색안경'을 끼고 부정적으로 바라보는 사람이 있고 긍정적으로 생각하고 더 깊이 빠져드는 '삼매경'인 사람도 있다. 물론 일에 따라 쌍안경 같은 망원경을 쓴 것처럼 멀리 내다봐야 할 때도 있고 현미경으로 아주 자세하게 봐야 할 때도 있다. 사람의 몸을 자세하게 들여다보는 보기 위해서는 내시경을 찍어보는 것과 같은 위치이다.

세상은 점점 더 복잡해져 가고 그 복잡함과 더불어 설명하기 어려운 요지경 같은 세상이 되고 있다. 사람과 차가 다니는 길도 점점 다양해져 반사경으로 사고를 예방하고 있으며, 칠흙 같은 어둠에서도 사물을 어느 정도 볼 수 있는 야간 투시경이 개발되어 여러 분야에 활용되고 있다.

이처럼 세상을 보는 방법이 다양하여 남과 다르게 보는 능력과 긍정적으로 생각하는 능력이 중요하다. 꿈을 꾸는 사람은 자신의 관심 분야를 만나면 삼매경에 빠져서 똑같은 도구인데도 쓰임새를 다르게 한다든지 다른 것과 결합하여 새로운 도구를 개발하기도 한다.

세상에서는 당연하다고 넘어가는 일이 너무나 많다. 그러나 실제 당연한 일을 그렇게 많지 않다. 아주 서서히 바뀌기 때문에 우리가 눈치채지 못했을 뿐이다. 우리가 타고 있는 비행기나 자동차는 100년 전만 해도 당연한 일이 아니다.

꿈을 이루기 위해서는 무슨 일이더라도 '색안경'을 쓰지 말고 '삼매경'으로 바라보자. 무엇이든지 아무 생각 없이 살다 보면 내가 보는 관점이 고정되기 쉽다. 그렇게 되면 삶이 무미건조해지면서 남들과의 관계에서도 주변에 휩싸이기 쉽다. 따라서 주변과 끊임없이 소통하고 사색하며 꿈을 이루기 위한 노력을 게을리하지 말자.

그대 시력이 '근시, 난시'가 아닌 '역시'가 되게 하라

시력에 난시, 근시가 있듯이 꿈에도 난시, 근시가 있다. 꿈을 멀리 보고 잘 꾸는 사람이 있는가 하면 가까운 미래만 보고 먼 미래를 보지 못하는 경우도 있다. 물론 아주 가까운 미래부터 먼 미래까지 내다보고 꿈을 이루는 계획표대로 꿈을 꾸는 '역시'가 있다.

멀리까지 잘 보려고 하면 나 자신을 먼저 잘 알아야 한다. 몽골인들은 넓은 들판에서 가축을 기르기 때문에 어려서부터 훈련이 되어 있다고 한다. 보통 2.0 이상이고 평균이 3.0이라고 한다. 심지어 B4 용지에 숫자를 크게 쓰면 500m 거리에서도 맞추는 사람이 있을 정도이다.

항상 내 꿈을 이루기 위해서는 어느 시점마다 어떤 일을 해야 할지 늘 고민해야 한다. 그렇게 하기 위한 아주 작은 습관들로 만들어 실천한다면 큰 힘을 들이지 않고 이룰 수 있다.

일반적으로 처음에는 어떤 사물이나 현상을 눈에 보이는 것만 보고 판단하지만, 시간이 지날수록 그 사물이나 현상에 대한 가치를 찾는다. 즉 눈에 보이는 것만 모든 것을 말하지는 않는다. 눈에 보이는 것을 넘어 가치를 볼 수 있는 혜안을 가진다면 그보다 좋을 수는 없다. 이 역시 그런 사람들을 찾아서 배우고 어울리면 더욱더 좋고 관련 서적이나 강의를 찾으면 될 것 같다.

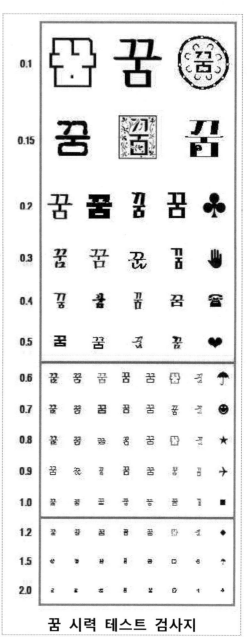

꿈 시력 테스트 검사지

그대 눈이 '색맹'보다 '꿈맹'이 되지 않게 하라

색맹을 처음으로 알게 된 사람은 원자를 발견한 영국 과학자 존 돌턴(John Dalton)이다. 아이러니하게도 돌턴은 자신의 친형과 함께 붉은색과 녹색을 구분하지 못하는 '적녹색맹'이었다.

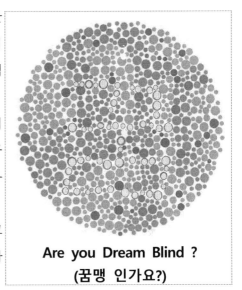

Are you Dream Blind ?
(꿈맹 인가요?)

어린 시절 친구들과 군대 행진을 보다가 우연히 알게 되었고 이것을 어른이 되어 본격적으로 연구하여 색맹을 '돌터니즘(Daltonism)'이라는 전문 용어가 만들어진 것이다.

아주 작은 꿈이라고 내가 꿈이라고 생각하면 그만이다. 누구의 눈치를 볼 필요도 없다. 그 누구나 내가 꾸는 꿈에 대해서 이의를 달지 않는다.

우리는 누구나 별을 보고 산다. 불빛이 많은 도심에 사는 사람들은 상대적으로 볼 기회가 적을 수는 있지만, 밤하늘을 보면 별을 볼 수 있다. 어떤 기회가 있어서 야외에서 밤을 맞이한다면 누구나가 별을 보고 아름답다고 느낀다.

드라마에서 아름다운 별에 살고 싶다든지 별을 따서 선물한다든지 하는 이야기를 들어 봤을 것이다. 그런데 잘 생각해 보면 우리가 매일같이 발을 딛고 사는 지구 또한 별이 아닌가?

그래서 내가 사는 지구가 전 우주에서 가장 아름다운 별이고 그 별에서 우리가 멋진 삶을 살아가고 있다. 요즘은 과학이 발달하여 100년 전에는 상상도 하지 못한 아주 선명한 지구 사진을 얼마든지 볼 수 있다. 우주에서 찍은 멋진 사진을.

우리는 의외로 우리의 장점을 잘 알지 못한다. 심지어 자신의 장점을 그냥 무심코 듣고 넘기는 경우가 많다. 많은 사람이 나에게 하는 말은 내가 무의식중에도 하는 행동이므로 객관적이라고 볼 수 있다. 그런 장점들은 잘 들어서 내 꿈과 연결하는 노력을 해야 한다.

만약 나의 장점을 이야기해 주지 않는다면 가족을 포함하여 매일 자주 접하는 친구나 동료에게 장점을 알려 달라고 하면 된다. 이 글을 보는 사람들은 부디 '꿈맹'이 아니시길 바란다.

그대! '누군가'가 아닌 '내가(歌)'를 노래하라

우리가 살아감에 있어서 노래가 얼마나 중요할까? 과연 우리 삶에서 노래를 분리할 수는 있을까? 두 질문에 중요하기도 하고 삶과 분리할 수도 없다는 답을 하기에는 설명이 부족할 것 같다. 특히 요즘 학생들은 휴대폰 다음으로 중요하게 생각하고 있지 않을까 한다.

노래가 없으면 휴대폰 없이 하루를 보내는 고통만큼 괴로워할 것이다. 우리 삶에 있어 어디를 가나 빠지지 않는 노래는 우리 삶 거의 모든 공간에 들어와 있다. 심지어 가축업(소, 돼지, 닭, 오리 등)을 하는 농장에서도 가축들을 위해 노래나 음악을 틀어 놓는다.

요즈음은 저작권 때문에 길거리에 크게 틀지 않지만, 매장 안에는 노래가 끊이지 않는다. 특히 사람이 많이 모이는 쇼핑 장소에는 충동 구매를 위한 경쾌한 노래를 많이 틀어 놓는다.

아마도 인류가 집단생활을 하는 시기부터 노래가 있었을 것이다. 기쁜 일이 있을 때 축가를 부르기도 하고, 슬프고 힘들 때 마음의 위안을 위한 노래도 있다. 아름다운 노래로 이성을 유혹하기도 한다. 나라나 지역, 문화마다 노래는 다를 수 있지만, 그 의미는 비슷할 것이다.

요즈음은 노래의 장르도 옛날에 비해 엄청나게 분화되었다. 그래서 더더욱 자기가 좋아하는 노래만 찾아 들을 수 있는 세상이 되었다. 이제는 아주 많은 사람이 함께 부르는 합창도 점점 전문화되고 있고 그 곡의 범위도 넓혀가고 있다.

내가 꿈을 이루기 위해 부르는 노래는 정말 중요하다. 그 노래는 내가 필요할 때마다 언제든지 불러야 하지 않을까. 자기의 정체성을 차지 못하는 '누군가'를 불러서는 안 될 것이다.

내가 필요할 때마다 직접 '내가' 불러야 한다. 물론 함께 꿈을 꾸는 사람들과 함께 부르더라도 '내가'가 빠지면 안 되는 것이다.

이제는 내가 내 꿈을 노래하자. 그것도 언제나 어디서나 목 놓아 부르자.

노래 부르기를 스스로 즐거워하기 전에는
노래를 부르는 사람은 그대를 기쁘게 해 줄 수가 없다.
- 칼릴 지브란

그대! '눈총'이 아닌 '눈빛'을 사용하라

매일 매일 눈을 떠서 생활하면 함께 하는 주변 사람들이 있다. 물론 대부분은 언어로 소통을 하지만 그것만이 전부는 아니다. 아주 짧은 순간 스쳐 지나가면서 눈을 마주하게 된다.

이때 '눈총'이 오가는가? '눈빛'을 오가는가? 그리고 나는 '눈총'을 주고받는가? '눈빛'이 주고받는가? 당연히 눈총보다 눈빛을 그것도 응원과 존경의 눈빛이면 더욱더 좋을 것이다.

때로는 화려한 미사여구의 말보다 단 번의 눈빛이 더 강렬할 수도 있다. 언어적 메시지만 중요한 것이 아니다. 비언어적 메시지가 때로는 아주 중요할 수도 있다. 이제 막 눈을 뜬 신생아에게는 비언어적 메시지가 더욱 중요하다고 할 수 있다.

사람마다 생각이 다르고 하는 일이 다르다 보면 서로 오해가 쌓여 본의 아니게 눈총을 주고받을 수 있다. 그러나 눈총을 받는 상대는 전혀 이해하지 못하고 정말 기분 나빠할 수도 있다. 가는 말이 고와야 오는 말이 곱다는 말처럼 가는 눈빛이 고우면 오는 눈빛도 곱지 않겠는가?

눈총은 불신에서 눈빛은 신뢰에서 온다고 할 수 있다. 어릴 적부터 가정에서 격려와 신뢰를 받고 자라면 자연스럽게 자라면서 눈빛이 밝고 온화해진다.

그러나 그렇지 않은 가정은 따가운 눈총을 받고 그 눈총이 주눅이 들게 하고 의기소침해지며 만사에 의욕을 잃게 만드는 것이다. 그러나 점점 자라 청소년기를 지나도 눈총을 사용하면 그건 부모나 환경보다 본인의 책임이 더 크다.

지금까지는 어쩔 수 없이 눈총을 사용하였더라도 이제부터라도 신뢰의 눈빛을 사용하면 된다. 상대가 눈총을 한다고 나마저 똑같은 행동을 한다면 똑같은 사람이 될 것이 아닌가?

왜 눈총을 받는지 파악하고 그 과정에서도 내가 먼저 신뢰의 눈빛을 보내면 되는 것이다. 물론 쉽지 않을 수도 있다. 하지만 내가 먼저 노력한다면 꿈을 이루는 데 분명 도움이 될 것이다. 몰랐던 시간이 있었더라도 바로 지금부터 신뢰의 눈빛을 사용하면 된다.

참된 발견은 새로운 땅을 발견하는 것이 아니고
새로운 눈으로 보는 것이다.
- 마르셀 프루스트

그대! '거짓말, 막말, 반말'이 아닌 '참말, 바른말, 존댓말'을 하라

아침에 일어난 후 하루에 말을 몇 마디 할까? 사람마다 지역마다 심지어 자신이 속한 환경에 따라 달라서 정확하게 통계를 낼 수는 없지만, 엄청나게 많은 말을 할 것이다. 그래서 말에 관한 속담도 엄청나게 많다.

우리나라에서 가장 많이 사용하는 속담으로 '말 한마디에 천냥 빚도 갚는다', '가는 말이 고와야 오는 말이 곱다'가 있는데 이 속담은 '반말' 하지 말고 '존댓말'을 하라는 것이다.

그리고 '입은 비뚤어졌어도 말은 바로 해라', '곰은 쓸개 때문에 죽고 사람은 혀 때문에 죽는다'라는 속담은 '거짓말'하지 말고 '참말'을 하라는 것이다. '관에 들어가도 막말은 말라', '낮 말은 새가 듣고 밤 말은 쥐가 듣는다'라는 속담은 '막말'하지 말고 '바른말'을 하라는 것이다. 이처럼 사람의 말은 중요하다. 이 밖에도 '똥 묻은 개가 겨 묻은 개 나무란다'라는 속담은 자신의 허물은 아랑곳하지 않고 남의 허물만 들추어내는 짓을 하지 말라는 것이다.

사람이 사용하는 말은 그 사람의 인격이나 품성을 내포한다. 사람들이 평소에 어떤 생각과 마음으로 살아가는지가 말로써 나타나는 것이다.

따라서 말은 곧 그 사람의 됨됨이이다. 한자 '품(品)'의 구조를 보면 입'구(口)'가 세 개 모여 있다. 이것은 말이 쌓이고 쌓이면 품성(品性)이 된다는 뜻이다.

그래서 '거짓말, 막말, 반말'을 할 바에야 아무 말도 하지 않은 편이 더 낫다는 것이다. 누가 무슨 말을 하면 '잔말, 딴말' 하지 말고 그 진의를 분명히 해야 하고 '막말'도 삼가야 한다.

사람은 말을 안 하고 살 수는 없다. 그래서 내가 하는 말이 진정으로 바른말을 하고 있는지 확신하기 위해서는 많은 것을 알아야 하기도 하고 신중하기도 해야 한다.

좋은 말, 고운 말, 바른 말을 하려고 노력하고 그런 말을 하는 사람들과 어울려야 한다. 꿈을 이룬 사람들일수록 많은 사람을 만나기 때문에 더더욱 말의 중요성을 되새길 필요가 있다.

> 말이 있기에 사람은 짐승보다 낫다.
> 그러나 바르게 말하지 않으면 짐승이 그대보다 나을 것이다.
> - 사아디 고레스탄

그대! '군소리, 허튼소리' 하지 않고 '똑소리, 웃음소리'를 내라

사람들은 어떤 소리를 좋아할까? 당연하겠지만, '똑소리, 웃음소리, 아름다운 소리, 노랫소리, 맑은소리, 고운 소리, 우스갯소리'와 같은 소리를 좋아할 것이다. 그럼 어떤 소리를 싫어할까?

예측했겠지만 '헛소리, 잔소리, 군소리, 삽소리, 개소리, 곡소리, 쌍소리, 딴소리, 울음소리, 볼멘소리, 푸념 소리, 우는 소리, 죽는 소리, 허튼소리, 아쉬운 소리, 혀짧은 소리, 뚱딴지 소리'와 같은 소리를 싫어할 것이다.

물론 이런 싫은 소리는 내가 내는 것보다 남이 낼 때 더 싫어할 것이다. 듣기 좋은 소리보다는 듣기 싫은 소리가 더 많아서 아마도 우리는 소리의 공해에 시달리고 있었는지도 모르겠다. 그리고 아이들이라면 누구라도 '잔소리'를 싫어할 것이다. 눈만 뜨면 부모님이나 선생님 등으로부터 매일 매일 잔소리를 듣기 때문이 아닌가 한다.

무슨 일이든지 '군소리'하지 않고 묵묵히 최선을 다하는 사람들을 보고는 일을 '똑소리' 나게 한다고 한다. 그리고 그런 사람과 같이 일을 하고 싶어 한다. 그러나 하는 일마다 불평불만을 가지고 '허튼소리'를 하는 사람은 당연히 싫어할 것이고 가능하면 함께 일하기를 피할 것이다.

행복해서 웃을 수도 있지만, 웃으니까 행복할 수도 있는 것 아닐까. 내가 하는 일은 항상 잘 될 것이라는 믿음과 '똑소리'나게 일 처리 하는 습관만 가진다면 힘든 날들이 있을지언정 '웃음소리'가 가득한 삶이 될 것이다.

'꿈은 실패했을 때 끝나는 것이 아니라 포기했을 때 끝나는 것이다.'라는 말처럼 진정으로 끝나는 순간은 인간에게 한 번만 온다. 그러니까 '딴소리'하지 말고 자신을 믿고 나아가면 된다. 소를 물 옆으로 데리고 갈 수는 있지만 억지로 물을 먹일 수 없고, 아무리 사랑하는 사람이라도 대신 화장실에 갈 수 없으며, 대신 아파 줄 수 없는 것이다.

세상에서 가장 아름다운 사람은 나 자신이며 나의 웃음소리가 세상에서 가장 아름다운 소리이다.

나는 운명처럼 웃음과 약혼했다.
웃음소리는 언제나 세상에서 가장 세련된 음악으로 들린다.
- 피터 유스티노프

그대! '비웃음, 쓴웃음'이 아닌 '함박웃음'을 지어라

인간이 동물과 구분되는 특징 중의 하나가 '웃음'이다. 그리고 옛말에 '일소일소(一笑一少) 일노일로(一怒一老)'란 말도 있다. 한 번 웃으면 그때마다 한 번씩 젊어지고, 한 번 성내면 그때마다 한 번씩 늙는다는 뜻이다. 그리고 '웃으면 복이 와요'라는 말도 있다.

그만큼 웃음은 삶에 꼭 필요한 것이고 그래서 '웃음'이 직업인 사람(개그맨, 웃음치료사, 레크레이션 강사 등)도 있다. 웃음을 소재로 한 많은 프로그램과 영화, 뮤지컬, 책 등 어느 한 분야에서도 웃음은 빠지지 않는다.

웃음도 '너털웃음, 눈웃음, 깨알 웃음, 배꼽 웃음, 함박웃음'과 같이 긍정적인 의미가 있는가 하면 '비웃음, 코웃음, 헛웃음, 실웃음, 쓴웃음, 겉웃음, 강박웃음, 허털웃음'과 같이 부정적으로 쓰이는 웃음도 있다.

그 표현 또한 '하하', '호호', '히히', '허허', '푸하하', '크크', '킥킥', '껄껄', '낄낄', '꺽꺽', '헤헤', '헹헹', '후후', '헤헤'와 같이 굉장히 다양하며 줄여서 'ㅋ.ㅋ'로 쓰기도 한다. 심지어 웃음이라는 글자만 봐도 미소가 저절로 나온다.

미국에서 실화를 바탕으로 만든 영화 '패치 아담스'의 주인공 헌터 아담스가 피에로 복장으로 병실을 돌아다니며 환자들의 고통을 줄여주는 장면이 나온다. 웃음은 평소에도 생활의 즐거움이 되기도 하지만 우리가 슬프거나 힘들 때는 더 힘을 발휘한다. 그래서 일부러라도 자꾸 웃으라고 하는 것이다.

아이들은 생후 2~3개월 후부터 웃음의 횟수가 많아져 하루 400번 이상을 웃고 6세의 아이들도 하루 300회 정도 웃는다. 하지만 성인이 되면 힘든 세상살이에 웃음이 줄어 하루 15번을 읽고 심지어 몇 번도 웃지 않는다고 한다. 한국 성인 여자는 3회, 남자는 0.1회인데, 세계 평균은 성인 여자가 8회, 남자가 5회라고 한다. 그리고 웃을 때 231개의 근육이 움직이는데 3분 동안 웃으면 11kcal가 소모되는데 이는 에어로빅을 5분 동안 한 운동량과 비슷하다.

웃음은 행복과 직결된다. 하루에 한 번 '박장대소'하는 것만으로도 우리는 행복할 수 있다. 직업 중에서 많은 사람을 상대로 하는 서비스업에는 고객들의 만족도를 높이기 위해 웃는 연습을 끊임없이 하는 이유도 고객의 행복을 추구하기 때문이다.

내가 누구를 만나도 '함박웃음'을 함께 한다면 나는 분명 다른 사람들보다 훨씬 행복하게 사는 것이다. 웃자. 웃자. 웃자. 크게…

> 행복하기 때문에 웃는 것이 아니라
> 웃기 때문에 행복한 것이다
> - 윌리암 제임스

그대! '꼰대' 말고 '환대, 관대, 존대, 접대'하라

환대
관대
존대
접대

사람들은 보통 어디 가서 접대하는 것보다 대접을 받고 싶어 한다. 그래서 높은 직위에 오르거나 정치를 하는 사람이 있다. 평소 자신이 상대방을 얼마나 환대하거나 존대하는지 주변에 알아보라. 물론 자신은 타인에게 잘한다고 생각할지 모르지만 정확한 것은 타인이 더 잘 안다.

요즈음 학교나 직장에서 '꼰대'라는 말을 많이 한다. 학생이나 직장의 회사원들이 자신의 인격을 무시하고 구태의연한 사고방식을 강요할 때 꼰대라는 말을 한다. 또 학생이나 아래 사람들이라고 함부로 하대하거나 냉대할 때도 쓰는데 예전에 자신이 직장에 처음 입사했을 때부터 관행적으로 내려오는 하나의 문화라는 착각을 하는 것이다.

예전에 계급 구조가 확실한 군대에서는 비일비재하였지만, 지금은 예전과 비교할 수 없을 정도로 상호 존중하는 문화로 발전하고 있다. 이제 군대는 장교라도 사병을 인격적으로 대하는 문화가 자리 잡고 있다.

직장 상사라도 부하 직원의 잘못에 관대한 사람들이 점점 더 늘어나고 있고 꼰대 문화를 없애기 위해 아예 직책을 없애고 수평적 관계를 추구하는 회사까지 등장하고 있다. 심지어 대기업의 CEO들도 직원들과 소통하고 접대하는 모습을 종종 볼 수 있다.

미국이나 유럽의 백인들이 유색 인종을 꼰대 하는 것을 우리는 맹렬히 비난한다. 하지만 우리 모습도 만만치 않다. 아직도 우리나라에 와서 일하고 있는 동남 아시아인들에게 우리가 어떻게 하고 있는가를 보면 알 수 있다. 모두가 그렇지는 않지만, 꼰대를 넘어서서 인간의 존엄성까지 파괴하는 사람들이 있다. 우리가 가지고 있는 이중인격의 민낯을 보여주는 것이다.

대접을 받으려면 먼저 대접을 하는 마음가짐이 있어야 하고 주변의 잘못에 관대하며, 상대방에 대한 말이나 마음가짐에서 존대하면 자연히 나 또한 환대받을 것이고 꿈을 이루는 환경을 만들어가는 것이다.

제 집에 있을 때 손님 맞아들일 줄 모르면,
밖에 나갔을 때 비로소 자기를 환대해 줄 주인이 적음을 알라.
- 명심보감

그대! '깔깔(성깔, 눈깔)'이 아닌 '깔깔깔깔(빛깔, 색깔, 맛깔, 깔깔)' 하라

사람은 사회적 동물이다. 즉 혼자 살아가기보다는 여러 사람과 어울려 살아간다는 것이다. 따라서 서로 서로에게 좋건 싫건 영향을 끼치게 되어 있다. 자주 만나거나 가까운 사람이 '성깔'을 부리거나 '눈깔'을 부라린다면 어떻게 하겠는가?

기분이 좋지 않을 것이고 내가 하는 일에도 좋지 않을 일이 생길 확률이 높다. 무슨 특별한 사유가 있거나 일시적이라면 그냥 넘어갈 수도 있지만, 평소 모습이라면 문제는 심각해진다. 사람이면 항상 기분이 좋을 수는 없는 것이기 때문에 주변에 있는 사람들이 나에게 미치는 영향이 클 수밖에 없다. 내가 늘 긍정적으로 생각하고 조금이라도 즐거운 일이 있으면 '깔깔' 거린다면 우선 내가 기분 좋고 주위 사람들도 기뻐하지 않을까?

우리가 살아가는 세상에서 매일 매일 '맛깔' 나는 음식을 먹는다면 우리가 꿈을 이루는 데 많은 힘을 얻을 것이고 또한 '빛깔'과 '색깔'이 이쁜 꽃과 풍경을 함께 한다면 더욱 큰 꿈을 이루어가는 데 도움이 되리라 생각한다.

사람들은 저마다의 '빛깔'과 '색깔'을 가지고 있다. 겉으로 보이는 것을 보면 자신이 좋아하는 옷, 좋아하는 머리 스타일, 좋아하는 장신구, 좋아하는 신발, 좋아하는 시계 등이 있다.

스마트폰을 보면 그 사람의 '빛깔'과 '색깔'을 알 수 있다. 그리고 그 사람의 행동이나 말씨, 삶을 영위하는데 저마다의 '빛깔'과 '색깔'이 있고 이 역시 다른 사람에게 영향을 주기도 한다. 물론 사람들이 어릴 때부터 '빛깔'과 '색깔'을 가지기보다는 성장하면서 조금씩 조금씩 그 농도가 짙어가는 것이다. 때로는 조금 옅어지다가 짙어지기도 하고 '빛깔'과 '색깔'이 다르게 변하기도 한다. 그 시기 시기마다 다 소중하고 멋지게 간직하면 되는 것이다.

사람들이 살아가는데 '의식주'가 필요하듯이 사람들이 꿈을 이루는데 '깔깔깔깔(빛깔, 색깔, 맛깔, 깔깔)'이 필요한 것이다. 그중에서도 쉬지 않고 열심히 '깔깔' 거릴 수 있는 능력이 가장 좋은 것 같다.

웃음은 전염된다. 웃음은 감염된다.
이 둘은 당신의 건강에 좋다.
- 윌리엄 프라이

그대! '콜콜(리콜, 시시콜콜)'이 아닌 '콜콜콜(앵콜, 러브콜, 커튼콜)' 하라

우리가 살아가는 동안 같은 일을 반복하는 일이 있다. 그러나 그 일이 내가 좋아서 하는 일인지 아니면 누군가 시켜서 하는 일인지에 따라 내가 일을 하는 기분이나 태도는 다르다.

어떤 제품이 '리콜'을 받는다면 뭔가 잘못되어 바로 잡으려고 하는 것이다. 그만큼 잘하지 못하여 생긴 일이다.

물론 모든 일을 완벽하게 할 수는 없지만, 사전에 철저히 준비해야 한다. 그리고 어떤 일을 할 때마다 '시시콜콜' 간섭하는 때도 있다.

사람에게는 각자의 자율과 책임 의식이 있는데 그 자율과 책임을 인정하지 않으면 신뢰가 낮아지게 되어 '시시콜콜' 간섭하게 된다. 끊임없는 소통으로 서로 간의 신뢰를 쌓아가는 과정을 거쳐서 믿음을 가져야 한다.

때로는 지루하더라도 본인이 꼭 해야 하는 일이라면 즐겁게 하다 보면 어느새 전문가 반열에 오르게 되고 주위에서 '앵콜'을 받게 된다. 더 나아가 주변에서 '러브콜'을 받게 된다.

4차 산업혁명 시대에는 평생 하나의 직업으로 살아가기는 점점 힘들게 되고 자연히 직장을 옮기는 경우가 일상이 된다. 따라서 직장을 옮기는 과정에서 '러브콜'을 받으면 당연히 연봉이나 대우가 좋을 수밖에 없는 선순환이 되는 것이다. 물론 매번 그런 일이 일어나지 않을 수도 있다. 하지만 전문가로서 끊임없는 자기계발을 지속한다면 더욱 입지가 단단해지고 자연히 자신을 알아보는 누군가로부터 '커튼콜(curtain call, *연극이나 음악회에서 공연을 마치고, 관객이 감사의 표시로 환호와 박수로서 무대 뒤로 퇴장한 출연자를 무대로 다시 나오게 하는 일)*'을 받게 되는 것이다.

2009년 러시아 피아니스트 에브게니 키신의 저녁 내한 공연에서 1시간 30분 본공연과 10차례 앵콜과 30번의 커튼콜로 밤 11시 30분에 끝이 났고 1,000여 명의 사인회가 끝난 시간은 자정을 넘겨 밤 12시 30분이 되었다. 끝없는 커튼콜로 관객에게 90번의 인사를 하게 되었다. 꿈을 이루자! 그러면 '앵콜, 러브콜, 커튼콜'을 받게 된다.

> 절대로 고개를 떨구지 말라.
> 고개를 치켜들고 세상을 똑바로 바라보라.
> - 헬렌 켈러

그대! '앞태' 못지않게 '뒤태'도 아름답게 하라

앞모습
뒷모습
사람이면 누구나 여러 가지 모습이 있다. 내가 매일 가장 많이 보는 '앞모습', 나는 언뜻언뜻 가끔 보지만, 다른 사람도 유심히 보는 '옆모습', 나는 볼 수 없지만, 다른 사람은 자주 보는 '뒷모습'이 있으며, 이들은 나의 '겉모습'이다.

그리고 나의 내면의 '속 모습'이 있고 본래의 모습인 '본모습'이 있다. 나의 삶에 대한 거짓이나 꾸밈이 없는 '참모습'도 있다. 그러나 대부분 사람은 본모습이나 참모습보다 내가 가장 많이 보는 앞모습에 가장 많이 신경을 쓴다. 경제적, 시간적 그리고 다른 사람들에게도 앞모습에 집중적으로 관심을 가진다.

내가 꿈을 향해 열심히 달린다면 당연히 앞모습이 아름다울 것이다. 내가 열정적인 삶을 계속해서 걸어 나간다면 나의 뒷모습도 아름답게 보일 것이다. 그러나 나의 뒷모습은 내가 이전에 걸어왔던 삶의 흔적도 있을 것이고 내가 지금 살아가는 현재의 열정도 담겨 있을 것이다. 아무리 내가 뒷모습을 가꾸려고 해도 머리나 옷 같은 겉모습만 치장할 뿐이다.

고속도로 화장실에는 '아름다운 사람이 머물다간 자리는 뒷모습도 아름답다.'라는 말을 본 적이 있을 것이다. 뒷모습은 나의 본모습에서 비롯되고 좀처럼 바꾸기가 어렵다.

얼굴 모습에서 오는 앞모습의 편견을 버리고 목소리만으로 실력을 겨루기 위해 만든 '복면가왕'이라는 프로그램이 장수 프로그램으로 인기를 누리고 있는 것을 보면 사람들이 기본적으로 앞모습에 지나치게 의존하는 경향을 잘 보여주는 것이다.

병원에서도 진료할 때 앞모습만 보고 진료하는 것은 아니다. 보통은 앞모습을 보고 진료하지만, 병명에 따라서는 환자보고 걸어보라든지 뒤돌아보라고 한다.

굽은 등, 오다리, 틀어진 발목, 높이가 다른 어깨와 골반 등 뒷모습의 균형이 깨지면 우리 몸에 어떤 변화가 나타나는지를 알 수가 있다고 한다. 나이가 들수록 앞모습 못지않게 뒷모습의 균형도 중요한 것이다.

꿈을 꾸면서 달려가기만 하면 앞모습이야 당연히 아름답겠지만, 그 시간이 길면 길수록 나도 모르게 뒷모습도 점점 아름다워진다는 사실에 우리는 참 감사할 일이지 않는가?

> 가야 할 때가 언제인가를
> 분명히 알고 가는 이의 뒷모습은 얼마나 아름다운가.
> – 이형기

그대! '몸매, 구매'가 아닌 '눈매'를 가져라

예전에 '얼짱, 몸짱'이라는 단어가 많이 사용하였다. 스마트폰을 누구나 가지게 되면서 각종 SNS(카톡, 페이스북, 트위터, 인스타그램 등) 활동으로 다른 사람들에게 자신을 알릴 기회가 엄청나게 늘어났다. 의도적이든 그렇지 않든 자연스럽게 불특정 다수에게 알려지게 되는 것이다.

그러다 보니 피상적으로 보이는 사람들의 '몸매'가 예전 세대보다 요즘 젊은 사람들은 엄청나게 예민한 편이다. 이제 초등학교 여학생들도 화장하는 것에 대해 별로 어색해하지 않는다.

그러다 보니 블로그, 유튜브 등에서는 몸매에 관한 아주 다양한 정보들이 차고 넘친다. 옷 입는 법, 화장하는 법, 신발 고르는 법, 악세사리 갖추는 법, 머리하는 법 등 몸매에 관한 정말 엄청난 정보들이 있다. 과거에는 내 주위에 있는 사람들이 전부이었지만 요즘은 그렇지 않다.

그러다 보니 남과 비교하게 되고 더 새로운 것, 좋은 것, 예쁜 것을 찾아 구매하게 된다. 그런데 구매의 기준이라는 것이 순전히 개인의 의사에 의해 이루어지지만, 과도하지 않아야 한다. 경제적 능력이 아주 좋다면 관계없지만, 그런 경우는 많지 않다.

워낙 고가의 제품들이 많은 게 현실이다. 그래서 구매는 자기 원칙이 있어야만 한다. 아무리 욜로 시대이지만 신용불량자가 되지 않아야 하지 않는가? 사람은 물질에 자유롭지 못하지만, 물질에 속박을 받는다면 불행한 삶이 되기 쉽다.

몸매나 구매는 외부에 나타나는 것이라 소홀히 할 수는 없지만, '눈매'가 삶에서 훨씬 더 중요하다. 처음이나 젊을 때는 일시적으로 몸매나 구매가 중요할지 모르지만, 삶의 중요 고비에는 눈매가 훨씬 더 중요하다는 것을 깨닫게 될 것이다.

꿈이 있는 자라면 항상 웃는 눈매를 가지고 사물이나 현상에 대한 시각도 남다른 눈매를 가져야 한다.

> 아름다운 눈을 갖고 싶으면 다른 사람에게서 좋은 점을 보아라.
> 아름다운 입술을 갖고 싶으면 친절한 말을 하라.
> 또한 아름다운 자세를 갖고 싶으면
> 결코 너 자신이 혼자 걷고 있지 않음을 명심해서 걸어라.
> - 오드리 헵번

그대! '좌뇌(左腦)'와 '우뇌(右腦)'를 함께 써라

사람의 두뇌는 좌뇌와 우뇌로 나뉜다. 그 두뇌는 각각 하는 일이 다르다. 무엇인가를 판단할 때 우리의 두뇌는 각자의 두뇌에서 판단하지만 복잡한 일을 할 때는 좌뇌, 우뇌 모두가 각자의 역할을 복합적으로 하고 있다. 신체에서 두뇌가 차지하는 비중은 작지만, 에너지는 많이 소모하고 있다.

두뇌의 80%는 수분으로 이루어져 있어서 우리가 수분을 자주 섭취해야 하는 이유이다. 사람이 어떤 이유로 좌뇌, 우뇌 중 어느 한 뇌가 손상이 오면 그 해당 뇌가 담당하는 부분에는 문제가 생긴다.

요즘에는 두뇌에 좋은 식품을 많이 개발되어 광고하는 경우가 많다. 많은 임상을 거쳐서 두뇌에 좋은 식품이 개발되어 판매량이 늘어난다고 한다. 어릴 적 학창 시절이나 엄청난 경쟁이 필요한 사회생활을 하면서 두뇌를 사용할 일이 점점 더 많아지고 있다는 사실이다.

그것은 복잡하고 골치 아픈 일들이 많아지기 때문이다. 평상시에도 유산소 운동, 충분한 수면, 수분 보충, 명상 등과 같이 두뇌에 좋은 일을 하게 한다.

꿈을 꾸기 위해서는 반드시 많은 생각과 새로운 일에 도전하는 마음가짐을 가져야 한다. 좌뇌와 우뇌 어느 한 부분만 계속해서 사용하면서 늙어가면 치매도 빨리 온다고 한다.

자신의 관심 분야가 아니더라도 가끔 독서도 하고 운동도 하는 것이 꿈을 이루는 데 도움이 될 것이다.

좌뇌(左腦)	우뇌(右腦)
언어, 계산 등과 같은 논리적	음악, 그림 등과 같은 이미지 기능
어학 관련 언어적 학습	얼굴 기억 등 비언어적 학습
논리, 사고적 문제 해결	직관적 문제 해결
추리, 수리, 계획	상상, 창조, 새로움
호기심, 긍정, 충동	감정, 부정, 감각
면역 기능 증대	면역 기능 억제
기쁨, 화남, 놀람	슬픔, 혐오, 두려움

남의 말을 따라 하려면 교육이 필요하다.
그 말에 도전하려면 두뇌가 필요하다.
- 메리 페티본 풀

130

그대! 몸의 '플렉스(Flex)'보다는 생각의 '플러스(Plus, +)'를 하라

일부 사람들의 이야기이기는 하지만 아주 값비싼 명품에 열광하며 '플렉스(flex, 돈 자랑하다)'를 하고 있다. SNS뿐만 아니라 각종 언론 매체에서도 '플렉스'를 엄청나게 사용하고 있다.

사람이면 몸에 치장을 안 할 수는 없지만, 무분별하게 '남들이 하니까 나도 한다.'라는 식은 생각해 볼 필요가 있다. 물론 직업상 관련 업계에 있다면 홍보를 위해서도 다양한 방법으로 할 수 있겠지만, 모두가 '플렉스' 할 필요는 없다. 명품을 소유하는 것은 순간이다. 물론 그 순간이 자신의 삶에 행복을 줄 수는 있지만, 그 행복이 영원히 가지는 않는다.

하지만 생각에 깊이를 더한다면(플러스, +) 그 깊이는 평생을 함께한다. 그리고 그 생각은 그 누구도 훔칠 수가 없다. 남과 다른 창의적인 생각을 '플러스' 한다면 분명 삶의 행복은 점점 배가될 것이다.

'6색 사고 모자 기법(Six Thinking Hats)'은 수직적 사고나 전통적 사고가 아닌 수평적 사고의 창의적 사고 기법의 하나로, 심리학자인 에드워드 드 보노(Edward de Bono)가 만들었다. 흔히 '여섯 모자 생각법', '여섯 색깔 생각의 모자 기법'이라고 하는데, 중립적, 감정적, 부정적, 낙관적, 창의적, 이성적 사고를 뜻하는 여섯 가지 색깔의 모자를 바꿔 쓰면서 다른 사고방식을 생각해보는 것이다.

하얀 모자는 중립, 객관, 사실적 사고를 빨간 모자는 감정적, 직관적 사고를 뜻하며, 검정 모자는 부정적, 비관적 사고를 말한다. 노란 모자는 낙관적, 긍정적 사고를 뜻하고 초록 모자는 창조적, 생산적 사고를 뜻하며, 파란 모자는 이성적 사고를 뜻한다. 어떤 새롭고 어려운 문제를 만나면 이 여섯 가지 사고방식으로 다양한 해결 방안을 연구에 아주 유용한 방법이다.

꿈을 꾸는 사람이라면 사람의 겉모습에 '플렉스'를 할 것이 아니라, 생각에 '플러스'를 해야 한다. 재산이 많고 적음을 떠나 물질을 추구하는 삶보다 사고의 즐거움을 추구하는 삶이 더 풍요롭다는 행복할 것이다.

우리는 우리가 상상한 것에 모든 것을 걸었다.
- 스티브 잡스

4. 꿈을 이루는 사람들

나만 힘든가? 그러나 성공한 이들도 힘든 시기가 있었다

누구나 삶을 살아가면서 우여곡절을 겪는다. 나의 꿈이나 의지와는 상관없이 힘든 상황이 온다. 그 힘든 상황은 어떤 형태로든지 주기적, 반복적으로 찾아오고 어떤 방식으로든 해결해 나가는데 스스로나 시간의 흐름일 수도 있다. 그러나 그런 힘든 상황을 그저 극복하기만 하는 예도 있지만, 그것을 발판으로 오히려 성공으로 이끄는 사람들이 수없이 많다.

아주 옛날에도 많았겠지만, 기록을 찾아보지 않아 잘 모르겠다. 하지만 비교적 오늘날에는 기록이 많이 남아 있어 그 성공인들은 조금만 찾아봐도 수많은 사람이 있었고, 지금도 많다. 마찬가지로 앞으로도 많을 것이고, 이 글을 읽는 사람도 역경을 극복한 성공인이 될 수 있다.

사람들은 '역경'을 만나면 누구나 그 '환경'을 벗어나려고 노력한다. 하지만 성공인들은 물론 '환경'을 바꾸려고도 하겠지만, 그것보다 새로운 나 '자신'을 찾는데 더 집중한다.

왜냐하면 '환경'을 바꾸면 바꿀 때마다 새로운 '역경'이 나타날 것이니 차라리 어떤 '환경'에서도 '역경'을 이길 수 있는 나 '자신'을 찾는 게 더 나을 것이기 때문이다. 그럼 우리도 새로운 나 '자신'을 찾아보자.

성공인(생)	주요 경력	역경 극복 사례
박지성(1981)	축구 선수	평발, 작은 키(175cm), 영국 맨체스터
나동현(1978)	유튜버	대도서관 TV, 고졸, 게임 및 영화광
박세리(1977)	골프 선수	무명시절 예선 통과 실패
김병만(1975)	코미디언	달인, 대학 입시 6번 및 공채 7번 실패
배용준(1973)	영화 배우	대학 입시 실패, 강원도 빈대떡 장사
임창정(1973)	가수	중국집 짜장면 배달
유재석(1972)	MC	방송 우울증, 오랜 무명시간
장승수(1971)	변호사	고3 학년말 학급 50등 5년 후 서울법대 수석
최경주(1970)	골프 선수	시골 골프 연습장 공 줍는 일
차인표(1967)	탤런트	200개 기업 낙방, 백수 등
우희용(1964)	세계프리스타일축구 회장	프리스타일 축구 기네스 기록
이문열(1948)	소설가	중·고·대 모두 중퇴, 신춘문예 탈락
백성학(1940)	영안모자 회장	모자가게 점원
이철호(1937)	사업가	노르웨이 라면왕, 전쟁 부상 43번 다리 수술
정주영(1915)	현대 창업자	쌀 가게 배달꾼
이병철(1910)	삼성 창업자	대구 양조장 운영
장승업(1843)	조선 화가	고아, 하인
장영실(1390)	조선 과학자	관노 자식

신체의 약점을 극복한 성공인

　세상에는 다른 사람들에 비해 선천적 또는 후천적으로 신체에 약점을 가지고 살아가는 사람들이 있다. 때로는 일상생활을 하는데도 어려움을 겪기도 한다. 그래서 신체의 약점을 극복한 사람들을 보면 더욱 놀라게 된다.

　우리에게 주로 소개되는 성공인들은 외국인들이 아주 많다. 하지만 조선시대에도 신체의 약점을 가지고도 나라의 최고 관직에 오른 분들이 많았는데 대표적으로는 척추 장애인 허조(좌, 우의정), 간질 장애인 권균(우의정), 지체 장애인 윤지완(우의정), 지체 장애인 심희수(좌의정), 청각 장애인 이덕수(대제학, 형조판서) 같은 분들이 있었다. 물론 문헌들을 더 자세히 들여다보면 이보다 훨씬 더 많을 것이다. 그런 점에서 우리가 생각해 볼 점들이 많을 것 같다. 무엇인가 '할 수 있다'라는 생각으로 시작한다면 현재의 조건이 불리하더라도 결코 불가능한 것은 아닐 것이다.

성공인	주요 경력	신체 약점 및 극복 사례
세종대왕	조선 4대 왕	후천적(35세) 시각 장애
이희아	피아니스트	선천적 네 손가락
강영우	백악관 차관보	시각 장애
석창우	구족 화가	2014. 소치 장애올림픽 작품 제작
고정욱	문학박사	1급 지체 장애, 저서 218권, 350만권 판매
이솝	우화 작가	선천적 곱추(척추 장애)
레이 유리	육상선수	소아마비, 올림픽 금메달 10개
루돌프	육상선수	여자 소아마비, 올림픽 금메달 3개
고흐	화가	정신 장애
스티브 원더	가수	흑인, 맹인
마크 러팔로	배우	안면마비, 왼쪽 귀 청각 상실, 800번 오디션
스티브 호킹	우주과학자	루게릭병(사지 불구)
헬렌 켈러	여성인권운동가	3중(시각, 청각, 언어) 장애
헤르만 헤세	노벨 문학상	신경(언어) 장애
베토벤	음악가	청각 장애
윈스턴 처칠	정치가	언어 장애
프랭클린 루즈벨트	대통령	소아마비
니콜라스 콘스탄티니디스	피아니스트	시각 장애인
제프리 테이트	지휘자	왼쪽 다리 마비, 앉아서 지휘
바이런	시인	지체 장애
피카소	화가	난독증
톰 크루즈	영화 배우	난독증
가레스 게이츠	가수	극심한 말더듬이, 10년간 언어교정과 연습
볼프강 쇼이블레	정치가	심각한 척추 장애인
애블린 글래니	연주자	여자 청각 장애인(손과 발로 소리를 느낌)

학력! 그런 것 신경 안 쓴다. 학력에 당당한 직업인

학력(學力)과 학력(學歷)의 차이가 있음에도 우리는 잘 인식하지 않는다. 왜냐하면, 학력이라고 하면 당연히 '學歷'으로만 알고 있다. 즉 '학교를 어디까지 다녔냐'로만 생각하고 있다. 그것이 그 사람의 지식이나 성공의 기준으로 생각하는 경향이 있다.

그리고 요즘 같은 시대에는 본인이 원하기만 하면 누구나 대학을 졸업하는 시대에 살고 있어서이다. 그래서 요즘은 그냥 어떤 '학과'를 나왔냐고 많이 묻는다. 하지만 조금만 생각하면 학교를 어디까지 졸업했느냐보다는 그 사람이 어떤 일을 어떻게 하느냐가 더 중요하다는 것을 알 수 있을 것이다. 대학에서 어떤 학과를 나왔다는 것은 이제 스스로 그 분야에 알아갈 수 있게 되었다는 뜻이다.

어느 대학 어느 학과를 졸업했느냐가 아니라 내가 어떤 분야에서 어떻게 하느냐가 중요한 '學力' 시대인 것이다. 아주 유명한 사람들이 아니라도 우리 주위를 둘러보면 알 수 있다고 생각한다.

직업인	학력	직업 및 역경 사례 등
수지(1994)	서울공연예술고	가수 및 배우, 연예 활동
아이유(1993)	한광여자고	가수 및 배우, 연예 활동
유승호(1993)	백신고	영화 배우
권보아(1986)	고졸 검정	가수, 한국·일본 활동
공서영(1982)	동덕여자고	방송인, KBS, XTM 등
나동현(1978)	고졸	유튜버(대도서관 TV) 및 방송
박준영(1974)	노화종합고	국선 변호사, 재심 전문
채홍미(1973)	중졸	국내 1호 국제공인 퍼실레이터
류승완(1973)	야간 고등학교	영화 감독, 소년 가장
최현석(1972)	성동고	요리 전문가, 이태리 레스토랑 오너셰프
서태지(1972)	서울북공업고	가수, 문화 대통령
박명수(1970)	공항고	방송인, 코미디언
장천순(1962)	청주기계공업고	발전 특허·실용신안 20여건, 두산중공업 상무
김원길(1961)	중졸	바이네르 슈즈(수제화) 대표
손병락(1959)	포항공업고	전동기 1호 명장, 포스코 상무보
김효준(1957)	덕수상업고	BMW 대표, 증권 및 보험업
서정석(1957)	중졸	기업 대표, 초음파 금속 기술 명장
조성진(1956)	용산공업고	LG 전자 대표이사, 가전(세탁기 등) 명장
장인수(1955)	대경산업고	OB 맥주 사장
정병산(1955)	초등학교 졸	검찰 사무, 사무, 집행과장, 7전 8기 사무관
노무현(1946)	부산상업고	변호사, 대통령
앙드레김(1935)	한영고	패션 디자이너, 금관문화훈장(1등급)

꿈을 위해 가난에 누구보다 당당한 성공인

사람이 일부러 가난을 택하는 경우는 없을 것이고 대부분은 본인 의지와 관계없이 가난을 겪는다. 그래서 어린 시절 가난으로 마음의 상처를 많이 받는다. 그럼에도 불구하고 꿈을 키우는 사람들이 있다. 그리고 그 꿈을 포기하지 않고 기어코 이루는 사람도 있다. 물론 많지는 않다.

'가난하다고 꿈조차 가난할 수 없다'라는 말을 들어 봤는지 모르겠다. 가난과 꿈이 관련이 없는 게 아니다. 꿈을 키우는데 가난이 더 많은 장벽을 만들기 때문이다. 그만큼 가난이 꿈을 이루는데 어렵다는 것이다.

하지만 꿈을 이룬 사람들은 가난이 아무리 힘들어도 그 '꿈'이 그 시절을 버틸 수 있는 원동력이 되었다는 말을 한다. '가난해서'가 아니라 '가난해도'인 셈이다. 따라서 내가 어떤 생각하고 있느냐가 중요한 것이다.

앞서 가난에도 성공한 사람들을 찾아보면 '꿈'을 이루는 데 도움이 될 것 같다.

성공인	주요 경력	가정 형편 및 주요 사례
김흥기	교수	무허가 판자촌 장남, 행정고시 합격
이효리	가수	이발소 집 딸
배용준	배우	영화사 스태프, 가난 극복하려고 배우 지망
장윤정	트로트 가수	생계형 이산가족, 옥탑방 거주
정우성	배우	중학교 아르바이트, 생계로 고교 중퇴
원빈	배우	정선 광부 아들, 카센터 직원, 신문 배달, 막노동
임창정	가수	초등 3학년부터 새벽 신문 배달, 오랜 무명생활
차승원	배우	결혼 후에도 지하 셋방, 생계로 배우 데뷔
도끼	래퍼	초등 졸업, 컨테이너 박스 2년 생라면과 물 섭취
권상우	배우	생후 6월 부친 사망, 수십 번 이사, 경제 문제 조기 입대
이준	배우	예술고 무용복 한 벌로 3년 생활
양학선	체조 선수	시골 비닐하우스 단칸방, 주식이 라면
마쓰시다 고노스케	기업가	초등학교 졸업, 구두닦이, 신문팔이, 허약한 몸
폴 포츠	가수	휴대전화, 가난과 왕따, 교통사고, 종양 수술
안데르센	동화 작가	초등학교 못 다님, 알코올과 마약중독자 아버지
요기 베라	야구(포수)	중학교 수업료 제대로 못 냄
제시 리버모어	투자가	미국 시골 농촌 빈농, 14세 때 전 재산 5달러
찰리 채플린	배우	부 일찍 사망, 모 투병, 고아원 생활, 공부 꼴찌
마라이어 캐리	가수	홀어머니, 뷰티 스쿨 아르바이트
짐 캐리	배우	어릴 적 부친 실직, 가족과 자동차(밴) 생활
J. K. 롤링	해리포터 저자	너무 가난하여 국가 기초생활비 보조 받음

누구보다 끝없는 도전으로 꿈을 이룬 성공인

모 방송국의 '무한도전'이 오랫동안 국민에게 재미를 주었다. 일반인들도 어떤 분야이든 도전만 하면 아주 전문가가 되지는 않지만 '할 수 있다'라는 생각을 가지게 하는 프로그램이었다. 나이가 들면서 새로운 분야에 도전하지 않는다. 대부분 한두 번 시도하다가 잘 안 되어 그만두는 습관이 쌓이게 된 것이다. 그래서 '난 안돼'라고 생각하는 것이다.

'아이'가 태어나서 발을 떼고 제대로 걸을 때까지 약 3천 번 넘어진다. 걸음마를 배우기 시작할 때부터 하루 평균 20번이다. 아기는 머리가 몸통보다 크고 무거운 가분수여서 신체의 균형을 잡기가 여간 어렵지 않다. 넘어질 때는 그야말로 온몸으로 넘어진다. 그래도 포기하지 않고 끝까지 하니까 일어서는 것이다. 넘어져도 두려워하지 않고 수없이 도전한 결과이다.

발명왕 에디슨이 전구를 발명할 때 2,000번의 실패에도 불구하고 나는 2,000가지 실패의 경우를 찾았다고 긍정적으로 도전을 했다고 한다.

우리나라에도 7전 8기의 도전 정신을 기념하고 전 국민이 도전을 시도하는 의미로 7월 8일을 '도전의 날'로 선포하고 '2019. 제7회 대한민국 도전페스티벌'이 열렸다. 그 자료를 일부 소개 소개하면 아래 표와 같다.

성공인	주요 경력	도전 사례
진조 크루	비보이	세계 최초 비보이 5대 메이저 석권
손홍식	최다 헌혈자	대한민국 709번 헌혈
노미경	여행가	세계 일주 3번, 150개국 세계여행
박종명	기자	유명인 1,250명과 기념 사진
신종훈	산업장인	산업 관련 자격증 63개
진정군	기업 대표	매일 10원 더하기 20년(4,460일) 저축
신현긍	이용원 대표	이발 자원봉사 20,000시간
정병렬	회사 대표	5년간 365일 저축과 저축일기 쓰기
송해	방송인	전국노래자랑 39년 MC
이건수	경찰학부 교수	15년간 실종자 및 해외입양가족 상봉 5,600건
이상헌	작가/컬럼니스트	150권 저술, 일간지 1,000회 연재
김성환	탤런트	45년 방송 경력, 20년간 TBS 교통방송 진행
김종수	가수	40년 이상 군부대 무료위문공연, 감사장 1,400개
최규영	마라토너	2012년 1년간 세계 4대 사막 1,000km 완주
안상규	㈜벌꿀 대표	비공식 18만 마리 벌 수염 붙이기 세계 기록
배한성	성우	작품 25,000편 방송 최다 더빙
최종열	극지탐험가	세계 최초 사하라사막 도보, 아프리카 2만km 횡단
김은남	시인	전국 3,000개 산 등정, 3,000개 시조 작성
차사순	주부	2010년 69세 960번 도전하여 운전면허증 취득

한때는 공부 꼴찌였지만···. 세레나데를 부르는 성공인

지금 이 시간 학창시절을 보내는 학생 중에는 꼴찌는 무수히 많다. 왜냐하면, 학교 수만큼 있을 수밖에 없으니까···. 물론 초등학교는 성적이 나오지 않지만, 중, 고등학교는 시험을 치는 순간 꼴찌가 나온다. 모든 학생이 아무리 열심히 해도 나올 수밖에 없다.

그러나 공부 꼴찌가 모든 면에서 항상 꼴찌를 하는 것은 아니다. 부끄러워할 필요도 없다. 내가 가는 길이 공부가 아니라면 말이다. 하지만 내가 성적이 좋고 안 좋고를 떠나서 앞으로 어떤 '꿈'을 꾸고 어떻게 살 것인가를 고민한다면 앞서 꼴찌 탈출에 성공한 사람들을 살펴볼 필요가 있으리라 생각한다.

성공인	주요 학력	직업 및 학력 사례
송시복(1999)	대학	중학교 250명 중 250등, 고등학교 508명 435등, 중3 때 재산 0원, 다섯 식구 원룸 생활, 서울대 진학
민요한(1997)	고교 졸	고 300명 중 280점, 영어 20점, 중1부터 요리 공부, 세계 3대 요리학교 '요리계의 하버드대' CIA(The Culinary Institute of America)에 합격
민재용(1990)	지방대 졸	대한민국 인재상, 기술 특허 20건, 전교 꼴찌, 대학 입학 후 3번 학사경고
백승훈(1987)	대학 졸	중학교 축구부, 1년 만에 전교 꼴찌에서 1등, 의대 진학
장권수(1986)	대학 졸	변호사, 고교까지 야구선수, 첫 수능 모의고사 400점 만점 70점, 2016년 사법시험 합격자 109명 중 18등
서연호(1986)	대학 졸	중학교 게임 중독, 최하위권 성적, 고교 영국 유학 시 알파벳 제대로 모름, 유학 4년 6개월 만에 대학 입학
양승진(1986)	대학 졸	전교 411등 꼴찌, 고교 1때 수업 빠지고 오락실 PC방 전전, 미국 유학 방황한 뒤 단과대 거쳐 UCLA 졸업
배인호(1983)	대학 졸	고교 첫 시험 38명중 34등, 고교 자퇴 후 수능 7번 도전 서울대 합격, 유명 강사로 서울대 7억 기부
강성태(1983)	대학 졸	고교 입학 전교 꼴찌 수준, 고2 마지막 시험 380명 중 307등, 서울대, '공신닷컴' 대표
황성재(1983)	대학 졸	특허청 '올해의 IP상' 수상, 고등학교 성적 '양, 가"
이종훈(1981)	대학 졸	판사, 고2 전교 755명 중 750등, 학급 51명 중에서 50등, 고3 때 중학교 영어 시작
박철범(1987)	대학 졸	변호사, 전교 꼴찌, 부모님 이혼, 7번 전학, 기초생활수급자, 서울대, '하루 공부법'등 저서 12권
송정훈(1978)	전문대 졸	미국 컵밥 창업 및 대표, 전교 꼴찌, 전 과목 F, 2018년 21개 매장, 300억 매출
김해영(1977)	대학 졸	국회의원, 변호사, 고2 학급 43명중 42등
백승훈(1987)	대학 졸	중학교 축구부, 1년 만에 전교 꼴찌에서 1등, 의대 진학
성동일(1967)	전문대 졸	영화배우, 고교 687명 중 꼴찌

어릴 적 꿈을 마침내 이룬 성공인

누구나 어릴 때 막연하게나마 '꿈'을 꾼다. 그러나 대부분 아이는 금방 잊어버리고 다른 꿈을 꾸곤 한다. 세상은 너무 넓고도 다양한 경험들을 하기 때문에 당연할 것이다. 그러나 어릴 적 '꿈'을 절대 잊지 않고 우직하게 밀고 나가 성공한 이들이 있다. 아주 특별하지만, 누구나 포기하지 않고 계속한다면 그 결과를 보지 않을까 한다. 그래서 우리는 내 나이에 상관없이 '꿈'을 꾸면 힘들기는 해도 세상은 아마 아름답게 보일 것으로 생각한다. 가슴이 설레고 두근거리는 세상이 올 것이라 믿는다.

성공인	직업	꿈의 동기 및 사례
데니스 홍	로봇 공학자	7살 영화 '스타워즈(4탄)' 관람하고 로봇 과학자의 꿈
이강인	축구 선수	2011년 3개(국가대표, 월드컵 우승, 참피언스리그 우승)의 꿈
봉준호	영화 감독	12살부터 영화감독, 만화광, 제72회 칸 국제영화제 황금종려상 수상
손정의	그룹 회장	소프트뱅크 설립자, 고등학교 검정고시 합격, 컴퓨터 칩 사진 항상 몸에 지님
정경화	음대 교수	13살 때 7년 후 국제대회 우승 꿈 꾼 뒤 레벤트리트 국제음악 콩쿠르 공동 우승
반기문	전 유엔 사무총장	고교 시절 미국 케네디대통령 만남, 외무고시 합격, 2003 외교통상부 장관, 2006~2016 유엔 사무총장 연임
이성식	소방관	불우한 가정 환경(부모 장애인), 초등 5년부터 신문배달 등 집안 생계 보탬, 현재 서울 소방장
류성호	전 경찰서장	고등공민학교, 검정고시, 강원도 태백 어려운 환경
제인 구달	동물학자	여성, 탄자니아 침팬지 40년 연구, 침팬지도 사냥과 육식, 도구 제작과 사용 처음 밝힘
에이브러햄 링컨	대통령	두 번 사업 실패, 1932 주의원 낙선, 1844 연방하원 공천 탈락, 1855 연방상원 낙선, 1856 부통령 후보 낙선, 1958 상원의원 낙선, 노예 해방
토마스 에디슨	발명가	가난한 집안, 12세부터 철도에서 신문·과자 팔면서 실험 몰두, 백열 전구 1,200회 실험, 1,000여종의 발명 특허
피터 린치	펀드매니저	세계 금융계의 황제, 술집 웨이터, 손님 남긴 음식 섭취
아놀드 슈왈츠네거	영화 배우	고교 시절 3가지 꿈(영화배우, 케네디가 여자 결혼, 주지사) 집 안 곳곳에 기록
케이트 윈슬렛	영화 배우	11살 때부터 기도, 31살 기도, '타이타닉' 여주인공, 1995년부터 30여회 여우조(주)연상

'나이', 그까짓 것… 늦은 때란 없다는 도전인

누구나 가끔 '아! 늦었다'라고 생각할 때가 있다. 나이가 들면 들수록 어떤 일에 대한 편견과 두려움으로 피하게 된다. 물론 도전을 형식적으로 하는 예도 있지만, 대부분 시도조차 하지 않는 경우가 많다. 주위에서는 '나이'가 별로 중요하지 않다고는 하지만 별생각 없이 늘 하던 일만 한다. 그래서 우리는 다른 도전하는 사람들을 만나볼 필요가 있다. 한번 보시라!

직업인	주요 경력	나이 극복 각종 도전 사례
오세범(1956)	변호사	2010년 1차 도전 15회, 2차 도전 8회 만에 56세에 사법시험 합격
김칠두(1955)	시니어 모델	65세 모델 시작, 채소, 과일, 생선 장수, 요식업, 막노동
이순희(1948)	상인	62세 1년 동안 중졸, 고졸, 대입, 63세 대학 입학, 동대문 상가 상인
박말례(1947)	유튜버 크리에이터	〈박말례, 이대로 죽을 순 없다〉 출간, 유튜브 구독 100만, 구글 초청받아 방문
강봉수(1943)	전 서울지방법원장	판사 28년, 변호사 9년, 65세 미국 유학길 73세 물리학 박사 취득
한상철(1926)	보험 설계사	86세 당시 29년차 보험설계사 연봉 3억
김말순(1925)	시장 상인	2015년 당시 90세 초등학교 입학
김형석(1920)	전 연세대 교수	100세 현역 다양한 강연 활동
박기준(1914)	농촌 생활	2012년 98세 운전면허증 취득
애나 메리 로버트슨 모지스(1861)	가정부 생활	86세 화가 데뷔, 100세 세계적 화가, 101세까지 1,600점 이상의 작품 남김
커넬 할랜드 샌더스(1890)	KFC 창업자	6세 부 사망, 10세 농장일, 22세 램프 제조 판매업, 65세 재산 105달러, 3년간 1,008개 식당에서 KFC 메뉴 거절당함
파우자 싱(1902)	마라토너	인도인, 88세 아내와 아들 잃고 마라톤 입문, 100세 마라톤 완주
시바타 도요(1911)	일반 주부	92세 시 짓기 시작, 시집 〈약해지지 마〉 99세 158만부 판매
돈 펠먼(1915)	마라토너	100세 5개 종목 세계 신기록(100m 26초99, 높이뛰기 0.9m 등)
나가오카 미에코(1915)	여자 수영	100세 1.5km 65분 54초 기록 수영
줄리아 호킨스(1916)	여자 달리기	100세, 103세 때 100m 우승
해리엇 톰슨(1922)	여자 마라토너	2번 암 투병, 76세 마라톤 시작, 92세, 96세 마라톤 완주, 11만 5,000달러 기부
미우라 유이치로(1932)	산악인	부정맥, 심장 수술 불구하고 80세 에베레스트 등반 성공
조 지라드(1932)	자동차 판매업	35세까지 40여 직장 전전, 15년간 13,000대의 차를 팔아 12년 연속 기네스 판매왕

'카르페 디엠(Carpe Diem, 지금을 즐겨라)'

 라틴어인 카르페 디엠(Carpe Diem)은 '지금을 즐겨라'라는 뜻으로 카르페는 '즐겨라', 디엠은 '지금'이라는 뜻이다. 고대 로마 시대에 시인 퀸투스 호라티우스 플라쿠스의 시의 일부에서 'carpe diem, quam minimum credula postero(지금을 즐겨라, 내일이란 말은 최소한만 믿어라)'라는 것에서 유래했다. 우리는 지금을 살고 있어서 지금이 가장 중요하다.

내가 지금 무슨 생각을 하는지 어떤 행동을 하는지 중요하다. 미래의 내 꿈을 위해 모든 것을 희생하면 안 된다. 그러면 중도에 포기하게 되고 지난 노력에 대한 많은 후회가 남기 때문이다. 내 꿈에 대한 노력은 지금 지쳐서 포기할 정도라면 곤란하지 않은가.

지난 시간의 행복과 미래의 행복도 중요하지만, 지금의 행복도 소중하다. 내가 조금 적게 가지고 있다고 하더라도, 조금 부족한 환경이라도 내 행복을 포기하면 안 된다. 행복은 소유에서만 오는 것이 아니고 생각의 전환에서도 온다. 지금 내 주변의 사람들과 행복한 법을 배우지 않으면 앞으로 만날 사람들과도 행복하지 않을 수 있다.

1989년에 상영된 유명한 영화 〈죽은 시인의 사회〉에서 선생님인 존 키딩(배우 로빈 윌리암스)은 '카르페 디엠(Carpe Diem)!'이라고 하고 '그 누구도 아닌 자기 걸음을 걸어라. 나는 독특하다는 것을 믿어라. 누구나 몰려가는 줄에 설 필요는 없다. 자신만의 걸음으로 자기 길을 가거라. 바보 같은 사람들이 무어라 비웃든 간에'라고도 했다. 지금까지의 전통적인 수업 방식에서 벗어나 학생 개개인의 소질과 적성, 흥미를 중시하고 직접 책상에 올라가 세상을 바라보는 시각에 고정관념에서 벗어나라고도 했다. 현재까지도 큰 울림이 있는 영화가 아닌가 한다.

우리나라는 대학 입시를 위해 학창 시절에는 모든 것을 포기하고 '공부'만 하라고 한다. 이것은 잘못된 말이다. 모두가 1등급을 받을 수 없기 때문이다. 꿈꾸는 자는 지금을 즐기면서 미래를 준비하는 자이다.

> **현재에 사랑하지 못하는 사람은**
> **사랑이 없는 사람이다.**
> **- 래프 톨스토이**

'아모르 파티(Amor Fati, 運命愛, 운명을 사랑하라)'

라틴어인 아모르 파티(amor fati)는 '운명에 대한 사랑(Love of fate)'이다. 아모르(amor)는 그리스 신화에 나오는 '사랑의 신'을 뜻하고 파티(fati)는 '운명(運命)'이라는 뜻으로 우리가 알고 있는 파티(party)와는 다르다. 그래서 삶의 과정에서 내가 겪는 희노애락을 당당하게 맞서서 후회하지 말고 살아가라는 뜻이다.

'아모르 파티'는 트로트 가수 김연자의 노래 제목이기도 하는데 노랫말에는 '자신에게 실망하지 마! 모든 걸 잘할 순 없어, 오늘보다 더 나은 내일이면 돼, 인생은 지금이야 아모르 파티~…고민하고 방황하던 시간이 없다면 거짓말이지…진짜 가슴이 뛰는 대로 가면 돼'라는 부분이 있다.

꿈을 위해 열심히 달려가되 너무 조급하게 결과에 연연하지 말라는 의미이기도 하다. 세상을 살면서 그 누구도 사랑과 고통, 번뇌를 피해 갈 수는 없다. 나만 겪는 것이 아니고 누구나 겪을 수밖에 없다면 긍정적으로 생각하고 앞으로 나의 삶을 개척해 나가자는 것이다.

세계적인 정치인, 작가, 예술가, 언론인, 운동선수, 사업가 등 그저 아무 고난이나 고통 없이 저절로 유명하게 된 경우는 없다. 때로는 피를 말리는 시간을 겪기도 하고 상상할 수 없는 고통의 순간도 겪기도 한다.

물론 그런 고통은 일반인이 우리도 겪지만, 그 이후에 삶의 방식이 우리와는 사뭇 다르다고 볼 수 있다. 그분들의 삶의 여정을 따라가 보면 삶에 고비가 왔을 때 대처하는 방식이 처음부터 다르기보다는 조금씩 인내하면서 긍정적이고 적극적으로 살아가고 있었다는 것이다.

어차피 한 번뿐인 인생인데 불행하면 나만 손해지 않는가. 주위를 둘러보자. 객관적으로 충분히 불행할 조건을 갖추었는데도 씩씩하게 살아가는 사람들이 의외로 많다.

운명을 어떻게 받아들이는지 지극히 개인적이다. 꿈꾸는 자는 무릇 자신의 삶을 사랑하고 아끼며 가벼이 여기지 않는다. Amor Fati！

> 운명이 무거운 것이 아니라, 나 자신이 약한 것이다.
> 내가 약하면 운명은 그만큼 무거워진다.
> 비겁한 자는 운명이란 갈퀴에 걸리고 만다.
> \- 세네카

'비바 라 비다(Viva La Vida, 인생이여 만세)'

라틴어인 '비바 라 비다(Viva la Vida, 인생이여 만세)'는 '비바(Viva)'는 '만세', '라(La)'는 비다의 수식어이고 '비다(Vida)'는 '인생'이라는 뜻이다. 사람이면 불멸할 수 없는 존재이기에 반드시 생로병사를 겪는다. 즉 한번 온 인생은 언젠가는 저세상으로 간다. 중국의 진시황제가 그렇게도 찾던 불로장생의 약은 아직은 존재하지 않는다. 우리는 하루하루는 정말 지옥과 같은 삶을 사는 경우가 있다. 과연 그 지옥 같은 삶은 내 의지와 상관없는지 잘 살펴볼 필요가 있다. 내가 선택한 것이라면 분명 문제가 있고 선택을 바꾸어야 한다.

영국 밴드 그룹인 콜드플레이(Coldplay)가 2008년에 부른 노래에 '비바 라 비다(Viva la Vida)'라는 곡이 4번째 앨범에 수록되어 있으며, 영국 싱글 차트와 빌보드 1위, 미국과 영국 모두 첫 번째 1위 싱글, 2009년 제51회 그래미상에서 올해의 노래 상을 받았다.

2017년에는 우리나라 내한 공연을 했고 이 곡은 대규모 공연에서 반드시 떼창으로 부르는 시간이 있을 정도로 유명하다. 이 곡의 내용은 몰락한 왕의 비참한 최후를 담았으며, 예수, 성 베드로, 프랑스 혁명과 같은 기념비적 사건들이 등장한다.

이 곡은 웅장한 분위기, 역동적 스트링 사운드, 화려한 드럼 비트와 일렉트릭 사운드로 청중의 귀를 사로잡는다. 2011년 10월 19일 애플 본사에서 열린 스티브 잡스 추모 행사 마지막 곡으로 사용되었고 2017년 박근혜 탄핵 촛불 집회에서 이 곡이 사용되었으며, 문재인 대통령 취임 직후 MBC 어느 프로그램에서 첫 곡으로도 틀었다. 2020년에는 세계 투어로 벌어들일 수 있는 수익 약 6,000억 원을 포기하였는데 공연으로 인한 환경 오염을 줄이고자 과감한 선택하여 세계의 이목을 끌었다.

우리는 모두 아주 특별한 존재임과 동시에 귀중한 존재이다. 내 심장에서 매일 매일 환희에 찬 '비바 라 비다(Viva la Vida, 인생이여 만세)'를 외쳐보기 바란다.

우리 인생은
우리의 생각에 의해 만들어진다.
- 마르쿠스 아우렐리우스

'꼭두각시'가 아닌 '우렁각시'

이제는 잘 쓰지 않은 단어 '각시'라는 말이 있다. 예전에는 대개 나이 많은 사람이 결혼한 지 얼마 되지 않은 젊은 여자들을 '각시'라고 불렀다. 그런 각시 중에도 꼭두각시와 우렁각시가 있다. 우리나라 옛 동화에서 나오는데 '꼭두각시'는 다른 사람들이 시키는 대로 하는 사람을 말하고, '우렁각시'는 누군가에게 도움이 필요할 때 알게 모르게 도와주는 사람을 말한다. 이제는 남녀 구분 없이 광범하게 사용되고 있는데 두 각시는 일하되 그 주체가 다르다는 것이다.

우리가 살아가면서 모든 일을 주체적으로 알아서 할 수는 없다. 우리가 어떤 일을 처음 할 때나 업무상 상사의 지시에 따를 때는 시키는 대로 해야 한다. 특히 법률이나 규칙이 있다면 정해진 매뉴얼에 따라야 한다. 그러나 살다 보면 그렇지 않은 일들이 훨씬 많다. 순간순간 선택해야 할 일들은 무수히 존재한다. 그리고 그 선택에 관한 결과도 고스란히 본인의 몫이다.

이것은 삶을 사는데 기본 원칙이다. 그래서 어려서 어떤 부모를 만나느냐도 중요하다. 모든 것을 아이의 선택을 존중하고 지지해주는 가정 문화가 있어야 한다. 요즘 같은 4차 산업혁명 시대에는 급변하는 시대에 잘 적응하여 살아갈 수 있도록 해야 한다.

부모의 기준으로 섣불리 자녀의 미래 직업을 강압하면 그 직업에 맞는 공부를 강요하게 되고 결국 '꼭두각시' 인간으로 전락하고 마는 것이다. 그러나 성인이 되어서도 계속 부모의 눈치를 보거나 의지를 한다면 그 역시 '꼭두각시' 인생을 자처하는 것이다. 청소년기부터 자신의 삶에 대한 주체적 자아의식을 길러야 한다.

자기 주도 삶을 산다고 하더라도 우리가 해야 할 일은 너무나도 많다. 그래서 서로서로 도움을 주면서 협력하는 관계를 유지하는 경우가 많다. 그리고 조금이라도 여유 있을 때 '우렁각시'가 되는 사람들이 의외로 많다. 주변에 봉사활동을 하는 사람들이 많은 이유이다.

꿈꾸는 사람이라면 남이 시키는 대로 삶을 사는 '꼭두각시'가 아닌 주변 사람들을 도우며 사는 '우렁각시'일 것이다.

한 번도 상처받지 않은 것처럼 사랑하라.

- 마크 트웨인

'린치핀(Linchpin)'과 '킹핀(Kingpin)'

'린치핀(Linchin)'은 '자동차 바퀴가 빠지지 않도록 중심축에 꽂는 핀'을 말하는 것으로 어느 조직에서 꼭 필요한 사람을 말한다. 린치핀은 경영과 마케팅 분야의 세계적 전문가인 세스 고딘(Seth Godin)이 집필한 책의 제목이기도 하고 내용이기도 하다. 단순히 자기 할 일만 열심히 하는 것뿐만 아니라 자기와 관련된 다른 부서일 까지 좋은 의견과 관심을 가지는 핵심 인재를 말하기도 한다.

그리고 '킹핀(King Pin)'은 볼링 핀 10개 중에서 가장 핵심이 되는 핀으로 5번 핀을 말한다. 볼링은 맨 앞쪽 첫 줄에 1번 1개, 두 번째 줄에 2, 3번, 세 번째 줄에 4, 5, 6번, 마지막 줄에 7, 8, 9, 10번으로 10개의 핀이 자리 잡고 있다.

이때 볼링 공을 던져 10개의 핀 모두가 넘어가면 '스트라이크'가 되는 것이다. 따라서 스트라이크를 하려면 5번 핀을 반드시 넘겨야 모두 넘어가기 때문에 5번 핀이 핵심 핀이 된다. 그래서 여러 가지 문제점들이 혼재되어 풀기 어려울 때 그중에서 가장 핵심적인 문제를 해결하면 나머지도 저절로 해결될 때 이 핵심문제를 킹핀이라고 한다.

캐나다는 강물을 이용하여 벌목한 목재 운송이 아주 중요한 일이다. 한 번에 10m가 넘는 수백 그루의 벌목 나무들이 강물에 흐르다가 폭이 좁은 지역에서는 병목 현상이 생기고 한꺼번에 나무가 엉키고 설켜 꼼짝하지 못하는 경우가 발생한다. 이때 노련한 벌목공들이 그중에 하나를 풀어서 전체를 해결할 때에도 그 하나의 나무가 킹핀이 된다.

세상에서 잘 되어가는 공공 조직이나 사기업에는 반드시 '린치핀'이 존재하고 이들이 해결해 나가는 중요한 문제점들은 '킹핀'인 것이다. 이런 린치핀들은 처음부터 존재할 수도 있지만, 그보다는 조직에서 시스템에 의해 길러진다고 볼 수 있다. 꿈꾸는 자들은 어떤 조직에서 어려운 문제들을 회피하지 않고 적극적으로 나서서 '킹핀'을 치는 노력을 지속해서 해결해 나가는 '린치핀'으로 성장해 가는 자들이다.

> 포기해야겠다는 생각이 들 때야말로
> 성공에 가까워진 때이다.
> - 밥 파슨스

'검은 백조(Black Swan, 블랙스완)'와 '회색코뿔소(Grey Rhino)'

우리는 생각지도 못한 일을 겪는 경우가 있다. 실제 그런 일은 겪어 봐야 알 수가 있다. 그런 의미에서 '검은 백조(Black Swan)'는 검은 색깔을 가진 백조(白鳥)란 뜻으로 눈으로 직접 목격하기 전에는 도저히 믿기지 않는 상황을 말한다. 전혀 터무니없는 일이라고 생각하는 17세기 한 생태학자가 실제로 호주에 사는 흑조를 발견함으로써 '불가능하다고 인식된 상황이 실제 발생하는 것'이란 의미로 사용된다.

해마다 노벨상을 수여한다. 노벨상 수상이 얼마나 힘든 일인지 알 것이다. 우리나라는 2000년 김대중 대통령의 평화상이 유일하다. 노벨상 수상은 국가의 명예이기도 하지만 가족의 부(상금만 100만 달러)와 명예를 가져다준다.

이런 상을 2번 받은 사람이 4명이 있다. 부부가 수상한 때도 5쌍 부부가 있다. 그리고 여자는 874명 중 48명에 불과하다. 하지만 마리 퀴리는 모두(2번, 부부, 여자) 해당하며, 심지어 큰 딸, 큰 사위, 작은 사위까지 수상하였으니 노벨상계의 블랙스완이다. 그리고 일본 쓰나미로 인한 원전 사고 때도 모든 전문가가 400년 동안 어떤 지진이나 해일이 와도 끄떡없다고 예상했었다.

우리가 살아가면서 위험을 예상했음에도 불구하고 대비하지 않아서 힘든 경우를 겪곤 한다. 이런 현상을 '회색 코뿔소(Grey Rhino)'라고 하는데 지속적인 충고로 얼마든지 알 수 있지만, 쉽게 넘겨 버리는 위험 요인을 말한다. 코뿔소는 몸무게가 2톤 가까이나 되고 덩치가 커서 멀리서도 눈에 보이며 진동만으로도 움직임을 느낄 수 있지만, 실제 무서움 때문에 애써 외면하거나 대처 방법을 알려고도 하지 않고 무시하는 것을 말한다.

실제로 태풍이 오면 막대한 피해를 본다. 특히 제방이나 축대가 무너지는 경우가 많다. 해마다 태풍이 오는 것도 알고 시설물이 어디가 위험하다고 주위에서 끊임없이 경고하는데도 늘 별로 신경 쓰지 않는다. 북극의 빙하가 지금도 엄청나게 녹아내리는 데도 어느 한 국가라도 선뜻 나지지 못하는 상황이 분명 회색 코뿔소이다.

우리가 꿈을 과정에서 보면 가정의 갑작스러운 큰 위험을 닥쳐올 수 있다. 나의 잘못이 아님에도 꿈 도전에 어려움을 겪을 수 있다. 하지만 내 주위의 모든 블랙스완에 대비할 수는 없지만, 평소에 어떤 어려움에도 흔들리지 않는 마음가짐이 중요하다. 만약 내가 아무것도 또는 해야 할 일이 분명 있는데도 불구하고 계속 노력하지 않아서 생기는 결과를 인지하고도 간과하고 있다면 이것이 '회색 코뿔소'이다.

모든 위대한 사업에도 최초에는 불가능한 일이라고 했던 것들이다.
- 카알라일

'다크호스(Dark Horse)'와 '보랏빛 소(Purple Cow)'

'다크호스(Dark Horse)'는 번역으로 검은 말이지만, 일반적으로 경마에서 전혀 우승을 예상치 못했는데 우승을 한 말이라는 뜻이다. 평소에는 아무런 신경도 쓰지 않았는데 갑자기 주목을 받을 때도 사용된다. 우리가 인식하지 못했을 뿐이지 실제로는 주목받을 만한 충분한 근거가 있었다.

다만 우리가 미처 알아채지 못한 결과이다. 우리는 생활하면서 모든 것을 예측할 수 있지도 않거니와 예측을 하지도 않는다. 그리고 우리가 관심을 가져야 할 것들이 너무너무 많다. 지금, 이 순간에도 아주 많은 분야에서 다크호스로 자라나고 있지만, 우리가 알지 못한다. 우리가 관심이 있는 분야에서도 세심하게 관찰을 하지 않는 한 잘 모른다.

'보랏빛 소(Purple Cow)'는 들판의 수많은 소 중에서 보랏빛 색깔을 가진 소를 말한다. 아무리 많은 소가 있더라도 보랏빛 소가 있다면 보는 순간 바로 알아차릴 것이다. 그만큼 주변과 차별되는 색을 가지고 있기 때문이다. 우리가 만나는 수많은 제품 중에서도 보자마자 바로 무릎을 딱 치는 제품들이 있지 않는가. 그런 제품들이 보랏빛 소다.

매년 수많은 회사가 생겨나고 사라지기도 한다. 그것은 바로 보랏빛 소를 만드느냐, 만들지 못하느냐의 차이이다. 그리고 만들어 놓은 보랏빛 소도 언제 다시 누런 소로 변할지 모른다. 항상 보랏빛인지 확인하고 색이 누렇게 변하기 전에 또 다른 보랏빛 소를 만드는 시스템을 갖춰야 기업은 오랫동안 살아남을 수 있다.

다크호스는 기존에 존재하지 않다가 갑자기 나타나는 것은 아니다. 이미 존재하는 것 중에서 끊임없는 변화와 혁신을 거듭하는 것들이 다크호스로 성장하는 것이다. 그런 다크호스들이 하는 일이 바로 보랏빛 소를 만드는 것이다. 그래서 새로운 트렌드를 주도하고 기존 질서에서의 고정관념을 타파하며 주변의 경쟁으로부터도 자유로워지는 것이다.

꿈은 새로운 가치를 창출하는 '다크호스'들이 누가 보아도 알 수밖에 없는 '보랏빛 소'를 언제 어디에서라도 만들 수 있다.

상상력을 안 가진 정신은 망원경을 안 가진 천문대 같다.
- 헨리 포드 피처

'네오포비아(Neophobia)'가 아닌 '네오필리아(Neophilia)'

 우리는 일상생활을 하면서 매일 매일 비슷한 일한다. 매일 먹는 음식도 한 달을 기록해 보면 그렇게 많지 않다. 그만큼 새로운 음식이나 일을 많이 만나지 않는다고 할 수 있다.

새로움을 좋아하는 사람을 '네오필리아(Neophilia)'라고 하고 새로움을 두려워하는 사람을 '네오포비아(Neophobia)'라고 합니다. 사람들의 성향이기는 하지만 젊고 어릴수록 '네오필리아' 성향이 강해야 꿈을 이루는 데 도움이 될 것 같습니다. 물론 나이가 아주 많아지면 많은 사람이 자연히 '네오포비아' 성향이 될 것이다.

사물에 대한 호기심은 질문을 낳고 새로운 아이디어가 생긴다. 이 아이디어들이 나중에는 새로운 가치를 만들어낸다. 같은 사물을 보고 다른 생각을 하면 창의적으로 되고 사회의 혁신을 가져온다. 뜻도 잘 모르면서 외우기만 하는 암기식 교육으로는 '네오필리아'가 될 수 없다. 왜냐하면, 새로운 것을 받아들이기 위해서는 생각하는 힘을 길러주어야 하기 때문이다. 아인슈타인, 에디슨 등 수많은 과학자가 어릴 때부터 끊임없는 호기심을 풀기 위해 노력한 결과 위대한 유산을 낳은 것이다.

우리가 사는 세상은 하루가 다르게 변화를 거듭하고 있다. 새로움에 익숙하게 되는 '네오필리아' 성향이 있어야 한다. 그래도 아직은 괜찮다고 고집을 할지 모르나 우리가 '나는 자연인이다'라는 방송처럼 완전히 외부와 차단된 채 살지 않으면 안 된다. 아마 지금까지 보다 앞으로 더 새로운 기기가 더 많이 나올 것이 확실하기 때문이다.

나의 의사와 관계없이 무수히 많은 것들이 생겨나고 만들어질 것이다. 언제까지 '네오포비아' 성향으로 살아갈 수 없는 것이다. 당장은 몰라도 시간이 흐를수록 '네오필리아' 성향이 세상을 잘 살아갈 것이다.

지금부터 100년 전만 해도 우리는 수명도 지금처럼 길지 않았고 한평생 자신이 새로운 물건을 보거나 만드는 것이 흔치 않은 시절이었다. 특히 외국을 가는 일은 거의 없고 겨우 우리나라 몇 군데를 다니는 게 고작이었다. 요즘은 어떠한가? 지방자치단체마다 각종 다양한 체험장을 만들고 새로운 아이디어로 축제를 만들고 있다. 우물 안 개구리처럼 살 수 없다. 특히 큰 꿈을 꾸기 위해서는 넓은 세상을 경험해야 하고 다양한 것을 보고 듣고 느껴야 한다.

위대한 일을 위해서 대단한 도전이 필요하지 않다.
단지 순간 순간의 작은 도전이 모여 이대한 일을 이루어간다.
- 모션코치

'레드오션(Red Ocean)'이 아닌 '블루오션(Blue Ocean)'

 세상은 점점 더 빠른 속도로 변화하고 있는데 그 가장 중심에 있는 것이 '초연결'과 '초지능'이다. 아직 아무도 경험하지 않은 길을 모두 가고 있다. 전 세계를 강타한 전염병이야 과거에도 수없이 있었다. 예전에는 전염병이 걸리면 모두 죽는 수밖에 없었다. 아주 면역력이 높은 몇몇을 제외하고는 모두 죽음으로서 끝이 났다. 요즈음은 면역력도 중요하지만, 자신이 속해 있는 나라나 재력에 의해 얼마든지 비껴갈 수가 있다. 이제 세상은 예전보다 수백 배 수천 배 밀접하게 붙어살기도 하고 어마어마하게 많이 이동한다. 심지어는 세계 구석구석 가지 못할 곳이 없다 보니 전염병 확산 속도는 상상을 초월한다. 그만큼 세계는 연결되어 있다.

지리적·물리적 거리가 아니더라도 인터넷의 발달로 지구는 그야말로 사각지대가 없다. 물론 사람들이 많이 살지 않거나 아직 문명이 발달하지 않은 일부 지역이기는 하지만 우리가 그곳을 방문하거나 삶을 꾸리는 확률은 아주 낮다. 이런 '초연결 사회'는 새로운 산업 생태계가 생기게 되어 있다. 그것이 바로 '블루오션(Blue Ocean)'으로 이전에는 없던 새로운 시장이 열리는 것이다. 전통적으로 많이 알려진 산업들은 이제 '레드오션(Red Ocean)'이 될 확률이 아주 높다. 이전에 활발했던 CD, 카메라, 비디오 가게 등은 이제 '블랙오션(Black Ocean)'으로 바뀐 것이다. 아마 앞으로 단순한 제조업은 블랙오션이 될 확률이 높다.

스마트폰으로 살아가는 시대에 발맞춰 카카오톡, 틱톡, 페이스북, 인스타그램, 택시회사 우버, 숙박업 에어비앤비 등 수많은 블루오션이 생겨나고 있다. 오프라인 제품 중에서 냉장고를 예를 들면 김치 냉장고, 와인 냉장고, 화장품 냉장고 등 새로운 블루오션이 차고 넘친다. 블루오션은 본인의 생각만으로도 얼마든지 만들어낼 수 있는 세상이 되었다.

그래서 꿈꾸는 자는 세상의 흐름을 읽고 '레드오션'이 아닌 '블루오션'을 찾아 수많은 정보와 사색을 끊임없이 노력하는 사람일 것이다.

> 비관주의자들은 모든 기회를 어려움을 보고,
> 낙천주의자들은 모든 어려움에서 기회를 본다.
> - 윈스턴 처칠

'디스토피아(Dystopia)'가 아닌 '유토피아(Utopia)'

'유토피아(utopia)'는 1516년 영국 사상가 토머스 모어가 라틴어 저서 '유토피아'에서 유래한 말로 '세상 어디에도 없는 장소'라는 뜻이다. 그리스어의 '없다'라는 'ou'와 장소라는 'topos'를 합친 말이다. 즉 유토피아는 '현실에는 절대 있을 수 없는 이상적 사회'를 말하며, '이상향(理想鄉)'이라고도 한다. 그 반대 개념은 유토피아에 불완전 상태라는 어두인 'dys'가 붙어 '디스토피아(dystopia)'가 된 것이다.

우리는 모두 유토피아를 꿈꾼다. 그러나 현실은 그렇지 못하는 경우가 많다. 그것은 개인적일 생각일 수도 있지만, 대륙이나 국가에 따라 차이가 날 수가 있다. 행복 지수가 높은 북유럽 국가들에서는 모두가 꿈꾸는 이상적인 사회를 위해 사회 구성원들 모두가 노력한다.

이웃 나라들까지 생활이나 사고방식들이 비슷한 경우이다. 유엔 산하 자문기구인 지속가능발전해법네트워크(SDSN)가 공개한 '2020 세계행복보고서'를 보면 핀란드가 3년 연속 1위를 했는데 사회 안전망이 탄탄하고 지원체계가 잘 갖춰져 있었기 때문이었다. 국가별 행복 지수는 1인당 국내총생산(GDP), 사회적 지원, 기대 수명, 사회적 자유, 관용, 부정부패 등 6가지 항목으로 순위를 매긴다.

세계 경제력이 높다고 행복 지수가 높은 것은 아니다. 전 세계 153개 나라 중에서 미국은 18위, 중국 94위, 일본 62위, 독일 17위, 영국은 13위였으며, 우리나라는 61위를 기록하였고 최근 몇 년간 50 중후반 순위였다. 코로나 19가 세계적으로 대유행을 하여도 지역사회 공동체간 상부상조하는 구성원의 의지가 중요했다고 한다. 그러나 경제적으로 빈곤한 아프가니스탄, 남수단, 짐바브웨, 르완다, 중앙아프리카공화국이 최하위 군을 형성했다.

꿈을 꾸는 사람들은 자신만이 아니라 주변 사람들까지 모두가 행복한 '유토피아' 건설에 함께한다. 주변의 많은 사람이 '디스토피아'에 산다면 나의 꿈도 빛이 비치기를 바랄 것이다. 아시아 최고 부자 여성인 중국 재벌 2세 양후이옌(39세)가 2018년 키프로스의 시민권을 획득했다는 사실에서도 알 수 있다.

미래를 창조하기에 꿈만큼 좋은 것은 없다.
오늘의 유토피아가 내일 현실이 될 수 있다.
- 빅터 위고

'크로노스(Kronos)'가 아닌 '카이로스(Kairos)'

사람들의 의식과 관계없이 시간은 흐르고 있다. 아주 옛날 농경 사회에서의 시간과는 개념이 다르다. 그 당시야 하늘의 해와 달, 별을 보고 하루 중의 위치를 파악하던 시절이었다.

별로 바쁠 것도 급할 것도 없이 그냥 하루 일을 묵묵히 하기만 하면 되는 것이었다. 심지어는 한 해가 넘어가는데도 특별히 의식하지 않았지만, 오늘날 시간은 삶의 절대적인 기준이 되었다. 어떤 일은 정해진 시간이 있어서 지켜야 할 의무도 생겼다. 이제는 시간은 매일 매일 아주 중요한 기준점이 된 것이다.

그리스 신화에 나오는 '크로노스(kronos)'는 '인간이 살아가는 동안 겪게 되는 시간으로 생로병사와 함께 매일 매일의 시간'이고, 다른 하나 '카이로스(kairos)'는 '내가 어떤 일을 할 때 알맞은 기회와 때를 가르키는 시간'이다.

그래서 카이로스는 때를 놓치면 다시는 잡을 수 없는 시간을 말한다. 그리스 신화에서 나오는 카이로스의 신은 제우스신의 아들이며 사진에서 보듯이 앞머리는 아주 길어서 기회와 때를 알면 얼마든지 잡을 수 있지만, 뒷머리는 대머리라서 지나고 나면 절대 잡을 수 없는 것이다.

그리고 어깨와 발뒤꿈치에 보면 날개가 있는데 이것은 최대한 빨리 사라지기 위한 것이다. 왼손의 저울은 일의 옳고 그름을 판단하고 오른손 칼은 빠른 결단을 내리듯이 칼날로 자르라는 것이다.

우리가 보내는 일상의 대부분 시간은 크로노스이고 시간을 내서 꿈을 이루기 위해 노력하는 순간순간은 카이로스인 것이다. 모든 시간을 카이로스로 보낼 수는 없지만, 적어도 하루 중에 일정 시간을 카이로스로 보내는 사람만이 꿈을 이룰 수 있다는 것은 명백하다.

시간의 걸음걸이에는 세 가지가 있다. 미래는 주저하면서 다가오고, 현재는 화살처럼 날아가고, 과거는 영원히 정지하고 있다.
- F. 실러

'소유자(Owner)'가 아닌 '승자(Winner)'

'Owner(소유자)'는 인류의 태생과도 함께 했다. 그래서 생존할 수 있었던 것인지도 모른다. 그리고 사람들을 다른 사람들이 가지지 않은 무언가를 가지려고 끊임없이 노력한다.

그 무언가가 유형일 수도 있고 무형일 수도 있다. 물론 다른 사람들이 모두 가지고 있는데 나만 가지고 있지 않다면 그럴 때도 가지려고 할 것이다. 그렇지만 단지 유형의 물건들만을 가지려고만 한다면 아주 특별한 것이 아니고는 그 기쁨은 일시적일 경우가 많다.

세상에 1개만 존재하는 희귀한 물건은 그렇게 많지 않다. 그런 물건을 가진다면 좋겠지만 보통은 그럴 일은 없을 것이다. 세상은 아주 빠르게 변화하고 있다. 그런 변화는 물질의 변화를 동반한다.

그래서 아주 특정한 분야의 물건들을 수집하는 꿈을 가진 것이 아니라면 'Owner'는 일시적인 만족감만 줄 뿐이다. 일반인이 결코 가지기 힘든 아주 고가의 물건이라고 마찬가지이다. 그래서 꿈을 이루려고 하는 사람들은 'Owner'에 집착하지 않아야 하고 물건에 집착하는 순간 그만큼 내 꿈에 멀어질 수밖에 없다.

아주 작은 계획들이 실천으로 성공하는 'Winner' 습관이 중요하다. 큰 꿈을 꾸되 실패하지 않을 만큼 촘촘한 아주 작은 실천 계획들을 만들어서 항상 'Winner'가 되도록 하는 것이다.

아주 작은 시간에도 실천할 수 있도록 하고 실천하는 시간도 하루 중에서 가장 성공하기 쉬운 시간대로 정하도록 한다. 처음부터 완벽하게 하려고 하지 말고 실패하더라도 작은 계획들로 시작해 보라. 시행착오를 겪더라도 포기하지 말고 계속해서 'Winner'가 되어 보라.

꿈은 물질의 'Owner'가 아니고 실천하는 행동의 경험들이 모인 집합체이자 성공하는 'Winner'인 것이다. 또한 'Winner'는 자신의 성공 경험을 기록하여 또 다른 계획의 성공 자양분으로 활용한다. 그래서 새로운 계획에도 두려워하거나 물러서지 않고 당당하게 도전하여 성공하는 습관을 만들어간다.

**승자가 즐겨 쓰는 말은 '다시 한번 해 보자'이고,
패자가 즐겨 쓰는 말은 '해 봐야 별 수 없다'이다.
- 탈무드**

'오너스(Onus)'를 넘어 '보너스(Bonus)'

세상에는 '공짜, 정답, 영원'이 없다고 한다. 그만큼 존재하기 어렵다는 이야기일 것이다. 처음에는 공짜라고 생각하기 쉽지만, 넓게 생각하면 공짜가 아니라는 이야기이다. 그리고 학교 시험 문제가 아닌 이상 일상생활에서 최선을 다해 문제를 해결하지만, 나중에 보면 꼭 그것이 정답이었는가를 생각해 보면 아닐 수도 있다. 세상은 끊임없는 변화에 변화를 거듭하기 때문에 영원한 것이 없다는 말도 맞는 말이다. 하지만 어떤 일의 대가가 생각보다 큰 경우가 있다. 이것이 우리가 좋아하는 '보너스(Bonus)'가 되는 것이다.

꿈을 이루어가는 과정은 길고도 험한 길이다. 수많은 난관과 어려움이 있다. 그리고 언제 끝날지도 모르는 기나긴 그 여정에서 '오너스(Onus, 책임)'를 가진다면 몸이 굳고 생각은 느려지며 신중히 처리하게 되어 어려움을 겪는다.

너무 잘하려고 하고 완벽하게 하려다 보니 어깨도 무거워진다. 조금이라도 예상에 못 미치면 두려움을 가지게 되는 악순환도 겪게 된다. 물론 조금의 오너스가 필요는 하겠지만 너무 의식하면 오히려 역효과가 되는 것이다. 꿈을 이루어가는 과정의 작은 결과 하나하나에 너무 연연하지 않고 거침없이 나가는 것이 오너스를 넘어 보너스를 받게 되는 것이다.

세상에 공짜는 없지만, 보너스는 많다. 아무것도 없는 것에 무언가를 준다면 공짜가 될 것이나 이것은 진정으로 없는 것이니 무슨 일을 했을 때 보너스가 생긴다. 많은 월급쟁이가 받는 월급에도 보너스가 있고 운동선수가 우승하거나 영화가 대박이 날 때도 보너스가 있다. 회사에서 특정 프로젝트가 성공했을 때나 어떤 일에 기대 이상의 성과가 있을 때도 보너스가 있다. 이 모든 것들을 보면 무언가를 지속해서 열심히 해서 성공하였을 때 보너스가 있다. 물론 실패하여 받지 못할 때도 있다.

꿈을 이루는 사람들은 크고 작은 수많은 '오너스'를 넘어서 쉬지 않고 노력하여 '보너스'를 받는 것이다.

> 길이 없으면 찾고 그래도 없으면
> 내가 만들어 나가면 된다.
> - 정주영

'카오스(Chaos)'를 넘어 '코스모스(Cosmos)'

자기가 잘하고 좋아한다고 모든 것이 잘 이루어지는 것은 아니다. 처음에는 잘해서 또는 좋아해서 시작하지만 제대로 되지 않고 '카오스(혼돈)'를 겪게 된다. 남들은 쉽게 하는 것 같은데 자기가 하면 잘 안 된다고 생각한다. 물론 잘한다고 오래 하는 것은 아니다. 좋아한다고 오래 하는 것도 아니다.

'카오스(Chaos)'는 그리스어로 '태초의 빈 공간 또는 혼돈 덩어리'라는 말로서 아직 정리되지 않은 상태를 말한다. 그리고 '코스모스(Cosmos)' 역시 그리스어이고 '카오스' 반대말인 '질서'를 이야기하는데 주위의 모든 것이 조화롭고 질서 있게 정리된 상태를 말한다.

우리는 그냥 무심코 심심풀이로 한 것이 아주 완벽히 잘하게 되는 때도 있다. 무엇이든지 자기가 해야 할 일이라고 생각하고 포기하지 않으면 성공한다. 그렇다고 오래가기만 한다고 성공하는 것은 아니다. 진심으로 열과 성을 다하는 태도도 지속하는 것만큼이나 중요하다.

수많은 시간과 노력이 함께하면서 '카오스'를 지나고 나면 드디어 꿈을 이루는 '코스모스'가 되는 것이다. 누구나가 '카오스'를 겪는다는 사실이다. 어릴 때부터 천재적인 재능을 가진 사람이라고 해도 중간에 카오스를 겪을 수밖에 없다.

그래서 카오스를 두려워할 게 아니라 과정이라는 사실을 알면 된다. 카오스를 겪지 않는다면 완전한 코스모스가 되지 않는 것이다.

기업도 사람과 마찬가지로 성장 과정에서 반드시 카오스를 겪는다. 물론 사람이나 기업에 따라 카오스의 기간이 짧을 수도 길 수도 있다. 그리고 카오스의 크기 또한 차이가 난다. 만약 카오스를 극복하지 못하는 사람은 꿈을 이루지 못하는 사람이 되고 기업은 망하게 된다.

우리가 사는 세상에 아이가 하루아침에 성인이 될 수 없는 것과 같이 카오스 또한 삶의 과정에서 반드시 겪는 자연적 이치이다. 우리가 하나의 카오스에 일희일비하지 않고 나아가야 하는 이유이다.

> 질서 있는 모습이
> 아름다움을 결정한다.
> - 펄벅

'스카(Scar, 상처)'를 넘어 '스타(Star)'

삶은 언제나 상처를 동반한다. 상처를 입는 시기와 강도만 사람마다 다를 뿐이다. 피치 못할 선택에서 올 수도 있고 잘못된 선택에서 올 수도 있다. 똑같은 상처에도 사람마다 느끼는 아픔의 정도도 다르다.

쉽지 않은 일이지만 '피할 수 없다면 즐겨라.'라는 말이 있다. 한번 밖에 살지 않는 인생인데 상처만 붙들고 있다면 그만큼 자기 손해이다. 물론 아주 힘든 일이겠지만 그 상처를 벗어나려고 치열하게 노력해야 한다. 상처받지 않은 삶은 없다. 그래서 상처는 삶에서 어쩔 수 없는 동반자이다.

우리보다 앞서 별이 된 사람들을 보라. 수많은 상처에도 큰 별이 된 사람들을. 상처를 마치 훈장처럼 주렁주렁 살아갔다. '내 손톱 밑의 가시가 다른 사람들의 큰 상처보다 더 아프다.'라는 말처럼 내 상처를 아물게 하는 데는 어렵다. 그러나 주변에 나이가 아주 많은 분을 만나보면 지금 나의 상처는 어쩜 작은 상처라는 사실을 알게 될 것이다.

심리학자들의 이야기를 들어보면 '어떤 상황이든 감정은 본인이 선택한다.'라고 한다. '이별'이라고 하면 어떤 생각이 나는가? 대부분 슬프다고 할 것이다. 그러나 아름다운 이별도 얼마든지 있다. 단지 내 생각을 다른 사람들과 같이 그럴 것이다고 단정 지어 그런 것이다.

인생은 짧지 않다. 큰 바다를 항해할 때 큰 파도 작은 파도가 끊임없이 찾아오듯 큰 상처 작은 상처는 계속해서 찾아온다. 상처마다 '이런 것쯤이야'라고 생각하는 습관을 갖자. 다른 사람들은 나의 상처에 별 관심이 없다. 그것을 알아주지 않는 다른 사람들을 탓하면 나만 괴로울 뿐이다.

자신의 몸이 가벼우면 언제든지 뛸 수 있다. 그처럼 생각도 부정적인 것에 가볍게 생각하는 습관을 갖다. 상처마다 회복 탄력성을 가지는 일이야말로 인생을 즐겁고 신나게 일임과 동시에 꿈을 이루어가는 최선의 방법이다. 상처를 안고서도 꿈을 향해 당당하게 무소의 뿔처럼 가라.

Turn your scars into stars.
(너의 상처를 별로 만들어라).
- Robert H. Schuller

'콜라보(Collaboration)'로 '브라보(Bravo)'

'기쁨은 나누면 배가 되고 슬픔은 나누면 반이 된다.'라는 말이 있다. 사람도 동물과 마찬가지로 홀로 살 수는 없다. 사람을 뜻하는 한자 '人'에도 볼 수 있듯이 작대기 2개가 서로 기대어 있는 것도 서로서로 의지하며 살아간다.

사람이 태어날 때도 부모만 있었던 것이 아니다. 친지나 이웃이 있었고 태어난 곳도 요즘은 병원이며 의사와 간호사가 도와주었다.

'콜라보(Collaboration)'는 '어떤 일을 할 때 여럿이 모여 함께 하는 일'이다. 세상에는 혼자 할 수 있는 일이 많지만, 타인과 절대 함께할 수 없는 일은 많지 않다. 그만큼 함께할 수 있는 일이 많다고 볼 수 있다.

'콜라보'로 얻을 수 있는 것이 많다. 훨씬 많은 일을 함은 물론이고 이루었을 때 얻는 기쁨 또한 혼자 할 때보다 크다. 콜라보로 다른 사람들과의 감정을 고려해야 하는 어려움은 있지만, 그것은 성숙해져 가는 과정이고 또 다른 콜라보를 할 수 있는 밑거름이 된다.

인류가 최초로 인구가 증가하며 번성할 수 있었던 것도 콜라보로 농경 사회를 이룰 때였다. 가족을 중심으로 이웃과 마을이 콜라보 하는 문화는 아직도 농촌뿐만 아니라 어촌 지역에서 많이 볼 수 있다.

혼자서는 상상할 수 없는 일이 콜라보로 해결하는 경우도 있다. 세상은 점점 빠르게 변화하고 정보의 양도 엄청나게 늘어난다. 즉 시간이 흐를수록 무슨 일을 할 때 혼자서 하는 것보다도 더 효율적이다. 그것보다 무엇인가를 할 때 혼자서 할 수 있는 일이 점점 줄어든다.

비단 사람과 사람만이 콜라보를 하는 것이 아니다. 기업과 기업이, 국가와 국가와도 콜라보 한다. 이제는 민간과 국가와도 콜라보를 하는 사례가 점점 늘어나고 있다.

꿈을 가꾸어가는 과정에서도 누구와도 콜라보를 하자. 그런 과정을 거듭할수록 '브라보'를 외치는 횟수가 분명 늘어날 것이다.

같이 모이는 것은 시작을 의미한다.
같이 협력해서 일하는 것은 성공을 의미한다.
- 헨리 포드

'V-log(Video-log)'로 '로그인(Log-in)'

Log-in

세상에서 행해지는 많은 것(여행, 일상생활, 동식물, 음식, 사건 등)을 기록(Log)하는 시대이다. 어른들은 대부분 세상이 많이 바뀌어 간다고 생각만 할 때 청소년들은 소소하더라도 기록하고 공유하면서 자란다. 지금 청소년들은 어릴 때부터 각종 사진이나 영상 매체들에 둘러싸인 환경에서 자라났기 때문이다.

기록한 것들을 글이나 사진 위주로 블로그(Blog : Web+Log)에 남기던 시대에서 점점 더 영상(Video)을 올리는 시대로 변하고 있다. 이전에는 IT 기술이 발달하지 않았기도 하지만 웹의 저장 공간이 부족하기도 했다.

브이로그(V-log)는 동영상을 뜻하는 비디오(Video)와 블로그(Blog)의 합성어로서 소셜 네트워크 서비스 형태의 일종이다. 최근에는 IT 기술과 엄청난 저장 공간을 가진 저장 매체의 등장과 함께 동영상 위주의 콘텐츠를 제공하는 블로그가 점차 활성화되고 있다.

'아기상어(Baby Shark Dance)'는 2020년 11월에 유튜브 사상 최고 조회수 70억 뷰를 넘었으며, 아마도 전대 미문의 100억 뷰 달성도 가능하다고 할 만큼 폭발적인 인기를 누리고 있다. 그만큼 동영상 시대라는 것이다.

우리나라 V-log는 네이버TV, 카카오TV, 아프리카TV에서 급격하게 유튜브로 옮겨가고 있다. 하지만 미국에는 동영상 저장의 유튜브 외에 생방송 스트리밍은 아마존사의 트위치(Twitch)가 훨씬 더 이용하고 있다.

그러나 동영상 관련 기술은 이제 시작에 불과하다. 현재는 일반 사람들이 실제로 존재하는 영상 위주로 발달하고 있지만 가상 현실과 결합이 되면 동영상은 엄청나게 발달할 것이고 그 분야 역시 무궁무진하다.

이제 현실도 하나가 아닌 세상이다. VR(Virtual Reality, 가상 현실), AR(Augmented Reality, 증강 현실), MR(Mixed Reality, 혼합 현실, VR+AR), XR(eXtended Reality, 확장 현실, VR, AR, MR을 통칭)로 나눌 수 있다. 앞으로 또 어떤 장르의 현실이 나올지 모르지만, 현실과 구분이 어려워질 것이다.

꿈은 시대 상황을 반영해야 이루기도 쉽고 더 크게 이룰 수 있다. V-log가 가는 길을 잘 살펴보면 누구라도 기회를 잡을 수 있다.

> 항상 무엇인가를 듣고 무엇인가를 생각하며
> 무엇인가를 배우자.
> - 아서 헬프스

'샤우팅(Shouting)'과 함께 '파이팅(Fighting)'

인생을 살아가면서 '샤우팅(Shouting, 포효하듯 소리 지르는 것)'을 해 본 적이 있는가? 샤우팅을 하지 않았더라도 본 적은 있을 것이다. 무엇인가를 할 때 파이팅과 함께 자연스럽게 소리 지르는 것이 샤우팅이다. 샤우팅과 파이팅은 상호 연관이 있는데 세계적인 테니스 선수들이 권위 있는 대회에서 자주 볼 수 있다.

파이팅하기 위해 샤우팅하고, 샤우팅 하면서 파이팅을 한다. 샤우팅과 파이팅이 함께 할 때 시너지가 생기고, 만약 둘 중 하나만 있을 때는 각자의 효과는 반감되는 것이다. 그리고 내가 샤우팅이나 파이팅을 하지 않더라도 주변의 사람이 샤우팅과 파이팅을 하는 것을 보면 자연스럽게 나에게도 긍정적인 영향을 끼친다.

샤우팅은 동적(動的)이고 주변에서 알기 쉽지만, 파이팅은 정적(靜的)이고 주변에서 잘 모를 수 있다. 그래서 샤우팅을 하는 사람은 파이팅한다는 것을 쉽게 알 수 있다. 아주 작은 성공(win)이라도 샤우팅 하는 습관을 지닌다면 나에게 또 다른 파이팅을 불러오기도 하지만 주변에도 영향력을 끼친다.

꿈을 향한 발걸음에서 아주 작은 성공들로 샤우팅 하는 습관은 아주 중요하다. 아주 작은 성공이 처음에 어렵듯이 샤우팅도 처음에는 어렵다. 아무도 없는 곳에서 나 혼자 연습을 하는 습관을 지니자. 때로는 꿈의 향한 작은 도전이 성공이라고 생각할 때 샤우팅을 하자. 나중에 알고 보니 실패했다 하더라도 낙담할 필요는 없다. 그래도 샤우팅 한 번 하지 않았는가?

혼자서 잠시 아무것도 안 하고 있거나 잠깐 시간이 날 때마다 샤우팅을 해 보자. 처음에는 소리 내지 않고 하다가 조금씩 소리를 내 보자. 괜히 쑥스럽고 웃음이 나오더라도 시도해 보라.

꿈을 이룬 사람들을 잘 살펴보라. 모두 자신만의 샤우팅을 가지고 있다. 유명 선수들도 중요한 경기에서 좋은 결과를 나올 때 세러머니를 하면서 샤우팅을 한다. 우리도 매일 매일 샤우팅을 하면서 파이팅하자. 파이팅!!!

> 포기해야겠다는 생각이 들 때야말로
> 성공에 가까워진 때이다.
> – 밥 파슨스

'마이크로(Micro)'와 함께 '매크로(Macro)'

 '마이크로(Micro, 100만분의 1, 10^{-6})'는 아주 작은 단위이다. 마이크로는 시간이나 무게 단위에서도 사용되는데 일반인이라면 평소에 잘 사용하지 않는다. 그만큼 아주 작아서 누구도 신경을 쓰지 않는 단위이다.

꿈을 이룬 사람들을 보면 분명 무엇인가가 다르다. 아주 큰 꿈을 이룬 사람들이라면 아주 어릴 때부터 정말 열심히 한 길만을 달릴 사람들도 있다. 하지만 주변에는 작은 꿈이라도 이루고 살아가는 사람도 많이 있다. 꿈을 이룬 사람들은 이루지 못한 사람과 차이가 있다.

차이는 언제나 어디서나 존재하지만, 그 차이를 잘 모르고 있을 뿐이다. 살다가 보면 주변에 굉장하고 신기한 일들을 보게 된다. 저게 어떻게 가능하지 하고 생각했는데 그 비밀을 알고 나서 웃었던 기억이 있을 것이다. 아주 작은 일들도 끊임없이 계속하면 무언가를 이루게 된다. 그래서 속담에 '티끌 모아 태산'이라는 말이 있지 않은가.

'매크로(Macro)'는 컴퓨터 프로그램에서 자주 사용하는 여러 개의 명령어를 묶어서 하나의 키로 반복 사용할 때 쓰는 용어이다. 우리가 꿈을 이루기 위해서 반드시 거쳐야 하는 반복 행동에 맞는 용어이다. 반복하는 인간의 집념이 얼마나 대단한 지 2개의 사례를 보자.

1950년대 인도 시골의 청년 '다시랏 만지'는 산에서 미끄러진 젊은 아내가 다쳐서 병원으로 가려다 돌산을 넘지 못해 치료도 못 하고 잃었다. 너무 슬퍼하며 새벽 4시부터 산을 깎고 농사를 지은 뒤 밤에까지 다시 산을 깎는 일을 22년간 혼자 날마다 반복하였다. 그 결과 길이 110m, 폭 8m의 길을 만드는 기적을 일으켰고 영화 '마운틴맨'으로도 제작되었다.

프랑스 남부 오트리브 마을의 평범한 우편배달부 페르디낭 슈발(836~ 1924)은 오직 혼자서 33년간 취미로 돌을 쌓아 '팔레 이데아(Le Palais Ideal, 이상의 궁)'라는 성을 1912년에 쌓았으며, 피카소도 감탄하였다고 한다.

이처럼 아주 작은 행동들도 반복하면 누구도 상상하지 못할 일도 할 수 있다. 꿈을 이루는 사람은 남과 다른 '마이크로(Micro)'를 찾아서 남과 다른 '매크로(Macro)'를 실행하는 사람이다.

거목(巨木)도 처음에는 씨앗이었다.

'빵빠레(Fanfare)'와 함께 '피날레(Finale)'

살아가면서 누구나 직·간접으로 '빵빠레(Fanfare, 축하 의식이나 축제 때에 쓰는 짧고 씩씩한 악곡)'를 경험한다. 미국이나 유럽의 생일에는 친지나 이웃들과 '빵빠레'를 하는 경우는 많지만 우리는 축하 노래와 폭죽으로 대신하고 있다. 축하하는 방식이야 나라나 문화에 따라 다르지만, 모두를 행복하게 한다는 사실은 분명하다.

가까운 사람들의 소소하더라도 축하하는 문화를 만든다면 모두가 행복하지 않을까 한다. 결국에는 본인의 크고 작은 성공에도 빵빠레를 받게 될 것이고 결국은 더 큰 꿈을 이루어가는 디딤돌이 될 것이다.

세상은 결코 자신이 생각한 대로 살아갈 수는 없다. 사는 동안 수많은 시련과 좌절을 만난다. 어린 시절의 시련은 비교적 오래가고 주변의 누군가의 도움으로 벗어난다. 그런 경우가 아니라면 극복하려는 자기 의지에 달려 있다. 평소에 어려움을 이기는 맷집을 길러야 한다. 맷집은 하루아침에 뚝딱 생기지 않는다.

우리는 주변의 성공에 함께 기뻐하고 축하하는 빵빠레가 일상화해야 한다. 비록 매번 파티처럼 맛있는 음식과 여러 악기가 있는 빵빠레일 필요는 없다. 마음만 있으면 작은 빵 조각 하나랑 육성만으로도 빵빠레는 가능하다. 내가 먼저 먼저 친지나 이웃에게 빵빠레를 해줘야 나도 받을 수 있다.

무엇이든지 서로 주고받는 문화야말로 상호 생존하는 필수 과제이다. 과거에는 평생을 살더라도 개인적으로 축하할 일이 많지 않았다. 매년 생일 이외에는 특별한 일이 없기 때문이다. 하지만 현대 사회는 청소년 시기에도 수많은 시험이나 대회가 수없이 많다. 그만큼 할 일이 많다고도 할 수 있지만, 아무것도 하지 않으면 뒤처진다는 느낌을 받는다.

그래서 자기의 적성과 흥미에 맞는 무엇인가를 조금씩 시도해야 한다. 내가 직접 해 보지 않으면 내가 무엇을 잘하고 좋아하는지 알 수 없다. 수많은 시도가 나중에 자기에게 맞는 꿈을 만들기도 하고 더 큰 꿈을 이루는 '피날레(Finale)'를 장식하게 된다. 늦은 시기라는 것은 없다. 지금이라도 크고 작은 빵빠레로 피날레를 장식하는 노력을 해 보자.

> 크고 작은 성공의 빵빠레가 모이고 모여서
> 꿈의 피날레를 장식한다.

'오소독스(Orthodox)'인가? '사우스포(South Paw)'인가?

Orthdox
South Paw

'오소독스(Orthodox, 정통, 오른손잡이)'는 일반적인 사람을 말한다. 오소독스는 '사우스포(South Paw, 왼손잡이)'의 반대 개념으로 쓰인다. 사우스포는 미국 초창기 야구의 왼손잡이 투수가 남쪽에 앞발을 두고 공을 던지는 것으로 유래가 되었다. 즉 전통적인 것이 오소독스라면 다른 새로운 방식을 사우스포로 보면 된다.

사람마다 신체가 다르듯 신체를 사용하는 모습도 다양하다. 당연히 어느 것이 옳다는 것은 없다. 하지만 남들과 다른 모습을 보는 일반인들은 그것을 꼭 구분해서 이야기하고 가십거리로 삼으려고 한다. 간혹 어떤 사람들은 전통적이지 않으면 마치 옳지 않은 것처럼 생각하고 비난하는 때도 있다. 세상을 오직 전통적인 것만 찾았다면 오늘날과 같은 문명은 절대 오지 않았다는 사실을 간과하고 있다.

동서양의 많은 사람이 오른손으로 식사를 하거나 운동을 한다. 그래서 오른손잡이는 특별하게 이야기하지 않지만, 왼손잡이일 때는 보통 언급을 한다. 특히 야구나 복싱을 할 때 그렇다. 왼손잡이들이 많지는 않지만, 완벽하게 왼손으로 쓰는 사람보다 활동하는 것에 따라 다른 사람들이 많다. 예를 들면 밥을 먹거나 글을 쓸 때는 왼손으로 하고 운동과 같은 나머지 활동은 오른손으로 하는 사람도 있다.

심지어 어떤 활동은 양손 모두 할 수 있는 사람도 있다. 프로 운동선수가 아니라면 어릴 때부터 특정 활동에 연습만 꾸준히 하면 양손잡이도 될 수 있다는 것이다.

세상은 생물의 다양성으로 인해 많은 종족이 번성하였다. 그래서 오늘날 생물의 개체 수가 줄어드는 것도 우려하지만 생물의 다양한 종이 사라지는 것을 더 두려워한다. 우리가 세계적으로 '천연기념물'을 지정하여 보호하는 것도 그런 이유이기 때문이다.

'오소독스'만 정상이고 '사우스포'는 비정상이라는 이분법에서 벗어나 다양함을 존중하고 서로 각자 입장에서 새로운 혁신을 해나갈 때 꿈을 이룰 수 있다.

게임의 룰이 바뀔 때마다 큰 기회가 온다.

- 조지 소로스

'머피(Murphy)의 법칙'이 아닌 '샐리(Sally)의 법칙'

1995년 '머피(Murphy)의 법칙'이라는 노래가 유행한 적이 있다. 가사 내용은 대충 적어보면 '오랜만에 동네 목욕을 찾는 날은 정기휴일이고 꼬질꼬질한 내 모습 들키지 말아야지 하면 벌써 저기에' 등과 같다. 내가 하는 일이 항상 잘 될 수는 없다.

민감한 사람이라면 아마 잘 되는 일보다 잘 안 되는 일이 많을 것 같다. 그러나 대부분은 무심코 그냥 넘어갈 수 있는 일이다. 그래서 내가 기본적으로 어떤 생각을 하고 있느냐가 중요한 것이다.

조금 안 좋은 일이 생기면 '뭐 그럴 수 있지, 다음에 잘 되겠지'하는 긍정적인 사고방식이 중요한 것이다. 조금이라도 좋은 일이 생기는 '그래, 나는 샐리(sally)의 법칙으로 살아가는 사람이야'라고 스스로 되뇌는 생활이 필요한 것이다.

머피의 법칙(Murphy's law)은 어떤 일이 연속으로 자신의 의도와 다르게 잘못되어 가는 상황에 대해 사용되는 법칙으로서 1949년 미국 공군에서, 사람이 중력에 견디는 정도에 대해 실험을 할 때 대위로 있었던 에드워드 머피(Edward A. Murphy)의 이름에서 유래된 법칙이다.

한편, 샐리(sally)의 법칙은 1989년 영화 '해리가 샐리를 만났을 때'에 나오는 샐리의 모습에서 나온 법칙으로 우연하게도 자신이 하는 일이 연속으로 잘 이루어질 때를 샐리의 법칙을 따른다고 한다.

꿈을 이루어져 가는 과정은 길고도 험난하다. 끊임없이 계획을 수정해야 하고 포기하지 않아야 한다. 그 과정에서 수많은 일이 일어날 때 될 수 있는 대로 그리고 의도적으로 긍정적일 필요가 있다. 물론 꿈을 포기하고 또 다른 꿈을 꿀 수도 있다.

그러나 시간은 나의 편이라고 생각하고 자신을 격려하고 주변의 우군을 만드는 노력을 하면 된다. 이 우주 공간에 나는 한 사람밖에 없지 않은가?

오늘이 지나면 내일이 반드시 온다. 그리고 내일은 또 어떻게 하면 될지 모르는 게 아닌가? 한 번밖에 없는 인생 즐겁고 유쾌하고 행복해야 할 이유는 차고 넘친다.

> 행운은 매달 찾아온다.
> 그러나 그것을 맞이할 준비가 되어 있지 않다면
> 거의 다 놓치고 만다.
> 이번 달에는 이 행운을 놓치지 말라.
> - D. 카네기

5. 꿈꾸는 자의 다양한 모습

꿈꾸는 자! 그대 스스로를 고용하라

많은 직장에는 대부분 고용을 하는 고용주와 그 직장에서 일하는 고용인(공무원, 공기업, 회사 등)이 있다. 대부분은 그 직장에서 고용주를 하고 싶어 하지만 고용주는 아무나 될 수 없다. 아주 특별한 경우이지만, 재벌가의 자식들도 처음부터 고용주가 되는 것은 아니다.

중간 임원을 어느 정도 경험을 쌓고 난 뒤에 고용주가 되는 것이다. 그리고 일반 직장에서도 곧바로 고용주가 되는 경우는 많지 않다. 처음에는 관련 직장에서 많은 경험과 실력을 높이고 난 뒤에 독립하여 창업할 수 있다. 일반적으로 학부모를 포함한 많은 사람이 어느 안정된 직장에 들어가기를 바란다. 즉 대부분은 고용인으로 당연히 살아가야 한다고 생각하고 있다. 아주 적은 수이기는 하지만 의사, 약사, 변호사. 회계사와 같은 전문직업인이 되는 길도 있기는 하지만 아주 일부만이 가능한 일이다.

내가 고용인이 된다는 것은 그 직장에 맞는 자질과 능력을 갖추어야 하는데 그 자질과 능력이 불황기에는 가늠하기가 쉽지 않다. 경쟁률도 엄청나기도 하고 점점 준비 기간이 늘어나 사회적 비용을 많이 치르고 있다.

그래서 내가 누구의 고용인으로서 살아갈 자신과 실력, 기회 등과 같은 조건이 충분히 준다면 모를까 내가 고용인으로서 꼭 살아가야 할까를 고민해 볼 필요가 있다. 내가 아무리 노력해도 고용인으로 살아갈 수 없을 때 창직이나 창업을 고려하는 것은 될 수 있으면 피하자는 것이다. 세상에 한때 '치킨을 튀길 것인가? 시킬 것인가?'라는 말이 회자한 적이 있다. 그만큼 안정된 직장으로 살아가기를 희망한다는 말일 것이다.

최근에 보람 TV(아동 유튜브 채널) 1년 매출이 MBC 광고(직원 약 2,000명) 매출을 초과했다고 언론에 나왔다. 과거에는 상상도 못 한 일이 벌어지고 있다. 우리나라 교육에서는 활발하게 추진하고 있지는 않지만, 중국이나 유럽에는 창직이나 창업을 위한 다양한 교육과 사회적 관심, 국가적 지원을 하고 있다.

그래서 나는 창직이나 창업을 할지 모른다는 열린 생각으로 꿈을 키워나가야 한다는 것이다. 그만큼 많은 분야에 관심을 가지고 체험하고 기록하여야 한다. 불황기일수록 세상의 기회는 자신의 노력으로 더 넓어질 수 있다. 어쩌면 내가 나를 스스로 고용하는 것이 최고의 꿈일지 모른다.

창업가는 태어나는 것이 아니라 만들어진다.
- 로이드 세프스키

꿈꾸는 자! '오감(五感)'에서도 답을 찾는다

미각(맛) + 시각(봄)
미각(맛) + 촉각(만짐)
미각(맛) + 청각(소리)
미각(맛) + 후각(냄새)
미각(맛) + 시각(봄) + 촉각(만짐)
미각(맛) + 시각(봄) + 청각(소리)
미각(맛) + 시각(봄) + 후각(냄새)
미각(맛) + 촉각(만짐) + 청각(소리)
미각(맛) + 촉각(만짐) + 후각(냄새)
미각(맛) + 청각(소리) + 후각(냄새)
미각(맛)+시각(봄)+촉각(만짐)+청각(소리)
미각(맛)+시각(봄)+촉각(만짐)+후각(냄새)
미각(맛)+시각(봄)+청각(소리)+후각(냄새)
미각(맛)+촉각(만짐)+청각(소리)+후각(냄새)
시각(봄)+촉각(만짐)+청각(소리)+후각(냄새)

음식을 먹을 때 우리는 '오감(五感)'을 사용한다. 유명 맛집에 가면 우리는 다른 일반 음식점과의 차이점을 발견하게 된다. 물론 미각(맛)이 으뜸이겠지만, 그것 하나만으로 차별화가 되지는 않는다. 만약 음식에 관한 꿈이라면 오감을 반드시 활용해 보기 바란다. 미각만 보더라도 신맛, 짠맛, 단맛, 매운맛, 쓴맛 등 여러 가지 맛이 있다.

2020년 7월에 세계에서 가장 맛있는 라면 11개를 선정하였는데 우리나라는 1, 3, 6, 8위에 선정되었다. 전통적으로 라면의 강국 일본은 6개가 포함되어 많이는 선정되었지만, 1, 2위를 놓치고 말았다.

우리나라 매운맛이 세계적으로 알려지기도 하고 '기생충' 영화의 덕을 보기도 하였다. 만약 맛이 없었다면 그렇게 선정되지는 않았을 것이다. 오감 중에서 2가지만, 확실하게 잡아도 승부를 볼 수 있다. 하지만 그게 그렇게 쉽지 않을 것이지만, 다른 감각을 추가로 잘 고민한다면 더욱 도움이 될 것이다. 요즘 같은 SNS가 발달한 시대에는 시각이 정말 중요하다.

시각을 고객의 관점에서 늘 고민하고 평소에도 남과 다른 생각을 하고 기존의 틀을 깨는 노력을 하자. 우리가 잘 아는 스티브 잡스는 그야말로 융합을 잘 실천하여 오늘날의 명성을 얻게 된 것이다. '하수는 베끼고 고수는 훔친다'라는 말이 있듯이 처음에는 모방에서 시작된다. 그리고 고수들은 또다시 실패하지 않기 위해 끊임없이 기록한다. 우리가 맛을 가장 중요하게 생각하는 것은 기본이지만, 아주 뛰어나기는 정말 어렵다. 차라리 그 노력으로 다른 감각들을 더 연구하는 것도 좋을 것이다.

요즘 인기 있는 음식들이 모두 아주 오래전부터 내려온 것들보다 새로운 것들이 점점 많아진다는 것은 점점 새로운 오감을 연구하게 만드는 것이다.

내가 가진 감각들이 아니라,
그것으로 하는 무엇인가가 나의 세계다.
- 헬렌 켈러

꿈꾸는 자! '지능(知能, IQ)'이 아닌 '지혜(智慧)'로 산다

학창 시절에는 성적에 일희일비하는 경우가 많다. 분명 친구들보다 더 많이 공부하는데도 불구하고 성적이 나오지 않으면 괜히 아무 잘못도 없는 부모로부터 물려받은 지능(知能, Intelligence Quotient) 탓을 한다. 우리나라 교육 제도는 성적에 너무나도 많은 것을 좌우하는 시스템이다.

우리나라 대학 진학률이 OECD 다른 나라에 비해 월등한 것과 아이러니하게도 전공 일치율(전공 관련 취업률)은 50% 정도라는 것이다. 좋은 대학을 다니는 것은 첫 직장을 취업할 확률이 높다는 것뿐이다. 그것도 세계적인 불황에는 그마저도 힘들다. 대학을 졸업했다는 것은 이제 그 전공을 살려 제대로 공부할 수 있다는 것이고 대학 졸업이 모든 것을 끝나는 경우는 드물다. 정말 전문가의 길을 가는 사람들은 대부분 석사, 박사를 거친다.

물론 지능 지수(IQ)와 다른 EQ(감성 지수), MQ(도덕 지수), SQ(사회성 지수), CQ(창조성 지수), AQ(유추 지수), PQ(열정 지수)들도 있다. 이런 다른 지수가 있다는 것은 인생에서 지능 못지않게 지능 외에 다른 것들이 훨씬 더 중요하다는 것이다. 그런 다양한 지수들을 통합하여 이야기하면 지혜가 되는 것이다.

그래서 지능보다 중요한 것이 지혜이다. 우선 잠깐잠깐 지능이 도움은 되겠지만 그것으로 모든 것을 결정하는 것은 아니다. 우리가 익히 들어본 '솔로몬의 지혜'에서도 알 수 있다. 그냥 나이만 먹는다고 지혜가 생기는 것은 아니다. 많은 것을 보고 듣고 경험하며 끊임없은 사색이 지혜를 생기게 한다. 기본적으로 책을 읽는 것을 게을리하면 안 된다.

인공 지능이 많은 것을 대체하고 있고 어마어마한 지식을 가지고 있을지라도 지혜는 없다. 인터넷으로 검색하면 모든 것이 있다고 하지만 1년에 약 3억 권의 책이 출간되는데 그 내용이 모두 인터넷에 있는 것은 아니다.

우리가 꿈을 이루기 위한 다양한 도구 중에서도 지혜야말로 정말 중요하다. 순간순간 중요한 결정을 할 때 지능보다 지혜가 필요한 것이다. 주변에 지혜로운 친구, 선배와 어울리며 배우고 익히며 내 꿈에 도움이 되도록 한다. 하루아침에 지혜가 생길 수는 없지만 매일매일 생각하는 사고력을 높이도록 하며 긍정적 사고방식을 생활화하도록 하자.

가장 지혜로운 자는 허송 세월을 가장 슬퍼한다.
그대의 길을 가라. 남들이 무엇이라 하든 내버려 두어라.
- 단테

꿈꾸는 자! '도박'이 아닌 '도전'을 즐긴다

도박은 중독이다. 누구나 알지만, 빠져서 인생을 망치는 사람이 존재한다. 옛날에는 투전, 골패, 십인계, 윷놀이가 있었다면 일제 강점을 지나면서 화투로 하는 고스톱, 도리짓고땡, 맞고, 섰다, 월남뽕과 같은 도박이 등장하였다.

사회가 발달하고 경제 규모가 커짐에 따라 룰렛, 바다이야기, 슬롯머신, 파칭코와 같은 기계식 도박이 생기고 경륜, 경마, 경정, 토토와 같은 스포츠 도박과 함께 투견, 투계, 소싸움과 같은 동물 도박까지 생겨났다. 이런 도박을 전문으로 하고 다니는 사람을 '타짜'라 하여 영화로 만들어질 정도로 대중적으로 많이 알려져 있다. 그리고 이런 도박은 주로 성인들만 해당하여 청소년은 안전하게 보호할 수 있었다.

오늘날에는 인터넷이 발달하여 누구나 손쉽게 도박에 빠져들 수가 있게 되었다. 그 종류도 다양하고 아무리 단속을 해도 서버를 해외에 두는 방법 등으로 법망을 빠져나가고 있다. 판단력이 부족한 청소년은 그 파장이 성인과 달라 매우 심각하다. 친구들을 괴롭혀 돈을 갈취하거나 절도로 이어져 더욱더 경각심을 높이고 있다.

한국도박문제관리센터에서 상담을 받은 청소년은 2018년에 1,000명이 넘고 해마다 증가 추세이다. 2018년 8월 설문조사에서 1인당 3개월 온라인 게임에서 25만 원, 불법 인터넷 도박에서는 40만 원이 넘는 것으로 나타났다. 학교에서는 도박에 빠지지 않도록 교육을 하지만 지속적이지 않고 일회성이거나 간단하여 실효성이 없다.

요즘 학생들이 꿈을 마음껏 꿀 수 있는 교육환경이 아니라는 것을 말해 준다. 교육과정은 100% 학생들을 고려하여 구성할 수 없는 것도 있지만, 선생님들도 수업과 잡무로 인해 도박까지 손이 미치지 못한다. 도박 문제가 수면 위로 올라와 사안으로 발생했을 때야 부랴부랴 해결책을 찾고 있다.

학교가 재미있고 꿈과 끼를 펼칠 수 있는 공간을 만드는 것도 중요하지만 꼭 환경을 탓하기보다 내 꿈을 위해 '도박'이 아닌 '도전'을 해야 한다.

젊은 날의 매력은,
결국 꿈을 위해 무엇을 저지르는 것이다.
- 엘빈 토플

꿈꾸는 자! '가치(價値)'만큼 소중한 '같이'

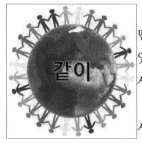

가치(價値)는 어떤 사물이 가지고 있는 쓸모를 의미하는 것으로 어떤 선택의 기준이 되기도 한다. 사람들은 각자만의 가치를 가지고 있는데 어떤 사람은 돈만 많이 벌면 된다고 생각하는 반면에 어떤 사람은 가치 있게 벌어야 한다고 한다.

그리고 각자의 가치는 선택과 행동으로 드러난다. 그리고 가치는 사람에게만 있는 게 아니고 기업에도 있다. 기업은 기업 나름의 가치 정립에도 많은 공을 들인다. 그런 기업 가치를 누구나 알기 쉽게 표현하고 고객과 함께 하려고도 무진장 노력하고 있다.

개인의 가치관이 정직과 성실이라면 기업의 가치는 고객 만족, 디자인, 품질 등과 같이 하나의 가치가 아닌 여러 개의 가치를 가질 수도 있다. 무엇이 되었건 간에 가치는 사람이나 기업의 존재 이유이기도 하다. 단지 어떤 가치를 가지느냐는 각자의 환경이나 생활 방식에서 정해지는 것이다.

사람이나 기업의 꿈에는 가치만 있는 것이 아니라 누군가와 함께하는 '같이'도 있다. 사람은 혼자 살아갈 수밖에 없고 기업 또한 사람이 존재하지 않는다면 기업이 필요하지 않기 때문이다. '한 아이를 키우기 위해서는 온 마을이 필요하다'라는 말처럼 혼자가 아닌 함께 하는 일이야말로 현대 사회에서 필요한 것이다.

엄청난 기술 발달과 더불어 사회는 점점 더 많은 문제를 안고 있다. 주거, 복지, 환경, 식량, 일자리 등 국가나 공공기관, 기업, 민간단체가 힘을 합쳐도 쉽게 해결하지 못하는 부분이 너무나도 많다. 점점 뜨거워져 가는 지구를 살리기 위한 노력은 지구를 구성하는 모든 국가나 인간들이 해야 한다. 모두가 해야 할 일이라고 나 하나쯤 하고 지나가면 해결할 수 없는 것이다. 어떤 연구 결과에 의하면 줄다리기를 할 때 10명이 하게 되면 그 힘이 한 개인의 10배가 되어야 하는데 그렇지 않다는 것이다. 그만큼 함께하기가 쉽지 않다는 것이다.

기러기가 장거리 비행을 할 때처럼 함께 하면 힘은 적게 들고 기쁨은 배가 되는 것을 잘 알고 있다. 그래서 우리가 함께 살아가는 이상 나의 꿈을 다른 사람들과 공유하면서 꿈꾸는 노력을 하자.

> 나는 당신이 할 수 없는 일을 할 수 있고,
> 당신은 내가 할 수 없는 일을 할 수 있다.
> 하지만 함께라면 우리는 멋진 일을 할 수 있다.
> - 마더 테레사

꿈꾸는 자! '맨날, 허구한 날'이 아닌 '앞날'을 꿈꾼다

우리는 하루하루를 살아간다. 어떤 이는 하루를 살아내는 이도 있겠지만, 어떤 이는 그 하루가 찬란하게 하루를 보낸다. 누구나 모두가 똑같은 24시간을 산다.

하지만 시간이 조금씩 지나면 사는 모습이 달라진다. 아주 아주 작은 차이가 시간이 흐를수록 점점 더 큰 차이를 만들 것이다. 그래서 오늘은 어제보다 조금이라도 나아졌다면 다행이고 내일은 오늘보다 조금이라도 더 나으면 되는 것이다.

우리는 '맨날', '천날' 아니면 '허구한 날' 똑같은 하루를 보내는 경우가 많다. 의미 있는 일을 하지 않아서이기 때문이기도 하고 조금씩 다르게 살려고도 하지 않았기 때문이다. '앞날'에 대한 구체적인 계획이 없어서 생기는 것이기도 하다.

아무것도 하지 않거나 '맨날' 같은 일을 기계적으로 하는 사람들은 앞날이 걱정될 것이고, 주어진 계획대로 조금씩 앞으로 나가는 사람들은 앞날이 창창하다고 할 것이다. 요즈음에는 정년 퇴임이나 명예퇴직을 하여서도 현역 시절 못지않게 자신이 하고 싶은 일을 하는 사람들이 점점 늘어가고 있다.

미국 공군 조종사 조지 홀 대령은 베트남전에서 비행기가 격추되어 7년 6개월 동안 포로 수용소 독방에 있었다. 독방은 길이 1.5m, 폭 1.2m에 높이는 50cm에 불과한 공간이었고 누구와도 접촉이 없었다.

그런 환경에서도 그는 매일 자신이 좋아하는 골프장을 상상으로 라운딩을 하였다. 그곳의 나무, 바람, 잔디와 같은 주변 지형을 아주 구체적으로 그대로 상상하며 골프 라운딩 시간과 똑같이 하였다. 마음속으로 매일 4시간씩 18홀을 7년 동안 4,000회를 계속했다. 석방 한 달 후 엄청나게 줄어든 몸무게로 PGA투어 프로암대회에서 76타를 쳤다. 그리고 우승 상금으로 125,000달러(약 1.5억)를 받았다.

우리가 보통 좋은 환경이어야 '앞날'을 설계할 수 있다고 하지만 실제로 환경은 마음가짐 그 다음이라는 것을 알 수 있다. 이제 우리가 할 일은 환경보다 내 마음이 더 중요하다는 것을 명심하자.

내가 헛되이 보낸 오늘 하루는
어제 죽어간 이들이 그토록 바라던 하루이다.
- 소크라테스

꿈꾸는 자! '오발탄, 불발탄, 공포탄'이 아닌 '신호탄, 조명탄, 직격탄'을 쏜다

인생을 살아가면 중요한 갈림길을 만나게 되고 운명의 선택을 한다. 이 선택이 내 인생에 어느 정도 중요한지는 시간이 흘러가야 알 수 있다. 당장에는 아주 중요한 것 같지만, 시간이 지나고 보면 더 중요한 선택이 있다는 것을 알 수 있다. 배우자를 찾는 것과 같은 아주 중요한 선택은 정말 많지 않다.

물론 대학 입시도 중요하지 않은 것은 아니다. 오히려 결정적일 때 중요한 한 방(펀치)이 더 중요할 수 있다. 내 생각에는 아주 신중하고도 온갖 힘을 실은 한 방이 '오발탄'이 되기도 하고 아예 '불발탄'이거나 '공포탄'이 되기도 한다. 그때 최선을 다했으면 후회하지 말고 그 원인이 무엇인지 파악하고 다시 그런 일이 생기지 않도록 한다. '오발탄, 불발탄, 공포탄'이 어쩌다가 나올지언정 지속해서 반복적으로 나온다면 꿈을 꾸는데 막대한 내상을 입게 될 것이다.

처음에 무심히 시작한 일이 점점 재미있고 시간도 늘어난다면 이것이 내 인생의 꿈을 완성하는데 중요한 동기가 되는 '신호탄'일지 모른다. 만약 내가 일을 하다가 잘 안 될 때는 주변의 친구나 가족, 선배로부터 내 앞길을 밝힐 수 있는 '조명탄'이 필요할 수도 있다. 이 역시 내가 필요할 경우 스스로 '조명탄'을 쏘아 앞길을 밝혀야 한다.

누구도 스스로 찾아와서 밝혀주지는 않는다. 그리고 꿈을 이루는 데 꼭 필요한 일에 대해서는 일단 정공법으로 해결해야 한다. 반드시 매일 매일 해야 할 핵심 습관은 앱이나 일기를 통해 점검하는 노력을 해야 한다. 이것이 꿈을 이루는 가장 중요한 '직격탄'인 것이다. 그 '직격탄'이 방향이나 폭발력이 클수록 내 꿈을 이루는 지름길이기도 하고 삶에 행복을 가져다주는 아주 중요한 일이다. 물론 쉬운 일은 아니다. 살면서 쉬운 일이라는 것이 별로 없다.

그래서 내가 조금이라도 관심이 있는 분야가 있다면 주저 없이 도전해 보자. 도전은 '신호탄'이 되고 조금씩 탄력이 붙으면 주변에서 '조명탄'을 쏘아줄 수도 있다. 그래서 '직격탄'으로 화끈하게 꿈에 불을 질러 보는 것이다. 어차피 한번 왔다가 가는 인생인데 행복해야 하지 않겠나?

나만이 내 인생을 바꿀 수 있다. 아무도 날 대신해 줄 수 없다.
- 캐롤 버넷

꿈꾸는 자! '5소문(헛소문, 뜬소문, 악소문, 뒷소문, 호소문)'이 아닌 '입소문'이 난다

입소문

자신이 하는 일이 차츰차츰 좋아지거나 성장하고 있을 때는 본인 뿐만 아니라 주위에서도 알 수 있게 된다. 소문(所聞)이란 그 내용의 진위는 알 수 없지만, 세상에서 얘기되는 이야기를 하지만 거짓이라는 쪽에 무게를 둔 표현으로 더 많이 사용된다.

누구나 잘 모르는 일에 대해서는 별로 대수롭지 않게 생각하기 때문에 '헛소문'이나 '뜬소문'이 나기 마련이다. 그리고 사이가 좋지 않을 때는 악의적으로 모함하는 '악소문'을 일부러 퍼트리기도 한다. 큰일이 벌어지고 나면 뒤에서 이러니저러니 하는 '뒷소문'이 있기도 하고 누군가 억울한 일을 당하면 '호소문'을 적기도 한다.

많은 사람이 살아가는 사회생활에서 이해관계가 얽히고 얽히다 보니 각종 소문이 나돌 수밖에 없다. 하지만 어떤 현상이 일반적이지 않거나 좋은 현상이 생기면 자연스럽게 생겨나는 것이 '입소문'도 있다.

각종 홍보 수단으로도 유용하게 사용되는 데 의도적이지 않아도 '입소문'이 날 수 있다. 물론 막대한 예산을 들여서 대대적인 홍보를 하는 경우도 있지만, 그 효과가 '입소문'만 못하는 경우가 많다. 특히 요즈음은 기존 미디어 매체인 TV, 라디오, 신문, 잡지, 홍보물, 현수막, 인터넷 카페 등과 같은 것들은 그 영향력이 시간이 지날수록 그 위력이 현저하고도 지속해서 줄어들고 있다. 하지만 카카오톡, 페이스북, 트위터, 인스타그램, 유튜브 등과 같은 소셜네트워킹 서비스는 더욱더 빠르고 광범위하게 세력 확장을 하고 있다.

이제는 더욱더 강력한 SNS가 계속 등장할 것이 확실하므로 '입소문'의 영향력이 이전과는 확연하게 달라지는 것이다. 예전보다 시간과 공간의 제약에서 벗어나는 시대에는 자신의 꿈을 잘 키워나가면 자연스럽게 '입소문'으로 나를 성장하게 하고 자신감의 탄력을 받게 할 것이다.

남을 비난하는 것은 항상 옳지 않다.
왜냐하면, 누구라도 자기가 비난하려고 하는 사람의 마음속에 일어난 일과,
일어나고 있는 일을 정확하게 알지 못하기 때문이다.
- 톨스토이

꿈꾸는 자! '쓴잔, 패잔'이 아닌 '축배'을 든다

누구나 꿈을 꾸지만, 그 꿈을 이루는 사람은 많지 않다. 그 원인은 사람마다 다르겠지만, 대체로 꿈을 너무 높게 잡거나 아예 불가능한 꿈을 꾼 것이다. 시기와 계획이 체계적이어야 하되 실천 행동은 아주 아주 작은 단위로 나누고 실천 행동이 기록으로 남아야 한다.

우리는 '작심삼일'이라는 말을 수도 없이 듣고 산다. 1년 계획을 세울 때 내가 뭔가를 계획하면 10일 정도는 간다는 사람은 10일 계획을 36번 하면 되고, 나는 1주일 간다는 사람은 계획을 1주일 계획 52번을 하면 된다.

나는 정말 3일밖에 뭔가를 하지 못한다면 계획을 121번으로 잘게 나누어 실천하면 되는 것이다. 즉 방법을 달리하면 되는 것이다. 나의 특성을 고려하지 않고 남의 것만 모방하다 보니 '쓴잔'을 마시거나 '패잔'을 들게 되는 것이다.

평소에 여러 사람과 활동하면서 '쪼잔'하게 행동하지 말고 통 큰 모습을 보이는 것이 좋다. 그렇지 않으면 다른 사람들과의 관계에서 원만하게 되지 않는 경우가 많고 그렇게 될 경우는 결국 자신의 능력이 '쇠잔'하게 만든다.

더 나아가 주변으로부터 '핀잔'을 들을 수도 있다. 평소에 좀 더 배려하고 자신의 자존감을 높여서 꿈을 지속해서 가꾸어 나간다면 반드시 '짜잔'하고 '축배'을 드는 날이 올 것이다. 사소한 일에도 일희일비하지 않고 '점잔'하고 대범하게 행동하면 된다.

어느 하키 선수가 '공을 차지 않으면 100% 골인을 할 수 없다'라는 말을 했다. 내 꿈에 관련된 일을 매일 매일 조금씩 실천하고 기록하고 또 기록해 보라. 처음에는 힘들지 모르지만, 그 지속적 힘은 나중에 얼마나 큰일을 이룰 수 있을지 아무도 모른다.

나를 믿는 것만큼 중요한 것은 없다. 내가 '쓴잔'을 마실 수 있는 '싹'을 처음부터 만들지 않으면 된다.

성공한 사람들은 성공하지 않은 사람들이 하지 않으려는 것을 한다.
더 쉬웠으면 하고 바라지 말고 내가 더 나았으면 하고 바래라.
- 짐 론

꿈꾸는 자! '완벽, 철벽'이 아닌 '개벽'을 넘는다

문과 벽의 차이를 아는가? 그것은 열리느냐와 열리지 않는다는 차이라고 생각할 수도 있고, 여느냐, 열지 않느냐의 차이라고 생각할 수도 있다. 여러분은 어떤 생각을 하는가? 물론 여러분의 선택이다. 그러나 그 차이는 분명 존재한다. 첫 번째 생각은 누구의 생각이라고 할 수 없지만, 두 번째 여느냐, 열지 않느냐는 분명 여러분의 의지가 있다. 그리고 열지 않은 것은 그 어떤 것도 모두 벽이다. 나라와 나라, 사람과 사람, 지역과 지역 등 서로 다른 것들 사이에는 유형, 무형의 벽이 있다. 그 벽이 수천 년 동안 싸우기도 한다.

어떤 일을 하다 보면 분명 어려움을 겪는다. 그 일을 너무 '완벽'하게 하려다가 실패하기 쉽다. 처음부터는 완벽하게 되는 경우는 아주 드물기 때문이다. 조금이라도 마음이 맞지 않는 사람하고는 '철벽'을 쌓고 지내는 경우도 있다. '어제의 적이 오늘의 동지가 된다'라는 말은 사람과의 관계는 평생 바뀌지 않는 것보다는 언제든 바뀔 수 있다는 것이다. 조금씩 서로 주고받는 말에서 신뢰가 쌓여 동지가 될 수도 있다. 그리고 '맑은 물에는 고기가 없다'라는 말은 사회생활 속에서 너무 '결벽'하게 생활하면 좋은 사람들과 어울리기 힘들다는 것이다. 조금씩 관심을 가지고 배려하는 환경 속에서 함께 꿈을 키워나가는 것이다.

도종환 님의 '담쟁이'란 시에는 이런 구절이 있다.

'저것은 벽/어쩔 수 없는 벽이라고 우리가 느낄 때/그때/ 담쟁이는 말없이 그 벽을 오른다/……/저것은 넘을 수 없는 벽이라고 고개를 떨구고 있을 때/담쟁이 잎 하나는 담쟁이 잎 수천 개를 이끌고/결국 그 벽을 넘는다.'
우리가 처음부터 감히 벽이라고 아무런 접근조차 하지 않을 때 담쟁이는 오르고 있었다. '말없이'라고는 하지만 아마도 그 잎들은 서로 격려하며 매일 매일 서로를 부둥켜안고 오르고 있었으리라 생각된다.

꿈꾸는 자는 그 꿈을 이루었을 때 천지가 '개벽'하는 경험을 할 것이고 인생은 그 '개벽' 이전과 이후로 나뉘게 될 것이다.

> 생명이 있는 한, 사람은 무엇인가 바랄 수 있다.
> - 세네카

꿈꾸는 자! '기진맥진, 지지부진'이 아닌 '흥미진진, 무궁무진'하다

흥미진진 사람은 성공하는 방법과 성공하지 않는 방법 중에서 어느 것이 많을까?
무궁무진 그러면 어느 방법이 어려울까? 아마도 여러분은 성공하는 방법과 성공하지 않는 방법을 찾는 것이 '도긴개긴'이라고 생각할지 모르겠지만, 성공하는 방법이 어렵다는 것을 쉽게 알 수 있을 것이다. 일반적으로 사람들은 성공하는 방법을 알고 있는데도 쉽게 이루려고 하다 보니까 잘 안되는 것이다. 그리고 그 방법을 내가 찾지 않으면 안 된다는 '배수의 진'을 치고 찾는다면 '무궁무진'까지는 아니더라도 무수히 많은 방법을 찾을 수 있을 것이다. 만약 내가 내 꿈에 관련된 일에 끝장나도록 찾아본 적은 있는가? 아마 아닐 것이다. 방법이 없거나 모르는 것이 아니다.

웬만한 분야는 책과 같은 정보가 그야말로 '무궁무진'하게 많은 것인데 내가 안 하는 것이다. 어떤 사람들은 좋아하는 노래들을 목이 터지도록 수천 번을 부르고, 어떤 사람은 10여 년간 10,000권을 책을 읽는다.

그렇게 해야 뭔가를 알 수 있다. 사람은 '체험'이나 '경험'을 하면 그것은 '장기기억'으로 넘어가 웬만하면 잊을 수가 없다. 그래서 우리는 '몸이 기억한다'라고 한다. 내가 조금이라도 관심 있는 분야가 있어서 포기하지 않고 나아가다 보면 '연승 행진'은 아니더라도 '연패 행진'을 면할 수 있다. 어떤 경기에서 '무패 행진'이나 '고공 행진'을 하고 있을 때 그 배경에는 무수한 땀과 노력과 시간이 함께 했을 것이다.

내 꿈에 관련된 일이라면 조금이라도 '흥미진진'하다는 느낌으로 다가가면 되는 것이다. 그 다가감을 일정 기간(1달 이상) 기록하면 되는 것이고, 그 다가감이 실패하지 않으려면 '기진맥진'하거나 '기력소진'하고 난 뒤의 시간대를 활용하면 안 되는 것이다. 내가 온종일 온갖 힘을 다 쏟아부은 뒤에 하니까 당연히 '지지부진'하게 끝나버리게 되는 것이다.

우리는 늘 '완벽'을 꿈꾸지만, 그 '완벽'이 오히려 나를 움직이지 못하게 된다. 처음부터 실패하질 않을 방법을 찾으면 된다. 처음부터 이루어지는 것이면 누가 고민하겠는가?

주위에서도 어쩌다 계속하다 보니 점점 더 '흥미진진'하게 되고 그래서 더욱더 몰입하게 되었다는 이야기를 들어봤을 것이다. 그 지속한 '흥미진진'함이 어느 날 갑자기 나를 한층 더 '고공행진'하게 하는 디딤돌이 될 것이다.

일이 재미있으면 인생은 낙원이다.
일이 의무라면 인생은 지옥이다.
- 고리끼

꿈꾸는 자! '잿빛'이 아닌 '장밋빛'을 본다

장밋빛 우리는 식물과 다르지만, 햇빛을 받으며 산다. 똑같은 햇빛을 받으면서도 그 햇빛의 고마움을 느끼는 정도는 차이가 있다. 아마 그 햇빛으로 농사를 짓는 많은 분이 가장 빛의 존재를 크게 느낄 것이다. 저마다의 환경에서 생각할 수밖에 없지만, 생각만 바꾸면 얼마든지 바뀔 수 있다.

우리는 컴퓨터로 일을 할 때 '한글', '엑셀', '파워포인트'를 사용하고 있는데 '사용 연도(예, 2020년)'와 '사용 버전(예, 2014, 2016, 2018)'을 비교해 보면 대부분 일치하지 않는다. 그래도 우리는 당연하다고 생각한다. 주요 기능만 충분히 사용할 수 있으면 아무런 문제가 없기 때문이다. 그러나 버전이 안 맞아서 곤란을 겪어 본 사람은 다르다.

내일의 희망을 걸고 '장밋빛' 꿈을 설계해야 한다는 중요한 것이다. 설계해도 '잿빛'으로 되는 예도 있지만, 했느냐, 하지 않느냐는 중요하다. 도전조차 하지 않았다면 다음을 기약할 수 없기 때문이다. 우리는 주위 환경에 맞는 꿈을 설계해야 한다.

그래야 실패할 확률이 줄어들기 때문이다. 북극여우는 귀가 머릿속으로 들어가 아주 조금만 노출되어 있는데 이는 추위에서도 귀가 얼지 않도록 진화해온 것이다. 그 환경에 최적화에 맞게 몸이 변화해 온 것이다. 태고 시절 수많은 동물이 이 지구상에서 살아왔지만, 인간만이 이토록 번성해 올 수 있었던 가장 큰 이유가 환경에 잘 적응했기 때문이다.

사형 선고를 받은 적이 있고 대학을 나오지도 못했으며 결혼을 두 번을 한 적이 있는 사람이 대통령이 된 분이 있다. 그가 바로 김대중 대통령이다. 우리는 많은 편견과 선입견으로 살아가고 있다. 그래서 끊임없이 나를 되돌아보는 습관이 중요하다. 빌 게이츠가 '가난하게 태어난 것은 당신의 잘못이 아니다. 그러나 가난하게 죽는 것은 당신의 잘못이다.'라는 말에서 우리는 내 삶의 책임은 오로지 자신이 져야 함을 알 수 있다.

아름다운 '쪽빛' 바다를 보거나 하루를 마무리하며 노을빛을 마주하고 밤하늘에 달빛을 쳐다볼 때 '장밋빛' 꿈을 다짐한다면 내일 나의 '눈빛'은 분명 달라질 것이다. 그로 인해 나의 '낯빛'도 밝아지고 '웃음 빛'도 활짝 필 것이다.

빛은 길을 가르쳐주기 때문에 사랑한다.
어둠은 별을 보여주기 때문에 나는 그 어둠을 견딘다.
- 헬렌 켈러

꿈꾸는 자! '남이 하라는 대로'가 아닌 '꿈꾸는 대로'를 걷는다

사람의 일이란 자신이 '생각한 대로'나 '마음먹은 대로', '상상한 대로' 되지 않을 때도 있다. 하지만 '원하는 대로' 만큼은 되지는 않았지만 시도한 것만큼은 '아쉬운 대로' 자산이 된다.

그러나 '남이 하라는 대로', '시키는 대로' 한다면 자신에게는 남는 것은 별로 없게 된다.

그래서 '정해진 대로'나 '곧이곧대로'하는 것이 아니라 한 번쯤 생각해 보고 꼭 해야 하는 일이라면 그때 하면 것이다. 무뇌(無腦) 인간처럼 '물결치는 대로, 바람 부는 대로' 하면 안 된다는 것이다. 그러면 나의 행복은 줄어들거나 없어질지도 모른다. 어쩔 수 없이 해야 하는 일을 만나도 '될 수 있는 대로' 내 꿈과 관련이 되도록 한다. 그럴수록 내 인생이 '제멋대로'가 아닌 내가 '바라는 대로' 되는 것이다. 그러다가 내 꿈에 관련된 일을 마주할 때는 주위의 눈치 보지 말고 '닥치는 대로' 그리고 내 '의지대로' 밀고 나가야 한다.

그리고 나의 마음가짐을 내가 '말하는 대로', '소리치는 대로' 된다는 신념을 가져야 한다. 최선을 다해 '노력한 대로' 그 결과가 나타날 것이다. '천 리 길도 한 걸음부터'처럼 한 걸음 한 걸음 '힘닿는 대로' 노력하면 된다.

'가마솥에 빠진 개구리'처럼 늘 '하던 대로', '주는 대로'만 하면 언젠가 큰 위험에 빠질 수도 있다. 내가 가는 길이 '제대로' 되었다면 주변에서 용기와 격려는 주겠지만, 늘 '형편대로'만 생각하고 '그저 그런대로' 나아간다면 주위의 걱정과 따가운 질책을 받을 수도 있다. 내가 올바르게 가지 않고 있다면 먼저 자신이 알기도 하겠지만, 주위에서 나에게 경고음을 줄 것이다. 이때 내가 더 자신을 되돌아보고 점검해 봐야 한다.

내가 가야 할 대로(大路)는 '꿈꾸는 대로'임을 잊지 말고 그 여정에서의 모든 노력을 기록하고 또 기록하여 나의 역사가 되게 하자.

> 명확한 목적이 있는 사람은
> 가장 험난한 길에서 조차도 앞으로 나아가고,
> 아무런 목적이 없는 사람은
> 가장 순탄한 길에서 조차도 앞으로 나아가지 못한다.
> - 토마스 카아라일

꿈꾸는 자! '뒤안길, 방랑길'이 아닌 '꿈길'을 걷는다

여러분은 길을 걷고 있는가, 아니면 길을 가고 있는가? 똑같은 길인데 걷기도 하고 가기도 한다. 그 의미가 다르기 때문이다. 두 길 모두 사람이 하는 행위지만, 두 발로 하는 것이 걷는 것이고 사람이 목표를 향해 나아가는 행위가 길을 가는 것이다. 사람이면 누구나 '꽃길'을 가고 싶어 한다.

그리고 힘든 '꼬부랑길'이나 '비탈길', 산속의 '오르막길'이나 '언덕길', '고갯길' 보다는 '지름길'을 가고 싶어 한다. 비 오는 날은 '흙탕길'이나, '진흙탕 길'이 아닌 '포장길'을 가고 싶어 한다. 살다 보면 '갓길', '옆길'로 가기도 하고 '가시밭길'도 걷게 된다.

길이라는 것이 반듯한 길만 있는 것은 아니다. 길이란 것이 반드시 어느 시점인가 굽어지게 되는 것이고 넓기도 하고 좁아지기도 하지만 그것은 중요하지 않다. 내가 어떻게 가느냐가 중요한 것이다.

우리는 '비단길'이나 알록달록한 '단풍길', '오솔길'을 가고 싶어 하지만 '가시밭길', '자갈길'을 걸을 때도 있다. 오늘날 아무렇지도 않고 다니고 있는 '하늘길'과 '바닷길'이 있다. 처음부터 '하늘길'이나 '바닷길'이 있었던 것은 아니다. 누군가가 처음에는 우연히 가고 또 다른 사람이 또 우연히 가고 해서 생긴 길이다. 그래서 내가 가는 길에 의심하지 말자.

우리나라 속담에 '길이 아니면 가지를 말고 말이 아니면 하지를 말라'라는 말이 있다. 이 말은 '방랑길'이나 '뒤안길'이 아닌 '꿈길'을 가고 '참말, 바른말, 존댓말'을 하라는 것이다. 이처럼 누구나 걷는 길이지만, 가야 할 길과 가지 말아야 할 길도 있다. '아는 길도 물어서 간다'라는 말도 있다. 내가 가는 길이 맞는지 되돌아보고 확실한 길로 가라는 것이다.

삶은 길을 가는 것이다. 길을 가되 내가 원하는 대로 마음먹은 대로 가는 것이다. 모든 길을 갈 수도 없기도 하고 가지 않은 길도 생기기 마련이다.

꿈의 여정은 너무 두려워할 것 없다. 두렵다고 안 갈 수도 없는 길이다. 한 걸음 한걸음 쉬지 않고 가면 되는 것이다. 우리가 자주 하는 말 중에서 '뜻이 있는 곳에 길이 있다'라는 말이 있다. 이 말에서 뜻은 곧 꿈을 말하며 꿈이 있어야 길이 보인다는 말이다.
자, 이제는 두 팔을 벌려 마음껏 나의 '꿈길'을 가야 하지 않겠나.

본래 땅 위에는 길을 없었다.
걸어가는 사람이 많아지면 그것이 곧 길이 되는 것이다.
- 루쉰

꿈꾸는 자! '염병(染病)'이 아닌 '열병(熱病)'을 앓는다

사람은 누구나 '병(炳)'을 앓는다. 다른 사람들에 의해 나에게 옮기는 '염병(染病)'이 아니라 나만의 '열병(熱病)'을 앓은 적이 있는가? 그런 열병 중에는 '상사병(相思病)'이 있는데 앓아 보지 않은 사람을 알 수가 없다.

병이지만, 아프지 않고 행복한 순간도 있어서 다른 병과 차이가 있다. 일부러 치유하지 않아도 저절로 낫기도 한다. 우리는 어린 시절 무엇인가를 하지 싫을 때 '꾀병'을 부리기도 하는데 형제가 많으면 엄마는 아이들로 인해 '화병'이 생기기도 한다. 부모님은 아이들을 오냐오냐하며 '공주병', '왕자병'에 걸리기도 한다. 하지만 사람들은 나이가 들면 자연히 병이 많아질 수밖에 없지만, '무병장수'를 꿈꾼다.

원래 열병은 2~3일 이상 37.5도 이상의 체온으로 열(熱)을 동반하는 모든 질환을 말한다. 그리고 꿈에 아주 몰입되어 집중할 때 여러 날을 뜬눈으로 밤을 새우는 현상이 열병에 걸렸을 때와 아주 비슷하다.

많이 아픈 기억이 오래 기억나듯이 성공한 사람들도 꿈에 취해 열병을 앓았던 기억을 많이 소개된다. 그리고 그 열병에 걸렸던 기억들이 또 다른 꿈을 꾸는 원동력이 되어 더 큰 꿈을 이루게 된다. 물론 아무나 그리고 처음부터 열병을 앓지는 않는다. 많은 시간과 노력이 수반되는 일이다. 그러다가 성공의 느낌이 오는 어느 순간 섬광처럼 그리고 폭발하듯이 자신의 꿈에 몰입하게 된다. 그 열병의 시간이 짧게 자주 오는 사람과 길고 느리게 오는 사람도 있다. 이 열병이 오기까지 포기하지 않고 지속해서 노력해야 하는 것은 필수이다.

자신이 잘하고 좋아하는 일을 하는 게 최선이기도 하지만 아주 싫지 않은 일이라도 계속하다 보니 좋아지고 잘 해지기도 한다. 학창 시절 나의 적성과 흥미를 찾는 노력이 제대로 되지 않은 많은 사람이 대부분 우연히 들어선 길이 천직이 되기도 한다. 내가 반드시 어떤 일을 찾는 데는 많은 시간이 걸린다. 그렇다고 그때까지 아무것도 하지 않을 수 없지 않은가?

만약 열병에 걸릴 만한 일을 찾지 못했다면 너무 조급해할 필요 없다. 그래서 현시점에서 지금 하는 일을 열심히 하자. 이 일이 나에게 열병을 가져올지도 모른다.

꿈, 너는 어디까지 꿔 봤니?
꿈의 열병을 앓은 적이 있는가?
내가 왜 꼭 그 '꿈이어야' 하는가?

꿈꾸는 자! '보석(寶石)'처럼 빛나기 전 '원석(原石)'이었다

보석을 보고 아름답다는 생각은 누구나 할 것이다. 그 보석은 그냥 나오는 것이 아니다. 엄청나게 많은 원석이 필요하다. 종류에 따라서는 1Ton(1,000Kg)의 원석으로 300g의 보석을 만들기도 한다. 그렇다 하더라도 원석이 없더라면 보석은 나올 수가 없다. 세계에서 가장 비싼 보석은 레드 다이어몬드인데 1캐럿(0.2g)당 가격이 100만 달러(한화 약 12억)라고 하니 실로 어마어마한 금액이 아닐 수 없다. 특별히 전시하는 박물관이나 보석상을 찾지 않는다면 평생을 살아도 볼 수 있는 보석의 개수는 한정적일 것이다.

하나의 찬란한 보석은 처음부터 그렇게 빛난 것이 아니고, 전혀 가치가 없어 보이는 거친 원석을 세공사라는 전문가가 다듬고 또 다듬어서 만든 노력의 산물이다. 우리는 대부분 원석을 알아보지도 못한다.

원석이라도 세공사라는 전문가를 만나야만 아름다운 보석으로 탄생할 수 있다. 그리고 그 보석도 대부분 사람은 보석을 품고 있는 원석의 가치를 쉽게 알 수도 없고, 그 원석을 깎아 보석으로 만들 수 있는 능력도 없다. 똑같은 원석이라도 어떤 세공사를 만나느냐에 따라 보석이 달라지고 가치도 달라진다. 우리가 일반적으로 전혀 가치가 없어 보이는 원석을 찾아내어, 그것에서 수백 수천 배 가치의 보석으로 탈바꿈한다.

한 사람의 뛰어난 인재(보석)가 태어나기 위해서는 본인의 노력 이외에도 여러 조건이 맞아야 한다. 태어난 국가, 지역, 부모, 친지, 문화, 환경 등이 적절하게 잘 조화가 되어야 하고 멘토도 만나야 하고 본인의 노력도 해야 한다. 자기 스스로 모든 것을 완성할 수는 없는 것이다. 그러나 뛰어난 잠재력을 가져야만 인재로 거듭나는 것은 아니다. 본인의 노력과 국가 시스템, 지역 문화나 생태계 등과 같은 주변의 전폭적인 지지가 인재를 만들기도 한다. 그래서 국가에서는 조금이라도 인재가 될 만한 학생들을 육성하기 위해 막대한 예산을 투입하고 특별한 교육기관을 설립하기도 한다.

사람은 누구나 장단점이 있다. 본인도 자신의 장점을 끊임없이 계발하지 못하면 주변의 어떤 지원도 소용이 없다. 내가 원석이라는 신념을 가지고 굳은 믿음과 노력을 게을리하지 않는다면 어느새 아름다운 보석으로 바뀔지 모른다.

- 보석은 보석을 알아볼 수 있는 사람에게만 빛나는 법이다

꿈꾸는 자! '열불'이 아닌 '등불'을 켠다

 하루하루의 일상은 기본적으로 비슷하지만 조금씩 조금씩 다르다고 할 수 있다. 내가 하는 일이 점점 숙련되어가고 있기도 하지만 주변 환경이 변하기도 하기 때문이다. 우리가 미처 알아채지 못할 정도로 미세한 변화인지도 몰라도 변화하고 있다.

더구나 사회적 큰 변화가 오면 더욱 그러한데 2020년 코로나 19가 그렇다. 코로나 19로 인하여 사회 모든 분야에 엄청나게 많은 변화를 겪고 있다. 이런 경우는 그 누구도 예측하지 못한 상황이라 우리 모두를 '열불'나게 하지만 각자의 역할에서 잘 헤쳐나가야 한다. 그리고 나 혼자서 감당할 수 있는 상황일 경우에는 더욱더 '열불'나게 한다. 평소에 잘 대비한다고 해도 이런 상황을 만날 수 있으니 쉽지 않다.

배가 안전한 항구에만 있다면 이미 배는 제 기능을 하지 못하는 것이 아닌가? 때로는 풍랑을 만나 '열불'이 나더라도 배가 출항할 때 그 목적을 이루고 돌아오는 여정이기에 우리는 항해를 계속하게 된다. 아주 심한 풍파를 만나 정말로 힘든 여정에는 '등불'을 켜서 그 시기를 넘기고 무사히 항구를 찾아 큰 기쁨을 맛보게 된다.

그 '등불'이 때로는 환경이 될 수도 있지만, 앞서 나가고 있는 선배, 지인, 성공인 일 수도 있다. 자기 생각을 바꾸어 다른 방법을 찾을 수도 있을 것이다. 시간이 촉박하고 경제적 어려움으로 내린 판단들이 그 상황에서는 최선이라고 생각하지만, 시간이 지나면 좀 더 명확하게 드러날 수 있을 것이다.

모두가 성인처럼 모든 것을 해탈할 수 있다면 모르지만, 현실은 그렇지 않기 때문에 '열불'나는 일이 있을 때 자신을 차분하게 되돌아봐야 한다. 꿈을 꾸다 보면 잘 안 되어 '열불'이 나는 경우가 훨씬 많다. 그때마다 자신을 되돌아보는 행동을 하지 않는다면 계속해서 어려움을 겪게 될 것이고 내 안의 '등불'이 있는지도 알지 못하고 살아갈지 모른다.

> **희망은 일상적인 시간이 영원과 속삭이는 대화이다.**
> **희망은 멀리 있는 것이 아니다.**
> **바로 내 곁에 있다.**
> **나의 일상을 점검하자.**
> **- 릴케**

꿈꾸는 자! 학창 시절 '내신'이 아닌 '자신'을 믿는다

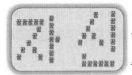 우리나라 중·고등학교 시절에는 치열한 경쟁 속에서 살아간다. 다행히 자유학년제가 있어서 중학교 1학년 동안에는 다양한 체험활동과 수업 방식으로 학생들의 꿈과 끼를 탐색할 수 있는 시간이 있지만, 2학년에 진급하면 다시 원래대로 돌아간다. 그래서 우리 학생들은 '내신'을 최고로 생각하고 내신이라면 어떤 일이라도 서슴지 않고 한다.

2017년 한국개발연구원(KDI)에서 한국, 중국, 일본, 미국 4개 나라 대학생 1,000명을 대상으로 설문조사를 하였다. 질문 내용은 '고등학교는 어떤 곳인가'라는 질문에 1. 함께하는 광장, 2. 거래하는 시장, 3. 사활을 건 전장 중에서 고르도록 했다.

우리나라는 3번(전장)이 80%, 미국 40%, 중국 41.8%, 일본은 13.8%이었다. 1번(광장)은 우리나라 12.8%, 미국 33.8%, 중국 46.6%, 일본 75.7%로 나타났다. 4개 나라 중에서 전장(3번)을 선택한 학생이 월등하게 높으며 심지어는 미국, 중국보다 2배나 높았다.

반면 함께하는 광장(3번)은 우리나라가 일본의 약 1/6 정도로 나타났다. 한마디로 우리나라 학생들은 고등학교는 전장이라고 생각하는 학생들이 대부분이고 이는 경쟁을 통한 높은 '내신' 받기 위한 결과라고 할 수 있다.

사람들은 늘 다른 사람과 비교하며 살아간다. 우리나라는 좁은 국토 탓도 있지만, 유독 남을 의식하는 경향이 많다. 먹는 것, 입는 것, 타는 것, 사는 곳 등 수도 없이 많은 것들을 다른 사람들과 비교하여 판단한다. 분명 살아가는 사람은 본인인데 다른 사람들의 눈치를 보고 있다는 것은 자신에 대해 잘 알지 못하고 자신감도 부족하다는 것이다.

즉 자신에게 너무 완벽한 것을 요구하지 않고 늘 감사하며 조그마한 것이라도 자신을 격려하는 습관이 안 되어 있다는 것이다. 누구라도 대신 화장실을 가거나 아파해 줄 사람은 없다. 모든 것은 '자신'을 믿는 것뿐이다. 학교 수업만으로 인생이 끝나는 경우는 없다. 내 꿈은 결코 '내신'이 아니라 '자신'을 믿어야 함을 기억하자.

이긴다고 생각하면 이긴다.
승리는 자신감을 가진 사람의 편이다.
- 가토 마사오

꿈꾸는 자! '평범(平凡)'을 넘어 '비범(非凡)'으로 나아간다

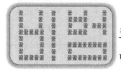 하루를 똑같이 24시간을 보내지만, 그 모습은 천차만별이다. 쌍둥이로 태어나도 성인이 되면 사는 모습은 다르다. 어릴 때부터 하루를 어떻게 보내느냐가 굉장히 중요하다. 그래서 좋은 부모를 만난다는 것은 행운이다.

물론 그 행운을 잘 활용할 수도 있지만, 그것을 인식하지 못하고 그냥 평범하게 사는 경우도 많다. 그리고 30세 이전까지는 부모의 영향을 많이 받지만, 그 이후는 오로지 자신의 책임이다.

내가 하는 일이 평범하고 경제적, 정신적으로 어려움이 없다면 좋겠지만, 대부분 그렇지 않다. 나의 꿈을 어떻게 이룰 것인지 계획하고 습관적으로 지속한다면 분명 주변 사람들보다 '비범'한 삶을 살게 되는 것이다. 큰 꿈도 아주 작은 하나하나의 작은 습관들을 실천하면 되는 것이다. 주변에 그런 사람들이 많을수록 금상첨화이겠지만, 쉽지 않을 것이다. 물론 아주 우수한 집단으로 이루어진 학교나 모임으로 구성된 일원이라면 아주 좋을 것이다.

세계적으로 가난한 나라부터 잘 사는 나라까지 빈부격차는 존재한다. 옛말에 '가난은 나라님도 어쩌지 못한다'라는 말처럼 가만히 아무것도 안 하고 꿈을 이룰 수는 없다. 점점 세상은 평범한 삶을 살기 힘든 세상이 다가오고 있다.

생활의 필수품인 수많은 IT 기기, 휴대폰, 컴퓨터, 가전제품 등이 끝없이 지속해서 개발되고 있다. 제품마다 사용설명서가 있기는 하지만 일일이 모두 읽을 수는 없다. 웬만한 것은 자동으로 한다고 하지만 모든 것을 알아서 해 주는 것들은 없다. 처음 시작할 때 기본인 것만 하면 된다고 하지만 쉽지 않다. 이제는 세상 살아가는 법을 그때그때 습득하고 체득해야 하는 시대가 된 것이다.

처음부터 '평범'이 '비범'이 될 수는 없다. 하지만 나의 노력 여하에 따라서 얼마든지 '비범'할 수 있다. 내 꿈을 처음에는 아주 작게 시작하고 시간이 지나면 점점 더 크게 꾸면 되는 것이다. 무엇보다도 실패하지 않을 만큼 아주 평범한 작은 습관들을 만들어 실천하면 된다.

> 평범한 것을 매일 평범한 마음가짐으로
> 행동에 옮기는 것이 바로 비범한 것이다.
> - 앙드레 지드

꿈꾸는 자! '방전'이 되지 않도록 끊임없는 '충전'을 한다

사람이 기계가 아닌 이상 쉼이 필요하다. 물론 기계도 돌아가기 위해서는 전기가 다른 원료가 있어야 한다. 움직이는 모든 것들은 움직이게 하는 무언가가 필요하다. 그렇지 않으면 '방전'된다. 요즈음처럼 각종 IT 기기들을 사용하는 시대에는 자신이 가지고 있는 기기가 '방전'되는 것을 가장 두려워한다. 그래서 요즘 대학가 카페에서 좋은 자리는 바로 언제든지 '충전'할 수 있는 플러그가 있는 자리이다. 예전에는 전망이 좋거나 구석진 자리가 좋은 자리이었는데 시대의 변화에 따라서 변한 것이다.

인간은 기계와 달라서 완전히 '방전'된 상태로는 살 수가 없다. 끊임없이 '충전'을 해 주어야 한다. 자기는 자신이 제일 잘 알고 있으므로 '쉼'을 어떻게 해야 할지 고민을 해야 한다.

그 '충전'을 하는 방법도 여러 가지 시도해 보아야 한다. TV 시청, 영화 관람, 독서, 유튜브 시청, 캠핑, 맛집 투어, 교류(수다), 노래방, 드라이브, 산책, 스포츠, 음악 감상, 각종 공예 등 수없이 많다. 그런 '충전'도 시대, 계절, 나라, 문화, 나이, 경제적 여유에 따라서도 다르다.

주위에서 권해서 알게 되기도 하고 억지로 따라가서 경험하는 때도 있으며, 우연히 알게 되어서 한번 해 본 것이 '충전'의 도구가 되는 등 천차만별이다.

하지만 확실한 것은 자신이 꿈을 꾸는 동안 자신도 변화하기 때문에 '충전' 역시 변한다고 보면 된다. 그래서 좀 더 확실하게 '충전'을 할 방법을 끊임없이 찾아야 한다. 친구, 선배, 가족 등과도 내가 뭘 할 때 가장 즐거워하는지도 물어보는 등 노력해야 한다. 내가 나를 가장 잘 알지만, 완벽하게 알지는 못하기 때문이다.

우리가 꿈을 꾸는 이상 긴 호흡으로 살아갈 수밖에 없고 '방전'되지 않기 위해서는 자신만의 '충전'을 지속하여야 한다.

> 어떠한 일도 갑자기 이루어지지 않는다.
> 한 알의 과일, 한 송이의 꽃도 그렇게 되지 않는다.
> 나무의 열매조차 금방 맺히지 않는데
> 하물며 인생의 열매를 노력도 하지 않고
> 조급하게 기다리는 것은 잘못이다.
> – 에릭테토스

꿈꾸는 자! '차별(差別)'이 아니라 '샛별'을 본다

모든 인간은 자유롭고 평등하다는 개념은 민주주의 성립의 근본이 되었다. 하지만 사람들이 공동체 생활을 이루고 사는 아주 오래전부터 '차별'은 있었고 세상이 점점 더 다양해지고 복잡해지면서 그 '차별'은 더 광범하게 넓어지고 있다.

이제는 선진국 대부분이 각자의 인권을 보호하도록 법으로 정하고 있고 우리나라 역시 아주 다양하게 법으로 차별을 금지하고 있다. 법이 있음에도 불구하고 아직도 사회 곳곳에는 차별이 존재한다. 그만큼 사회생활 속에 깊숙이 뿌리내리고 있다는 이야기일 것이다.

세상에 태어나는 누구라도 본인의 의지대로 태어나지도 않았고 부모 또한 선택하지도 않았는데도 우리는 태생적으로 차별받는 환경이었다. 오늘날 너무나도 유명한 '금수저', '은수저'라는 용어는 한국 사회에서 자신의 능력과 노력 위에서 차별이 존재한다는 것을 말한다. 우리나라 최고의 법인 헌법에서도 '평등'을 외치지만, 현실은 그렇게 녹녹하지 않다.

이러한 '차별(差別)'은 종교, 장애, 나이, 신분, 학력, 성별, 외모, 성적 지향, 인종, 신체 조건, 국적, 나이, 출신 지역, 이념과 같이 다양하게 존재한다. 이런 차별을 이유로 고용, 모집, 채용, 교육, 배치, 승진, 임금 및 수당 지급, 융자, 정년, 퇴직, 해고 등에 있어서 불리하거나 유리하지 못하도록 하고 있다.

국가나 각종 공공·민간단체들의 활동에만 의지할 것이 아니라 국민 모두 그 차별에 대응하여 하나하나 없애 나가야 할 것이다. 그래야 우리 다음 세대에 태어나는 아이들이 본인 자신의 노력으로 우리 시대의 '샛별'로 만들어지는 것이다. 사람과 사람 사이에 다름을 인정하되, 그것이 차별의 근거가 되어서는 안 된다는 것이 평등이다. 개개인의 차이가 인정되면 각자의 상황에 따라 기회가 달라지는 것이고, 그럼으로써 자신이 지닌 능력이나 조건을 극복하는 것이 공동체 사회의 지향점이다.

하나의 가정이 잘되려면 자식의 능력이 부모의 능력보다 조금이라도 더 나아야 하듯이 나라가 잘되려면 우리 사회 각각의 분야에서 '샛별'들이 빛나야 한다. 그런 샛별은 그냥 태어난 것이 아니다. 누구나 자신의 능력과 노력으로 삶을 개척할 수 있는 사회가 되어야 하고 아이들이 그런 사회라고 믿을 수 있게 하면 되는 것이다.

우리 모두는 별이고, 반짝일 권리가 있다.
- 마릴린 먼로

꿈꾸는 자! '학벌(學閥)'이 아닌 '심벌(Symbol)'을 만든다

Symbol '학벌(學閥)'은 사전적으로 '학문을 닦아서 얻게 된 사회적 지위나 신분 또는 출신 학교의 사회적 지위나 등급'이기도 하고 '출신 학교나 학파에 따라 이루어지는 파벌'이다. 우리나라는 대표적 학벌주의 사회이고 이것은 이후 급속도로 형성되었다.

물론 우리나라만 그런 것은 아니다. 미국이나 영국, 일본, 중국에도 있다. 특히 미국에서 공부한 사람들이 정부의 거의 모든 요직을 차지하고 있다. 그리고 해방 이후 교육 분야에도 미국식 교육이 많이 도입되어 교육 시장이라는 말이 생기고 사교육이 엄청나게 상장을 거듭하고 있다. 그 예로서 대학을 보면 유럽에는 대부분 국립인 데 비하여 우리나라는 사립대학이 무려 87%로 압도적이다.

그래서 우리나라는 살인적인 대학 등록금을 지불하고 있다. 독일에는 대부분 대학이 국립이고 대학 등록금이 없으며, 심지어 생활비도 100만 원 정도 지급한다. 대학도 고등학교 졸업 시험만 통과하면 원하는 지역의 원하는 학과에 본인이 가고 싶을 때 갈 수가 있다.

자연히 특정 대학의 특정 학과가 '파벌'을 조성할 필요도 이유도 없는 것이다. 우리나라는 특정 대학의 학과가 해당 산업에서 절대적 영향력을 발휘하여 '마피아'라고까지 불리며 여러 분야에 아직도 존재한다.

각 나라에는 각자의 '심벌(symbol)'이 있다. 우리나라는 최근 세계 시장에서 K-팝, K-드라마가 '심벌(symbol)'이 되었다. 그 분야에 종사하는 사람들의 남다른 노력과 글로벌 감각이 있었다고 본다. 그리고 그 분야의 최고의 전문가는 글로벌 인재가 된 것이다.

이제 우리나라 최고의 대학을 졸업하고 9급 공무원 임용 준비를 하는 것을 보면 예전보다 학벌이 최고인 시대에서 조금씩 능력 중심 사회로 바람직하게 흐르고 있는 것 같다.

매년 4년제 대학을 졸업하고도 다시 전문대학을 가는 학생들이 늘어난다는 것은 그만큼 자신의 '심벌'을 만들지 못했기 때문이다. 꿈을 이루기 위해서는 자신의 적성과 흥미를 바탕으로 '심벌'을 찾아야 한다.

> **무소유란 아무것도 갖지 않는 것이 아니라**
> **불필요한 것을 갖지 않는 것이다.**
> **- 법정**

꿈꾸는 자! '실패'를 넘어서 '제패(制霸)'한다

누구나 사람은 성공의 꿈을 꾼다. 하지만 아무나 꿈을 이루지는 못한다. 그 이유는 개인별 노력과 능력의 차이가 존재하고 한 두 가지가 아닌 여러 가지 문제들의 총체적 결과이다.

그렇다 보니 중간에 실패하는 경우가 반드시 생기게 마련이고 그런데도 그 실패들을 딛고 꿋꿋하게 나아간다면 반드시 '제패(制霸, 패권을 잡음)' 하는 그날이 올 것이다. 물론 처음의 꿈을 이루고 나면 또 다른 꿈을 꾸는 예도 있지만, 어떻든 그 여정은 힘들고 외로울 수밖에 없다. 때에 따라서는 연속으로 '연패'하는 예도 있고 아쉽게 '석패'하는 예도 있지만, '할 수 있다'라는 신념으로 지속하면 나중에 성공의 '명패'를 달 수 있다.

그래서 처음부터 너무 '승패'에 연연해 하지 말고 도중에 '낭패'를 당해도 포기하지 말자. 중간에 실패하였다고 '깡패'나 '왈패'처럼 '행패'를 부리지도 말자. 한때 자신감이 넘쳐 '불패' 신화를 이룰 것으로 생각하지만 성공한 사람들을 보면 수많은 실패를 딛고 일어선 것이다.

유머 감각도 없고 촌스러우며 말주변도 카리스마도 없다고 평가받던 사람이 있다. 번번이 주장을 굽히고 양보하고 사과를 하며 자기와 다른 생각을 하는 사람들과 함께 국가의 일을 하면서도 3번 연임한 여성이 있다. 독일 최초의 총리로서 많은 인기를 얻고 있는 앙겔라 메르켈의 이야기다. 일반적으로 크게 성공할 것 같지 않은 면모를 가졌으면서도 끊임없이 소통과 배려로 어려운 상황을 헤쳐나가고 있다.

새로운 세상은 늘 도전하는 자의 몫이다. 하루하루 조금씩 조끔씩 나아간다면 세상에 못 이룰 것이 없다. 이제는 졸업장의 시대는 서서히 지나가고 있다. 바야흐로 실패를 두려워하지 않고 늘 새로운 관점, 새로운 생각, 새로운 도전을 하는 자의 시대가 도래하고 있다. 내가 꿈꾸는 세상으로 제패하는 그 날까지 차근차근 나아가자.

> 부의 격차보다 무서운 것은 꿈의 격차이다.
> 불가능해 보이는 목표라 할지라도
> 그것을 꿈꾸고 상상하는 순간
> 이미 거기에 다가가 있는 셈이다.
> - 아인슈타인

꿈꾸는 자! 댓글(Reply, 리플)은 '악플'이 아닌 '선플'

우리는 언젠가부터 '댓글' 세상 속에 살아간다. 이제는 내가 들여다보는 스마트 기기들은 어디에서도 댓글을 벗어나기 힘들다. 인터넷 카페, 블로그, 기사, 동영상, 각종 SNS 등 댓글은 우리 일상 깊숙이 들어와 있다.

이런 댓글들이 많은 사람에게 정보, 공감, 격려, 위로와 같은 긍정적인 측면도 있지만, 비난, 욕설, 거짓 정보, 험담과 같이 부정적인 측면이 존재하는 양날의 칼이 되었다. 내가 위로나 치유를 받지는 못하더라도 적어도 언짢은 기분을 받지 않아야 하는데 실상은 그렇지 않은 경우가 많다. 심지어는 댓글이 어떤 사람에게는 씻을 수 없는 상처를 남기기도 한다.

그래서 일부 사람들은 아예 댓글을 읽어보지 않는 예도 있다. 물론 동전의 양면이라 어쩔 수 없는 측면이 있지만, 익명인 곳에서는 더욱 극명하게 양분되어 나타난다.

서로에게 필요하여 운영되고 있는데 왜 '악플'들이 난무할까? 서로 행복하게 살아가고 때로는 삶의 버팀목으로도 사용되는 곳인데 아주 일부 사람들의 이기적인 행동들이 문제를 일으키고 있다.

개인과 개인이 만나서 이야기할 때는 온순하고 지극히 평범한 사람인데 인터넷을 할 때는 자신에게 조금이라도 마음이 들지 않으면 자제력을 상실하고 악플을 자행하고 있다. 악플은 달던 사람 역시 악플에 시달리는 악순환을 겪고 있다.

이 악순환이 계속되는 한 승자는 아무도 없는 세상이 되고 있다. 그래서 우리는 선플이 필요한 것이다. 내가 먼저 바른 글, 고운 글을 사용하면 내 바로 뒷사람 역시 나와 같이 선플을 달아서 건전한 토론 문화가 생성될 것이다. 선플의 상징은 모두가 활짝 웃는 듯한 모습을 가진 해바라기(sunflower)꽃이다.

선플 달기 운동은 맨 먼저 나 자신에게 도움이 되며, 나아가 인터넷을 사용하는 많은 다른 사람들에게도 함께 사는 행복한 세상을 만들 수 있다. 내가 사용한 선플로 인해 내가 더욱 긍정적인 말과 마음가짐을 가지게 될 것이며 궁극적으로 내 꿈을 이루는 힘을 가져다줄 것이다.

> 말은 파괴와 치유의 두 가지 힘을 가지고 있다.
> 말이 진실하고 인정이 있다면 세상도 바꿀 수 있다.
> - 석가모니

꿈꾸는 자! '학연, 혈연, 지연'이 아닌 '인연'으로 살아간다

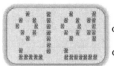 사람들이 살아가다 보면 여러 가지 '인연(因緣)'을 맺게 된다. 누군가에 의해 태어나 '혈연'이 생기고, 학교에 다니면서 '학연'이 생기며 자신이 태어난 곳의 '지연'도 생긴다.

대학을 제외하고는 대부분 본인의 의지보다는 자연스럽게 생기는 것이다. 대학 시절까지는 아무런 생각도 없이 시간이 흐르다가 취업을 하게 되면 주변 사람과 어쩔 수 없이 어울리게 된다. 그때부터 주변 동료로부터 '학연, 혈연 지연'을 수도 없이 물어 오고 그것이 직장에 도움이 많이 되기도 한다.

마냥 도움만 되기만 하면 좋겠지만 동료와 경쟁할 상황이 오면 '학연, 혈연 지연'이 누군가를 승진의 발판으로 삼게 된다. 그렇지 않더라도 주변 사람들은 '학연, 혈연 지연'이 작용했다고 수군거린다.

아직도 사기업, 공기업, 정부기관 할 것 없이 수많은 사례를 보듯이 '만연'되어 있다. 그래서 요즈음 정부에서는 고위 관료를 임명할 때 '학연, 혈연 지연'을 고려하고 심지어는 '학연, 혈연 지연'이 작용하지 않았다는 논평까지 내곤 한다. 그럼에도 일부는 아직도 특정 '학연, 혈연 지연'이 작용했다고 주장한다.

이제는 '학연, 혈연 지연'이 아닌 자신의 능력에 따른 '인연'을 중요하게 생각해야 한다. '학연, 혈연 지연'이야 없을 수 없지만, 이것이 많은 것을 결정하는 사회는 바람직하지 않다. 우리 사회가 '학연, 혈연 지연'으로 살아가고 있다는 것은 '당연'한 것이 아니다.

이제는 동료들과 담배를 피우며 친한 사이가 된다는 '흡연'까지 있다는 우스갯소리가 회자하고 있다. 공정한 사회로 나아가기 위한 '필연'이 바로 개인의 열정과 능력에 의한 경쟁이 되어야 한다. 아직도 우리나라 대부분 사기업은 '혈연'에 의해 2, 3, 4세대가 경영을 이어가고 있다. 선진국에서는 전문 경영인을 영입하는 경우가 많은 데 비해 우리나라 대기업은 대부분 대물림에 의한 경영 비율이 아직도 높다.

모두가 행복한 사회를 나아가고 모두가 꿈꾸는 세상에서는 '학연, 혈연 지연'이 아니라 개개인의 신뢰와 능력이 '인연'이 될 것이라 믿는다.

> 남을 너그럽게 받아들이는 사람은
> 항상 사람들의 마음을 얻게 되고
> 위엄과 무력으로 엄하게 다스리는 자는
> 항상 사람들의 노여움을 사게 된다.
> - 세종대왕

꿈꾸는 자! '로또(Lotto)'가 아닌 '마니또(Manito)'를 가진다

경제가 어려울수록 사람들은 한 번에 부를 이룰 수 있는 '한탕'을 꿈꾼다. 그래서 불경기일수록 '로또' 판매량은 늘어난다고 한다. 전국의 유명 '로또' 판매점은 한참 동안의 줄서기를 마다하지 않고 붐비고 있다.

1등 판매점도 일정 금액(200만 원)의 포상금이 있으며 전국 평균 2,000만 원 정도의 수익이 있는 만큼 조금 유명한 곳은 현수막으로 1등 몇 회, 2등 몇 회라고 적고 있다. 1등에서 5등까지 당첨될 확률은 2.36%이고 그나마 5등이 2.22%이니 당첨되지 않는 확률은 무려 97.63%나 된다. 5등이라도 당첨될 경우도 아주 아주 드물다.

그래서 로또에 한 번이라도 당첨되었다는 사람이 주위에 많지 않다. 그리고 로또 당첨으로 오히려 패가망신한 경우도 부지기수이며, 몇 년이 지나면 대부분 일상으로 돌아와 주위에 알려지도 않고 조용히 사는 경우도 많다.

무엇인가에 당첨되는 것은 물론 기쁜 일이기는 하지만 그 기쁨은 영원할 수가 없다. 물질로 인간을 평생 행복하게 하는 경우는 거의 없다.

마니또(Manito)는 스페인어로서 '매우 가까운 친구, 친밀하다'라는 뜻이다. 보통은 자신이 드러내지 않고 친구를 도와주는 사람을 말한다. 요즘에는 일정 기간 어떤 모임에서 일종의 게임처럼 하기도 한다. 각종 방송에서도 많이 소개되어 초등학생들도 알고 있을 만큼 많이 알려져 있다.

그리고 친구 1명이 1억 원 이상의 가치가 있다고 한다. 친구를 금액으로 따지는 것 자체가 말이 되지 않지만, 요즘에는 워낙 경제적 가치를 많이 이야기하니 소개한 것이다. 점점 혼자 자라는 아이들이 많은 세상이니 친구의 소중함은 더욱더 클 것이다.

친구는 잃기는 쉬워도 만들기는 쉽지 않거니와 진정한 친구는 노력, 배려뿐만 아니라 시간이 오래 걸린다.

꿈을 이루어가는 여정에서 진정한 '마니또'가 있다면 그 발걸음도 좀 더 가벼워질 것이고 기쁨도 배가 될 것이라고 믿는다.

> 변치 않는 우정이란
> 모든 재산 가운데서도 가장 으뜸이지만,
> 사람들은 보통 그것의 가치를 제대로 알지 못한다.
> - 라 로슈푸코

꿈꾸는 자! '초심'과 '열심' 못지 않게 '뒷심'도 발휘한다

우리는 '초심'의 중요성을 항상 강조한다. '시작이 반'이라는 말이 있듯이 '초심'은 꿈의 결과를 끌어내는 첫걸음이자 출발선이다. 그래서 미국의 기상학자 에드워드 로렌츠(E. Lorentz)가 말한 '나비 효과(Butterfly effect)'에서 작은 변화의 몸짓이 결과적으로 엄청난 변화와 파문을 초래할 수 있다고 했다.

반대로 새해마다 결심하는 것들을 열심히 노력한다고 하지만 결국 실패하는 경우가 많다. 화려한 계획과 추진력이 그것을 실천하는 과정에서 점점 희석되고 마무리에 대한 계획과 추진력이 사라진다.

그러나 우리는 새해 결심은 정말 야무지게 잘 설계하지만, 마지막은 대부분 마무리하지 못하고 있다. 시작에 대한 계획은 집중되어 있지만, 끝에 대한 계획은 잘 세워져 있지 않기 때문에 시작과 같은 결과를 얻기 힘들다.

우유부단하거나 소심한 사람은 성공을 자신할 수 없어서 시작부터 두려워한다. 세상에 성공하는 사람이 적은 까닭은 '초심', '열심', '뒷심' 세 박자 모두 맞아야 하는데 이것이 쉽지 않기 때문이다. 결국, 전략이 필요한 것이다.

가능하면 '초심', '열심', '뒷심' 모두 잘하기는 힘든 상황이기 때문에 '초심'은 실패하지 않도록 하는 데 초점을 맞추고, '열심'은 유지하는 데 방점을 찍고, 마지막 '뒷심'은 아주 잘 마무리될 수 있도록 사전 준비를 더 많이 할 수 있도록 하여야 한다. 많은 사람이 거의 마무리 단계에서 포기하는 경우가 많다. 그래서 그 사람들은 두고두고 후회하는 것이다.

사실 일상생활 속에서 이미 우리는 별다른 생각 없이 수많은 시작과 끝을 반복하기 때문에, 별다른 의미를 느끼지 못할지도 모른다. 그래서 의미가 있으려면 무엇이든 기록하여야 한다. 그래야 다음에 또 다른 계획을 세울 수 있고, 실패하지 않을 수 있다. 따라서 '초심'은 쉽지만, '뒷심'은 정말 어렵다. 하지만 꿈을 끝내야 하는 시기의 적절성이 가장 중요한 의미이다.

'뒷심'은 꿈의 하이라이트이자 완성의 절대 기준이다. 나의 꿈이 그대로 사라지지 않도록 깊이 있는 통찰과 지혜가 절실히 요구된다.

거룩하고 즐겁게 활기차게 살아라
믿음과 열심에는 피곤과 짜증이 없다
- 어니스트 핸즈

꿈꾸는 자! '기억력' 보다 '상상력'을 발휘한다

꿈을 이루는데 중요한 것은 '기억력'보다는 '상상력'이 중요하다. 단순히 특정 시험에 합격하는 것으로 꿈을 이루었다고 보기 힘들기 때문이다.

고등학교 시절에는 좋은 대학을 가거나 대학 시절에 좋은 직장에 들어갈 때는 기억력이 중요하다. 하지만 좋은 대학이나 좋은 직장으로 꿈을 이룬 것이 아니므로 기억력은 한시적이거나 제한적이다. 물론 살아가면서 좋은 기억력을 가진다는 것은 사회생활에 분명 도움은 된다.

세상이 급변하고 기억해야 할 것이 점점 더 많은 것은 사실이다. 각종 사이트나 기기에는 비밀번호가 항상 따라다닌다. 평범한 사람이 100년 전보다 기억해야 할 것이 아마 수십 배 늘어났을 것이다. 하지만 스마트폰을 비롯한 각종 IT 기기로 인해 큰 걱정을 하지 않는다.

점점 세상은 더 복잡해지고 기억해야 할 것은 늘어나겠지만 사람들이 걱정하지 않는다. 인간의 기억력을 대신할 기술은 얼마든지 개발될 것이므로 아무도 걱정하지 않는다.

우리가 사용하는 각종 생활용품이나 가전제품 등 수많은 것들은 인간의 상상력이 만들어 낸 것이다. 지금까지 개발된 것들도 언제 더 좋은 것으로 대체될지 아무도 모른다. 그만큼 인간의 상상력은 무궁무진하다.

해마다 전 세계적으로 엄청난 특허 기술이 등록된다. 단지 내가 모르고 있을 뿐이다. 인간의 상상력은 아무리 인공 지능이 뛰어나도 따라가지 못할 것이다. 물론 반복되고 특정한 분야는 인공 지능이 인간보다 뛰어난 것은 사실이지만 인간의 상상력을 따라올 수는 없다.

이제는 정말 상상력의 시대이다. 기술은 이미 많은 성과가 이루어졌고 앞으로도 발전할 것이기 때문에 인간은 상상력만 발휘하면 좋은 세상은 온다.

학창 시절 기억력 부족을 탓하지 마라. 상상력을 잘 발휘하는 사람이 꿈을 이루는 시대가 바야흐로 열리고 있다. 마음껏 상상하라.

**여러분의 상상력은 여러분의 인생에
앞으로 다가올 멋진 일의 예고편과 같다.
- 아인슈타인**

꿈꾸는 자! '검색'보다 '사색(思索)'을 더 많이 한다

모르는 것뿐 아니라 궁금한 것, 맛집, 여행 등 적어도 하루에 몇 번에서 수십 번까지 검색한다. 그래서 요즘은 글도 모르는 아주 어린 시절부터 스마트폰이나 테블릿을 사용한다. 너무 어릴 적부터 자연스럽게 검색을 하다 보니 하루라도 없으면 허전해서 안절부절 못한다.

청소년들이 가장 싫어하는 것은 휴대폰을 사용하지 못하는 상황이 오는 것이다. 만약 어릴 때 부모나 주위 환경이 책을 가까이하지 않으면 자칫 독서는 점점 더 힘든 상황이 오고 있다.

예전에는 아이들이 TV를 너무 본다고 걱정하고 TV를 '바보상자'라 불렀다. 사색하지 않고 TV에만 의존하면 생각의 주체를 빼앗긴다고 그렇게 불렀다. 온갖 매체에서 아이들이 TV를 멀리해야 한다고 아우성이었다. 그러나 요즈음은 TV와는 비교가 되지 않는 상황이 온 것이다.

예전에는 TV가 집 거실에 1대가 있어서 거실을 벗어나면 TV를 볼 수 없으니 부모들이 애들보고 '네 방에 들어가!'로 해결이 되었다. 하지만 지금은 장소에 구애받지 않으며, 심지어 침대에서 잠들 때까지 손에 놓지 못한 시절이라 더욱 사색하지 않는 상황이 온 것이다.

TV나 스마트폰 자체가 문제는 아니다. 어릴 때부터 적절하게 사용하는 법을 잘 못 배운 것이다. 필요할 때 사용해야 다른 일을 하는데 요즘은 점점 사색하지 않고 검색하는 시대가 된 것이다. TV나 스마트폰으로 인해 내가 뭘 해야 할지 모르는 상황이 된 것이다.

요즈음은 더군다나 동영상 검색이 보편화하여서 더욱 스마트폰 의존이 심화하고 있다. 물론 지식을 얻는 예도 있지만, 과연 내가 꼭 필요한 경우에만 사용하느냐 하면 그렇지 않은 게 문제이다. 내 인생에서 내가 주인공인데 주체를 빼앗기고 있다. 심지어 친구들끼리 만났는데 아무 이야기하지 않고 각자 스마트폰 보느라 정신이 없는 장면을 심심찮게 볼 수 있다.

자기 주도적으로 꿈을 설계하고 실행하는 데 꼭 필요한 것이 사색이다. 물론 땀 흘려 실행하기도 하겠지만 끊임없이 사색하여야 한다. 꿈을 이루기 위해서는 '검색'하는 시간을 줄이고 '사색'하는 시간을 늘리자.

우리는 생각하는 대로 존재한다.
우리의 존재는 생각에서 생겨난다.
우리는 생각으로 세계를 만든다.
- 부처

꿈꾸는 자! '꾸미기'보다 '가꾸기'를 한다

사람들은 남의 시선에서 벗어나지 못하다. 인격이 형성되기 전인 어린 시절일수록 더욱 다른 사람들을 의식할 수밖에 없다. 성년이 되고 인격이 어느 정도 형성이 되면 꿈을 이루기 위해 남의 시선보다는 자신의 꿈에 매진한다. 처음에는 내가 가는 길에 대한 과시용으로 '가꾸기' 보다는 '꾸미기'에 노력한다.

그런 시절을 겪고 나면 실속을 차려야 한다는 생각이 들고 '가꾸기'에 열중하게 된다. '꾸미기'는 약간의 포장을 하는 것이니만큼 원래 본성이 잘 드러나지 않게 하는 것이고, '가꾸기'는 하고자 하는 본성을 더욱 성숙하게 만드는 것으로서 꿈에 관한 한 '꾸미기'보다는 '가꾸기'를 해야 한다.

꾸미기는 필요할 때가 있다. 어떤 것이 완성되었을 때 더욱 빛내기 위해서 필요하다. 하지만 꿈이라는 것이 쉽게 단시간에 이루어지기보다는 기나긴 시간 동안 진행되는 속성 때문에 가꾸기를 해야 한다. 물론 아주 작은 꿈들을 이루어 갈 때라면 그때그때 잠깐 꾸미기가 필요할 수도 있다. 그래서 전체적으로는 꾸미기보다는 가꾸기에 열정을 쏟아야 한다.

우리가 상품을 만들어 팔 때 그 상품이 일단 최고의 상품으로 가꾸고 난 다음에 꾸미기를 해야 한다. 소비자는 처음에는 꾸미기에 관심을 두더라도 결국은 상품의 질에 최종 만족을 할 것이다.

만약 꾸미기에만 열중한다면 상품을 받아본 소비자는 잠깐 만족하더라도 상품까지 만족한다고 생각하면 안 된다. 꾸미기에 약간의 흠결이 있더라도 상품이 최고라면 아무런 문제가 되지 않을 것이지만, 반대의 경우에는 반품과 항의에 시달리게 될지 모른다.

가꾸기는 꾸미기보다 시간과 노력이 많이 들 수밖에 없고 그렇게 해야 한다. 아무리 보기 좋은 떡이 먹기 좋다고는 하지만 그것은 맛이 똑같을 때라는 전제 조건이 붙는다.

처음에는 보기 좋은 떡을 고를지 모르지만, 다음번에는 쳐다보지도 않을 것이다. 그래서 꿈은 최선을 다해 '가꾸기'를 해야 하는 중요한 이유이다.

행운의 네 잎 클로버(행운)를 찾기 위해서
행복의 세 잎 클로버(행복)를 밟지 마라.

꿈꾸는 자! 행동은 '인싸(Insider)', 생각은 '아싸(Outsider)' 한다

많은 사람과 함께 살아가는 세상에서 '인싸(insider)'를 하는 사람이 꼭 필요하다. 그렇다고 그 많은 사람이 생각까지 서로 똑같이 '인싸'를 할 수는 없다. 그중에 누군가는 다른 모습, 다른 시각과 다른 생각을 하는 '아싸(outsider)'하는 사람도 있을 것이고 이런 사람들도 꼭 필요하다. 요즘 같은 세상은 점점 발달하기 때문에 더 많은 문제를 해야 할 것이고 그래서 서로 다른 생각들이 더욱더 필요한 것이다.

요즘에는 많은 사람이 집단지성의 필요성에 관해 이야기하고 있다. 어떤 특정 주제에 대해 서로 다른 많은 생각을 모아서 가장 좋은 방안을 찾는 '집단지성'이 정말 '그럴싸' 하지 않는가?

그러다 보면 자연스럽게 좋은 생각을 해낸 사람들은 '아~싸(기분 좋을 때 감정)' 하고 외치는 사람도 나올 것이다. 그래서 행동과 생각 모두가 같이 '인싸'를 하다 보면 '아뿔싸'가 나올 수밖에 없다. 서로서로 '어싸 어싸' 하면서 함께 고민하면 서로 다소 간의 갈등이 있을 수도 있지만, '아싸(다른 생각)'가 나오게 될 것이다.

물론 주도적으로 아주 열심히 하는 '핵인싸(nuclear insider)'도 나올 것이다. 아이폰 설계자 스티브 잡스는 다른 사람들이 미처 생각지도 않은 '아싸'가 있었기에 새로운 세상을 만든 것이다. 기존에 있던 것들을 어떻게 잘 융합할 것인지 '아싸'하는 생각이 남다른 결과를 만든 것이다. 그리고 그 '아싸'의 생각에 적극적으로 동참하는 '인싸'들의 창조물이 아이폰이 된 것이다.

세상을 깜짝 놀라게 한 아이폰의 등장으로 함께 '인싸'를 한 사람들은 서로 '얼싸' 안고 기뻐했을 것이다. 우리는 아무래도 '인싸'하는 사람들만 어울리고 싶어 한다. 그렇지만 어떤 조직에서는 '아싸'하는 사람도 '소금'처럼 꼭 필요한 것이다.

꿈을 이루어가는 과정은 '저절로'나 '탄탄대로'가 아니므로 행동을 함께하는 '인싸'와 더불어 다른 생각들을 일상화하는 '아싸'가 필요한 것이다.

> 행복을 깊이 느끼고, 단순하게 즐기고,
> 자유롭게 사고하고, 삶에 도전하고
> 남에게 필요한 사람이 되는 능력에서 나온다.
> - 스톰 제임슨

꿈꾸는 자! '무덤덤' 하지 않고 '팬덤(Fandom)'을 즐긴다

옛날에는 평생 사람들이 이동하는 거리가 아주 제한적이었다. 일단 다른 특별한 이동 수단이 없으니 걷는 것이 고작이었고 살아가는 동안 만나는 사람도 그렇게 많지 않았다.

그래서 재미있는 일을 찾을 수 있는 곳은 자신의 마을 아니면 이웃 마을이었다. 시간이 흘러 이동 수단이 점점 발달하였지만, 그 속도는 아주 느렸다. 불과 100년 전에만 해도 최고의 이동 수단은 말이 최고였으니까. 하지만 최근 몇십 년간은 이동 수단이 눈부시게 발달하였다.

자동차, 배, 비행기 등 이젠 사람이 사는 어느 지역이든 갈 수 있다. 특히 인터넷으로 어느 특정 장소를 방문하지 않아도 무슨 일인지 알 수 있다. 그리고 개인의 다양한 SNS 활동(페이스북, 트위터, 블로그 등)으로 국가의 공식 매체(방송, 언론 등)가 아니어도 알 수 있다. 아주 큰 일이 일어나면 거의 실시간으로 알 수 있는 시대가 된 것이다.

이제는 자신이 사는 지역뿐만 아니라 언어가 다른 나라까지도 알 수 있는 세상이다 보니 자신이 좋아하는 것이라면 국경도 초월한다. 그래서 한국 가수 최초 미국 빌보드 1위를 기록한 방탄소년단(BTS) 같은 세계적 가수들은 전 세계 주요 도시 순회공연을 하고 있다.

이것은 전 세계에 방탄소년단을 좋아하는 팬들의 '팬덤' 현상이 있기 때문이다. 서로가 같은 것을 좋아하는 사람들끼리는 굳이 이웃에 살고 있지 않아도 늘 서로 정보를 주고받고 심지어는 스마트폰으로 실시간으로 확인도 할 수 있다. 자신과 같은 흥미를 느낀 사람들이 있으면 이들은 서로가 '무덤덤'하게 살지 않고 '팬덤'을 즐기고 살 것이다.

굳이 누가 시키지 않아도 자발적으로 다양한 아이디어를 공유하고 자신의 시간까지 기꺼이 할애한다. 때로는 아주 먼 거리도 마다치 않고 달려간다. 이런 '팬덤' 현상은 형제와 주변의 친구가 많지 않은 세상이다 보니 자신과 같은 생각을 하는 사람을 찾기가 쉽지 않기 때문이기도 하다.

누구나 꿈을 꾸고 있다면 자신의 꿈을 이루기 위해 '무덤덤'하게 보낼 것이 아니라 좀 더 적극적으로 같은 꿈을 가진 사람과 '팬덤'을 즐기기를 바란다. 이런 '팬덤'이 내 꿈을 이루는데 하나의 자산이 될 것으로 본다.

사람들이 성공하지 못하는 이유는
기회가 문을 두드릴 때
뒤뜰에 나가 네 잎 클로버를 찾기 때문이다.
- 월트 크라이슬러

꿈꾸는 자! '브랜드(Brand)'보다 '마인드(Mind)'를 중시한다

 사람들이 어떤 소속감을 느낄 때 심리적 안정감을 얻는다. 그 소속감과 심리적 안정감은 사람마다 다르지만, 나라나 문화가 비슷할 경우에는 대체로 비슷하다. 그 소속감은 보통 다른 사람들과 비슷한 음식, 옷, 개인용품, 주거 형태뿐만 아니라 취미 생활까지도 포함한다.

그래서 대량 생산의 시대인 요즈음은 사람들이 많이 찾는 '브랜드(Brand, 제품명)'를 찾는 경향이 많다. 물론 모든 것을 자급자족해서 살 수는 없지만, 적어도 자신만의 개성이 있어야 한다. 그렇지 않고 유행만을 따른다면 어쩌면 자신의 존재 이유가 없어지는 것은 아닐까? 가정마다 경제적 형편이 다른데도 모두가 같은 '브랜드'를 고집할 수 없지 않은가.

자신만의 '마인드(Mind, 생각)'가 있어야 한다. 같은 브랜드를 가지고 있다고 모든 사람이 같은 직장, 같은 직업을 가질 수 있는 것이 아니다. 다른 사람들의 브랜드만 쫓다 보면 다른 사람들이 선호하는 직장만 따르는 오류가 생기기 쉽다. 그래서 다른 모든 사람이 갖고 싶다는 직장은 경쟁이 치열할 수밖에 없다. 나의 적성과 흥미가 무엇보다도 중요하다는 마인드가 중요하다.

세상에는 수많은 제품이 있고 그 각각의 제품마다 수많은 브랜드가 있다. 그리고 시대 흐름에 따라 엄청나게 많은 브랜드가 생겨나고 사라진다. 새로 생기는 브랜드도 영원히 가지는 않는다. 단지 어느 정도 오랫동안 지속하느냐 차이만 있을 뿐이다.

예전에는 그냥 각자가 필요한 것을 만들어 썼다. 아니면 조금 떨어진 이웃에서 구할 수 있었다. 자신들만의 마인드로 살아가고 있었다고 할 수 있다. 점점 이동 수단이 좋아지면서 같은 제품이라도 값싸고 오래 쓸 수 있으면 최고였다.

그러다가 비슷한 가격에 조금 더 세련되고 차츰 브랜드로 탄생하는 것이었다. 주위에 아주 많은 사람과 함께 하는 세상에는 브랜드를 벗어날 수는 없지만, 브랜드를 찾는 최소한의 내 마인드는 있어야 한다. 내가 소유하고 소비하는 모든 제품에 브랜드명이 없는 것은 없다. 단지 유명하지 않을 뿐이지만 말이다.

꿈을 꾸는 자는 자신이 하는 일에는 세상의 기준인 '브랜드'를 따라가기보다는 자신만의 '마인드'로 살아가는 자임은 분명하다.

> 성공 비결은 다른 사람의 관점을 포착하여
> 자신의 입장에서 생각하는 것이다.
> - 헨리 포드

꿈꾸는 자! '컨택트(Contact)'와 '언택트(Untact)'를 넘나든다

컨
언 **택트**

사람들이 살아가는 생활 반경은 엄청나게 늘어나고 있다. 교통의 발달도 있지만, 다양한 미디어 매체의 등장으로 더욱더 넓은 세상을 알게 되어 국내뿐만 아니라 외국 생활도 많이 한다.

그리고 앞으로도 인간 생활 반경이 넓어지면 넓어지지 좁아지지는 않을 것이다. 전 세계적으로도 소득 수준도 높아져 가는 추세인 만큼 지구촌이라는 말이 아주 자연스럽게 되었다.

바야흐로 '언택트(Untact, 비대면)'가 대세가 되어가는 시대이다. 한평생 살아가는 동안 한 사람이 접할 수 있는 분야나 생활 반경은 넓어져 가는 만큼 언택트도 늘어날 것으로 보인다. 불과 몇십 년 전만 해도 대부분 '콘택트(Contact, 대면)' 시대였다. 하지만 이제 조금씩 콘택트의 영역과 비중은 줄어들 것이다. 앞으로도 얼마나 더 줄어들지는 아무도 예측하지 못한다.

특히 스마트폰의 등장으로 더욱더 언택트가 삶의 중요한 부분이 되었다. 언택트의 영역은 온라인 쇼핑, 온라인 강의, 온라인 게임, 온라인 공연 등 광범위하게 영토 확장을 하고 있다. 콘택트 매장에도 주문을 키오스크(kiosk, 음성 및 화면 터치) 방식으로 무인 시스템을 주문하고 드라이브 스루로 제품을 받아 가고 있다. 심지어 일본에는 사람이 1명도 근무하지 않는 호텔이 있을 정도로 생활 곳곳에 언택트가 광범위하게 활용되고 있다.

구글을 비롯한 세계 유수의 자동차 회사들은 자율 자동차 상용화에 사활을 걸고 있다. 자율 자동차가 상용화되면 남는 시간은 분명 언택트 생활을 할 것이기 때문이다. 아직 아무도 겪어보지 못한 생활이 될 것이고 나이에 상관없이 장시간 여행도 전혀 문제가 되지 않을 것이다. 스마트폰의 수많은 앱이 언택트를 주도할 것이고 현재보다 비교할 수 없을 정도로 많은 앱이 나타나고 사라질 것이다.

이제 꿈을 꾸는 사람이라면 콘택트보다 언택트 우위 시대에 어떻게 조화롭게 살아갈지 고민해야 할 것이다.

> 행복을 즐겨야 할 시간은 지금이다.
> 행복을 즐겨야 할 장소는 여기다.
> – 로버트 인젠슬

꿈꾸는 자! '가글링' 하듯 '구글링(Googling)'도 한다

바야흐로 '구글링' 시대이다. 검색만으로 살아가지는 않지만, 어쩔 수 없이 우리는 검색을 하면서 살아가고 있다. 음식을 먹으면 '가글링'하는 것처럼 매일 '구글링'을 한다. 아직 우리 국내에는 '네이버'가 강력한 힘을 발휘하고 있지만, 그 힘은 점점 약해지고 있다.

구글과 네이버는 아쉽지만, 차이가 엄청나다. 무엇이든지 물어보라는 '네이버 지식인'도 무시할 수 없지만, 세계적인 구글 앞에서는 압도당할 수밖에 없다. 이제는 '유튜브'까지 합세하여 독보적이고도 세계 최고 검색 회사이다.

물론 아직 사용하지 않은 국가(중국, 러시아 등)가 있지만, 앞으로 어떻게 될지 모른다. 우리도 대학생이 되면 자연스럽게 구글을 사용한다. 전 세계 60개국 이상에 구글 지사가 있고, 130개가 넘는 언어로 검색을 할 수 있다.

구글은 10^{100} 을 뜻하는 수학 용어 구골(googol)에서 유래되었으며, 1996년 스탠포드대학 박사 과정 중이던 래리 페이지(Larry Page), 세르게이 브린(Sergey Brin)이 개발하였다.

처음에는 검색으로 시작하였지만, 지금은 거의 모든 분야로 그 영역을 넓히고 있다. 땅(Earth), 하늘(Sky), 바다(Sea) 지도를 만들었고, 위성 사진, 거리뷰, 360° 거리 파노라마 뷰, 실시간 교통 상황, 도보, 자동차, 자전거(베타)와 같은 대중교통의 경로도 만들어 제공하고 있다.

하늘에는 별자리와 바다의 해저 지형까지 만들어 누구나 이용할 수 있게 되었다. 이제는 구글북스(Books), 구글 글라스(Glass, 안경), 무인 자율자동차, 스마트폰 안드로이드 운영체계, 플레이 스토어를 비롯하여 IT 관련 아주 다양한 사업으로 확장하고 있으며, 자체 관련 사업만도 열거하기 힘들 정도로 많은 분야를 운영하고 있다.

코로나 19로 초·중·고 원격수업을 할 때 '구글 클래스룸'이 엄청나게 많이 사용한 것만 봐도 그 영향력은 쉽게 짐작할 수 있다. 그리고 2020년 1월 16일에 전 세계 4번째이자 현재는 3위인 시가 총액 1조 달러를 달성하였다.

이제 웬만한 기술은 '유튜브' 강의에서, 웬만한 지식은 구글에서 배울 수 있기 때문에 '구글링'을 꿈을 이루는 데 활용해 보자.

우리는 그 어떤 것에 대해서
1억분의 1도 모른다.
- 토마스 에디슨

꿈꾸는 자! '슈퍼카(Super-car)'가 아닌 '유레카(Eureka)'를 탄다

누구나 좋은 차를 타고 싶어 한다. 큰 차, 안전한 차, 외양이 멋진 차, 편안한 차, 조용하고 내부가 럭셔리한 차 등과 같이 여러 기준 중에서 각자의 형편에 맞게 자가용을 탄다. 그러나 모든 것을 갖춘 차가 '슈퍼카(Super-car)'이다. 이 슈퍼카는 아무나 탈 수 있는 것은 아니다.

워낙 고가이기도 하고 유지할 수 있는 경제적 여유가 있어야 탈 수 있다. 누군가에게는 '꿈의 차'인 것이다. 그러나 꿈을 이루는 데는 물질의 소유보다 경험의 소유가 더 중요하다. 경험은 시간이 지날수록 쌓여서 '유레카(Eureka)'를 얻게 되는 것이다.

이 깨달음의 유레카는 꿈을 이루는데, 정말 중요하다. 슈퍼카는 오래 타면 낡아질 수밖에 없고 다시 다른 슈퍼카를 구입해야 할지 모른다. 그리고 점점 더 좋고 멋진 슈퍼카가 계속 나오는데 그 모든 슈퍼카를 살 수는 없기 때문이다.

여러분은 아르키메데스의 원리를 들어봤을 것이다. 아르키메데스가 왕관에 금과 은이 어느 정도 함유한 비율을 고민하던 중, 목욕할 때 욕조에 들어가자 물이 넘치는 것을 보고 비중의 개념을 깨달아 알몸으로 뛰어가며 '유레카'라고 외쳤다. 당시 왕인 히에로 2세는 금세공사에게 순금을 주고 그것으로 금관을 제작해 달라는 의뢰를 한다.

하지만 세공사는 완성된 금관을 가지고 왔는데, 순금과 금관의 무게는 똑같았기에 은을 섞었는지 알 수가 없는 상황이라서 아르키메데스에게 문제를 해결하라고 한 것이다. 물질 고유의 성질을 파악하여 문제를 해결한 것이다.

평범한 사람은 살다 보면 물질에 욕심을 가질 수밖에 없다. 예전의 법정 스님 같은 분은 무소유를 실천하셨던 분이지만, 일반인은 정말 실천하기 어려운 일이다. 따라서 꿈을 이루고자 하는 사람은 슈퍼카를 타는 것보다 다양한 분야에서 다양한 경험으로 '유레카'를 찾는 것이 훨씬 좋을 것이다.

그리고 '유레카'는 언제 어디서든 내가 원하는 장소, 원하는 모습으로 꿈의 원동력으로 작용할 것이기 때문이다.

가고 또 가는 가운데 깨달음이 있고,
행하고 행하는 가운데 얻음이 있다.
- 공자

꿈꾸는 자! '아파트(Apartment)'가 아닌 '아지트(Agitpunkt)'를 가진다

 우리나라는 가히 아파트 공화국이다. 대한민국 구석구석 아파트가 하루가 다르게 세워지고 있으며, 5,000세대가 넘는 아파트도 부지기수이다. 그리고 서울 용산에는 아파트 1채 가격이 이미 80억 원이 넘었다. 50억 원이 넘는 아파트도 상당히 많다. 요즈음에는 시골이라도 아파트가 있다. 조그마한 도시 근처에는 어김없이 높은 아파트를 볼 수 있다.

주거 지역에는 일부를 제외하고는 대부분 아파트로 채워져 있다. 그 높이도 이제는 300m가 넘고 80층짜리 아파트가 있다. 부산 해운대에 있으며, 근처에는 72층 아파트도 있다.

그래서 성인이 되면 누구나가 아파트를 사려고 노력한다. 2020년 현재 일반적인 직장인이라면 월급을 모아서 서울에 아파트를 매입하기는 점점 더 어려워지고 있다. 부동산 가격이 계속 오르니 너도, 나도 살려고 '영끌(영혼까지 끌어모아)'까지 대출을 계획하고 있다.

어느 부자 부부가 매일까지 혼신의 힘을 다해 직장 생활을 하고 있다가 어느 날 갑자기 아파트에 들렀더니 가정부가 럭셔리 소파에 비싼 커피를 타서 비싼 오디오로 음악을 듣고 있었다고 한다. 주객이 전도된 것이다. 그 부부는 자기 가족의 행복을 위해 돈을 버는 것인지 가정부를 위해 돈을 버는 것인지 아리송한 상황이 된 것이다.

'아지트(Agitpunkt)'는 '구소련의 대민 사상교육과 선동을 담당하는 교육센터'를 말하는 것이었는데 오늘날에는 '특정 개인이나 집단의 근거지'로 사용되고 있다. 그래서 요즘에는 마음만 먹으면 개인의 아지트를 얼마든지 만들 수 있다.

예전에는 다음이나 네이버에 카페나 블로그를 운영하는 것이라면 요즘에는 트위터, 페이스북, 텔레그램, 틱톡이나 유튜브를 한다. 이미 아주 어릴 때부터 하는 아이들이 점점 늘어나는 것을 보면 가족의 '아파트'가 아닌 나만의 '아지트'가 더 중요한 시대인 것이다. 꿈꾸는 자는 분명 자신만의 '아지트'를 만드는데에도 노력을 할 것이라 믿는다.

> 방 안에 있다고 귀신에 홀리는 것은 아니라,
> 집 안에 있다고 그런 것도 아니다.
> 뇌에는 물질적 공간을 초월하는 통로가 많다.
> - 에밀리 디킨스

꿈꾸는 자! '빅뱅(Big-bang)'같은 '인터러뱅(Interrobang)'를 좋아한다

'인터러뱅(Interrobang)'은 '? + !'를 합쳐서 부르는 것으로 어떤 문제 해결에 있어서 고정관념에 사로잡히지 않고 끊임없이 고민하여 해결책을 찾는 문장 부호이다. 우리는 예전에는 미처 생각지도 못한 발명품들이 너무나도 많다. 지금 대부분의 가전제품은 전기가 없던 시절에는 상상도 할 수 없는 제품들이었다.

지금 우리가 거의 매일 이용하는 자가용, 버스, 지하철, 비행기, 트럭들은 또 어떤가? 그럼 앞으로 50년 뒤에는 과연 어떤 제품들이 우리 생활에 도움을 줄까? 예측이 쉽지 않다. 로봇이 도움을 줄 것 같다는 정도 외에는 딱히 생각이 나지 않는다. 아마 최근 50년보다 앞으로 50년은 더 많이 더 광범위하게 변화할 것이라는 사실만이 확실하다고 할 수 있다.

어떤 발명품들은 아주 짧게 사용되고 다른 제품들과 합쳐서 새로운 것들이 나타나기도 하고 '스마트폰'과 같은 '빅뱅' 제품들이 탄생하는 것이다. 무엇이든지 당연함을 뛰어넘어서 의문을 가진다면 우리는 새로운 '인터러뱅'을 하게 되는 것이다.

의문과 깨달음이 동전의 양면처럼 언제나 상호작용하는 과정을 찾아가는 것이다. 예상하지도 못했던 물음이 생각지도 않은 대답으로 나오는 경험을 자주 할수록 더 큰 제품이 발명되는 것이다. 다이슨의 날개 없는 선풍기를 개발했을 때 일반 사람들의 놀라움은 정말 상상을 초월하는 것이었다. 지금, 이 순간에도 지구 곳곳에서는 '빅뱅' 같은 '인터러뱅'을 꿈꾸는 젊은이들이 밤잠을 설치며 고민하고 있을 것이다.

위대한 발명은 책상에 앉아 머리로만 나오는 것이 아니다. 수많은 생각과 끊임없는 실험, 헤아릴 수 없는 시행착오에서 나오는 것이다. '나도 할 수 있다'라는 자신감과 포기하지 않는 도전 정신도 함께 해야 한다.

하루하루 힘든 과정에서 나오는 작은 성과들을 벗 삼아 줄기차게 나아간다면 분명 꿈같은 일들이 일어날 것이라고 믿는다.

> 성공의 여부는 어느 누구도
> 키나 체중, 대학 학위, 집안 배경으로 판단되지 않는다.
> 그것은 그들의 생각의 크기에 의해 판단된다.
> - 데이비드 슈워츠

꿈꾸는 자! '잡필(雜筆)'로 시작하여 '집필(執筆)'을 한다

처음에는 낙서처럼 글을 쓰거나 그림을 그리다가 작가로 전업하는 경우가 많다. 글이나 그림을 그냥 내가 좋아서 꾸준하게 블로그나 SNS에 올리다가 어느새 많은 독자가 생겨나서 완전히 업(業을) 바꾸는 경우가 점점 늘어나고 있다.

기존에는 아주 훌륭한 스승을 만나거나 전문 교육기관에서 전문적으로 훈련을 받은 사람만이 가능한 시대였다. 요즘은 블로그, 페이스북, 트위터, 인스타그램, 텀블러, 플리커 등 여러 매체에 아주 다양한 주제와 방식으로 자신의 습작을 올림으로써 불특정 다수의 대중으로부터 노출이 된다.

인터넷이 발달하기 이전에는 신문, 방송, 잡지, TV 등 일부 제한된 공간에서만 인정이 되었지만, 이젠 환경이 변화하여 이전으로 돌아갈 수 없는 시대로 바뀌게 되었다.

옛날 유명한 사람들도 '다작(多作)' 속에서 '걸작(傑作)'이 나온 경우가 많았다. 다만 우리에게 자세하게 알려지지 않았을 뿐 그 사례는 수도 없이 많다. 세익스피어가 20년에 걸쳐 쓴 희곡만 37편이었지만, 우리에게 알려진 작품은 몇 작품이 되지 않았고 35년을 살다가 세상을 떠난 모차르트도 작곡을 600곡, 베트벤이 65곡, 바흐가 1,000곡을 작곡했지만, 이들 역시 유명한 작품은 얼마 되지 않는다.

워낙 대작들은 남겨서 우리가 엄청나게 느끼고 있을 뿐이다. 그림 분야에서는 피카소는 드로잉 12,000점, 도자가 2,800점, 유희 1,800점, 조각 1,200점으로 아주 많은 작품을 남겼지만, 피카소 역시 대작보다는 평범한 작품이 훨씬 더 많았다.

그리고 발명의 왕 에디슨도 1,098개 특허 중에서 탁월한 발명품은 아주 소수이었고 세계적 과학자인 아인슈타인은 26세에 5개 논문 발표해서 상대성 이론을 포함한 4편이 엄청난 평가를 받았지만, 이후 248편은 학계에 주목을 받지 못하였다. 한국이나 미국, 일본의 불세출 역사를 가진 초대형 홈런 타자들도 엄청난 삼진 아웃 기록을 동시에 보유하고 있다. 수많은 시행착오 속에서 꽃이 피는 것이다.

내가 시작한 조그마한 행동들이 나중에 어떤 형태로 나에게 찾아올지 모른다. 비록 작고 소소한 '잡필'이라도 계속하여 기록으로 남겨진다면 좋은 '집필'이 될 것이다. 세상에는 작품(책 등)을 남긴 사람과 그렇지 않은 사람으로 분류한다.

> 당신이 읽고 싶은 책이 있는데
> 그 이야기가 책으로 나오지 않았다면
> 당신이 그 이야기를 쓰면 된다.
> - 토니 모리슨

6. 꿈을 가꾸어가는 모습

꿈은 '날갯짓(본캐)'과 '딴짓(부캐)'으로 함께 난다

사람들이 세상에서 자기 꿈을 이룬다고 했을 때 항상 자신이 이루고자 하는 분야에만 매달린다고 생각하는데 의외로 자신이 **이루고자 하는 분야에서 노력하는 일(날갯짓, 본캐)과 아무런 관련도 없는 일(딴짓, 부캐)**을 하는 경우가 많이 있다. 서로 상관은 없지만, 자신의 분야에서 노력하는 일 못지않게 중요하게 생각하는데 그런 사례는 얼마든지 있다. 나중에는 '날갯짓'과 '딴짓'이 어느 시점에서 아예 바뀌기도 한다.

한국고용정보원 '2016 대졸자 직업 이동 경로 조사'에 보면 전체 대졸자 평균 50%만이 현재 직업과 전공이 일치한다고 한다. 그만큼 자신이 전공한 분야에 직업을 가질 확률이 50%이지만, 인문 계열을 더 낮고 이공계열은 더 높다.

우리가 알고 있는 유명인 중에도 전공과 다른 길을 가는 사람들이 많이 있다. 우리가 '날갯짓'이라고 열심히 살고 있지만, '딴짓'과 위치가 바뀔 수도 있다. 김민기(가수)는 미술이 전공이었다. 심지어 유명한 '아침 이슬'은 그림을 그리다가(날갯짓) 구상이 잘 안 되어 잠시 노래(딴짓)를 부르다가 만든 것이다. '거위의 꿈'을 만든 가수 '이적'은 전공이 사회학이었고, 가수 '이선희'는 환경관리과를 졸업했으며, 가수 '이승기'는 국제통상학을 전공하였다.

노벨상 수상 과학자 중에서 예술을 한 사람들의 비율이 높은데 음악은 2배, 미술은 7배, 공예는 7.5배, 글쓰기 12배, 공연은 22배가 높았다. 다른 분야와 함께할수록 그 성과가 높았다. 그래서 '딴짓'이라고 무시하지 말고, 무엇이든 한번 시도해 보자.

유명 인사	딴짓
워런 버핏(금융인)	멍 때리기, 우쿨렐레 연주
마크 주거버그(페이스북 창시자)	고전 읽기(그리스 라틴)
우디 앨런(영화 감독)	샤워하기
아이작 뉴턴(과학자)	정원에서 휴식하기
아인슈타인(과학자)	바이올린 연주
윈스턴 처칠(정치인)	수채화 그리기
임마누엘 칸트(철학자)	산책하기
요한 볼프강 폰 괴테(철학자)	그림 감상하기
스티브 잡스(기업인)	기타 연주
스티븐 스필버그(영화 감독)	운전
손정의(기업인)	독서
김정운(전 교수)	만년필 모으기

[출처] 딴 짓의 힘, 2017, 김충만, 프리윌

아는 '척', 보는 '척', 듣는 '척', 믿는 '척'하지 말고 엄지 '척' 한다

사람들은 타인의 일에는 별로 관심이 없다. 우선 내가 바쁘고 내 할 일을 하다 보니 자연스럽게 타인은 관심 밖에 있다. 그렇다고 타인들과 함께 살아가는 마당에 아는 '척' 하는 경우가 많다. 그러다 보니 다른 사람들의 의견을 대충 듣는 '척'하기도 하고 믿는 '척' 하기도 한다.

가까운 사람이 뭔가 열심히 할 때는 그냥 건성 건성으로 보고 있는 '척' 하지 않고 관심을 가지고 실제 잘하는 부분을 구체적으로 꼭 집어 엄지 '척'을 해 보자. 비록 사소하거나 작은 부분이라도 차이가 나는 부분을 엄지 척을 해 주면 된다. 듣는 사람이 공감하고 이해하고 알기 쉽도록 엄지 '척'을 해야 한다.

괜히 하는 소리이거나 입에 발린 소리, 건성으로 하는 소리라는 인상을 주지 않아야 한다. 재능보다 노력을, 결과보다 과정을, 큰 것보다 작은 것을 자주, 나중보다 지금, 혼자보다 여러 사람이 있을 때 엄지 '척'을 한다면 그 효과는 훨씬 클 것이다. '칭찬은 고래도 춤추게 한다.'라는 말처럼 조금씩 조금씩 주변 사람들에게 엄지 '척'을 해 보자. 이런 나의 엄지 '척' 노력이 오히려 주변 사람들로부터 똑같이 되돌아올 것이다.

내가 하는 일에 대해서 잘 안 되거나 자존감이 부족하면 다른 사람들이 눈에 들어 하지 않는다. '나 같은 사람이 뭘', '난 원래 잘하는 것이 없어'라는 것과 같이 자신에 대하여 긍정적이지 못하면 다른 사람들은 엄지 '척' 할 수 없다. 어떤 일이 반복하면 지속하는 힘을 가지는데 자존심이나 칭찬도 마찬가지다. 자존감이 높은 사람이 다른 사람들을 칭찬을 잘한다. 그래서 나의 자존감을 높이는 일이 우선이다.

'나는 내 인생의 주인공이다.', '오늘도 난 일을 멋지게 해나갈 거야', '나는 의외로 멋진 사람이고 힘들 때 더 잘 극복하는 사람이다', '내일은 더 멋진 하루가 기다리고 있어 기대 돼'와 같은 말들을 스스로 하는 습관을 만들자. 그리고 아주 적더라도 의미 있는 일들이면 기록으로 남겨서 훗날 추억으로 삶의 원동력으로 삼자.

> 사람은 남을 칭찬함으로써 자기가 낮아지는 것이 아니다.
> 도리어 자신을 상대방과 같은 위치에 놓는 것이 된다.
> - 괴테

꿈은 '꼼수, 속임수'가 아닌 '신의 한 수'를 둔다

 대부분 사람은 자기 일에 최선을 다한다. 특히 어떤 일을 책임지고 있는 높은 위치에 있을수록 더욱 최선을 다한다. 그렇다고 해도 최선을 다한 결과는 항상 최고의 성과로 이어지는 것은 아니다.

그래서 본의 아니게 가끔 '실수'를 하기도 하고, 안 되는 줄 알면서도 어쩔 수 없이 '무리수'를 두는 예도 있다. 때로는 상대방 모르게 약간의 '꼼수'를 쓰기도 하고, 잘하려고 하다가 일이 꼬여 '구설수'에 오르기도 한다. 삶에서 어느 순간에 '외통수'에 걸려 고생하기도 하고 생각지도 못한 '고단수'를 만나 제대로 '한 수'를 배우기도 한다.

인생의 중요한 고비에서 결정한 한 방이 '신의 한 수'가 되는 것은 결코 우연이 아니다. 그런 '신의 한 수'가 나오기까지는 수많은 시행착오를 겪고 난 후에 생긴 내공이 있었기 때문이다. 그런 내공의 힘은 평소에 끊임없이 고민하고 결정하고 다시 고민하고 결정하는 과정에서 쌓이고 쌓인 결과이다.

그런 내공은 처음부터 생기는 것은 아니고 여러 결정이 모이고 시간이 흐르면서 생기는 것이다. 하지만 매번 '신의 한 수'를 둘 수도 없기도 하고 금방 알 수 있는 경우보다 시간이 흐르고 흘러서 뒤돌아볼 때에야 알 수 있는 경우가 많다.

우리는 하루에도 수많은 선택을 한다. 별로 중요하지 않은 경우가 많아 대부분 대수롭지 않게 선택을 하고 잊어버린다. 그리고 그런 선택들은 평소에 어떤 삶의 변화가 오지는 않는다. 곧이어 크고 작은 선택들이 지속해서 찾아온다. 만약 꿈을 이루어가는 여정이라면 이런 선택들은 어떤 일관성을 가진다. 꿈을 이루는 데 따른 선택의 기준이 있기 때문이다. 결정에 따른 선택 시간도 짧아지고 시간이 지나도 기억이 쉽다.

꿈을 이루는 '신의 한 수'는 거저 얻어걸리는 수가 아니므로 요행을 바라면 안 된다. 꿈을 명확히 인식하여 하루하루 고민하고 기록하면서 묵묵히 헤쳐나갈 때 비로소 생기는 멋진 '신의 한 수'를 기억하기 바란다.

당신의 선택이
당신이 누구인지를 말해 준다.
- 브라이언 트레이시

꿈이 있는 놈! 꿈이 없는 놈! 꿈만 꾸는 놈!

세상에는 아주 많은 종류의 사람들이 살아간다. 그 많은 사람의 수 만큼이나 많은 각자의 '꿈'을 가지고 있다. 우리 민족의 온갖 핍박과 억압으로 신음하던 일본 강점기에는 자주독립의 꿈을 꾸는 분들이 많았다.

그리고 미국 흑인 인권 운동의 지도자 마틴 루터 킹은 'I have a Dream(나에겐 꿈이 있습니다)'이라는 명연설로 자신의 꿈을 나타냈다. 나라가 어려울 때는 자신의 꿈이 개인을 넘어서 나라 전체의 염원을 대변하는 꿈을 꾸기도 하였다. 하지만 지금이 시각에도 국가나 사회의 잘못된 제도나 법을 바꾸기 위해 개인을 넘어 사회변화라는 더욱더 큰 꿈을 꾸는 사람들도 있다.

의료 기술의 발달로 수명이 연장되면서 '꿈'을 꾸는 연령대가 점점 더 높아져 가고 있다. 예전에는 명퇴나 정년을 맞이하고 나면 여생을 어떻게 편안하게 보낼까를 고민했다면 이제는 새로운 도전을 하는 이가 주위에 너무나도 많다.

누군가는 지금 꿈을 꾸고 이루려고 노력하는 사람이 있는가 하면 그저 아무 하는 일 없이 꿈만 꾸는 사람이 있다. 그리고 하루하루를 되는대로 그저 그렇게 살면 되지 꼭 꿈이 필요하냐고 하는 사람이 있다. 어느 하나가 반드시 정답이 있는 것은 아니다. 이것은 순전히 개인의 선택 문제이다.

다른 사람이 꿈을 꾼다고 똑같은 꿈을 꿀 수는 없고 대신 내 꿈을 이루어줄 사람도 없다. 하지만 어떤 경우라도 내가 행복하기만 하면 된다. 꿈을 가짐으로써 평생 힘든 삶만 산다면 의미 없는 것이다. 그래서 이룰 수 있도록 반드시 자기 주도적으로 꿈을 설계해야 한다.

세상은 변한다. 그리고 우리가 살아갈 미래도 변한다. 나도 평생 변하지 않을 경우보다 변할 확률이 훨씬 더 높다. 내가 변하더라도 행복할 방법을 찾아야 한다. 그래서 내가 꿈을 꾸고 그 꿈을 가꾸는 것이 내가 행복할 확률이 훨씬 더 높다. 어쩌면 우리 인생은 끊임없는 선택하는 확률 게임일지 모른다. 내가 행복할 꿈을 꾸자.

어제의 꿈은 오늘의 희망이고 내일의 현실이기 때문에
무엇이 불가능하다고 말하기는 어렵다.
- 로버트 고다르

꿈은 '비틀비틀'해도 '꿈틀꿈틀' 나가는 것이다

삶에 꿈이 있는 사람들과 없는 사람은 차이가 있을 수밖에 없다. 어릴 때부터 꿈을 향해 매진하는 사람도 있고 나이가 많이 들어서 꿈을 향해 나아가는 대기만성형도 있다. 하지만 꾸준히 노력한다는 점에서는 차이가 없다.

어떤 날은 꿈을 향해 야심 차게 나아가는 날도 있고 어떤 날은 아주 더디게 나아가는 날도 있다. 매일 생각한 대로 잘 나아갈 수는 없다. 중요한 것은 '비틀비틀' 해도 포기하지 않고 '꿈틀꿈틀' 앞으로 나아가는 것이다.

처음부터 잘하기도 힘들고 잘한다고 해도 단기간에 끝날 수 있는 것도 아니다. '우공이산(우직한 사람이 산을 옮긴다)'이라는 말처럼 우직하게 한 길로 나가면 된다. 하나의 작은 꿈이 이루어지고 나면 자신감이 생기고 더 큰 꿈을 이룰 수 있다.

'멈추지 않는 이상, 얼마나 천천히 가는지는 문제 되지 않는다.'라는 공자의 말처럼 자신에 대한 믿음을 가지고 나아가면 된다. 주변에서 잘 나간다고 시샘할 필요도 없다. 그가 나와 다름을 알고 잘 나가는 이유를 배우면 된다.

프로 운동선수들도 치열한 경쟁 속에서 산다. 프로에 입문해도 갈 길이 멀다. 주전으로 뛰기 위해 노력하고 그다음은 오랜 시간 주전이 되기 위해 노력한다. 그리고 그 팀의 전설이 되어 '영구 결번(팀에서 아주 뛰어난 업적을 남긴 선수의 등 번호를 후배 선수들이 영원히 사용하지 않도록 하는 것)'의 영광을 꿈꾼다. 물론 거기서 끝은 아니다.

그 여세를 몰아 지도자의 길을 걷고 누구도 넘보지 못할 기록을 남기는 큰 꿈도 꾼다. 선수로서 성공했다고 지도자의 길이 보장하는 것은 아니다. 그만큼 노력해야 한다.

내가 지금 어디를 향하고 있고 어느 정도 '비틀비틀' 거르는지 알고 대처하면 되는 것이다. 꿈은 '꿈틀꿈틀' 거른다는 것은 너무나도 당연함을 알고 당당히 맞서자.

끊임없이 노력하라.
체력이나 지능이 아니라
노력이야말로 잠재력의 자물쇠를 푸는 열쇠이다.
- 윈스턴 처칠

210

'꿈 일기'는 '부글부글'이 아닌 '싱글벙글'로 쓴다

'웃는 얼굴에 침 못 뱉는다'라는 말이 있다. 그만큼 웃음은 삶에 있어서 소중하다는 것이다. 그러니까 웃는 얼굴에는 적어도 욕은 먹지 않는다는 것이다. 우리는 나도 모르게 어떤 사람에게는 음흉하고 능청스러운 '능글능글'해지기도 하고 또 어떤 사람들에게는 소름이 끼칠 정도로 몹시 흉하거나 끔찍한 '징글징글'하기도 한다.

쭈그러지거나 구겨져서 울퉁불퉁 주름이 잡힌 '쭈글쭈글', 조금만 일이 잘 안 풀리 때마다 '부글부글' 거리기도 한다. 그래도 가능한 여러 사람과 매우 원만한 '둥글둥글', 눈과 입을 살며시 움직이며 소리 없이 정답게 자꾸 웃는 '생글생글', 생김새나 성품이 상냥하고 너그러운 '서글서글'해 보자. 그래서 누구라도 만나거나 하던 일이 잘 풀리지 않더라도 항상 '싱글벙글' 살아보자. 꿈이 저절로 이루어진다.

어떤 연구 결과에 의하면 웃긴 장면과 슬프거나 무서운 장면을 본 두 그룹으로 나누어 시험을 친 결과 웃긴 장면을 본 그룹이 성적이 훨씬 좋았다고 한다. 당연하겠지만 사람은 웃을 때 더욱더 긍정적으로 된다. 그래서 웃음은 삶의 활력소이기도 하기만 주변 사람들에게도 옮겨지기도 한다. 그래서 사람들은 누구나 웃음이 가득한 가정이나 직장이기를 원한다.

웃음으로 어려움을 이겨낸 사람으로 링컨과 찰리 채플린을 들 수 있다. 5살 때 아버지가 알코올 중독으로 돌아가시고 어머니마저 미쳐버린 불우한 환경 속에서 자란 희극인 채플린은 "인생은 가까이 들여다보면 비극이지만, 멀리 떨어져 보면 희극이다"라고 했다. 그리고 의회 진출의 잇따른 실패, 세 아들의 죽음 가운데에서도 웃음으로 온갖 어려움을 이겨낸 링컨은 미국의 가장 위대한 대통령으로 자리 잡았다.

여러분은 꿈을 꾸기 위해서 마음속으로 '부글부글'할 것인가? 아니면 내가 하는 일은 잘 될 것이라는 긍정적 '싱글벙글'로 살 것인가? 여러분의 선택이다.

> 마음의 힘이란 참으로 위대한 것이다.
> 올바른 마음의 자세, 즉 용기 솔직함
> 그리고 명랑한 웃음을 늘 지니고 있어야 한다.
> - 엘버트 허바드

꿈의 책은 '자책, 무대책'이 아닌 '묘책, 최선책'이다

'책은 마음의 양식이다.'라는 말이 있다. 지금은 바빠서 책을 안 읽는 사람도 어릴 때는 읽어보았을 것이다. 요즘은 지역마다 크고 작은 도서관이 많이 생겨서 책 읽기가 정말 좋아졌다. 서섹스대학의 인지 신경심리학과 데이비드 루이스(David Lewis) 박사는 스트레스 해소법으로도 책이 가장 효과적이라고 했다. 루이스 박사는 6분 정도 책을 읽으면 스트레스가 68% 감소하고, 심박 수가 낮아지며 근육의 긴장도 풀린다고 했다. 그만큼 책 읽기는 삶에 아주 많은 도움을 주고 있다.

우리나라 성인들은 1년에 평균 10~12권의 책을 읽는다고 한다. 1달에 1권을 읽을까 말까 수준이다. 그리고 성인 40%는 책을 한 권도 읽지 않는다고 하니 놀라울 뿐이다. 그 이유를 물으면 바쁘거나 시간이 없거나 이유는 다양하다.

그리고 책을 읽어야지 하는 '자책'을 하고 나서 금방 또 '무대책'이다. 정말 바쁘거나 시간이 없어서 5분 정도 시간이 없을까? 아니다. 마음의 문제이다. 책을 많이 읽는 사람들은 아주 짧은 시간도 잘 활용을 하는 '묘책'을 가지고 있다. 눈에 띄는 곳곳에 책을 놓고 잠깐 잠깐 시간이 날 때 1쪽이라도 읽으면 된다.

내가 할 수 있는 '최선책'을 찾으면 된다. 하루 중에서 가장 여유 있는 시간을 찾으면 된다. 스마트폰이 본격적으로 보급된 이후에는 책 보는 사람들이 더욱더 줄어든 것 같다. 모두 스마트폰으로 음악을 듣거나 동영상, 뉴스, SNS를 하느라 책을 읽는 사람들이 많이 줄었다.

책을 읽어야 한다는 사실을 누구나 동의하면서도 대부분 실천을 하지 않는다. 책을 읽음으로써 자신의 삶이 얼마나 풍부해지는지도 알고 있다. 지금 당장이라도 내 꿈에 조금이라도 관련이 있으면 책을 읽자. 그 책 읽기가 내 꿈에 더욱더 다가갈 것이다.

당신에게 가장 필요한 책은
당신으로 하여금 가장 많이 생각하게 만드는 책이다.
- 마크 트웨인

이제는 진정 '학부모(學父母)'가 아닌 '부모(父母)'의 시대이다

어린 시절 부모와 소중한 기억을 많이 경험한 아이일수록 자립심이나 자존감이 높다. 그런 경험들은 평생에 걸쳐 아이들에게 삶에 큰 힘이 되게 한다. 아이들 자신이 얼마나 소중하고 값진 존재인지를 스스로 알게 하는 것이야말로 아이들에게 크나큰 선물이 되는 것이다.

모든 것을 부모가 몸소 보여주고 노력하는 모습을 보여주어야 한다. 자식은 부모의 한(恨)을 풀어주는 존재가 아니다. 얼마 전에 드라마 '스카이캐슬'이 전국을 강타한 적이 있다. 그곳에는 '학부모'만 살아가는 곳에 '부모'가 나타나면서 벌어지는 과정을 그린 드라마인데 왜 그렇게 선풍적인 인기를 누렸는지 누구나 알고 있다.

학부모와 부모는 동전의 양면과 같다. 때로는 학부모로 또 때로는 부모로 변신하기 때문이다. 양면성을 가지고 있다. 그리고 누구나 부모를 지향하지만, 현실은 그렇지 않다. 대부분 부모는 현재 우리가 살아가는 시대적 상황이 그렇게 만든다고 항변하고 있다. 물론 그 속에서도 꿋꿋하게 부모의 역할을 하는 사람들이 있다.

예전에 TV에서 '학부모 VS 부모' 3부작 프로그램이 호평을 받은 적이 있다. 우리나라뿐만 아니라 전 세계를 두루 살펴보고 우리의 현실을 이야기한 프로그램인데 자식이 잘되기를 바라보는 관점 차이도 있음을 이야기한다.

이제는 조금씩 부모의 시대가 다가온다고 할 수 있다. 이제는 '학력(學歷)'의 시대가 아니라 '학력(學力)'의 시대이다. 이미 미국에는 정규 대학 졸업의 필요성이 많이 무너지고 있다. 필요할 때마다 평생 공부하는 '무크(MOOC, 온라인 공개 수업)'가 그 위력을 점점 발휘하고 있고 이제는 교과서가 필요 없는 시대가 된 것이다. 그만큼 세상을 빠르게 돌아가고 있다.

당장 학생들이 급격하게 줄어들어 대학들도 서서히 변화의 흐름에 피해갈 수 없게 되었다. 이제는 우리나라만의 경쟁이 아닌 시대인 것이다. 아직은 대학 입시는 대통령이 바뀔 때마다 정책이 바뀌기도 하지만 사회 환경은 이미 '명문 대학 졸업'이 모든 것을 좌지우지하는 시대는 서서히 지나가고 있다.

정말 이제는 아이들과 소통하면서 부모 스스로 노력하는 모습을 보여줌으로써 아이가 자기 주도 미래 설계를 할 수 있게 하는 시대인 것이다.

부모는 멀리 보라 하고 학부모는 앞만 보라고 합니다.
부모는 함께 가라 하고 학부모는 앞서 가라고 합니다.
부모는 꿈을 꾸라 하고 학부모는 꿈꿀 시간을 주지 않습니다.

꿈꾸기는 '모범생'보다 '모험생'이 더 유리하다

모험생 　4차 산업혁명이 시작된 요즈음 이전의 시대와 확연히 구별된다. 3차 산업 시대에는 한 가지 기술만 익히면 평생 살 수 있는 시대이다. 그 시대에는 정형화, 대형화, 획일화 시대이다.

그래서 기술 전수 위주의 교육만 받으면 그 기술로 평생을 살 수 있었던 시대였고 교육 방식도 당연히 잘 짜인 교육과정 속에서 이루어지던 시대였다. 따라서 정해진 방식과 절차 대로만 교육하면 되는 것이었다. 창의성이 필요하지만, 지금처럼 그렇게 중요하지도 않았다. 이런 시대에는 '모범생'이 중요한 기준이었다.

모범생은 시키는 일을 무엇이든지 잘 해낸다. 그래서 주위 사람들에게도 칭찬을 받고 산 다. 많은 부모도 자식이 크면서 말썽부리지 않고 공부 잘하기를 바란다. 그리고 남이 걸어 간 길, 안전한 길을 따라 안정된 직장을 다니기를 바란다.

굳이 모험하지 않고 잘 모르는 분야에 관한 관심도 별로 없다. 시간 낭비라고 생각하기 때문이다. 그 시간 동안 다른 것을 할 수 있으니까 말이다. 그리고 주어진 틀 밖에서 새로 운 시각으로 세상을 보거나 기상천외한 일들이 일어나지 않는다.

반면에 모험생은 다른 학생과 다른 생각을 많이 한다. 칭찬받을 일은 별로 하지 않기도 하지만 가끔 생각지도 못 한 일들로 부모를 당황하게 만들기도 한다. 하지만 주어진 길, 남 이 걸어간 길에는 별로 흥미를 느끼지 못한다.

주관도 비교적 뚜렷하여 이제까지 해 보지 않은 일, 새로운 일에 재미를 느낀다. 색다른 도전을 즐기고 자신의 한계가 어디까지인지 자주 확인하고 가능성을 점쳐 보기도 한다. 이 런저런 일에 관심도 많지만, 누가 뭐라 해도 자신이 좋아하는 일을 잘 찾아다닌다. 자신이 좋아하는 일을 하기 위해서 용돈과 시간을 아낀다.

모범생과 모험생 중에서 어느 것이 좋다는 것은 의미가 없을 것 같다. 개인적인 성향일 수도 있다. 물론 둘 다 가진다면 더욱더 좋겠지만 이제는 시대가 이전과 아주 다르다. 사물 인터넷, 인공지능, 자율자동차, 빅데이터 등 뚜렷했던 산업 분야가 전방위적으로 합종연횡을 하는 시대이다. 이제는 꿈꾸기 위해서는 좀 더 다양한 분야에 도전하는 모험생이 알맞은 시 대이다.

> 다른 사람들이 할 수 있거나 할 일을 하지 말고,
> 다른 이들이 할 수 없고 하지 않을 일을 해라.
> — 아멜리아 에어하트

이런 날이 올 '줄'과 내 이럴 '줄' 그리고 '씨줄'과 '날줄'

인생을 살다 보면 어쩔 수 없이 여러 '줄'을 만나게 된다. 아기는 어머니의 뱃속 '탯줄'을 끊고 부모님의 '핏줄'을 이어받아 어머니의 '젖줄'로 성장한다. 예전에는 아기가 태어나면 집 대문에 '새끼줄(금줄)'로 외부인의 출입을 막았다. '금줄'은 세속에 때 묻지 않고 부정 타지 않도록 하는 신성한 '줄'이었다. 아들이면 빨간 고추와 숯을, 딸이면 청솔가지와 숯을 달았다고 한다.

그렇게 태어난 아이들은 부모님의 '돈줄'과 '밥줄'로 자라게 되고 학창 시절 학교에서 공부하며 중요한 것을 '밑줄'을 치곤 했다. 그러나 꿈을 이루기 위해 묵묵히 열심히 하다 보니 어느 날 갑자기 "설마 내 인생에 **이런 날이 올 줄** 몰랐다"라는 말을 하게 된다면 이 말이 최고의 '줄'이 아닌가 한다. 봉준호 감독이 2019년 제72회 칸영화제에서 황금종려상을 받으며 한 말이다. 어릴 적 꿈이 이루어졌다고….

한편 특별한 생각 없이 '정신줄' 놓고 살아가다가 '내가 이렇게 살아도 되나'라는 생각이 들 때가 있다. 그래도 뭐 어떻게 되겠지? 내가 놓고 있는 것은 아니니까 '괜찮아'라고 무심코 지나간다. 그러다가 시간이 계속 지나가면 맞게 되는 것이 '**내 이럴 줄 알았어**'가 되는 것이다. 수많은 줄 중에서 '**이런 날이 올 줄**'과 '**내 이럴 줄**' 중에서 여러분은 과연 어떤 줄을 잡을 것인가?

또 다른 줄이 있는데 '**씨줄**'과 '**날줄**'이다. 지금은 볼 수 없지만, 불과 100년 전에만 해도 주위에서 자주 볼 수 있었던 옷감 짜는 '베틀'이라는 나무로 된 큼지막한 작업 도구가 있었다. 이 도구로 옷감을 짤 때 세로줄을 '날'이라 하고 가로줄을 '씨'라고 했다. 그래서 '베(옷)'는 '씨줄(가로줄)'과 '날줄(세로줄)'이 서로 엇갈리면서 짜게 된다. 만약 '씨줄'만 있다든지 '날줄'만 있다면 옷이 만들어지겠는가? 두 줄 모두 조화롭게 꼭 필요한 것이다.

'**이런 날이 올 줄**'과 '**내 이럴 줄**' 중에서 하나의 줄만 선택되는 경우가 많겠지만, '**씨줄**'과 '**날줄**'은 반드시 모두 필요한 줄이라는 점에서 다르다. 그래서 '꿈'과 '끼(재능)'가 '**씨줄**'과 '**날줄**'에 해당한다고 보면 되는 것이다. '꿈'만 꾸고 있어도 되지 않고 '끼'만 있어도 되지 않는다. '꿈'을 꾸면서 '끼'를 마음껏 발휘할 줄 알아야 한다.

'**씨줄**'과 '**날줄**'을 조화롭게 엮어서 예쁘고 튼튼하게 만든다면 좋은 옷감이 되듯이 '꿈'과 '끼'를 조화롭게 잘 엮는다면 내 인생의 중요한 '**동아줄**(굵고 튼튼하게 꼰 줄)'이 생기게 되는 것이다.

우물 쭈물 하다가 내 이럴 '줄' 알았다.
- 조지 버나드 쇼 묘비명

꿈은 '발끈'보다 '7끈(끈끈, 매끈, 따끈, 화끈, 질끈, 너끈, 불끈)'

사람들은 살아가면서 다른 사람들과의 관계에서 많은 일이 일어난다. 그래서 여러 '끈'들이 존재한다. 내가 스스로 만들기도 하고 알게 모르게 생겨나기도 하지만 갑자기 없어지기도 한다. 그런 끈이 잘 이어지면 세상은 살맛이 나는 것이다.

가까운 사람들과는 '끈끈'한 정과 '매끈'한 모습으로 살아가고 서로에게 믿음과 신뢰를 쌓아간다. 그런 사람들과는 웬만하면 '발끈'하지 않고 약간의 오해와 서운함도 '질끈' 눈을 감아주며 넘어간다.

서로에게 어려운 일을 만나더라도 '너끈'하게 이겨나가고 도움이 필요할 때에는 서로의 손익을 묻지도 따지지도 않고 '화끈'하게 밀어준다. 서로 서로에게 이해와 배려가 함께 하는 돈독하고 '따끈'한 사이가 되는 것이다. 이런 사이가 되고 이런 사람들과 함께하는 일이라면 힘이 '불끈불끈' 솟아나게 되는 것이다.

이런저런 사유로 다른 사람들과 어떤 일로 의견이 맞지 않을 때 최대한 끝까지 들어주고 오해가 없는지를 살펴서 '발끈'하지 않도록 주의를 한다. 한번 '발끈'한 사이가 되면 계속해서 되풀이되기가 십상이다.

그래서 앞으로는 내가 어떤 연유로든지 계속해서 여러 번 만나게 되는 사람이라면 '발끈'하는 사이가 아닌 7끈(끈끈, 매끈, 따끈, 화끈, 질끈, 너끈, 불끈)하는 사이가 되도록 노력해 보자. 주변 사람의 허물도 덮어주고 조금씩만이라도 이해하고 배려하면서 밝은 모습으로 나아간다면 분명 내가 힘들 때 부메랑이 되어 고스란히 나에게 돌아올 것이다. 일할 때도 자신감을 가지고 눈치 보지 말고 소신껏 행동하는 사람이 되자.

처음부터 내가 '7끈'으로 살아갈 수 있는 것이 아니다. 주위를 둘러보자. 누군가는 '7끈'을 실천하는 사람이 있다. 옛말에 '삼인행 필유아사[三人行 必有我師]'라는 말이 있는데 3명이 다니면 그중에 적어도 1명은 스승이 있다는 말이다. 다시 말해서 유심히 잘 살펴보면 누구에게라도 배울 점이 있다는 것이다.

주변 사람들에게 한 '끈', 한 '끈' 배워가다 보면 나도 언젠가 '7끈'을 가지게 될 것이고 내 꿈에 더 빨리 도달할 수 있을 것이다.

항상 맑으면 사막이 된다.
비가 내리고 바람이 불어야만 비옥한 땅이 된다.
- 스페인 속담

216

꿈은 '불쾌'보다 '7쾌(유쾌, 상쾌, 통쾌, 경쾌, 흔쾌, 완쾌, 명쾌)'

행복한 순간에는 행복감에 취해 모든 것이 아름답게 느껴진다. 그러나 행복한 순간은 그렇게 오래 가지 않는다. 물론 아주 긴 기간의 여행이라면 조금 더 오래가겠지만, 그건 특별한 경우이다. 우리가 살아가는 일상에서는 내가 원하든 원하지 않든 해야 할 일이 많기 때문이다.

의무적으로 해야 할 일이라도 즐겁고 유쾌하게 할 수 있다. 항상 그런 것은 아니다. 그리고 반드시 불쾌한 시간도 함께 겪을 수밖에 없다. 불쾌하다고 계속 짜증만 낸다면 결국 나만 손해이다. 가능한 관심을 다른 것으로 돌려서 그 기분에서 빠져나오도록 해야 한다.

그래서 내 감정 상태를 평소에 아주 조금이라도 즐거운 일이 있으면 '유쾌'한 마음을 가지고, 조금 색다른 경치를 만나면 양팔을 벌려서 '상쾌'한 마음을 표현한다. 사소하더라도 재미난 이야기를 듣거나 장면을 보면 '통쾌'하게 웃으며, 주변 지인이나 친구가 부탁하면 '흔쾌'하게 받아들이는 습관을 기른다.

친구가 조금이라도 아파하면 진심으로 '완쾌'를 기원하고, 복잡한 일이나 어려운 일도 '명쾌'하게 단순화하도록 한다. 그리고 매일 매일 조금이라도 '경쾌'한 운동을 하여 내 꿈을 향한 건강한 몸과 마음을 기르도록 한다.

평소에 조금이라도 재미난 일이라도 찾아서 즐기고 그 즐길 때의 기분을 표현하자. 7가지 긍정적인 상태인 7쾌(유쾌, 상쾌, 통쾌, 경쾌, 흔쾌, 완쾌, 명쾌)를 생활화하면 주위에 좋은 사람들이 모일 것이고 그렇게 되면 너도나도 내 꿈을 도와줄 것이다.

물론 주위 사람들의 기분 상태를 고려해서 7쾌를 표현해야 할 것이다. 주위 사람들의 기분에 아랑곳하지 않는다면 오히려 역효과가 날 것이다. 우리 주변에는 늘 7쾌로 살아가는 사람들이 있다. 오늘부터라도 유심히 관찰해보고 물어보자. 그런 분들은 일부러라도 자꾸 긍정적인 마인드를 기르고 다가오지 않을 걱정을 최소화하며 걱정에 대해 별로 대수롭지 않게 생각하는 습관을 기르고 산다.

'가는 말이 고와야 오는 말이 곱다'는 속담처럼 내가 먼저 기분 좋게 행동한다면, 상대방도 영향을 받아 덩달아 기분이 좋아질 것이다. 아침마다 아니면 틈틈이 거울을 보면 항상 웃는 모습으로 '7쾌'를 외쳐보자. 그리고 가까운 사람들에게 '유쾌, 상쾌, 통쾌'보다 더 좋은 7쾌가 있음을 알려주자. 분명 7쾌는 내 삶의 활력소이자 꿈의 밑거름이 될 것이다.

웃음은 만국 공통의 언어이다.
- 조엘 굿맨

꿈의 '겨자씨'는 '7씨(맵씨, 솜씨, 말씨, 맘씨, 글씨, 불씨, 홀씨)'

표준국어대사전에 의하면 '겨자'는 십자화과의 한해살이풀 또는 두해살이 풀로서 봄에 십자 모양의 노란 꽃이 핀다. 겨자씨는 누런 갈색으로 익는 데 양념과 약재로 쓰고 잎과 줄기는 식용한다.

그런데 이 겨자씨가 환경이 잘 갖춰진 곳에서 자라면 10일 이내 싹을 틔우고 1m 이상 자라는 식물이다. 아주 작은 씨앗에 비해 상당히 큰 식물로 자라나는 것으로 성경에도 등장할 만큼 사람들의 믿음을 대변하기도 한다.

꿈을 이루기 위해 사람들이 가져야 할 것들이 여러 가지가 있다. 그중에서도 주변 사람들에게 단정한 모습으로 '맵씨'로 예의를 갖추고, 자신의 '솜씨'로 주변에 봉사하며, 거짓말, 막말, 반말이 아닌 참말, 바른말, 존댓말을 하는 '말씨'를 가지고 있으면 좋다.

주변 사람들에게 항상 이해와 배려하는 '맘씨'를 지니고 있고, 수려한 '글씨'로 멋을 알려 주며, 아름다운 사회생활을 만들어가도록 하는 원동력으로서 '불씨'나 '홀씨'가 되어도 좋다.

사람은 완벽할 수는 없고 완벽할 필요도 없다. 살아가면서 7씨(맵씨, 솜씨, 말씨, 맘씨, 글씨, 불씨, 홀씨)를 다 가질 수도 가질 필요도 없다. 하지만 아무것도 가지고 있지 않다면 그것 역시 문제이다. 이 중에서 나에게 맞는 몇 가지가 있으면 되는 데 특히 '맘씨'와 '말씨'는 노력하여 잘 가꾸어야 한다.

꿈을 이루어가는 과정은 작은 습관들의 결과물들이다. 내가 하루를 여는 아침에 7씨를 잘 키우도록 하는 마음가짐을 할 필요도 있고 가끔 주변 사람들에게도 과연 내가 7씨를 잘 키우고 있는지도 물어서 되돌아보는 계기가 되면 좋겠다. 겨자씨가 자라듯 7씨가 잘 자라도록 환경을 만들어 줌과 동시에 나를 전적으로 믿어 보자. 내가 7씨를 키울 수 있다는….

자신을 믿어라.
자신의 능력을 신뢰하라.
겸손하지만 합리적인 자신감 없이는
성공할 수도 행복할 수도 없다.
- 노먼 빈센트 필

꿈은 'Painful(괴로운)'이 아닌 '멋진 8-ful'로 자라난다

joyful	powerful
useful	beautiful
cheerful	wonderful
colorful	successful

꿈을 꾸는 이유는 행복한 삶을 살기 위해서다. 만약 정말로 행복한 삶을 살고 있다면 꿈을 이룬 것과 같다. 그러나 사람은 늘 행복할 수는 없다. 그래서 좀 더 많은 사람과 좀 더 많은 시간을 풍요롭게 살기 위해 꿈을 꾼다.

그렇다고 내일의 꿈을 이루기 위해 매일 매일 'painful(괴로운)'한 날이라면 문제가 있다. 왜냐하면, 꿈을 이루어가는 과정 또한 무척 중요하기 때문이다. 그래야 오랜 시간이 걸려도 포기하지 않고 꿈을 이룰 수 있다. 일부러라도 지속해서 긍정적인 생각을 해야 하는 이유이다.

꿈을 이루는데 완벽한 조건이라는 것은 없다. 힘든 무엇인가가 부족하더라도 내가 마음먹기 나름이다. 앞서 어렵게 꿈을 이룬 사람들의 발자취를 따라가 보라. 분명 나에게도 길이 보일 것이다. 그래서 꿈을 이루어가는 과정에 8가지 'ful'을 권한다.

그럼, 멋진 꿈을 꾸기 위한 8가지 'ful'을 만나 보자
◎ joyful : 아주 기쁜 꿈을 꾼다.
◎ useful : 아주 쓸모 있게 꿈을 꾼다.
◎ cheerful : 마음껏 환호하는 꿈을 꾼다.
◎ colorful : 아주 다채로운 꿈을 꾼다.
◎ powerful : 아주 강력한 꿈을 꾼다.
◎ beautiful : 아주 아름다운 꿈을 꾼다.
◎ wonderful : 아주 경이로운 꿈을 꾼다.
◎ successful : 아주 성공적인 꿈을 꾼다.

꿈을 꾸는 과정에서 어느 날은 기쁘거나 쓸모 있게, 다른 날은 환호하거나 다채롭게, 또 다른 날은 강력하거나 아름답게, 그도 저도 아닌 날에는 경이롭거나 성공적인 꿈을 꾸어 보자.

모든 날 중 가장 완전히 잃어버린 날은
웃지 않는 날이다.
- 샹포르

'절망(絶望)'의 '덫'에 빠지지 말고 '희망(希望)'의 '닻'을 올려라

이 그림은 그리스 로마 신화에서 판도라가 상자를 여는 모습이다. 제우스가 판도라에게 상자를 주고 인간 세계에 내려보내면서 절대 열지 말라고 하였으나 판도라가 결국 상자를 열게 되었다.

그 상자에는 인간 세계에 재앙을 불러오는 각종 요소로 가득했고 상자를 열면서 세상에 퍼져나가 이때부터 인간은 고통에 시달리게 되었다. 너무 놀란 판도라가 상자를 급히 닫았지만,

그 속에는 희망만이 남겨져 있었다. 그래서 그 희망을 믿고 인간은 수많은 어려움에도 불구하고 살아남을 수 있었다.

꿈을 꾸지 않은 사람은 있을지언정 '희망'을 이야기하지 않는 사람은 없다. 인간에게 희망은 그토록 중요한 것이다. 간혹 희망이 꿈이 되기도 하지만 매일 매일 희망을 품고 살아가는 사람이 있다. 그 희망마저 버린다면 이 세상을 살아갈 힘을 잃고 '절망의 덫'에 빠지게 되는 것이다. 희망이 행복으로 가는 최고의 지름길인 동시에 최선책이기 때문이다.

희망의 기준점은 지금이 아니라 다가올 시간 즉 미래를 말하는 것으로 살아갈 동력을 이야기하는 것이다. 그래서 우리는 '희망의 닻'을 아주 튼튼하게 만들어서 인생을 항해할 수 있도록 한다. 무엇인가를 얻기 위해 그냥 희망만 품고 있으면 안 되고 가지려고 노력하고 시도해 보아야 한다.

만약 시도하지 않으면 그야말로 일장춘몽이 되는 것이다. 그래서 포기하지 말고 시도해야 한다. 그럼 몇 번을 해야 할까? 그건 본인의 몫이다. 운전면허증을 받을 당시 70세이셨던 차사순 할머니는 도전을 950번 하셨으니 그분은 횟수를 정하지 않고 '될 때까지' 시도하신 것이다. 따라서 희망을 버리지 않는다면 내가 이룰 때까지 하는 것이 맞다.

그러나 우리가 사는 현실은 무수히 많은 장벽이 존재한다. 그 많은 장벽만 바라보고 있으면 실패하고 포기하게 된다. 그래서 장벽만 보고 있으면 되지 않고 둘러 갈 수는 없는지 아니면 내가 계단을 만들어 넘어갈지 그도 아니면 문을 만들어 지나갈지 고민해야 한다.

자, 이제 지금부터 희망의 닻을 올리고 출항하자.

> 희망은 만사가 용이하다고 가르치고
> 실망은 만사가 곤란하다고 말한다.
> - 와트

꿈은 '우연'으로도 찾아오지만, '필연'을 동반한다

우연
필연

한 권의 책, 한 편의 영화, 우연히 만난 사람, 우연히 들은 강연, 어쩌다가 우연히 들린 곳에서의 자연환경, 무심코 보게 된 한 장의 그림(사진), 예기치 못한 상황 등은 사람의 의도와 상관없이 겪으며 살아간다. 그러나 이런 우연이 삶을 변화시키기도 하고 송두리째 인생 전체를 뒤흔들 수도 있다.

그 누구도 인생을 두 번 살지 않기도 하지만 내 계획대로 삶을 살 수 있는 것도 아니다. 따라서 모든 일에 정신을 집중할 수는 없지만, 나와 관련 없는 일이라고 무신경으로 살지 않아야 한다. 특히 확실한 꿈을 위해 나아가는 삶이 아니라면 말이다.

만약 한 권의 책을 읽지 않았다면, 한 편의 영화를 보지 않았다면 그리고 강연을 듣지 않고 자연환경을 만나지 않았다면 내 인생은 아무 일도 일어나지 않을 수 있다. 그래서 우리는 살아가면서 다가오는 각종 우연을 굳이 피할 필요는 없다. 주위의 지인이나 친구가 책, 영화, 축제 등을 함께 하자고 하면 어떤 분야든 상관없이 한 번쯤 도전(?)해 보자.

월트 디즈니가 사무실 구석에서 돌아다니는 '생쥐'에 우연히 관심 가지지 않았다면 오늘의 디즈니랜드가 있지 않았을 것이고, 구글 창시자 래리 페이지와 세르게이 브린이 논문을 쓰기 위해 사용한 검색 엔진이 마음에 들지 않아 그냥 한 번 만들어 본 검색 엔진인 구글을 만나지 못했을 것이다. 페이스북 창업자 마크 저커버그도 우연의 힘이 컸다고 하면서 "페이스북에는 뜻밖의 행운인 '세렌디피티(serendipity)'가 담겨 있다."라고 말했다.

페이스북은 뜻밖의 만남이 매일 펼쳐지는 공간은 그 의미 그대로이다. '세렌디피티'란 예상치 못했던 발견이나 발명을 뜻하며, 페르시아 동화인 '세렌디프의 세 왕자들'에서 여행을 떠난 동화 속 왕자들이 연이은 우연에 힘입어 지혜와 용기를 얻는 것에서 유래하였다. 미국 스탠포드대학 존 크럼볼츠 교수는 '계획된 우연이론(planned happentance)'을 통해 성공한 사람들의 80%는 지금의 성공을 목표했거나 계획했다기보다는 주어진 현실 속에서 열심히 했던 사람들이라고 말했다.

이들은 우연히 만난 사람이나 우연히 겪은 일을 통해 성공을 이루었다. 한 번의 우연으로 모든 것이 끝난다는 것이 아니라 우리가 알게 모르게 행하는 여러 '우연'들이 겹치고 겹쳐서 어느 날 '필연'을 만나게 되는 것이다. 아무것도 하지 않거나 아무 생각이 없으면 절대 아무 일도 일어나지 않는다.

발견은 준비된 사람이 맞닥뜨린 우연이다.
- 알버트 센트 디외르디

꿈은 '흉내'를 내는 것이 아니라 '땀내'가 나야 한다

똑같은 일을 똑같은 시간에 하는데도 그 성과는 다를 수 있다. 그 성과가 시간이 지나면 격차는 더 벌어지면 벌어졌지 좁혀지지는 않는다. 즉 같은 일을 하지만 일에 임하는 태도는 서로 다름에 기인한 탓이다. 그래서 누구는 일하면서 '흉내'를 내고 누구는 '땀내' 나게 열심히 일을 한다.

'흉내' 내는 사람은 일에 대한 어떤 고민도 없이 건성 건성으로 하는 것이고, '땀내' 나는 사람은 그야말로 일하는 시간에 오로지 일에만 집중하여 최선을 다하는 것이다. 물론 사람은 모든 일에 최선을 다할 수 있는 것은 아니다.

요즘 사람들은 일이 많아서 선택과 집중을 할 수밖에 없다. 하지만 전반적으로 흉내 내는 사람들과 땀내 나는 사람은 단번에 알 수 있다.

세상은 하루가 다르게 일상을 편리하게 하는 제품들이 쏟아져 나온다. 불과 10년 전에 없던 제품들이 이제는 상용화되는 경우가 부지기수이다. 그런데도 사람들은 더욱더 바쁘다. 약 20년 전에는 한평생 살면서 자기가 관심 가지는 일이 3~4가지였다면 이제는 7~8로 2배 정도로 늘어난 것 같다. 이전에는 꿈도 못 꾸던 일들을 이제는 할 수 있으니까 일이 많아진 것이다.

내가 '땀내' 나게 해야 할 일을 구분해서 해야 하는데 정작 그 일을 놓치는 경우가 많다. 예전에는 이메일이 고작이었지만, 요즘에는 SNS 활동, 유튜브 시청 등으로 내 시간이 그만큼 줄어들게 되면서 대체로 '흉내' 내는 일들도 덩달아 늘어나고 있다. 내가 꼭 필요한 일인지 고민해야 하는데 남들이 하니까 나도 한다는 식으로 살다 보니 '흉내' 낼 수밖에 없다.

다른 사람 눈치 보지 말고 내가 나답게 살아가기 위해서는 '흉내' 내는 일과 '땀내' 나는 일을 구분할 줄 알아야 한다. 그래서 '땀내' 나는 일을 많이 하는 사람만이 꿈을 이룰 수 있다.

> 인생에 큰 슬픔이 닥칠 때에는 용기를,
> 작은 슬픔에는 인내심을 가져라.
> 그리고 땀 흘려 일과를 마친 후 편안히 잠자리에 들라.
> 신께선 깨어 계신다.
> - 빅터 위고

꿈은 '시늉'이 아니라 '숭늉'처럼 우러나야 한다

자기 일에 최선을 다하는 사람들의 특징은 준비 과정이나 일을 하는 과정, 마무리하는 과정을 보면 우직하게 다른 사람들의 시선에 아랑곳하지 않는다. 처음부터 그럴 수도 있지만, 주변의 칭찬을 받고 조금씩 자신감을 가지고 점점 일을 잘하는 경우도 많다. 그런 최선을 다하는 사람들을 '진(眞)국'이라고 한다.

그래서 진국인 사람들은 '시늉'을 하는 사람이 아니라 '숭늉'처럼 구수하게 우러나는 사람이다. 어떤 일을 하는데 재미가 있다면 당연히 지속할 것이다. 또한, 중요한 의미가 있어도 열심히 할 것이다. 그러나 일이라는 것이 재미와 의미 둘 중 어느 하나와도 상관없는 일들도 많다. 그래서 사람들은 상관없는 일들에는 '시늉'만 하는 일들이 늘어난다. 늘어날수록 점점 습관화되어간다.

어릴 때는 자연스럽게 여러 가지 일에 접해 보지만, 점점 자라나면서 하던 일에만 익숙해져 다른 일에는 관심 밖으로 밀려난다. 자연히 관심에서 밀려난 일들은 '시늉'만 하게 된다. 그렇다고 하는 일 모두 시늉만 한다면 미래는 기대할 수 없게 된다.

자라나면서 관심사나 성격도 변하는 경우가 있다. 좋아하는 음식과 마찬가지로 사는 동안 전혀 안 바뀌는 게 아니다. 시늉만 하던 일들도 오랫동안 하다 보니 어느새 숙련되고 전문가가 되어 인생에서 의미 있는 일로 변할 수 있다.

의미 있고 중요한 일로 바뀌면 더욱 정진하여 숙련되어가고 '숭늉'처럼 우러나게 된다. 꿈도 그런 '숭늉'과 같이 오랜 시간 밥을 짓고 그 밥으로 다시 끓여서 나오는 구수함처럼 완성되어 간다.

어떤 일이든지 가능한 '시늉'을 내지 말고 최선을 다하자. 어쩌면 이런 '시늉'들이 제대로 된 '숭늉'으로 될지 모른다. 처음에 단번 이루어지는 일은 그냥 스쳐 지나가는 일뿐이다. 인생에서 가장 중요한 일들은 오랜 시간 노력하여 얻는 '숭늉'처럼 거저 오지 않는다. 천천히 포기하지 말고 앞으로 나아가기만 한다면 반드시 꿈을 이룰 것이다.

> 노력으로 흘린 땀은 드러나지 않는다.
> 신들에게 사랑받는다고 보이는 편이 훨씬 품위 있다.
> - 맥신 홍 킹스턴

꿈은 '첫걸음'으로 시작하고 '한 걸음'씩 나아가는 것이다

세상에는 '꿈이 없는 사람', '꿈만 꾸고 있는 사람', '꿈이 있는 사람'으로 세 종류의 사람들이 산다. 그중에서 상당수가 '꿈만 꾸고 있는 사람'들 일 것이다. 어떻게 할지 모르거나 당장 급한 일부터 하다 보니 막상 꿈을 이루기 위한 '첫걸음'을 시작하지 못하고 있다.

꿈을 이루기 위한 '첫걸음'은 꿈을 이루어가는 작은 습관으로 '발걸음'을 시작하면 되고 그것이 '한 걸음'이 되는 것이다. 사람들은 '뜀 걸음'만이 꿈을 이루는 것으로 생각하는 데 '뒷걸음'만 아니면 '헛걸음'이라도 꿈을 이루는 데는 도움이 되는 것이다.

때로는 조금 바쁘게 '종종걸음'으로 가든지 조금은 느린 '팔자걸음'이나 '게걸음', 느릿느릿 '황소걸음'으로 가도 되는 것이다. 그 한 걸음 한 걸음들이 모여 꿈을 이루게 되는 것이다. 그래서 꿈은 명사형이 아닌 동사형이다. 꿈을 향해 이미 내디딘 걷고 있는 그대로의 걸음인 '한 걸음'으로 지속하는 것이 아주 중요하다.

내가 꿈에 도전하여 실패하면 후회할까 봐 미리 걱정하면, 한 걸음 한 걸음 나아가는 도전 자체가 되지 않는다. 꿈에 도전한 뒤의 실패하여 오는 후회와 도전조차 하지 않은 후회는 큰 차이가 있다. 도전해서 생기는 실패의 후회는 후회하는 시간은 시간이 흐를수록 줄어들지만, 도전조차 하지 않아 생기는 후회는 점점 더 커진다.

그래서 꿈을 도전하여 생기는 실패는 두려워하거나 걱정하지 말고 한 걸음 한 걸음 나아가야 한다. 도전한 만큼 경험이 남고 그 경험이 나중에 자산이 된다.

나의 꿈 도전이 완벽을 꿈꾸면 실패하기 쉽다. 마라톤을 완주하는 가장 중요하고도 쉬운 방법은 멈추지 않고 계속하여 한 걸음씩 내딛는 것이다. 선수가 아니라면 초스피드 '뜀 걸음'이 아니라 '팔자걸음'이라도 좋다.

아무리 큰 꿈이라도 아주 작은 '발걸음'으로 바꾸지 않으면 실패한다. 지금부터라도 아주 소박하게 '첫걸음'과 '한 걸음'으로 시작해 보자.

'꿈'이 '꿈쩍'도 하지 않는 것은 아직 시작도 하지 않아서이고
'꿈'이 '꿈틀'거리는 것은 아주 천천히라도 조금씩 시작하고 있다는 것이다.

꿈은 '뒷바람(순풍, 順風)'도 만나고 '맞바람(역풍, 逆風)'도 만난다

맞바람
뒷바람
자신이 꿈꾸는 꿈은 저절로 이루어지는 것이 아니므로 시간과 노력이 필요하다. 물론 모진 '비바람'과 '찬바람'을 이겨내는 인내심도 필요하다. 그리고 그 꿈을 이루어가는 기간 내내 마냥 '신바람'이나 '산들바람'만 있는 것은 아니다.

우리가 해외여행을 할 때 대부분 몇 시간 이상의 비행시간이 있다. 이웃 일본이나 동남아를 갈 때는 짧은 시간으로 잘 느끼지 못할지도 모르지만, 미국을 갈 때는 약 2시간의 차이가 있다.

계절과 지역에 따라 약간 다르지만, 갈 때는 제트 기류에 의해 '뒷바람(순풍)'을 받아 빨리 가고, 올 때는 제트 기류가 '맞바람(역풍)'으로 시간이 더 걸린다. 일반적으로 사람들은 육로를 기준으로 생각하기 때문에 하늘길인 항로도 같은 시간이라고 생각하지만 제트 기류라는 변수가 있었다.

꿈을 꿀 때도 자기가 태어난 나라, 시대, 가정환경 등에 따라 '뒷바람'의 혜택을 받아 다른 사람보다 유리할 수도 있다. 신체적 열세, 가정 형편, 부모 갈등과 같은 '맞바람'의 저항을 받아 불리할 수도 있다.

그러나 영원한 '뒷바람'이나 '맞바람'은 없으며, 자신의 의지가 무엇보다 중요하다. 우스갯소리로 청소년들 사이에 자신의 꿈이 재벌 2세인데 아버지가 노력하지 않는다는 '헛바람'도 있다. 그리고 많은 사람이 자신에게만 '맞바람'이 많다고 하는 심리가 있는데 이를 빗대 '기울어진 운동장'이라고 하고 꿈을 이루기 힘든 이유를 외부 '탓'으로 돌리기도 한다.

나이에 연연하지 않고 90세가 넘어도 분야를 망라하고 열심히 노력하는 분들이 주위에 아주 많다. 이런 분들은 주위에서 '늦바람'이 불었다고 하지만 자신이 하고 싶은 것을 하는 '꽃바람'을 맞으며 사시는 분들이다.

덩치가 커서 날 때 에너지 소모가 많은 독수리는 맞바람이 있으면 나는 것이 훨씬 쉽다. 성공한 사람들을 보면 맞바람 한번 없이 성공하지는 않는다. 오히려 그 맞바람으로 더욱더 단단해지고 노련해진다.

진정으로 꿈을 꾸기 위해 오직 자신만을 믿고 나아간다면 '바람(wind)'에 흔들리지 않고 꿈 성공의 '바람(wish)'은 이루어질 수 있을 것이다.

> 사람에게 가장 강력한 동인은 결국, 바람이다.
> 그리고 그 바람은
> 목표와 계획이라는 엔진을 얻을 때 현실이 된다.
> - 스티븐 코비

꿈의 여정에서 만나는 돌은 '걸림돌'인가? '디딤돌'인가?

세상을 살면서 누구나 걸을 수밖에 없다. 걷다 보면 지치고 어쩌면 빠르고 편한 길을 가려고 한다. 아무리 높은 직위나 재산을 가지고 있어도 내 마음대로 직진할 수는 없는 것이다. 엄연하게 길이 존재하기 때문이다. 횡단보도도 건너고 지하도로도 다니며 에스컬레이터도 탄다. 물론 남이 잘 만들어 놓은 길을 가면 '걸림돌'을 많이 만나지 않을 것이다. 그러나 인생을 살다 보면, 경제적, 신체적, 시대적, 문화적 '걸림돌'을 만날 수밖에 없다.

일본 경영의 신이라 불리는 '마쓰시타 고노스케'는 파나소닉과 내셔널 브랜드를 만든 분이다. 초등학교 4학년을 중퇴하고 자전거 가게 점원을 하였으며 몸도 허약했다. 그는 자신의 인생에서 만난 '가난, 허약, 짧은 학력'이 살아가면서 큰 스승이라고 했다. 가난해서 아주 열심히 일했고, 못 배웠기에 늘 무엇이라도 열심히 배웠으며, 허약했기에 운동을 게을리 하지 않았기에 95세까지 살 수 있었다고 한다. 누구보다 불리한 세 가지 약점을 오히려 자신의 디딤돌로 생각하며 살아왔다는 것이다.

영국 런던에는 유물 700만 점을 보유한 세계 최대의 박물관인 대영박물관이 있는데, 94개 전시관의 길이만 약 4Km나 된다. 이곳에서는 제1호 보물은 그리스 전시관에 보관되어 있는 "로제타스톤"이라는 돌이다. 이 돌은 높이 1.2m, 너비 75cm, 두께 28cm 돌덩이에 불과하지만, 돌에 새겨진 세 종류의 문자가 인류의 숙제인 고대 이집트, 그리스 문자를 풀게 되어, 가장 값진 제1호 보물이 된 것이다. 1799년 나폴레옹 군이 알렉산드리아에서 처음 발견하였지만, 영국군에게 쫓겨 버린 것이다. 나폴레옹 군은 '걸림돌'로 생각했지만, 영국군은 이 돌이 '디딤돌'로 만들어 큰 보물로 간직하게 된 것이다.

손가락질하면 한 개의 손가락은 상대방을 가르치고 있지만, 세 개의 손가락은 나를 향하고 있다. 내가 그냥 넘어가는 사실도 내 꿈과 관련된 일이면 정말 제대로 보고 있는 것이지 잘 생각해 보자는 것이다.

꿈을 이루어가는 여정은 결코 짧은 길이 아니다. 반드시 앞에 크고 작은 돌을 만날 것이다. 그 돌은 나에게 뭐라고 한 적은 없다. 내가 뭐라고 부르느냐는 온전하게 내가 선택하는 것이다.

실패에서부터 성공을 만들어내라.
좌절과 실패는 성공으로 가는 가장 확실한 디딤돌이다.
- 데일 카네기

함께하는 꿈은 '손사래'가 아니라 '헹가래'이다

인구 밀도가 높은 나라나 도시일수록 세상은 팍팍해지기 쉽다. 그 나라나 도시가 크게 성장하고 부유해지더라도 함께 살아가는 사람들도 동시에 부유해지는 것은 아니다. 그렇다 보니 자연스럽게 서로 간에 경쟁하게 되고 서로 간에 '손사래'를 하게 된다. 친구나 주변의 성공에 '헹가래'를 해 주는 문화가 필요하다.

인구 밀도가 낮은 나라나 도시에서는 굳이 성장하거나 부유해지지 않더라도 비교적 마음이 넉넉한 편이다. 그만큼 경쟁이 심하지 않고 따라서 '손사래'가 아닌 '헹가래'를 해 주는 경우가 많은 편이다.

그렇다고 내가 태어나서 자라는 지역이 인구 밀도를 알고 선택하는 것이 아니지 않은가? 성인이 되면 나라는 선택하기 쉽지 않아도 도시는 선택할 수 있다. 하지만 인구 밀도가 직업의 개수와도 관련이 있다.

대도시일수록 직업의 개수가 많고 기회가 많아진다. 그만큼 성공의 기회가 많은 만큼 실패도 많다. 사람마다 적성과 흥미가 다르므로 성공의 표준이 있을 수 없다. 드물지만 운 좋게 조금 빨리 이룰 수도 있지만, 아주 늦게 이루어지는 대기만성도 얼마든지 많다.

항상 긍정적으로 살면서 파이팅하는 습관을 지닌 사람이라면 주변에서도 도움을 줄 것이고 성공하면 헹가래도 받을 것이다. 'TV는 사랑을 싣고'라는 프로그램에서도 주인공이 어려운 시절 도움을 준 사람을 찾는 경우가 많다. 자신도 어려우면서도 주인공을 도와주는 경우라면 주인공을 정말 찾지 않을 수가 없을 것이다.

예전에 모 방송에서 1주일간 'Yes'를 하도록 하는 실험을 했는데 방송이 끝난 후 실험자들이 굉장히 긍정적으로 바뀌었다고 한다. 처음에 힘들어하는 과정들을 보면서 사람들은 많은 공감을 했다.

습관적으로 주변의 좋은 일에 '엄지 척'하고 '빵빠레' 불고 '헹가래' 하자. 하루아침에 되지는 않겠지만 조금씩 도전한다면 함께 꿈을 이룰 수 있다.

> 다른 사람의 속마음으로 들어가라.
> 그리고 다른 사람으로 하여금
> 당신의 속마음으로 들어오도록 하라.
> - 마르쿠스 아우렐리우스

진로(進路)는 '저절로'나 '탄탄대로'가 아니며, '미로'도 아니다

우리가 알고 있는 자연 현상(시간, 계절 등)과 같은 것들을 제외하고 '저절로' 되는 것은 없다. 어떤 상황이나 조건, 인간의 노력 등이 함께해서 무언인가가 만들어진다. 우리가 생각하는 재벌들의 자녀들도 모든 것이 '탄탄대로'일 것 같지만, 실제로는 그렇지 않다.

물론 재정적으로는 넉넉해서 공부 환경은 누구보다 좋지만, 공부를 대신 해주지는 못한다. 그리고 무소불위의 엄청난 힘을 가진 옛날 왕조차도 모든 것을 마음대로 할 수 없음을 알고 있을 것이다. 조금이라도 색다른 정책을 하려고 하면 신하들이 '아니 되옵니다'라고 반대하는 경우가 많았다.

내가 무엇인가를 한 과정이 있었기 때문에 무언가를 이루는 것이다. 간혹 성공한 이들이 '자고 일어났더니 세상은 달라져 있었다'라는 말을 들은 적이 있을 것이다. 그러나 밤사이에 결과가 나온 것이지 그 이전에 무엇인가를 꾸준하게 하고 있었다.

결코, 우연이나 저절로가 아니다. 어느 시점에서 탄탄대로일 수는 있지만, 처음부터 끝까지 탄탄대로는 존재하지 않는다. 내가 노력하여 무엇인가를 성취하였다면 그 성취감과 경험들이 쌓여서 어느 시점에 탄탄대로가 생기는 것이다.

성공한 사람들도 젊은 시절 안개 속을 걷는 듯한 '미로(迷路)'를 겪었다. 하물며 일반인들은 당연히 미로를 겪을 수밖에 없다. 그래서 수도 없이 이 길이 맞는지 뒤돌아보고 또 뒤돌아보고를 되풀이하는 것이다. 그래도 쉬지 않고 우직하게 나아간다면 이 미로가 진로가 되는 것이다. 만약 중간에 포기하고 다른 길을 간다면 그 역시 나의 경력이 되는 것이고 경험을 가지는 좋은 시기였다고 생각하면 된다.

어느 책에서 미로는 'Me 路' 즉 나의 길이라고도 했다. 내 인생은 내가 마음먹기에 달려 있다. 처음부터 내가 가는 길이 일사불란하게 '파란불'이 오는 것이 아니다.

지금 여기에서 내가 할 수 있는 아주 작은 것들을 하면 된다. 지금 한참 힘들고 어려워서 인생이 밑바닥이라는 생각이 들 때 이것은 밑바탕이라고 생각하면 힘이 날 것이다. 꿈을 꾸물대지 말고 타박타박 천천히 나아가 보자.

> 바람이 불지 않을 때 바람개비를 돌리는 방법은
> 앞으로 달려나가는 것이다.
> - 데일 카네기

꿈의 하루하루는 '차일피일'이 아니라 '매일 매일'이다

매일 매일　당신은 어떤 하루를 보내고 있는가? 물론 특별한 일이 아니라면 어제와 똑같은 하루를 보내고 있을 것이다. 심지어 점심 식사까지 비슷할 수도 있다. 주말은 주말대로 외출하지 않으면 비슷하게 보낼 것이다. 그런 하루하루를 보내면서 어떤 생각을 하는가? 만약 뿌듯하게 생각하고 있다면 무언가를 '매일 매일' 알차게 보내고 있을 것이고 그렇지 않다면 뭔가를 '차일피일' 미루고 있을지 모른다.

차일피일하는 사람들이라고 아무것도 하지 않는 것은 아니다. 분명 일을 하되 우선 순위에서 차이가 있을 뿐이다. 사람들은 의지력이 있는데 이것이 한계가 있다. 하루에 총량이 있다. 그래서 내가 꼭 해야 할 일을 순서를 바꿔 실행하는 지혜가 필요한 것이다.

1787년 11월 3일 체코 프라하. 모차르트의 신작 오페라 '돈 지오반니'의 초연을 하루 앞둔 날이었다. 음악의 천재 모차르트는 늘 일을 미루곤 하는데 오페라의 첫 공개까지 하루 전에도 도입 부분조차 작곡하지 않고 온종일 밖에서 술을 마시고 있어서 친구들이 나서서 집으로 보냈다. 모차르트는 할 수 없이 한밤중에 돌아와 곡을 쓰기 시작해 뜬눈으로 밤을 지새웠고 결국 곡은 완성하였다. 하지만 악보를 복사하고 연습할 시간이 모자라서, 결국 예정된 저녁 공연은 미뤄졌다고 한다.

'네셔널 프로크로스티네이션 위크(National Procrastination Week, 미루는 습관 주간, 매년 3월 초 개최)'라고 들어 본 적이 있는가? 누구나 '차일피일' 미루는 습관에 대한 고민이 있다는 것을 실감할 수 있을 것이다. 2013년 한 연구에 따르면, 심각할 정도로 차일피일하는 사람들은 저임금과 짧은 고용 기간, 실업, 능력 이하의 일 등을 경험할 가능성이 높고 스트레스를 더 받으며, 건강도 나빠진다는 사례가 있다고 한다.

반면 '매일 매일' 규칙적으로 일을 하는 사람들은 내가 하고 싶은 일, 완벽하지 않아도 된다는 생각, 해야 한다는 강박관념에서 벗어나기, 아주 조금이라도 빠지지 않고 하기 등과 같이 나름의 규칙으로 살아간다.

제일 심각한 것은 내가 '차일피일' 하는 것조차 모르는 것이다. 그러면 더욱더 '매일 매일' 성장하는 기쁨을 누릴 수 없다.

> 중요한 질문은 "당신이 얼마나 바쁜가?"가 아니다.
> "당신이 무엇에 바쁜가"가 핵심 질문이다.
> - 오프라 윈프리

'전지전능'이나 '다재다능'이 아니라 '대체 불가능'이 되자

대체불가능 사람들은 누구나 모든 것을 잘하고 싶은 욕망이 있다. 운동 경기를 보면 그 운동을 잘하고 싶고 노래를 들으면 노래를 잘하고 싶듯이 보다 많은 것을 잘하고 싶어 한다. 그러나 이 세상에는 모든 것을 잘하는 '전지전능'이란 없다. 물론 몇몇 특정 분야에서 잘하는 '다재다능'한 사람도 있지만, 그렇게 흔하지 않다. 그런 사람을 마냥 부러워하면서 자격지심을 가질 필요는 없다.

그런 사람과 나는 다른 사람이니까 말이다. 그래서 우선 한 가지만이라도 꾸준히 해 보자고 하는 것이다. 그 한 가지가 나중에 유사한 분야에서도 두각을 나타나게 될 테니 말이다.

어떤 분야에서 내가 최고가 되는 방법 중에서 '대체 불가능'이 있다. 이 대체 불가능은 전지전능이나 다재다능과 다르다. 어떤 지역이나 분야에 내가 없어서는 안 되는 사람이라면 성공한 사람이다. 왜냐하면, 내가 아니면 그 일을 할 수 없거나 다른 방법을 찾아야 하기 때문이다. 내 가족이 소중한 것은 전지전능이나 다재다능이 아니라 대체 불가능이기 때문이다.

4차 산업혁명 시대를 시작하는 요즈음에는 이 대체 불가능이 더욱 효과적일 수 있다. 아직 전혀 시작이나 시도도 하지 않은 분야가 엄청나게 많이 있다. 자고 나면 신기술이 쏟아져 나오는 세상이다.

5G, 드론, 3D 프린팅, 자율 자동차, 로봇 등 수없이 많은 분야가 새로 생기거나 융복합하여 발전하고 있다. 지금 만큼 인류 역사상 예측 불가능한 시대는 없었다. 미래 직업뿐만 아니라 미래 생활도 대략 추측할 뿐이지 정확하게 알 수는 없다. 과연 100년 전에 인터넷이나 휴대폰은 상상조차 불가능한 것들이었다. 유튜브가 네이버를 앞지를 것이라고는 누구도 알지 못했지만, 이제 초등학생까지 선호하는 블루오션이 된 것이다. 그렇지만, 이제 시작일 뿐이다.

세상에는 수많은 문이 있다. 그러나 열지 않으면 '벽'이다. 내가 되지 않는다고 '벽'이라고 생각하고 있는데 분명 누군가는 그 '벽'을 '문'으로 만들고 있다. 지금이라도 내가 할 수 있는 것이라면 무엇이라도 시작하자. 관련 책이나 동영상이나 관심 가지고 시작한다면 분명 '대체 불가능'한 사람이 될 것이다.

오늘 이 시간이 우리에게 힘이 주어진 시간이다.
- 스티브 마라볼리

꿈의 '굶주림'이 '몸부림'을 부른다

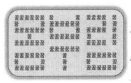 '눈물을 흘리면서 빵을 먹어보지 못한 사람은 인생의 참맛을 알 수 없다'라는 괴테의 말을 들었을 것이다. 평상시에는 대부분 습관대로 주어진 환경에 맞춰 살아간다. 그러나 코로나 19와 같은 사회적 큰 재앙이 있을 때는 환경이 변할 수밖에 없고 그에 따라 생활 습관이 바뀌게 된다. 그러나 그러지 않고도 변화가 있을 수 있다.

사람이 뭔가가 부족할 때 그것을 채우기 위해 습관이 바뀌게 된다. 그 부족함이 채워지면 사람은 더 이상 움직이지 않게 된다. 그래서 우리가 '굶주림'을 겪는 게 나쁜 것만 아니다. 물질이 굶주릴 때 소요하기 위해 노력하듯이 내 꿈을 이루기 위해 굶주릴 때 비로소 활발하게 움직이기 시작한다.

세상의 누구도 모든 것을 가지고 살지는 못한다. 부족하고 굶주릴 때 뭔가를 만들기도 하고 채우기도 한다. 사람이면 누구나 굶주림을 싫어하지만, 그 굶주림으로 세상은 더 나아지고 있다. 산업혁명이 일어나는 이유도 굶주림을 채우기 위한 몸부림에서 시작된다고 것이라고 볼 수 있다. 이미 우리 시대는 4차 산업혁명이고 5차 산업혁명은 또 언제 올지 알 수 없지만, 일어날 것이다. 많은 사람이 꿈을 꾸지만, 많은 사람이 꿈을 이루는 것은 아니다.

그만큼 꿈의 굶주림에 부족한 것이 주요 원인이다. '굳이 내가'라는 생각에 그 필요성을 느끼지 못하기 때문이다. 그러나 작은 꿈이라도 확실하게 이루어 성취감을 느껴본다면 더 큰 꿈의 굶주림에 몸부림을 칠 것이다. 움직이지 않는다는 것은 생명이 없다는 뜻이다. 물론 숨 쉬고 생활을 한다고 생명이 없다고는 하지 않지만, 그 삶은 과연 행복할지 의문이 생긴다.

오늘 내가 풍족하여 죽는 날까지 행복할 수 있다면 몸부림칠 필요가 없겠지만, 그렇지 않다면 몸부림칠 필요가 있다. 행복하지도 않는데 굶주림이 없다면 더 나은 삶을 살기 위해 몸부림치기를 위해 노력을 해야 한다.

> 시험을 이겨내자.
> 목표를 이루겠다는 각오가 얼마나 단단한지 절박한지
> 보기 위해 우주는 우리를 시험한다.
> 조금만, 조금만 더 참고 견디면 된다. 알 수 없다.
> - 앤드류매튜스

꿈은 '절박(切迫)'할수록 '대박'에 가까워진다

 사람이면 누구나 인생에서 큰 '대박'은 아니라도 평범하게 살기를 원한다. 안정된 직장과 여유로운 가정 경제를 꿈꾸고 있고 자식에게 뿐만 아니라 그 후손에게까지 평생 편안하고 넉넉하게 살기를 원한다.

그러나 그런 바람들과는 달리 자수성가한 사람의 자식도 성공하는 경우는 많지 않다. 그 냥 그럭저럭 유지하는 것만으로도 만족하는 경우가 많다.

유독 다른 나라보다 우리나라가 그런 생각을 많이 하는 이유는 자수성가 비율이 25%가량 으로 세계 주요 국가 중에서도 가장 낮은 편이다. 중국 97%, 영국 80%, 일본 73%, 캐나 다, 호주 70%, 미국 63%, 필리핀, 타이완 53%, 인도네시아 47%, 태국 40%, 프랑스 40%, 인도 33%로서 우리나라가 유독 낮다고 할 수 있다.

옛말에 '자식에게 물고기를 주지 말고 물고기 낚는 법을 가르쳐줘라'라는 말이 나왔다고 할 수 있다. '부자 3대 안 간다'라는 말은 그만큼 부를 물려주기가 쉽지 않다는 것을 의미 한다.

무조건 '대박'을 꾸다가는 '쪽박'을 차기 십상이지만, 무엇보다 '절박'하지 않아서 성공하 지 못한다. 그냥 그냥 하루하루를 살아가다 보니 어느새 그저 그렇게 아무 생각 없이 살아 가고 있다. 환경이 척박하거나 다른 사람들에게 어쩔 수 없는 핍박, 타박, 면박을 받더라도 본인의 의지가 굳건하여 포기하지 않고 자신의 꿈을 대박 터트리는 경우가 있다.

정말 상상하기 힘들 정도의 신체적, 환경적 상황에서도 이겨내는 사람들이 많다. 그래서 비슷한 환경에서 성공한 주변의 친인척, 선배가 없더라도 요즘은 유튜브, 관련 TV 다큐, 블 로그, 강연 등을 참고하면 된다. 대면하는 것이 가장 좋지만, 시작 단계에서는 자신에게 맞 는 편한 방법을 택하면 된다.

뇌는 실제 상황이 아니라도 상상만으로도 우리가 실제 겪는 것과 같은 상황을 만들 수 있다. 자신이 아주 어려움에 부닥쳤을 때 극복하기 위해 최선을 다한다. 그만큼 절박하므로 최선을 다하는 것이다. 우리가 꿈을 이루기 위해서는 척박한 환경이라도 포기하지 말고 노 력해야 하며, 그 어려운 환경을 극복하는 사람들을 보며 반면교사로 삼아야 할 것이다.

많은 인생의 실패자들이 포기할 때,
자신이 성공에서 얼마나 가까이 있었는지 모른다.
- 토마스 에디슨

꿈은 '수치(數値)'가 모여서 '가치(價值)'를 만든다

 좋은 책을 쓰기 위해서는 처음부터 '가치' 있는 책을 쓰기는 힘들다. 처음에는 무조건 쓰는 연습을 많이 하는 '수치'가 중요하다. 그러나 궁극적으로는 내가 정말로 쓰고 싶은 '가치' 있는 책을 쓰는 것이다. 누구나 할 수 있지만, 아무나 하지는 않기 때문에 도전하는 사람만이 그 '가치'를 가져간다.

일상의 많은 일에서는 질보다는 양을 많이 따진다. 특히 불황기에서는 더욱더 양을 따진다. 물론 때에 따라 다르기는 하지만 인생의 긴 호흡에서 보면 분명 '가치'를 더 큰 목표로 삼아야 한다. 평소에 아무 생각 없이 행복하다고 느끼면서도 뭔가 허전하다면 분명 가치 있는 일을 해야 한다는 증거이다. 그래서 그 가치 있는 꿈을 위해 고민하고 노력해야 한다.

수많은 시행착오를 거치고 시간도 한참을 지나야 가치 있는 일들이 되는 것이다. 때로는 자신의 꿈과 전혀 관계없는 일이더라도 조금씩 포기하지 않고 하다 보면 분명 가치 있는 일들을 만날 것이다. 이런저런 다양한 활동들에서의 수치가 모이고 모여서 의미 있는 가치를 만드는 것이다.

대부분은 내 꿈에 관련된 일이라도 '에이~, 되겠어'하고 지속하지 않아서 중단되고 포기하는 것이다. 그래서 실패와 포기는 다르다. 포기는 아예 다시 시도하지 않는 경우이고 실패는 언제든지 다시 할 수 있다. 보통은 조금 힘들다고 '내가 이런 것을 해야 하나?'라고 생각하고 활동을 멈춘다. 다른 특별하고 중요한 일이 있지 않다면 계속해야 한다.

눈앞에 당장 필요한 일만 하고 사는 것은 아니기 때문이다. 멈추지 말고 일단 계속하는 습관을 만들어야 한다. 가능하면 그날그날 기록하면 가장 좋고 그렇지 않다면 적어도 하루에 한 번은 습관적인 활동들이 더 잘 될 수 있도록 되돌아보는 시간이 필요하다.

우리가 매번 결과나 성과를 내는 활동을 하지는 않는다. 그렇지만 꿈을 이루기 위한 행동들이 기록으로 남기면 그 기록들이 힘을 발휘한다. 나 자신에게는 자존감이 높아갈 뿐만 아니라 또 다른 꿈을 이루기 위한 원천적 힘을 가지게 되는 것이다.

> 오직 너의 활동만이 너의 가치를
> 판단하고 결정한다.
> - 피히테

꿈의 미완성은 경제적 '궁핍(窮乏)'보다 정신적 '결핍(缺乏)'에서 비롯된다

자본주의 사회에서는 필연적으로 존재하는 빈부의 격차가 있다. 국가나 지방 정부에서는 이 빈부의 격차를 줄이기 위해 다양한 정책을 펼친다. 옛말에 '가난은 나라님도 못 구한다.'라는 말이 있듯이 아무 일도 하지 않는데도 국가가 생계를 책임져 주지는 못한다.

특별하게 여러 환경으로 인해 생계가 힘든 경우는 국가나 지방 정부가 일정 부분 해결해 주지만 장애가 없고 젊은 사람들은 국가가 책임져 주지는 않는다. 물론 국제적 위기에서 청년들이 취업에 어려움을 겪을 때는 국가나 지방 정부가 필요한 정책을 펼치고 있다.

지금부터 약 2~300년 전에는 한 세대(약 3~40년)가 지나도 주변 환경이나 생활 여건이 별로 바뀌지 않았다. 사람이 태어나고 죽는 일 외에는 크게 달라지지 않은 시대이었다. 하지만 이제는 하루가 멀다고 수많은 큰 사건이나 뉴스가 쏟아져 나온다. 옛날에는 이웃 나라의 왕이 바뀌어도 시골 농부에게는 몇 년이 지나야 아는 경우가 허다하였다. 이제는 미국이나 중국, 일본과 같은 국가 지도자가 바뀌면 바로 그날 알 수 있는 시대이다.

자신의 꿈을 이루기 위한 지금 이 시기는 자신의 노력이 무엇보다 중요하고 좋은 시대이다. 스마트폰 하나면 고화질의 영상을 만들 수 있고 큰돈을 들이지도 않고 영상 편집을 할 수 있는 시대이다.

유튜브는 성별, 나이, 인종, 학력, 경제력 등 어느 것도 요구하지 않는다. 자기가 좋아하고 잘하는 분야가 있다면 그것으로 얼마든지 본인만의 새로운 세상을 만들 수 있는 것이다.

이제는 청소년 시절 경제적 '궁핍'이 자신의 꿈을 이루는데 분명 장애물이기는 하지만 불가능한 것은 아니다. 단지 조금 더 어렵고 시간이 걸리는 문제일 뿐이다. 짧은 시간에 당장 이루어지는 것은 인생에서 중요하지 않은 경우이다. 그래서 본인이 꿈을 이루고자 하는 열망에 따른 정신적 '결핍' 문제를 해결하는 노력을 게을리하지 않아야 한다.

> 그대의 생활은 그대 자신이 거기에 의미를 부여하려고 노력하는,
> 그 노력에 따라서 꼭 그만큼의 의미를 갖는다.
> - 헤르만 헤세

234

꿈꾸는 일에 '정답(正答)'만 찾으면 '답답'해지게 된다

우리나라는 유동 '정답'을 많이 찾는다. 청소년들은 학교 교육에서 '정답'을 찾고 어른들은 부를 쌓는 '정답'을 찾고 있다. 우리가 일찍이 학창 시절을 '대학수학능력' 시험 준비에 12년을 보내면서 생긴 결과인지 모른다. '정답'만 찾는 청소년기를 보내게 되면 결국 사회에 나가서 정답 있는 문제만 찾게 되는 것이다.

세상에는 '정답' 없는 문제가 대부분이다. 그래서 어릴 때부터 어떤 문제든지 하나의 '정답'이 아닌 여러 합리적인 해결 방법을 찾는 방법을 훈련받아야 한다. 토론과 토의로서 함께 문제를 해결하는 방법도 찾아야 한다. 정답이 있는 문제는 이제 더 고민할 필요가 없는 시대이다. 정답만을 찾는 습관은 사회생활을 시작하면 '답답'해지게 되어 있다.

부모들이 아이들을 성적으로 평가하는 것도 한 줄 세우기를 강요하는 대학 입시에서 비롯된 것일지 모른다. 대학 입시가 근본적으로 바뀌어야 하고 최종적으로는 대학에 전적으로 맡김과 동시에 대학 등록금도 폐지해야 한다. '정답'을 요구하는 학교 교육과정으로는 사교육에서 벗어날 수 없다.

수능 성적으로 대학과 학과를 고르는 것도 정답을 찾는 일에만 최선을 다한 결과이고 해마다 4년제 대학을 졸업하고 다시 2년제 대학을 진학하는 학생이 증가하는 이유이기도 하다.

아직도 자기의 꿈을 적성과 흥미에 따르지 않고 좋은 대학, 좋은 대기업, 공기업, 공무원을 찾는다는 것은 그것이 '정답'이라고 생각하는 부모와 사회문화가 뿌리 깊게 자리 잡고 있다.

정답을 찾는 학창 시절의 실력은 이제 쓰임새가 점점 줄어들고 있다. 요즘 한창 인기를 누리고 있는 유튜버 중에서 학교 성적이 도움이 되었다고 말하는 경우를 들어본 적이 없다. 자신의 적성과 흥미를 찾아 꿈을 이루는 과정은 '정답'을 찾는 일과 무관하다.

> 정해진 해결법 같은 것은 없다.
> 인생에 있는 것은 진행 중의 힘뿐이다.
> 그 힘을 만들어내야 하는 것이다.
> 그것만 있으면 해결법 따위는 저절로 알게 되는 것이다.
> - 생텍쥐베리

꿈은 '이기적(利己的)' 보다 '이타적(利他的)'일 때 더 잘 자란다

 사람들은 태어날 때부터 '이기적(利己的, 자신이 우선)'일 수밖에 없다. 모든 동물은 종족 보존이라는 역사적 숙명을 가지고 태어났기 때문이다. 그래서 동물들은 자기 새끼들은 목숨 걸고 지키고 있다. 인간이라는 고등 동물들은 꼭 이기적인 것만은 아니다. 테레사 수녀, 오드리 햅번 등과 같이 수없이 많은 분이 평생 '이타적(利他的, 다른 사람 우선)'인 삶을 살아가셨다. 우리나라 이태석 신부님도 남수단 톤즈에서 평생을 봉사활동으로 살아가신 분이다.

1976년 진화생물학자 리차드 도우킨스(Richard Dawkins)의 저서 "이기적 유전자(selfish gene)"라는 책에서는 '사람을 비롯한 모든 동물은 유전자가 만들어 낸 기계'라고 했다. 또 동물 개체들은 더 이기적이어야 다른 개체들보다 자손을 잘 번식한다고도 했다. 당시 생물학계를 비롯한 많은 과학자들이 충격에 빠졌다고 한다. 지금이야 여러 반박 자료들로 예전만큼은 아니지만, 지성인이면 꼭 읽어야 할 명저이다. 인간은 기본적으로 이기적이라는 사실을 주장한 분이 있다는 사실이다.

사람들은 문명이 없던 아주 옛날이야 잘 알 수 없지만, 문명이 생기고부터는 이타적인 삶을 살아가는 사람들이 있었던 것은 사실이다. 굳이 유명한 특정인이 아니더라도 사례는 얼마든지 있다. 미국의 한 고속도로에서 뒤 차량의 통행료를 지불하였더니 뒤에 오는 많은 사람이 똑같은 행동을 했다는 사실만 봐도 알 수 있다. 평범한 사람들은 평생을 이타적으로 살 수는 없다. 하지만 삶의 소중한 부분을 이타적으로 사는 분들이 의외로 많다. 예를 들어, '아너 소사이어티(honor society)'는 1억 이상을 기부하는 사람들인데 지역별로 많은 분이 참여하고 점점 더 늘어나고 있다.

꿈을 이루어가는 과정에서 자신의 꿈만 생각하고 나가는 '이기적인' 사람과 타인의 꿈을 소중하게 생각하고 함께하는 '이타적인' 사람들과는 분명 다를 것이다. 이제라도 '이타적인' 삶에 관심을 두고 살아보길 권한다.

무얼 받을 수 있나 보다
무얼 주는가에 한 사람의 가치가 있다.
- 아인슈타인

꿈은 '푸념, 체념, 단념'하지 않고 '이루려는 신념'에 '전념'한다

사람은 세상살이가 마음대로 되지 않을 때 '푸념'을 늘어놓기도 하고 도저히 이룰 수 없는 일을 만날 때는 '체념'이나 '단념'을 한다. 그러나 꿈에 관한 일을 할 때는 이루려는 '신념'을 가지고 '전념'한다. 오로지 꿈의 여정만큼은 어려움이 따르더라도 '일념'을 가지고 노력한다.

꿈을 이루어가는 동안 '개념' 없는 사람이 되지 않도록 '유념'하여야 한다. 오히려 주변 사람들에게 웃음을 주고 기쁨을 주는 '양념' 같은 사람이 되어야 한다. 사회 '통념'에 너무 얽매이지 말고 다른 관점을 보는 노력도 해야 한다. 만약 기존의 '관념'대로만 살았다면 우리는 오늘날과 같은 번영을 이루지는 못했을 것이다.

역사에 남을 업적을 이룬 사람을 '기념'하고 있다는 것은 그만큼 인류 번영에 이바지하였다는 것이다. '이념'과 종교는 달라도 인류가 나아갈 방향을 고민하고 제시하는 사람들은 늘 존재하였다. 그 예로 인류 역사의 발전에 이바지한 공로로 주는 상이 '노벨상'이다. 물론 분야는 6개로 한정되어 있지만, 그 분야에서 노력한 공을 기념하여 상패와 상금을 수여한다.

한 분야에서 꾸준히 포기하지 않고 '상념'에 잠기는 사람들이 있었기에 우리는 현재와 같은 문명의 혜택을 보고 있다. 물론 업적을 이룬 사람들은 경제적 이득을 얻었겠지만, 혜택은 엄청나게 많은 사람이 보고 있다.

자기가 추구하는 꿈을 이루기 위한 '신념'을 버리지 않고 '전념'을 한 결과물이 우리를 풍요롭고 편리한 세상으로 인도한다. 처음에는 실패하기도 하고 유사한 다른 것과 융합하기도 하지만 줄기차게 계속한 결과이다.

세상을 '푸념, 체념, 단념'하는 습관을 버리고 긍정적인 사고방식을 가져야 한다. 누구나 힘들고 어려움을 만나지만 극복하는 방법은 비슷하다. '이루려는 신념'에 '전념'하면 된다.

> 어떠한 일이 있더라도 인생에 있어서
> 중요한 두 가지의 절대 요소를 놓쳐서는 안 된다.
> 그 절대 요소란 다름 아닌 신념과 희망이다.
> - 사무엘 존슨

비록 '금수저'는 아니지만 '꿈수저'는 만들 수 있다

요즘 세상에는 부모의 경제력에 따라 '금수저, 은수저, 흙수저'로 나누어진다고 한다. 누군들 '금수저'로 안 태어나고 싶을까마는 부러운 것을 사실일 것이다. 그러나 부러워만 한다면 잘 알겠지만 지는 것이다. 인생은 오직 한 번만 살기 때문에 부러워만 하고 살기에는 본인 손해이다. 그나마 다행인 것은 주변의 대부분이 '흙수저'인 것이다. 나만 흙수저가 아니라는 게 얼마나 다행한 일인가.

삶을 살아가는 방법은 사람 수만큼 천차만별이다. 내가 내 인생을 내 마음대로 계획하여 살아갈 수 있다. 물론 계획대로 살아가는 것은 아니지만, 마음만 먹으면 얼마든지 계획대로 살 수 있다. 그리고 내가 태어나는 환경은 어쩔 수 없지만, 내가 물려주는 환경은 내 의지로 만들 수 있다.

옛 속담에 '세상에 3대 가는 부자 없다'라는 말이 있다. 금수저도 3대 가기가 그만큼 힘들다는 것이다. 만약 3대 이상 가는 금수저가 있다면 그 집안은 '꿈수저(꿈을 꾸고 이루는 방법을 알려주는 집안)'도 함께 가지고 있다. 그런 집안의 부모는 자식들에게 꿈을 이루는 방법을 어릴 때부터 확실하게 각인을 시키고 그 자식은 확실하게 꿈을 키워나간 결과일 것이다.

물론 그 반대인 경우도 얼마든지 있다. 흙수저 집안이지만 자식들에게 꿈수저를 물려주어 자식이 나중에 성공하는 경우는 주변에 많다.

그래서 '물고기를 잡아주지 말고 물고기를 잡는 방법을 알려줘라'는 말에서 물고기를 잡는 방법이 바로 '꿈수저'인 것이다. 그렇다고 '물고기를 잡는 방법'인 꿈수저도 그저 만들어지는 것은 아니다. 부모가 그 시범을 보여야 하기 때문이다.

아이들이 성인이 될 때까지 부모가 옆에서 끊임없이 고기 잡는 모습을 보여주기가 쉽지 않다. 그래서 처음부터 너무 큰 고기를 잡으려고 하는 것이 아니라 작은 물고기부터 잡는 방법을 알려주는 것이다.

'금수저, 은수저'를 부러워 마라. 그렇다고 '흙수저'라고 슬퍼하지 마라. 지금부터 '금수저, 은수저'보다 좋은 '꿈수저' 만드는 법을 자손에게 알려주자.

미래는
꿈의 아름다움을 믿는 사람들에게 주어진다.
- 엘리노어 루즈벨트

238

일상의 '덕후'가 일생의 '노후(老後)'를 즐길 수 있다

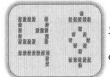 '덕후'는 일본어인 '오타쿠(특정 분야에 특화된 마니아, 광팬)'에서 유래된 말로 '오덕후'라고 불리다가 요즘에는 간단히 줄여서 불린다. 일본은 예전부터 애니메이션과 만화가 발달하였고 그 속에 등장하는 캐릭터나 도구들이 산업화하는 과정에서 '덕후'가 생겨났다. 이제는 분야도 캐릭터를 넘어 피규어, 운동화, 앵무새, 마요네즈, 롤러코스터, 소방서 등 이루 헤아릴 수 없을 정도로 넓어졌고, 연령대도 이제는 노년층까지 광범위해졌다.

국경을 인접한 우리나라도 그 영향을 일부 받아서 특정 분야를 좋아하는 '덕후'가 점점 늘어났고 유튜브의 등장으로 더욱더 폭발적이다. 예전에는 쓸데없는 짓이라고 놀릴까 봐 주변에 숨기는 분위기였다가 이제는 너도 나도 마음껏 '덕질(덕후 취미 생활)'을 하고 있다. 심지어는 동호회나 카페, 유튜브 등을 통해 점점 전문화 및 산업으로까지 확장되고 있다. 자연히 입덕(입문+덕후), 덕심(덕후+마음), 덕력(덕후+정도), 덕밍아웃(덕후+커밍아웃)과 같은 관련 용어가 생겨나고 있다.

자신이 좋아하는 일(흥미)과 잘하는 일(적성)이 같을 때 가장 이상적이다. 그런 경우는 많지 않다. 대부분 흥미와 적성보다는 직업의 안정성이나 대학 입시 점수에 맞춰 진학하는 경우가 많기 때문이다. 그래서 우리나라는 대학 전공과 관련되는 취업률이 50% 조금 넘어서는 이유이다. 이것은 아직도 학교나 가정에서 학생들이 무엇을 좋아하는지에는 관심이 별로 없고 오로지 성적에만 집중하는 이유이기도 하다.

적성과 흥미가 일치하는 '덕업일치(德業一致)'의 사례가 점점 늘어나고 있다. 유튜브의 폭발적 성장과 온라인 쇼핑 활성화로 새로운 1인 기업들이 늘어나고 있고 앞으로도 당분간 확대될 것으로 보인다. 이제 내가 좋아하는 것을 찾아서 '덕후'가 되어 '노후'를 즐길 수 있는 좋은 시대이다.

> 모든 사람은 우리의 삶을 이루고 있는 조건과 생각,
> 그리고 구조를 바꾸는 데에 참여하는
> 예술가이자 자유로운 존재이다.
> - 요제프 보이스

'부정적 생각'은 들어내고 '긍정적 생각'은 드러내자

꿈을 꾸다 보면 생각보다 잘 안 될 때가 많다. 아무리 꿈을 크게 꾸고 열심히 한다고 하지만 24시간 내내 격정적으로 노력할 수는 없는 것이 아닌가? 그럴 때 부정적인 ·생각이 들기 쉽고 걱정이 자꾸 생기기 시작한다.

미국의 종교학자 C. 앨리스가 말하기를 우리 인생 대부분을 걱정 속에서 보낸다고 한다. 우리가 하는 걱정 40%는 전혀 발생하지 않을 일이고, 35%는 이미 지나가 버린 일에 대한 걱정, 12%는 남의 시선에 대한 걱정, 8%는 건강에 관한 걱정이라고 했다. 그래서 걱정의 대부분은 필요 없는 것들이고 걱정한다고 안 될 일이 되고, 될 일이 안되는 것이 아니다.

걱정이나 부정적인 생각이 들면 몸을 움직여 산책하거나 운동을 하든지 책을 보든지 다른 일을 하고 일부러라도 현재 자기 주변에서 할 수 있는 재미있는 일들을 찾아서 해 보자. 그리고 만나는 사람을 자신의 꿈을 이루기 위해 열심히 노력하는 사람이나 항상 유쾌하고 일을 즐기는 사람들을 만난다면 나도 그 영향을 받을 수밖에 없다.

사용하는 언어를 긍정적인 단어를 많이 사용하자. 가능하다면 주변에 긍정적인 단어를 적어서 잘 볼 수 있게 한다든지 휴대폰 바탕 화면에 저장하여 긍정적인 단어를 사용해 보자.

하버드대학의 연구팀에 의하면 친구가 우울하면 내가 우울할 확률이 93%이고 친구가 행복하면 내가 행복할 확률이 15%, 친구의 친구가 행복하면 내가 행복할 확률은 10%, 그 친구의 친구의 친구가 행복하면 내가 행복할 확률은 6%라고 한다.

즉 나의 친한 친구 행복으로 인해 내가 행복할 확률은 26%라는 것이다. 만약 그런 친구가 몇 명이 된다면 나는 더욱더 행복할 것이고 만약 그런 친구가 많지 않다면 행복한 친구를 좀 더 많이 만들면 되는 것이다. 사람들은 행복하면 웃는다를 사실을 잘 알고 있다.

그러나 역으로 웃으면 행복한 것도 맞다. 그래서 일부러라도 자꾸 웃으라고 하지 않는가? 웃을 만한 일이 존재해야 하는 것이 아니라 내가 선택하는 것이다. 어떤 현상에 대한 나의 마음가짐은 내가 선택하는 것이다. 물론 극단적인 슬픔과 고통이 있을 수 있지만, 영원히 그런 경우란 없다.

결론적으로 행복하게 사는 삶을 추구한다면 긍정적인 생각과 함께해야 한다.

사람은 행복하기로 마음먹은 만큼 행복하다.
- 링컨

꿈의 '세러머니(Ceremony)'가 최고의 '머니(Money)'

기쁨은 인간에게 있어서 없어서는 안 될 중요한 요소이다. 이런 기쁨의 횟수는 많으면 많을수록 좋지만, 무한정일 수는 없다. 그리고 모든 사람은 크고 작은 기쁨을 비슷하게 가지고 있다. 기쁨 하나는 삶에서 여러 어려움과 수많은 도전을 할 수 있는 소중한 자양분이다. 기본적으로 기쁨의 횟수를 획기적으로 늘릴 수는 없지만, 아주 작은 기쁨을 큰 기쁨으로 인식하는 발상을 전환하는 방법이 필요한 것이다.

작은 기쁨을 큰 기쁨으로 인식하는 최고의 방법은 기쁨마다 '세러머니(Ceremony)'를 더하는 것이다. 그리고 어렵고 힘든 고비마다 세러머니를 하는 것이다. 처음에는 세러머니를 작은 행동(예를 들어, 어퍼컷)을 혼자서 하고 점점 주변 사람들과도 늘려나간다면 분명 기쁨은 배가 되고 꿈을 이루는 데 큰 도움이 될 것이다.

축구나 야구와 같은 단체 운동 경기뿐만 아니라 개인 운동 경기에서도 좋은 결과가 나올 때마다 선수들은 멋진 세러머니를 한다. 특히 월드컵이나 올림픽과 같은 국제 경기에서의 세러머니는 한 편의 멋진 영상과 함께 훗날 역사가 되고 있다.

그래서 운동선수들은 평소에 이기는 모습을 상상하는 이미지 메이킹과 함께 멋진 세러머니를 준비하고 있다. 국내외 유명한 선수 중에는 아주 특이한 행동으로 세러머니를 하는 경우가 있다. 외국의 경우 특정 종목 선수의 열혈 팬들은 세러머니를 공유하고 있고 일상에서도 타인들과 평소에 즐겨 사용하고 있다.

평소에 작은 기쁨을 세러머니로 표현하는 습관을 지닌다면 나중에 기쁨이 예견될 때에도 세러머니를 하는 기쁨의 선순환 구조를 가져올 것이다. 처음부터 잘할 수는 없다. 조금씩 조금씩 지금부터라도 세러머니를 하자.

인생에서 '머니'가 중요하다고 한다. 그렇지만, 꿈의 '세러머니'가 인생에서 가장 중요한 '머니'임에 틀림없다.

> 기쁨은 자연을 움직이게 하는 강한 용수철,
> 기쁨이야말로 대우주 시계 장치의 수레바퀴를 돌리는 것이다.
> - 쉴러

7. 꿈을 이끌어주는 관점

꿈을 'Long-run'을 하기 위해서는 'Long-learn'을 해야 한다

꿈은 삶 속에서 녹아 있어야 한다. 특별히 시간 내어 '미션' 하듯이 하면 실패할 확률이 높다. 굳이 시간을 따로 내어서 하는 것은 추가로 '행동'을 해야 해서 잘 안 되는 것이다.

만약 따로 행동해야 한다면 그 행동에 대한 기록으로 남겨서 성취감을 느끼도록 하고 그 성취감이 다시 행동하게 하는 동기 부여가 되도록 하는 것이다. 그래서 어떤 일을 오랫동안 지속하려면 쉽고 간단하게 해야 한다.

꿈을 꾸기 위한 긴 여정을 나아가는 데 있어서 본인의 해야 할 일이 많음을 이야기하기도 하고 학교 교육은 그야말로 기본 지식만 쌓는 것에 만족해야 함을 알 수 있다. 그리고 세상이 훨씬 더 복잡다단해짐에 따라 기회 또한 비례하여 늘어남도 분명한 사실이다. 본인의 생각에 따라 얼마든지 기회를 잡을 수 있다.

현재의 교육 제도는 예전보다 학생들 개개인의 적성과 흥미를 반영하려고 다양한 노력을 하고 있다. 그리스 로마 신화에서 유래된 **프로크루스테스의 침대**(철로 만든 침대로 행인을 붙잡아 침대의 크기로 사람을 맞춰서 자르거나 늘려서 죽임)'처럼 아직도 학생 개개인의 맞춤형 교육과정에는 미치질 못하고 있다.

세계적 첼로리스트 '파블로 카살스(Pablo Casals)'를 '현악기의 왕자'라고 불리는데 90세 때도 하루 6시간 연습하는 것을 보고 누군가가 '왜 아직도 그렇게 연습을 많이 하시나요? 라고 물었다. 그러자 '내가 요즈음 실력이 느는 것 같아(I'm begging to notice some improvement)'라고 말했다고 한다. 워낙 고령이기도 하고 이미 첼로로는 더 올라갈 때가 없을 만큼 경지에 오른 분인데도 불구하고 연습을 치열하게 하고 있었다. 평범한 사람들은 과연 그렇게 연습을 하지도 답하지도 못할 것이다.

요즈음은 정년 퇴임을 하고 난 뒤에도 다양한 활동을 왕성하게 하는 분들이 많다. 그 예로 박말례 할머니의 유튜브 활동을 들 수 있다.

현재에 너무 조급해하지 말고 한 걸음 한 걸음 뚜벅뚜벅 'Long-learn' 한다면 'Long-run' 할 수 있을 것이다.

> 배우는 길에 있어서는, 이제 그만하자고 끝을 맺을 때가 없는 것이다.
> 사람은 그 일생을 통하여 배워야 하고,
> 배우지 않으면 어두운 밤에 길을 걷는 사람처럼 길을 잃고 말 것이다.
> - 태자

꿈을 'Lead' 하기 위해서는 'Read' 해야 한다

사람과 동물의 차이가 여러 가지가 있겠지만 '사고력'을 빼 놓지는 않는다. 그 사고력을 기르기 위해서는 필요한 것이 책을 읽는 것이다. 세상에 완전히 새로운 지식이란 존재하기 어렵다. 무언가를 기반으로 하게 마련이고 그 기반은 학교 교육이나 책(논문이나 잡지 포함)을 통해 이루어진다.

우리가 어떤 한 분야의 책을 1만 권 정도 읽는다면 분명 전문가가 되지 않을까? 실제로 '1시간에 1권 퀀텀독서법' 저자 김병완님은 모두가 부러워하는 유명 대기업을 다니다가 그만두고 도서관에서 3년간 책을 1만 권을 읽고 전업 작가(저서 60권 이상)의 길을 간 분이다.

주변에서 워낙 독서를 많이 강조하여 여기서 자세히 이야기할 필요는 없지만, 유명한 작가 이지성 님의 '리딩으로 리드하라'가 베스트셀러가 되었다는 사실에서 독서의 중요성을 짐작할 수 있을 것이다.

사람들이 체험하여 얻은 지식은 오래간다. 그래서 가능한 많은 체험을 하라고 주위에 권하기도 하고 직접 하기도 한다. 체험을 할 수 없을 때 간접 체험으로 책을 권한다. 물론 요즘에는 각종 동영상 채널들이 많아서 동영상으로 어느 정도 도움이 된다고는 하지만 아직은 책을 따라잡을 수는 없다. 책 1권의 지식의 양이 절대 적지 않은데 전 세계적으로 1년에 약 2억 권의 책이 발행된다고 한다. 인구의 증가로 볼 때 책은 아마 더 발행될 것이고 책의 중요성은 앞으로도 지속할 것으로 보인다.

이무근님의 2004년 '미래사회 적응 능력 향상을 위한 학교 진로교육방안'이라는 논문에서 인류가 생성되고 서기부터 지식이 2배 증가하는 데 1,750년이 걸렸고 다시 2배 증가하는 데 150년(1,900년), 또다시 2배는 50년(1,950년)이 걸렸다고 한다.

그래서 2020년에는 63일을 주기로 지식이 2배 늘어난다고 한다. 또 다른 논문에서 지식이 2배로 늘어나는 시간을 보면 물리학은 13.1년, 경제학 9.4년, 수학 9.2년, 심리학 7.2년, 역사학 7.1년, 종교학 8.8년이라고 한다.

4차 산업혁명 시대에 접어든 이 시점에서 학교 교육만으로는 충분히 대비할 수 없음을 알 수 있다. 이제 우리는 내 꿈을 lead 하기 위해서는 read의 중요성을 아무리 강조해도 지나치지 않을 것이다.

> 오늘의 나를 있게 한 것은 우리 마을 도서관이었다.
> 하버드 졸업장보다 소중한 것은 독서하는 습관이다.
> – 빌 게이츠

꿈은 'Our'와 'Hour'의 소중함을 되새긴다

지구에 살아가는 모든 사람에게 가장 공평한 것이 무엇일까? 나라, 인종, 지역, 남녀노소, 빈부격차 등에 전혀 관계없이 누구나 똑같은 '시간(hour)'을 가진다. 1년 365일, 하루 24시간, 1시간 60분을 전 인류가 똑같이 사용한다. 물론 어떻게 사용하느냐는 개인의 몫이다. 하루는 1년의 약 0.3% 정도 되는 시간으로 4일 정도면 1년의 1%에 해당하는 것이다. 그런 하루를 그냥 그냥 보내는 사람이 있는가 하면 엄청나게 많은 일을 하는 사람도 있다. 그리고 정해진 시간에 정해진 일을 하고 계획표대로 살아가는 사람도 있고 하루하루 하는 일이 불규칙한 예도 있다.

어릴 때 어린이집이나 유치원을 다니고 초등학교에 입학하는 경우가 많다. 그래서 어린이집이나 유치원에서는 그림도 그리고, 책도 보고, 노래도 배우는 등 다양한 활동을 한다. 그럼 고등학교 졸업할 때까지 얼마나 많은 시간을 공부하는지 보자. 초등학교는 1년에 655시간, 중학교는 842시간, 고등학교는 547시간 정도 공부한다. 그러면 초등학교는 3,930시간, 중학교는 2,526시간, 고등학교는 1,641시간을 공부한다. 따라서 초등학교에서 고등학교를 졸업하기까지 8,097시간을 공부하게 된다. 똑같은 공부 시간에도 엄청난 차이가 있다.

이것은 아주 일부를 제외하고는 분명 시간의 활용법 차이일 것이다. 자투리 시간에도 뭔가를 하고 기록하는 습관만 길러진다면 분명 '시간'의 승리자가 될 것이다. 시간은 되돌릴 수도 없기에 더더욱 그러하고 필요할 때 쓰지 않으면 두 번 다시 돌아오지 않는다.

'빨리 갈려면 혼자 가고, 멀리 가려면 함께 가라'라는 아프리카 속담이 있다. 물건을 주고받으면 분명 서로 같은 개수이지만, 좋은 생각을 서로 주고받는다면 서로가 2개의 좋은 생각을 공유하게 되는 것이다.

그리고 인간은 사회적 동물이기 때문에 다른 사람들과 함께하는 유전인자를 가지고 있다. 내가 너무 슬프거나 너무 기쁠 때 주위에 아무도 없다면 그 얼마나 비참한 일인가? 서로서로 꿈을 격려하고 끌어주고 당겨준다면 기쁨은 몇 배가 되고 시간도 줄어들게 될 것이다.

꿈이 있는 사람은 시간을 끌고 살고, 없는 사람은 끌려 산다.

> 다른 사람들을 성공하게 도움으로써
> 당신은 최고로 그리고 가장 빠르게 성공할 수 있다.
> - 나폴레온 힐

꿈은 'END'보다는 'AND'에 가깝다

우리가 야구를 할 때 지는 팀에서는 '야구는 9회 말 2사 후부터'라고 하면서 '끝날 때까지 끝난 것이 아니다'라고 말한다. 인생에서 정말 'END'은 몇 번 있을까? 이것 또한 개인 차이가 존재한다. 어떤 실황 공연 마지막 회를 끝이라고 하고 야구 코리안 시리즈 7차전 9회말 경기가 끝났을 때도 'END'라고 할 수 있다. 그런 의미라면 우리 주변에는 'END'는 정말 많다. 왜냐하면, 오늘은 그 누구에게도 다시 오지는 않으니까.

꿈꾸는 인생에서 'END'는 내 삶이 마감하는 날 이외는 없다고 본다. 우리 사회에서 정말 정말 중요하다고 하는 '대학수학능력시험'이 있다. 시험을 잘못 봤다고 자살까지 하는 어마어마한 시험이니 잘 못 보면 'END'라고 생각할 수 있는 것이 아닐까? 정답은 아니다.

요즘 수시에 합격하여 수능을 보지 않아도 되는 전형이 많이 있다. 다른 입학 조건에 맞아 이미 합격을 했으니까 아예 응시조차 하지 않는다. 그리고 본인이 원하는 대학을 가지 못했다 하더라도 만회할 기회는 얼마든지 있다.

따라서 정말 'END'는 별로 없다. 상상을 초월할 만큼 도전하여 성공한 이들도 많다. 내가 그만두어서 'END'인 것이지 진정한 'END'는 없다.

이제라도 책 보고, 영화 보고, 노래 부르고, 춤추고, 운동하고, 맛있는 음식을 요리하는 등 우리는 매일 매일 의식적이든 무의식적이든 'AND'를 한다. 삶 자제가 모두 'AND'이다. 그래서 우리는 내가 할 수 있는 것부터 천천히 하나하나 'AND'를 하면 된다.

좀 더 무게 있는 아주 작은 꿈이라도 설계하고, 도전을 마주하고, 작은 성공을 성취하고, 작고 큰 실패에도 재기하고, 즐거움에 마음껏 웃고, 친구의 어려움을 함께 고민하면 된다.

꿈에 성공할 수밖에 없도록 계획을 짧게 나누어 그 하나하나를 'END(끝)' 내고 그 하나하나를 'AND(시작하고)' 하면 되는 것이다. 내 삶은 내가 주인공이지 않은가?

내가 하는 일들이 꿈과 관련된다고 생각하고 그 일들을 'AND'하고 'AND' 하면 될 것이다. 그래서 꿈은 'AND'의 결실이 되는 것이다.

이런 일은 도저히 불가능하다고 자신이 믿고 시작하는 것은
그것을 제 자신이 불가능하게 만드는 수단이다.
- 워너 메이커

꿈은 'Right'해야 'Light'가 된다

꿈을 올바르게(Right) 꾸기 시작하여 지속한다면 아름다운 '빛(Light)'을 낼 수 있다. 물론 쉽지 않다. 그저 이루어지는 것도 아니다. 매일 매일 앞으로 나아가지만, 그 길이 맞는 길인지 자꾸 뒤돌아볼 때도 있을 것이다. 나만 자꾸 뒤처지는 것처럼 느껴질 때도 있을 것이다. 그 누구도 두 번의 인생을 사는 사람은 없다. 모두 시행착오를 하고 나아간다. 걱정하지 마라.

내가 무엇을 잘하고 좋아하는지 끊임없이 고민하는 길밖에 없다. 그렇다고 생각만 하면 안 된다. 무엇인가 행동해야 한다. 꿈은 동사형이다. 그래서 꿈은 과정이다. 꿈은 이루는 순간은 그에 따른 부산물이다.

처음에는 내가 잘하는 일과 좋아하는 일에서 찾아봐야 한다. 하지만 그중에서 나올 수도 있고 나오지 않을 수도 있다. 그래서 자신에게 유리한 지리적·가정적·문화적 환경과 같은 것도 고려해 볼 필요가 있다. 포기하지 않고 찾아 나간다면 분명 꿈을 찾을 수 있을 것이다.

내가 좋아하는 일은 비교적 명확한 데 비해 내가 잘하는 적성은 실제 해 보지 않고는 잘 알 수가 없다. 여러 적성 유형별 진로체험을 해 보는 것이 무엇보다 필요하다.

적성 유형은 신체·운동 능력, 손재능, 수리·논리력, 자아성찰 능력, 공간지각력, 음악 능력, 창의력, 언어 능력, 대인관계 능력, 자연친화력, 예술시각 능력이 있는데 그중에서 제일 잘하는 능력 위주로 자신의 꿈으로 만들면 된다. 단지 검사만으로는 정확히 알 수 없다.

삶을 살아가는 동안 한 가지 일만 하고 살아갈 수는 없다. 직업뿐만 아니라 사회생활, 가정생활도 하므로 수많은 일을 한다. 그 수많은 일 중에서도 꿈을 이루는 방법도 있다. 주변의 사소한 일도 그냥 넘어가지 않고 발명을 하여 특허도 내고 사업 아이템으로 발전한 사례도 많다.

내가 하는 모든 일이 무엇이든지 옳다는 생각하고 나아가라. 실패에도 좌절하지 말고 용기를 내어 계속하면 그 꿈은 빛을 발할 것이다.

> 생각하는 것이 인생의 소금이라면
> 희망과 꿈은 인생의 사탕이다.
> 꿈이 없다면 인생은 쓰다.
> - 바론 리튼

꿈을 이루려는 의지의 '아이(Eye)'가 '아이(I)'를 만든다

농경 사회보다 현대 사회의 사람의 '눈(Eye)'의 역할이 점점 커지고 있다. 하루에도 수많은 정보로 인해 정신 차리지 않으면 자기가 무얼 하고 있는지 모른다.

농경 사회에서는 하는 일이 많기는 해도 매일 엄청나게 여러 가지 일을 하지는 않았다. 계절별로 하는 일이 다르기 때문이다. 하지만 요즘 현대 사회에서는 겨울이라고 딱히 하는 일이 줄어들지 않는다. 겨울과 관련 일을 하는 사람들을 제외하고는 늘 비슷하다.

그래서 옛날에는 기록할 일도 골치 아플 일도 많지 않았다. 경험 많은 주변 어른들도 많이 계시기도 하고 주변에 다른 분들이 많았기 때문이다.

취미 생활을 할 때 굳이 SNS를 하지 않더라도 각종 온라인 매체들로 인해 선택 장애에 걸릴 정도이다. 매일 꼭 해야 하는 일을 제외하고 자기가 무엇을 하는지 신경 쓰지 않는 한 놓치기에 십상이다. 해야 할 일도 많지만 엄청난 콘텐츠가 있는 스마트폰이 자기를 유혹하고 있어서 자칫 할 일을 잊어버린다.

자기 눈이 다른 곳에 유혹되지 않도록 여러 안전장치가 필요하다. 그 대표적인 안전장치가 자기 주변의 사물(책상, 거울 등)에 할 일이나 꿈을 기록하는 것이다.

사람이 잊어버리지 않기 위해 기록하는 것이다. 꿈을 이루기 위한 일들을 매일 매일 반복적으로 하기가 정말 어렵다. 그래서 아주 작은 계획들로 나누어 실천하라는 것이다. 살다 보면 하루 이틀 하루가 어떻게 지나갔는지 모를 날이 있다. 자기의 의지와 관계없이 그런 일이 생긴다.

자기가 기본적으로 자신감을 가지기 위한 증표가 있어야 한다. 가령 나는 내 꿈을 이루기 위해 책을 한 달에 25일 이상 30분 읽거나 관련 영화를 한 달에 10편 이상 본다면 증표가 되는 것이다.

처음부터 그렇게 되지는 않는다. 자기 적성이나 흥미에 맞는 일이 생기면 그 일과 관련된 계획을 세워 실천하는 것이다. 나중에 그 일이 바뀌더라도 상관없다. 그만큼 자기 경력을 쌓은 것이고 언제가 도움이 될 것이다.

진정한 '자기(I)'를 만들기 위해 강력하고도 확실한 꿈의 '눈(Eye)'이 필요하다.

인간의 눈은 그의 현재를 말하며 입은 그가 앞으로 될 것을 말한다.
- 골즈 워디

꿈은 'YOLO(욜로)'와 'YODO(요도)'가 함께 한다

'한 번뿐인 인생에 즐기자'는 욜로(YOLO: You Only Live Once)와 '한 번뿐인 인생이니 의미 있게 살자'는 요도(YODO: You Only Die Once)는 서로 반대되는 개념이다. 그러나 욜로와 요도 중에서 오로지 한 가지만으로 살아가기는 사실 어렵다.

세상은 그렇게 간단하지 않기 때문이다. 무엇이 더 소중한가는 온전히 개인들의 몫이기도 하지만 경제적인 상황도 동반된다. 그래서 욜로나 요도를 적절하게 살아가는 것이 좋을 것 같다.

정말 짧은 주말이나 연휴, 방학 동안이라면 욜로의 삶을 살 수 있을 것 같다. 그러나 인생의 전체에서 항상 욜로의 삶을 살 수 있을 것 같지만 의외로 쉽지 않다. 인간은 사회적 동물이라서 함께 해야 그 기쁨이 증가하는데 주위에 온전히 자신과 같은 사람을 찾기 어렵다.

미국이나 유럽에는 주중에는 열심히 일하고 주말에 마음껏 욜로를 즐기는 경우가 많겠지만, 우리나라는 그러기가 더더욱 쉽지 않다. 오히려 소확행(소소하지만 확실한 행복)을 즐기는 동호회나 모임은 확실히 늘어나는 것 같다.

그러나 의미 있는 삶을 즐기는 요도는 혼자보다는 여럿이 하는 경우가 많으므로 사회생활이나 직장 생활에서 많이 볼 수 있다. 각종 단체에서 봉사활동이나 기부활동, 헌혈 등을 하는 경우는 주위에 수도 없이 많이 이루어지고 있다.

가족, 친지, 친구, 동문, 지역, 나이, 성별 등 단체들이 자발적으로 아주 여러 분야에서 요도 행위가 행해지고 있다. 혼자 하기가 쉽지 않은 성격을 가진 사람들에게는 아주 조그마한 시간과 노력으로 자연스럽게 할 수 있는 일들이기 때문이다. 물론 혼자의 재능으로 시골 어른들의 영정 사진 찍어 드리기, 이발해 드리기, 생필품 사 드리기 등의 일을 하는 분도 있다.

욜로는 '인생은 짧다'라는 생각이 강할 경우에 많이 하는 행동이지만, 요도는 인생은 절대 짧지 않다는 생각이 강한 경우에 많이 하는 행동이다. 우리가 잘 생각해 보면 점점 세상은 아주 빠른 속도로 변화하고 수명도 늘어나기 때문에 욜로나 요도는 어느 한쪽만을 고집할 필요는 없다. 더더구나 꿈을 이루기 위해서는 적절하고 균형 있게 살아야 할 것이다.

행복하게 산다는 것은 마음의 평온함을 뜻한다.
- 시세로

꿈은 'Zoom-in'과 'Zoom-out'을 넘나든다

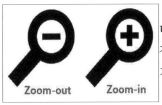

어떤 일을 하든지 큰일을 하려면 전략과 전술을 짜고 실행한다. 꿈도 마찬가지이다. 가장 먼저 내가 어떤 꿈을 가지게 되면 장기적으로 어떻게 해야 할지와 당장 매일 매일 어떻게 실천할지를 생각한다.

실행하다 보면 수없이 수정하게 되고 심지어 처음부터 다시 새로운 꿈을 가지게 되는 예도 있다. 어떤 경우든지 전체적으로 보는 'zoom-out'과 당장 지금 하는 일을 하는 'zoom-in'이 동시에 필요하게 된다.

그러나 먼저 자기 이해가 우선인데 나의 특성에는 신체적 특성(키, 체중, 외모, 시력, 체격, 목소리 등) 및 환경적 조건(경제력, 가업 등), 흥미, 적성, 성적, 가치관, 성격, 끈기, 노력, 사교성, 강점 등 고려할 점이 하나둘이 아니다.

만약 내가 꿈을 꾸기 위한 과정에서 가지게 되는 직업을 고민해 보는 과정을 'zoom-in' 해 보자.

그리고 이 과정은 꿈을 이루는 가는 과정에서 적어도 1년에 한 번 정도 실행하여 변함없는지 확인한다. 만약 큰 전략을 변경하려면 다시 전체를 보는 'zoom-out' 해 보자. 어느 과정 하나 정해진 것은 없다. 내가 실행하는 과정들을 기록으로 남긴다면 내가 겪는 시행착오는 다음번 전략에 도움이 되는 경험이 된다.

1. 먼저 본인이 생각하는 직업을 전부(가능한 한 많이) 각각의 종이에 적어 보자.
2. 다음은 그 직업들을 보고 내가 잘 할 수 있고 좋아하는 직업을 반(1/2)로 줄인다.
3. 그 반(1/2)의 직업 중에서 역시 내가 잘 할 수 있고 좋아하는 직업으로 또 반(처음의 1/4)으로 줄인다.
4. 계속 줄여나가다가 이제는 남은 직업 중에서 정말'이 직업이다'라고 생각하는 직업 2~3 가지로 줄인다.
5. 그리고 남은 직업 2~3가지를 1주일 이상의 시간을 가지고 1개를 선택할 때까지 오로지 집중한다. 현재 남은 직업들의 장점, 단점, 월급, 장래 전망, 실현 가능성, 근무 기간(직업 종사 시간), 사회적 지위 등을 직접 글로 적는다.
6. 마지막으로 남은 직업에 대하여 종합적으로 고민하여 결정한다.

전술 없는 전략으로는 승리를 거둘 수 없고
전략 없는 전술은 패배를 앞둔 소란스러움이다.
- 손자

꿈은 '인증 샷'으로 시작하여 '인생 샷'으로 완성한다

 요즘 사람들은 어디 멋진 곳을 가거나 맛있는 것을 먹거나 신기한 것을 보면 자연스럽게 '인증 샷'을 남긴다. 꼭 누구를 보여 주기 위한 것이 아니라 하나의 기념으로 남긴다. 그런 과정에서 자신의 발자취가 되는 것이다.

운동선수, 가수 등 성공한 사람들을 보면 예전 어릴 때부터 꾸준하게 노력한 모습(인증 샷)들을 사진으로 보여주곤 한다. 예를 들면, 유도 선수의 꿈은 올림픽 금메달을 따는 것일 것이다. 그리고 꿈을 이루는 순간 '인생 샷'이 나오게 되는 것이다.

그 꿈을 이루는 과정에서 수많은 대회에 참가할 것이고 대회마다 인증 샷이 나올 수밖에 없는 것이다. 꼭 유도 선수가 아니더라도 자신의 관심 분야 특정한 대회나 오디션을 통해 자신의 꿈을 조금씩 성장하게 되고 자연스럽게 인증 샷이 남게 된다.

탐험가의 꿈은 아무도 가지 않거나 정말 가기 힘든 곳을 찾아가는 것이 꿈이다. 그래서 탐험가의 경우 자신의 목적지에 도달하게 되면 반드시 인증 샷을 남기고 그 과정을 기록으로 남긴다.

요즘은 스마트폰의 대중화로 우리는 하루에도 시도 때도 없이 사진을 찍는다. 그러다 보니 아무 의식 없이 무심코 사진을 찍는 경우도 많다. 그러나 자신의 인생에서 중요한 순간에는 대부분 기록을 남긴다. 우리는 특정 학교나 학원을 등록하고 시험이나 대회를 준비한다.

보통은 단 한 번의 시험이나 대회가 아니므로 더 많은 인증 샷이 나온다. 그리고 누구나도 쉽게 SNS(페이스북, 트위터 등) 활동이다 보니 매일 1건 이상의 인증 샷을 남긴다. 이는 보통 나중에 다시 보거나 기록으로 남기거나, 자랑하기 위해서 인증 샷을 남기고 있다. 그러나 그것이 꿈을 이루는 사람에게는 하나의 과정으로 남게 되는 것이고 이 과정이 꿈 완성의 원동력이 되기도 한다.

처음에는 아무 생각 없이 '인증 샷'을 남기면서도 이것이 나의 꿈의 과정이 아닌가 살펴볼 필요가 있다. 그만큼 자기 자신을 잘 되돌아봐야 한다.

> 10일 만에 흉상을 만들 수 있었던 것은
> 30년 동안 조각에 바쳐온 노력 덕분이다.
> - 미켈란젤로

'할 수 없는'과 '할 수 있는'은 글자 받침 차이 뿐

내가 할 수 '없다'라고 생각하는 것과 내가 할 수 '있다'라고 생각하는 것 차이는 얼마나 될까? 그것은 개인 차이가 있을 수 있겠지만, 하늘과 땅 차이일 수도 있다. 어떤 일이냐에 따라서 차이도 있을 것이다. 그러나 여기서 하는 이야기는 내가 어떤 일을 만났을 때 내 마음가짐을 말하는 것이다.

조그마한 일이라도 나는 '못한다'라고 생각하고 있는지 생각해 보자는 것이다. 누가 봐도 일반적으로 할 수 없는 일이라고 해서 모든 사람이 할 수 없는 일은 아니지 않은가?

실제로 우리나라에서 통용했던 지폐가 있다. 물론 지금도 사용할 수는 있지만, 대부분 소장하고 있는 지폐이다. 이 지폐에 유명한 일화가 있다. 현대그룹 창업자 고 정주영 회장이 울산에 조선소를 만들려고 했는데 자금이 부족하여 영국 은행에 갔다.

그러나 아무것도 없는 나라에 줄 수 없다고 하자 하얀 모래밭 사진과 500원 지폐를 보여 주며 우리나라가 세계 최초 철갑선인 거북선을 만든 나라라고 하여 자금을 빌려와 조선소를 지었다.

소학교(지금의 초등학교) 밖에 나오지 않았지만, 불가능하다고 생각하는 많은 일을 이루었다. 그래서 주위에서는 큰일을 할 때마다 많은 반대에 부딪혔는데 그때마다 '이봐, 해 보기나 했어?'라고 독려하면서 강행하였다. 처음부터 가능하다는 생각으로 시작하였다. 따라서 처음부터 되는 방법만을 고민하였지 할 수 없다고 생각하지 않은 것이다. 그 밖에도 비슷한 수많은 일화가 있다.

행복한 꿈을 꾸기 위해서는 할 수 있다는 자신감이 가장 중요하다. 그렇다 하더라도 모든 일에 도전하라는 것은 아니다. 중요하고 필요한 일이라고 방법을 찾는 노력을 해야 한다. 아무리 해도 안 되었다면 그만큼 소중한 추억을 만들었다고 생각하면 된다.

세상의 그 누구도 나의 동의 없이는 나에게 열등감을 줄 수 없다. 자신감도 그 누군가가 주지 않는다. 내 스스로 만들어나가는 것이다.

세상에서 가장 맛있는 감 : 자신감
세상에서 가장 떫은 감 : 열등감

253

꿈은 '마이너스(Minus)의 손'이 아닌 '마이더스(Midas)의 손'

그리스 신화의 마이더스(Midas)라는 왕이 손으로 만지기만 하면 황금으로 변한다고 하여 오늘날 어떤 일에 하든지 성공하는 사람을 '마이더스의 손'이라고 한다. 누구나 꿈꾸는 마이더스의 손이지만, 처음부터 마이더스의 손이 되는 것은 아니다.

대부분 처음이나 중간에 '마이너스(Minus)의 손'이 되기도 한다. 영원한 사람이 없듯이 영원한 기업도 없다. 사람도 태어나서 죽을 때까지 한 번도 실패하지 않는 사람은 없다. 4차 산업혁명이 시작되고 있는 이 시점에서 많은 산업이 새로 탄생하여 성공 신화를 쓰고 있다.

그래서 요즘 신생 기업은 '유니콘(unicorn) 기업(기업 가치가 10억 달러 이상인 비상장 스타트업)'을 꿈꾼다. 우리나라 돈으로 약 1,000억이 넘는 기업이다. 2019년 1월 글로벌 유니콘 기업이 309개 정도라고 한다. 작년보다 110개가 추가되어 유니콘 기업 탄생 속도가 55% 증가하였고 한국 기업은 6개가 포함되었다.

유니콘 기업이 처음부터 승승장구하는 것이 아니라 크고 작은 마이너스의 손을 거쳐서 탄생하는 기업이다. 무슨 일을 하다가 몇 차례 마이너스의 손이 되더라도 포기하지 않고 지속해서 노력하면 마이더스의 손이 되는 것이다.

그 마이너스의 손은 한 부분만 놓고 보면 그렇게 불릴 수 있겠지만 이 과정이 또 다른 실패를 막아주는 방패 역할이 되는 것이다. 마이너스의 손을 걸림돌이라고 생각하면 실패하는 것이고 디딤돌이라고 생각하고 끊임없이 노력한다면 분명 마이더스의 손이 되는 것이다.

유니콘 기업 창업주들의 이야기를 들어보면 모두 마이너스의 손이 되었던 순간이 있었다고 하고 그 순간을 잘 넘긴 것이 오늘날 기업으로 성장했다고 한다. 물론 유니콘 기업도 언젠가는 다른 기업과 합병이 되거나 없어질 수도 있다. 하지만 완전히 없어지는 것이 아니라 새롭게 바뀌는 것이다.

성공한 사람들의 이야기도 마찬가지이다. 수없이 많은 도전 끝에 성공하는 것이고 그 성공 비결이 또 다른 도전을 부르고 성공시킨다. 마이너스의 손이라고 자책하거나 포기하지 말자. 포기하지 않으면 언젠가는 마이더스의 손이 될 것이다.

오랫동안 꿈을 그리는 사람은
마침내 그 꿈을 닮아간다.
- 앙드레 말로

꿈은 '인터뷰어(Interviewer)'인가? '인터뷰이(Interviewee)'인가?

사람이 꿈을 이루어 성공하게 되면 자신의 의사와 관계없이 자연스럽게 인터뷰를 하게 된다. 이때 꿈을 이룬 사람이 '인터뷰이(interviewee)'가 되고 인터뷰를 요청한 사람이 '인터뷰어(interviewer)'가 되어 진행한다. 하지만 공직이나 중요한 요직에 응모하게 되면 면접을 보게 되며 이때는 면접관이 '인터뷰어'가 되고 면접을 보는 사람이 '인터뷰이'가 된다.

그리고 국가 요직이나 아주 유명한 사람을 인터뷰하는 경우가 있는데 이때 '인터뷰어'도 평범한 사람이 아닐 경우가 많다. 이때 '인터뷰어'는 주요 언론이나 방송사의 간부이거나 그 분야의 최고의 전문가에게만 그 기회가 주어지는 것이다. '인터뷰어'도 성공한 사람이라는 것이다.

꿈을 이룬 사람은 당장은 아니더라도 누군가가 지켜보는 이가 있기 때문이고 사람들의 입소문으로 자연히 주위에 알려지게 된다. 세상에는 정말 상상도 못 하게 많은 일이 있고 그 일을 하는 사람들이 있다. 그리고 그 많은 사람은 누군가와 끊임없는 교류가 일어나고 있고 그 과정에서 꿈을 이루어가는 사람이 밝혀지는 것이다. '인터뷰어'는 꿈을 이룬 사람들을 찾아다니고 있으며 그 오랜 과정에서 점점 자신도 '인터뷰이'가 되는 것이다. 즉 인터뷰어와 인터뷰이는 꿈을 이루어가는 사람들의 과정이다.

처음부터 하나의 꿈을 바라보고 달려가는 사람들도 물론 있지만, 그렇지 않을 경우가 훨씬 많다. 아주 특별한 재능을 가진 아이가 어릴 때부터 두각을 내는 경우가 아니라면 살아가는 과정에서 성공의 꿈을 꾸는 경우가 훨씬 많다는 것이다. 어떤 경로나 과정인지는 모르지만, 열심히 노력하는 과정에서 다른 성공 인들을 보면서 자신의 성장을 이루어져 가는 것이다.

오늘 내가 지금부터 아주 조금씩 포기하지 않고 자기 일을 해나간다면 머지않은 날에 인터뷰어가 되고 인터뷰이가 될 것이다.

세상의 어려운 일은 언제나 쉬운 데서 일어나고,
큰일은 언제나 작은 데서 일어난다.
- 노자

위대한 꿈의 '비전(Vision)'이 새로운 '버전(Version)'들을 만들어간다

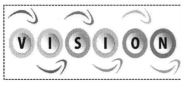

요즈음 같은 시대에는 하루에도 엄청난 수의 소프트웨어가 나오고 있다. 얼마나 많은 수가 나오는지 가늠하기조차 쉽지 않다. 그 많은 소프트웨어 중에 아주 일부만이 살아남고 나머지는 정말 아무도 모르게 사라진다.

지금 엄청난 인기를 누리고 있더라도 언제 막을 내릴지 아무도 모른다. 최고의 소프트웨어 개발자들조차 언제 내리막길을 걸을지 모른다. 한번 뒤처지기 시작하면 처음의 몇 배의 노력을 해야 하고 그 노력조차도 의미가 없을지 모른다. 개인이나 기업이 위대한 꿈의 '비전(구체적인 실천 방안)'을 가지고 지속해서 노력해야 새로운 '버전'들을 만들어 갈 수 있다.

우리 생활에 절대 없어서는 안 되는 제품이 휴대폰이다. 단 하루만 없어도 불편을 겪는다. 이런 휴대폰을 만드는 세계적인 두 라이벌 회사 '삼성'과 '애플'을 보자. 1년에 한 번씩 새로운 '버전'을 만들어내고 있다. 당연히 최고 사양의 휴대폰 뿐만 아니라 중저가 형도 쏟아내고 있다. 그리고 세계적인 자동차 회사들도 새로운 차를 개발도 하지만 기존 차량도 끝없이 새로운 버전으로 구매자를 유혹하고 있다.

그 외에도 세계적인 제조 회사들은 자신들의 새로운 버전을 만들기 1년 365일 24시간 쉬지 않고 연구하고 있다. 한때 세계를 호령하던 일본의 소니, 코닥, 노키아와 같은 회사들은 '비전'을 잘못 세워 역사적 뒤안길로 사라져갔다.

너무 자신만만하여 다가오는 미래를 기존 '비전'에 만족하고 우물 안 개구리처럼 새로운 '버전'을 만드는데 소홀했다. 따라서 지금 세계 최고의 기업들도 '비전'을 잘못 설정하는 순간 언제 소리 소문 없이 사라질지 아무도 모르는 일이다.

자신의 꿈을 이루기 위해서는 '비전'을 너무나 쉬워 성공할 수밖에 없는 아주 작은 '버전'들로 만들어 지속하면 될 것이다.

명확한 목적이 있는 사람은
가장 험난한 길에서조차 앞으로 나아가고
아무런 목적이 없는 사람은
가장 순탄한 길에서조차 앞으로 나아가지 못한다.
- 토머스 카알라일

꿈꾸는 '아이들'이 자라서 '아이돌'이 된다

IDOL 2020. 6. 14.(일) '방탄소년단 방방콘'으로 전세계 107개 지역 '세계 최대 온라인 유료 공연'이 열렸다. 90분간 75만 6,600여 명이 참여하였는데 대략 250억의 예상 수익을 올렸다고 한다. 아무도 가지 않은 길을 'BTS(방탄소년난)'이 가고 있다. 5만 명이 입장하는 스타디움 공연 15회에 달하는 기록으로 온라인 중 가장 큰 규모로서 코로나19로 전 세계가 방문을 꼭꼭 잠긴 상태에 나온 기록이다.

방탄소년단(防彈少年團, BTS)은 2013년 6월 13일에 데뷔한 빅히트 엔터테인먼트 소속 대한민국의 7명의 보이 그룹으로 총알을 막는 방탄을 상징하며, 10대, 20대의 힘든 세상에서 편견과 억압을 이겨내고 자신들의 음악과 가치로서 활동하고 있다.

기존에는 언론 매체를 통해 유명해지는데 BTS는 팬클럽 아미(ARMY)의 자발적 활동이 유명해지는 결정적 역할을 하고 있다. 그 활동을 보면 실로 우리나라에서 상상을 초월하는 경우가 많은데 2020년 8월에 빌보드 차트 1위에, 6월 현재 유튜브 9억뷰 1개, 7억뷰 2개, 6억뷰 3개, 5, 4, 3, 2억뷰 2개, 1억뷰 9개로 전체적으로 58억뷰라는 전대미문의 기록을 세우고 있다.

그리고 UN에 초대되어 연설한 적이 있으며, 우리나라 최고의 음반 판매량(2,300만 장)을 기록하고 있고 미국 CNBC사에 의하면 앞으로 10년간 한국 경제에 37조 이상의 경제 가치가 있다고 분석하고 있다. 최근 10년간 미국 가온차트 앨범 총 누적 판매량 차트 10위 안에 6개(1, 2, 3, 4, 6, 7)에 들어 있다. 그리고 전설의 그룹 비틀즈 이후 최단 기록으로 빌보드 정상을 차지하였으며, 수상 실적은 너무 많아 일일이 적을 수 없을 정도로 많다.

이전까지 한 번도 비슷한 사례가 없고 앞으로도 나오기가 쉽지 않을 정도로 엄청난 활동을 하고 있으며, 당분간은 쉽게 무너지지 않을 아이돌이다.

모두가 꿈으로 똘똘 뭉쳐서 꿈을 더욱 원대하게 만들어가고 있으며 서로서로 의지하며 앞으로 나아가는 아이돌이어서 더욱 빛난다.

> 모든 인간은 개인으로서 존중받아야 하며,
> 그 누구도 우상으로 숭배해서는 안 된다.
> – 아인슈타인

꿈에 '미치지' 못하면 '마치지' 못할 수 있다

청소년 시절 게임을 하다 보면 늘 시간이 부족하다. 그래서 조금만 더, 조금만 더 하는 것이 어느새 하루가 훌쩍 지나간 경험이 있을 것이다. 만약 부모나 주위의 여건으로 중간에 그만두면 그 아쉬움은 며칠 동안 지속하곤 한다. 꿈도 마찬가지이다.

나이 많은 어른들께서 종종 하는 말이 있다. 그때 정말 꼭 해 보고 싶었는데…. 그래서 내가 간절히 바라던 것일수록 중단된 아쉬움은 오래간다. 어떤 사람에게는 평생을 따라 따라다니는 경우가 있다.

이런 것을 자이가르닉 효과(Zeigarnik effect, 미완성 효과)라고 하는데, 무엇인가를 열심히 하던 중에 멈추면 정신적 강박감이 나타나고 뇌에 미련이 생기는 심리 현상으로서, 끝난 과제보다 끝나지 않은 과제가 기억에 더욱 강하게 남는 '미완성 효과'를 말한다.

다시 말해 긴장하게 되고 그런 긴장은 문제가 해결될 때까지 계속된다. 만약 문제가 해결되지 않으면 그런 긴장은 지속하고, 그 문제와 관련된 기억은 생생하게 남는다.

한국뿐만 아니라 전 세계적으로 경제가 침체 국면에서는 젊은이들이 꿈을 이루기가 쉽지 않은 듯하다. 결국, 꿈을 너무 크게 꾸거나 꾸는 방법을 잘 몰라서 다시 부모의 품으로 돌아오는 젊은이들이 늘고 있다. 요즘 대학생이나 취준생들은 테크 중에서 가장 좋은 것은 효 테크라고 한다.

아무리 열심히 아르바이트해도 부모가 주는 것만큼 좋은 테크는 없다는 것이다. 다시 부모 곁으로 돌아오는 나이도 많아지고 있는 것 같아 안타깝다. 한국에서는 캥거루 새끼처럼 부모 품에 산다고 '캥거루족'이라고 하는데 다른 나라들은 어떻게 부르는지 살펴보면 표와 같다.

한국	미국	일본	영국	독일	프랑스	캐나다	이탈리아
캥거루족	트윅스터 Twixter	기생독신 寄生獨身	키퍼스 Kippers	네스트호커 Nesthocker	탕기 Tanguy	부메랑 키즈 Boomerang Kids	맘모네 Mammone

꿈을 꾸기 시작하였다면 가능한 성공할 수 있도록 전략을 세워야 한다. 실패하지 않도록 아주 작은 단위의 습관으로 만들고 기록해야 한다. 물론 더 강력한 꿈이 생긴다면 당연히 바꾸면 되는 것이다. 내가 꿈을 이루기 위해 '미치지' 않으면 내 인생에서 그 꿈은 '마치지' 못할지도 모른다.

마치지 않고 죽어도 되는 일만 내일로 미뤄라.
- 파블로 피카소

꿈을 '잊고' 있나요? '잇고' 있나요?

DREAM 인간은 망각하는 동물이다. 만약 모든 일을 잊지 않고 기억한다면 아마도 인간은 자기 수명대로 살지 못할 확률이 높다. 왜냐하면, 즐겁고 멋진 날보다 힘들고 아픈 날들에 대한 기억이 더 선명하게 남아 있을 것이기 때문이다. 그래서 옛 속담에 '시간이 약이다.'라는 말을 했다.

옛날은 전쟁, 기근, 질병, 식량, 주거환경 등과 지금보다 훨씬 더 힘들었던 시절이었기에 망각은 어쩌면 살아가는 데 도움을 주었을지도 모른다.

미국의 하버드 대학과 스탠퍼드 대학 연구원들은 〈사이언스〉 호에 발표한 연구 논문에서, 어떤 물체를 보고 뇌의 전두엽 앞부분과 해마 피질 부분이 오랫동안 자극을 받으면 잘 잊어버리지 않는다는 것을 밝혔다.

미국 라스베이거스의 카지노 출입이 금지된 것으로 명성이 높은 기억력의 대가 도미니크 오브라이언은 '세계 기억력 챔피언십(World Memory Championships)'에서 여덟 번이나 우승하였는데, 생방송에서 2,385개의 이진수를 단 30분 만에 기억해 낸 것으로 유명하다. 연상법, 여행법, 연결법 등의 기억력 향상 훈련법을 하면 누구나 기억력을 높일 수 있다고 한다.

요즈음은 친한 친구라도 전화번호를 잘 기억하지 못한다. 저장된 번호를 찾아서 사용하기 때문에 굳이 기억할 필요를 못 느낀다. 살면서 기억해야 할 것이 점점 더 많아져 기억력을 높이는 음식뿐만 아니라 약도 개발하여 판매하고 있다.

그러나 TV나 스마트폰을 지나치게 많이 사용하면 기억력은 감퇴하게 된다. 사람이 TV나 스마트폰에 의존하다 보면 너무 많은 정보가 전달되어 뇌 신경 세포가 지친다. 따라서 자연적으로 사색할 시간이 부족하고 사고력이나 창의력이 저하되는 것은 당연한 이야기이다.

내가 매일 매일 하는 일들이 꿈과 아주 조금이라도 연관이 되도록 하여 항상 잊지 않도록 한다. 그래서 또 다른 꿈을 잇는 선순환의 기쁨을 알면 인생은 행복하지 않을까 한다.

꿈을 바로 만들 것인가?
꿈을 바라만 볼 것인가?

그대는 꿈의 '포로'인가? '프로'인가?

자기 일을 스스로 알아서 하고 자신의 한 일에 대한 책임과 의무를 정확히 잘하는 사람들은 '프로'이다. 그와 반대로 무슨 일이든지 스스로 결정하지 못하고 하는 일도 주어진 일만 하고 있다면 이런 사람은 '포로'인 것이다.

프로는 자기 주도적이지만, 포로는 어떤 일도 이끌려 가는 사람이다. 프로는 적성에 맞는 공부를 하고 포로는 성적에만 신경을 쓰는 공부를 한다. 자기 일과 전혀 무관한 일을 똑같이 하더라도 프로와 포로는 마음가짐이 다르다. 프로는 최선을 다하지만, 포로는 어떻게 하면 빨리 끝날 것인가에만 신경 쓴다. 물론 결과는 자세하게 설명하지 않더라도 대충 짐작할 수 있을 것이다.

그래서 프로와 포로는 보는 관점부터 다르다. 포로는 사물을 보는 관점이 평범하고 일반적이지만, 프로는 항상 다르게 보고 당연함을 거부한다. 세계에서 가장 큰 택시회사가 택시 한 대 없는 '우버(Uber)', 콘텐츠를 하나도 만들지 않는데도 세계적으로 절정의 인기를 누리고 있는 '페이스북(facebook)', 재고가 하나도 없는 세계적인 소매업체 '알리바바(Alibaba)', 건물 하나 소유하지 않은 세계 최고의 숙박업체 '에어비앤비(Airbnb)'를 포로들은 상상도 하지 못할 것이다. 기존의 산업 생태계에서는 도저히 믿기 어려운 일이 일어나고 있다.

프로인 의사는 어려운 수술을 할 때 환자에게 수술 동의서를 받기 위해서 사망률이 20%라고 설명하는 대신 생존율이 80%라고 설명하여 동의서를 받는다. 똑같은 상황에서도 관점을 달리해서 보는 눈을 가진 것이다.

이제 세상은 기술이 그야말로 기하급수적으로 발전하는 시대를 맞이하고 있다. 편리해지는 것도 많아지겠지만, 일은 예전처럼 천편일률적이지 않다. 같은 직종이라고 유사점이 찾기 힘들 정도로 다양한 시대가 오고 있고 몇 년 지나면 어떻게 바뀔지 아무도 모른다. 따라서 평생 직업이나 직종은 갈수록 희귀해질 것이기 때문에 프로가 되어야 하는 이유이다. 그대는 '프로'인가? '포로'인가?

> 자신의 길을 지켜나가는 사람을 '프로'라 부르고,
> 자신의 것을 지키지 못하면 '포로'가 된다.
> 〈한 덩이 고기도 루이비통처럼 팔아라〉 이동철

진정한 꿈은 '입시(入試)'나 '입사(入社)' 따위에 현혹되지 않는다

    2013년 서울대학교 입학식 축사에서 엔트테이멘트 이수만 대표는 '서울대라는 목표는 너무 낮은 것이 아닌가요?'라는 말을 해서 화제가 된 적이 있다. 학창 시절 열심히 공부하여 좋은 대학에 갔다고 진정한 꿈을 이루었다고 볼 수 없다는 것이다.

2016년도 중앙 언론에서 서울대를 다니고 있는 학생이 9급 공무원에 응시한다고 보도된 적이 있다. 물론 직업에는 귀천이 없다. 대학을 졸업하고 어떤 직업을 가질지는 분명 본인의 자유인데도 불구하고 교내에서 여러 말들이 다양하게 오고 갔다. 일반적인 현상이 아니었기에 그렇겠지만 사람들의 고정관념에서 빚어진 일이라고 생각한다.

유명 공과대학을 졸업하고 돼지고기 판매업을 하고, 의대생이 자퇴하고 셰프로 변신하는 일을 보면 자신의 꿈이 '입시(入試)'나 '입사(入社)'가 절대적인 것은 아니라는 것을 알 수 있다. 물론 몇 사례를 가지고 전체를 예단하는 것이 오류라고 생각하지만, 입시나 입사는 꿈을 이루는 하나의 과정이다.

처음에는 아무 생각이 없거나 생계를 위하여 취업 전선에 뛰어들어 '명장(名匠)'이 된 분들도 많다. 정말 어쩔 수 없이 묵묵히 하루하루 열심히 해나가다가 자신에게 맞는 일이라는 것을 깨닫는 분들도 많다. 처음부터 모든 것이 내 마음대로 일사천리 되는 일은 없다고 보면 된다.

TV 프로그램 중에 '서민갑부'라는 프로그램이 있다. 2014년에 처음 방영을 시작하여 2020년 12월 현재 310회 정도 방송된 비교적 장수 프로그램이다. 방송을 보면 정말 다양한 직업에서 다양한 방법으로 경제적 기반을 다지고 있다. 그 계기 역시 글을 적기 힘들 정도로 다양하다. 누구나 포기하지 않고 집요하게 지속한다면 성공하는 것이다.

청소년기에는 처음 목표가 '입시'일 수는 있지만, 그 너머 더 큰 그림을 잊지 말고 어느 정도 참을성을 가지고 뭐든지 노력하는 마음가짐을 가지자.

꿈을 품고 무언가 할 수 있다면 그것을 시작하라.
새로운 일을 시작하는 용기 속에
당신의 천재성과 능력과 기적이 모두 숨어 있다.
- 괴테

진정한 꿈은 '걱정'이 아닌 '격정(激情)'으로 이룬다

'걱정해서 걱정이 없어지면 걱정이 없겠네'라는 티베트 속담이 있다. 그리고 '바쁜 꿀벌은 슬퍼할 겨를이 없다(The busy has no time to sorry)'라는 말이 있다. 이 두 문장에서 우리는 무엇을 알 수 있을까?

내가 내 꿈을 향해 끊임없이 노력한다면 걱정을 할 시간이 없을 것이다. 내가 무엇을 해야 하는지 찾지 못하고 나의 현실도 부정하다 보면 자연스럽게 걱정이 늘 수밖에 없다. 물론 사람이라면 모든 것을 잘할 수는 없다.

그러나 1~2가지는 누구나 할 수 있다. 내가 하는 공부가 아무 의미가 정말 없는지 아주 나중에 판단할 수 있다. 그래서 내가 꼭 해야 하는 일이라면 그냥 하자. 아주 좋은 성과가 있지 않더라도 말이다. 왜냐하면, 아무것도 하지 않거나 모든 것을 대충대충 한다면 자존심이 낮아지고 자신감을 잃어버리게 되는 것이다.

내가 자신감이 없어질 때면 아주 어릴 때부터 지금까지 아주 뿌듯하게 뭔가를 성취한 것이 있다면 생각나는 대로 하나도 빠짐없이 적는다. 이 기록은 나에게 힘을 준다. 그래도 부족하면 좋은 추억이라도 적어보자.

그 좋은 추억을 다시 만들기 위해서는 나는 지금 어떻게 해야 할지 생각해 보자. 그런 기록들이 내가 앞으로 해야 할 일들을 조금씩 생각나게 한다. 그래서 그런 생각할 시간이 없다고 할 수 있지만, 하루 중에 아무 의미 없이 보내는 시간은 분명 있다. 정말 없는지 시간을 체크 해 보자. 많으면 1시간 아니면 30분? 정말 정말 안 되면 10분은 있을 것이다. 이 매일매일 10분을 나의 장래 할 일이나 중요한 일에 대한 설계를 해 보라. 그리고 기록해라.

그래서 걱정할 시간이 없게 할 수는 없겠지만, 아주 적게 할 수 있도록 내 꿈을 열심히 가꾸면 된다. 그래도 안 될 것이라는 생각은 손톱만큼도 하지 말자. 그것은 내가 할 필요가 없다. 미래는 모르는 일이니까. 지금 내가 걱정할 필요는 없다.

나중에 뭔가 다시 추가로 해야 할 일이 있다면 그때 가서 하면 되는 것이다. 지금은 내가 격정적으로 할 일들에만 집중하자.

> 격정적으로 사는 것,
> 지치도록 일하고 노력하고 열기 있게 생활하고,
> 많이 사랑하고 아무튼 뜨겁게 사는 것,
> 그 외에는 아무것도 없다.
> - 〈이 모든 괴로움을 또 다시〉 전혜린

꿈꾸지 않는 병은 '고질 병(病)'인가? '고칠 병(病)'인가?

100년 전에는 불치의 병이 오늘날 쉽게 치료되는 질병 종류는 몇 가지가 될까? 아마 의료인이더라도 정확한 수치는 알 수 없겠지만, 적지 않다는 데는 동의할 것이다.

그래도 아직 인간이 풀지 못한 질병은 분명 존재하지만 많은 미래학자는 100년 아니 50년 안에 거의 정복될 것이라는 견해가 압도적으로 많다. '조선왕조실록' 기록에 의하면 최고의 권력을 가진 왕의 사망 원인인 질병들은 오늘날에는 별로 심각한 질병이 아니다. 점점 의료 기술이 발달하여 앞으로는 더욱 치료하지 못할 질병은 줄어들 것이다. 원래 특정 질병을 치료하려고 하는 목적으로 개발하는 과정에서 다른 질병에 더 효과를 보는 약들이 개발되기도 한다.

그러나 사람들은 엄청난 속도로 발달하는 이 시대에도 지레짐작으로 그냥 안 된다고 도전하지 않는 경우가 많다. 과거 부모나 주변의 사례들을 보고 고정관념에 쌓여 그냥 그냥 살아가는 것이다. 이제는 과거와 달리 무엇이든 도전해 볼 수 있는 분야는 무궁무진하게 늘어가고 있는데도 편견에 사로잡혀 있다.

1980년대 우리 주변에 있던 디지털시계, 디지털 녹음기와 더불어 화상 회의, 비디오게임, 백과사전, 음악 재생, 동영상 재생, 의료 정보 검색, 번역과 같은 아주 다양한 기능들이 휴대폰 하나에 통합된 것이다. 어느 누가 이 많은 기능이 하나의 기기에 다 들어갈 것이라고 생각하였겠는가? 이를 미루어 짐작해 보면 우리가 예측할 수 있다. 무수히 많은 기능이 통합되어 다시 태어날 것을 알 수 있다.

과연 내가 아는 질병이 '고질 병'인지 '고칠 병'인지 다시 생각해 보자. 이제까지의 사실이 과연 맞는지, 아니면 어떤 사실이 당연한지를 다시 한번 더 생각해 보자. 늘 하던 식으로 생각하면 더 이상의 발전은 없다. 해마다 쏟아져 나오는 수많은 특허, 수많은 신간 서적들을 보라. 나도 의지만 갖춘다면 발명가, 작가가 될 수 있지 않겠는가.

누구도 말린 적은 없다. 단지 그대가 도전하지 않았을 뿐.

불치의 질병은 없다.
다만 불치의 환자가 존재한다.
- 버니시겔

인생에서 가장 중요한 '진로'와 '진료'

사람은 한평생 살다 보면 꼭 필요한 것이 있다. 자기가 태어난 나라나 지역마다 차이가 있을 수 있지만, 엄청나게 많다는 것은 분명하다. 하지만 옛날부터 그랬던 것은 아니다. 아주 옛날에는 꼭 필요한 것은 많지가 않았다. 그것도 대부분 어른의 것이었고 자라나는 아이들은 밥 잘 먹고 튼튼하게만 자라면 되는 것이라 꼭 필요한 것이 없었다.

4차 산업혁명이 막 시작되는 이 시대에는 자라나는 아이들의 '진로'는 무엇보다 중요하게 되었고 진로교육이 중요해졌다. 하지만 아직도 학교교육은 진로교육보다는 대학 진학을 목표로 하는 진학교육에 가깝다.

중학교 자유학년제로 자신의 꿈과 끼를 탐색하는 과정이 있으나 후속 정책이 부족한 것도 사실이다. 물론 예전보다는 많은 진로교육이 이루어지고 있지만, 아직도 많은 학생이 자신의 적성과 흥미를 잘 모르고 있어서 좀 더 전문적인 정책들이 나와야 한다. 무엇보다도 대학 입시에 근본적인 고민을 해야 한다. 언제까지 단답식 문제 풀이를 해야 하는지 답답하다.

사람이면 누구나 아프지 않고 살 수는 없다. 평소에 튼튼하여 병원에 잘 가지 않다가도 부주의로 몸에 상처가 나면 '진료'를 받을 수밖에 없다. 이제 인생에서 '진로'와 '진료'는 피해 갈 수가 없다. 혹자는 나이가 아주 많은 어르신에게 무슨 '진로'가 있겠냐고 반문하겠지만, 진로는 평생 고민해야 한다. 마지막 여생을 어떻게 행복하게 살 것인가를 고민하는 것도 진로이다.

어른에게는 '진료기록부'가 있고 자라나는 청소년에게 '진로기록부(생활기록부, 자소서 등)'가 있는 이유는 인생에서 가장 중요하기 때문이다.

	진로	진료
대상	모두	환자
기간	인생 전체(장기)	치료 기간(단기 위주)
주된 관심	내면(마음)	외면(신체)
비용	소액으로도 가능	다양(소액~고액)
해결	본인	전문가(의사)
유사점	새로운 삶, 기쁨	

진로가 없는 진학은 무의미하다

　대부분이 아이들이 태어나면 자라면서 학교에 다닌다. 물론 선진국이나 우리나라의 아주 일부 아이들은 학교에 다니지 않고 홈스쿨링을 하는 경우도 있다. 홈스쿨링도 아이들을 방치하는 것이 아니고 부모와 아이가 학교보다는 가정이 배움에 더 낫다는 결론을 내고 진로 고민을 마친 경우이다.

　따라서 학교에 다니는 대부분 아이는 학교에 정해진 교육과정 속에서 공부하게 되고 진학을 한다. 많은 학생 속에서 공부하다 보면 주위의 아이들과 비교를 하게 되고 자연히 기준은 '나'에게 맞추기보다는 '대학'에 맞춰져 있는 경우가 많다. 요즈음은 대학보다는 학과를 중시하는 경향이 조금 늘기는 하였지만, 아직도 학과보다 대학 간판을 중시하는 경향이 짙다. 부모의 영향이기도 하지만 아직도 고등학교의 명예를 위해 서울이나 유명 대학을 권하는 경우가 있다. 그래서 진로가 전집이면 진학은 전집 속의 단행본이다.

　내 꿈을 이루기 위한 여정인 진로를 설계하지 않은 진학은 사상누각에 불과하다. 2018년도에 대학을 다니거나 졸업 후 취업을 위해 전문대학에 다시 입학하는 대학생이 9,200명이나 되었다. 2018년 7월에 대학생 학자금 대출 현황을 보면 약 10만 건의 대출에 1조 1,000억 원이라는 막대한 대출을 하고 있으며 1인 평균 1,000만 원이 넘었다.

　대출 건수가 최근 4년 동안 2배가 늘어났으며 연체 금액 역시 늘어났고 대출 연체가 되는 대학생 3명 중 1명은 신용불량자로 전락하여 '청년 실신 시대'라고 한다. 물론 대출을 필요하면 해야 하지만 졸업 후 불경기로 취업이 안 되는 상황에서 문제가 발생하게 되고 '7포(연애, 결혼, 출산, 내 집 마련, 인간관계, 꿈, 희망) 세대'를 넘어 'N포 세대'라는 말까지 유행되고 있다.

　이제 대학 간판의 시대는 서서히 무너지고 있다. 자신의 적성과 흥미를 철저하게 파악하고 진로 설계가 이루어진 다음에야 진학해야 한다.

	진로(進路)	진학(進學)
대상	누구나 모두	일부(주로 젊은 시절)
기간	인생 전체(장기)	주로 단기적(일시적)
전문가	많다	적다
정책 변화	많지 않다	수시로 변화
주 연령대	평생	10~20대
책 비유	전집	단행본

세상을 바라보는 창문, 관점

관점 1999년부터 2005년까지 방송된 '전파견문록'이라는 프로그램이 있었다. 어린이들을 대상으로 세상을 바라보는 시선을 어른이 맞추는 퀴즈 프로그램으로 아이들이 사물이나 현상을 어떻게 생각하는지를 보여주었다.

우리는 말만 하면 다 안다고 생각하지만 모두 자기 관점으로 보고 말한다. 마찬가지로 내가 보는 세상을 분명히 다른 관점으로 볼 수 있다. 따라서, 내가 보기에 아무렇지도 않은 것처럼 보여도 잘 살펴보고 생각해 보면 의미 있는 것일 수 있다. 꿈꾸기 위해서는 큰 꿈도 중요하고 그 과정이 중요하다. 관점의 차이는 IQ 80점의 차이나 난다고 한다.

주위에서는 내가 전혀 생각지도 못한 일이나 현상(자연 현상이 아닌)을 목격할 때가 있을 것이다. 그런 일이나 현상이 일어날 때까지 내가 생각지도 못한 것일 뿐이다. 내가 당연하다고 생각하지만, 그 '당연'이 당연하지 않다는 관점을 가진 사람들이 생각지도 못한 일을 해내는 것이다.

내 주위에 있는 물건 중에서 100년 이전에 있었던 것들이 과연 몇 개나 될까? 남과 다른 관점을 가진다면 꿈이 더욱더 가까이 올지 모른다.

자, 잠시 나와 아이들의 관점이 얼마나 다른지 들여다보자.

자! 유치원 아이들의 답변입니다. 무엇을 말하고 있는 걸까요?
1. 아빠가 제일 크고 그 다음이 나예요. 엄마가 제일 작아요. (   )
2. 어른들이 어린이가 다 갈 때까지 보고 있어요. (   )
3. 큰 건 엄마가 갖고 작은 건 내가 가져요. (   )
4. 아빠가 일어나면 엄마가 책을 봐요. (   )
5. 엄마랑 목욕하면 이걸 꼭 해야 되요. (   )
6. 우리 엄마가 기분 좋을 때 아빠한테 하는 거예요. 엄마가 무지 화나면 혼자서도 해요.( )
7. 어른들은 애들이 자꾸 해달라고 하면 머리 아프니까 싫어해요. (   )
8. 어린이들은 학교에서 하고 어른들은 놀면서 이걸 해요. (   )
9. 맨날 맛있다고 하고 맛없다는 사람은 아무도 없어요. (   )
10. 엄마는 자기 걸 안 쓰고 내 걸 많이 써요. (   )
11. 틀리게 하고 지나가도 모를 수 있어요. (   )
12. 이 사람이 내 뒤에 서면 무서워요. (   )
13. 여기에는 거꾸로 가는 시계가 있어요. (   )
14. 아빠가 여기서 아저씨가 하라는 대로 해요. (   )

[정답] 1. 방귀, 2. 시골, 3. 세뱃돈, 4. 노래방, 5. 만세, 6. 팔짱, 7. 풍선, 8. 탬버린,
9. 광고, 10. 이름, 11. 랩, 12. 간호사, 13. 홈쇼핑, 14. 주차장

세상을 바라보는 개(犬, 견) 8마리

우리가 살아가면서 무수히 많은 오해를 하고 살아간다. 당연히 알고 있다고 생각하고 그 냥 넘어가면 그것이 나중에 쌓이고 쌓여 큰 오해를 불러일으키게 되는 것이다. 이런 것들은 사람들 사이에 서로 '다름'을 인정하지 않음에서 오는 경우도 많다.

그래서 꿈이 없는 사람들이 사는 동네에는 공정하지 못하고 한쪽으로 치우치는 '편견', 어 떤 일이든지 자기 생각만이 옳다고 하는 고정적인 '선입견'이 있다. 그리고 시시콜콜 다른 사람들의 일을 '참견', 주위의 눈살을 찌푸리게 하는 '꼴불견'도 있다. 이 4가지 관점은 아 무래도 경계해야 할 일이다. 이들을 개(견)에 비유한다면 이 개들은 세상의 많은 일이 하기 힘든 '벽'으로 인식하고 '월-wall(벽)'로 짖을 것으로 생각된다.

그와 반대로 꿈을 꾸는 사람들이 사는 동네에는 우리에게 미처 알지 못한 것을 찾는 '발 견', 사물을 분별할 수 있는 '식견', 남의 의견을 존중하는 '고견', 웬만한 일들은 좋게 생각 하는 '대견'과 같은 개들이 살고 있은데 '월-will, 웰-well'로 짖을 것으로 생각된다. 그래서 모두가 잘하고 있다(well)고 잘할 것(will)이라고 생각하는 것처럼.

언제나 내 생각이 옳은지도 생각해야 하고 다른 사람들의 생각도 듣고 함께 판단하는 습 관이야말로 꿈꾸는 데 도움이 될 것이다.

세상을 바라보는 닭(鷄, 계) 8마리

언어가 의미가 있지 못할 때는 소리에 지나지 않는다. 그만큼 의미는 중요한 것이다. 비슷한 현상이나 사물이 나라에 따라 달리 불리는 경우도 그 나라에서의 의미가 서로 다르기 때문이다. 그 의미 또한 서로에게 공감이 되어야 하는데 가치관이 다를 경우 다른 의미로 받아들일 수 있다.

그래서 본인이 어떤 일에서 조금이라도 잘못되었을 때 '핑계' 대지 말고 솔직하게 말하고 다른 사람들이 잘못되었을 때는 앞뒤 전후 사정을 잘 들어보고 나서 함께 의논해야지 함부로 '훈계'하지 말아야 한다. 꿈을 이루어가는 과정이 힘들면 조금 쉬어가든지 방법을 바꿀 일이지 나의 '한계'를 탓하지 말아야 한다.

그래야 '황당무계'한 일들이 발생하지도 않거니와 설령 발생하더라도 잘 대처할 수 있다. 이런 4가지 현상들은 아무래도 '경계'해야 할 일이다. 이들을 닭(계)에 비유한다면 이 닭들은 세상의 많은 일에 의욕과 자존감이 '꺾기요'라는 울음소리로 생각된다.

그와 반대로 꿈을 꾸는 사람들이 사는 동네에는 '체계'적이고 합리적으로 자기 주도 진로 '설계'를 할 것이다. 이런 진로 설계가 '백년대계'를 내다 본다면 분명 '신세계'가 열릴 것이다. 이곳에 사는 닭들은 진로 설계가 꼭 이루라는 뜻으로 '꼭이요! 꼭 꼭'으로 울 것으로 생각된다. 그래서 모두가 꼭 이루게 될 것처럼.

언제나 내 생각이 편중된 것은 아닌지 책임을 회피하는 것은 아닌지 살펴보고 진로 설계는 철저한 준비와 끊임없는 실천이 나에게 '신세계'를 열어주리라는 것을 잊지 말자.

꿈을 있는 동네의 닭(鷄, 계) 우는 소리	꿈을 없는 동네의 닭(鷄, 계) 우는 소리

사람은 보고 싶어 하는 것만 보고 믿고 싶은 것만 믿는다

남선생님, 여선생님

위 네모를 보고 누가 남자인지 생각해 보자. 아마도 색깔에 영향을 받아서 앞에는 남자, 뒤에는 여자라고 생각하는 사람이 많을 것이다. 그러나 의외로 다른 대답을 하는 사람이 있다. 사람들은 자기가 보고 싶어 하는 것만 보는 경향이 있기도 하고 각 개인 차이도 존재한다. 실제로는 아래 표와 같이 4가지 경우가 있다.

	남선생님	여선생님
첫 번째 경우	남자 선생님	여자 선생님
두 번째 경우	'남'씨 성을 가진 여자 선생님	'여'씨 성을 가진 남자 선생님
세 번째 경우	남자 선생님	'여'씨 성을 가진 남자 선생님
네 번째 경우	'남'씨 성을 가진 여자 선생님	여자 선생님

 손가락이 몇 개로 보이나요?

이 역시 1가지로만 대답하지는 않을 것이다. 1개, 4개, 5개 모두 맞다. 편 손가락으로 물었다면 당연히 4개이겠지만, 그냥 몇 개로 보이느냐고 물으면 펼쳐진 손가락에 더 많은 시선이 끌려 4개라고 생각하는 사람이 아마도 많을 것으로 생각한다.

20년 전 미국의 심리학자 크리스토퍼 차브리스와 대니얼 사이먼스이 유명한 '보이지 않는 고릴라' 실험(유튜브 참조)을 하였다. 서로 다른 색(흰색, 검은색)의 옷을 입은 두 팀이 농구 실험을 하고 있고 중간에 고릴라 복장이 약 9초간 지나가도록 하였다. 영상을 일반인에게 보여주며 검은 셔츠 팀은 무시하고 흰 셔츠 팀의 패스 수만 세어달라고 부탁했다.

그런데 놀랍게도 실험 대상자 일반인들의 절반은 패스 수를 세는 데 정신이 팔려서 그 고릴라를 보지 못했다고 한다. 뜻밖의 사실을 잘 보지 못하는 이 현상에는 '무주의 맹시(Inattentional Blindness)'라고 하며, 일반적으로 사람들은 자신만만하게 산다고 하지만 '주의력, 기억력, 자신감, 지식, 원인, 잠재력' 착각 속에서 산다고 한다. 생각이나 사물을 보는 관점이 너무 나만 옳다고 주장하는 것은 아닌지 돌아보고 주변의 의견을 참고하는 것도 좋을 것 같다.

아래 문장을 눈으로 아주 빠르게 줄 단위로 한번 읽어보고 난 뒤에 천천히 다시 한번 더 읽어보자.

> 캠릿브지 대학의 연결구과에 따르면, 한 단어 안에서 글자가 어떤 순서로 배되열어 있는가 하것는은 중하요지 않고, 첫째번와 마지막 글자가 올바른 위치에 있것는이 중하요다고 한다. 나머지 글들자은 완전히 엉진창망의 순서로 되어 있지을라도 당신은 아무 문없제이 이것을 읽을 수 있다. 왜하냐면 인간의 두뇌는 모든 글자를 하나하나 읽것는이 아니라 단어 하나를 전체로 인하식기 때문이다.

빠른 속도록 읽었을 때 약간 이상하다는 느낌은 받았지만, 몹시 어려운 문장은 아니었을 것이다. 물론 천천히 읽어보면 단어가 순서가 뒤죽박죽이라는 것을 알았지만, 말이다.

많은 언어의 단어 내 스펠링 순서에 관한 현상은 "**단어 우월 효과**(word superiority effect)"라고 한다. 단어 우월 효과는 우리가 미리 학습하여 인지된 단어는 그 모양(순서)가 일부 달라져도 정확하게 인지할 수 있다는 심리 현상을 설명하는 개념이다. 사람이 학습이 많이 되어 있는 사람일수록 약간의 잘못(순서나 틀린 글자)이 있어도 잘 모르고 지나가는 경우가 많다.

꿈꾸는 자가 사람을 바라보는 관점

'<u>말을 잘 못하는 사람</u>'은 '<u>말을 신중하게 하는 사람</u>'일지 모릅니다.
'<u>출발이 늦은 사람</u>'은 '<u>준비를 더 철저히 하는 사람</u>'일지 모릅니다.
'<u>부족한 점이 많은 사람</u>'은 '<u>좋아질 점도 많은 사람</u>'일지 모릅니다.
'<u>산만한 사람</u>'은 '<u>호기심이 왕성한 사람</u>'일지 모릅니다.
'<u>논리적이지 못한 사람</u>'은 '<u>상상력이 뛰어난 사람</u>'일지 모릅니다.
'<u>말이 많은 사람</u>'은 '<u>언어력이 뛰어나고 지루하지 않은 사람</u>'일지 모릅니다.
'<u>융통성이 없는 사람</u>'은 그만큼 '<u>책임감이 강한 사람</u>'일지 모릅니다.
'<u>내성적인 사람</u>'은 '<u>생각을 진지하게 하는 사람</u>'일지 모릅니다.
'<u>사교성이 적은 사람</u>'은 '<u>정직하고 과장되지 않은 사람</u>'일지 모릅니다.
'<u>소심한 사람</u>'은 '<u>실수가 적고 정확한 사람</u>'일지 모릅니다.
'<u>질투심이 많은 사람</u>'은 '<u>의욕이 넘치는 사람</u>'일지 모릅니다.
'<u>자신감이 없는 사람</u>'은 '<u>겸손한 사람</u>'일지 모릅니다.
'<u>직선적인 사람</u>'은 '<u>속 정(情)은 깊은 사람</u>'일지 모릅니다.

자신의 관점과 이중잣대

매일같이 수많은 광고와 문구들을 보며 하루를 보낸다. 대부분 익숙한 광경들에 아무 생각 없이 그냥 지나치기 일쑤다. 그러나 본인의 감정이 평소와 다르게 긴장하거나 중요한 결정을 해야 하는 시기에는 주위 사물과 현상들이 조금씩 다르게 보일 경우가 많다.

그토록 많이 보던 현상들에서 이전에는 미처 보지 느낌이 드는 경우가 있다. 평소에는 아무 생각 없이 살아가고 있었기도 하고 우선 급한 일만 하므로 여유가 없었기 때문이기도 하다. 그래서 내가 가야 할 길에 명확한 목표와 생각이 필요하다.

'Dream is nowhere(꿈은 어디에도 없다)'에서 'now'와 'here' 사이를 띄우면 'Dream is now here(꿈은 지금 여기에 있다)'로 바뀌는 것도 하나의 관점으로 볼 수 있다.

그럼, 인문과 자연이라는 분야에서 일하는 사람들의 대표적인 관점의 예를 보자. 대부분 사람은 자신이 합리적이라고 하지만 얼마나 자기중심적인 사고를 하는지 알 수 있는 이중잣대 예시도 함께 보자.

[인문학자와 자연학자의 표현]

표현	인문	자연	표현	인문	자연
土	흙 토	플러스, 마이너스	equation	균등	방정식
5!	오!	5 팩토리얼	frequency	빈번	주파수
정의	justice	definition	differentition	차별	미분
probability	가능	확률	function	기능	함수

[이중잣대]

	남이 하면	내가 직접 하면
치킨	튀김	주문
알	후라이	부화(병아리)
마스크	환자(간호사)	일반인
이성 만남	스캔들	로맨스(낭만)
법적 행동	불법	합법
부동산 매입	투기	투자

꿈은 '성적'인가? '적성'인가?

```
적성적성적성적성적성적성적성적성
적성적성적성적성적성적성적성적성
적성적성적성적성적성적성적성적성
적성적성적성적성적성적성적성적성적
적성적성적성적성적성적성적성적성
적성적성적성적성적성적성적성적성
적성적성적성적성적성적성적성적성
적성적성적성적성적성적성적성적성
```

옆 그림을 보고 맨 먼저 무슨 글자가 보이는가? '성적'과 '적성'이 보일 것이다. 학교(대학 포함)와 관련된 학생, 학부모, 교사(교수)들뿐만 아니라 많은 사람이 '성적'으로 읽는다. 많은 사람이 그렇게 읽는다는 것은 세상이 그만큼 '성적'을 중요하게 생각하고 있다는 것이다.

일반적으로 '성적'이 중요하지 않은 것은 아니지만, 그 비중을 '적성'보다 너무 많이 고려하고 있다는 사실은 우리가 다시 한번 더 생각해 볼 일이다. 그러나 사진을 보고 어떤 분은 '성적(性的)'으로 읽는 분이 있으니 참으로 다양한 관점이 존재한다는 것을 알 수 있다.

그래서 사람들은 '자기가 보고 싶은 것'만 보고 있는지를 알 수 있다. 꿈을 이루게 하는 진로교육에서도 마찬가지인데 성적과 적성을 함께 고려해야 하는데 너무 '성적(점수)'에만 치우쳐 있는 게 오랜 현실이다. 더구나 상급 학교(대학 등)로 진학할수록 적성이 더 중요할지 모른다. 왜냐하면, 상급 학교에서는 훨씬 더 많은 시간과 노력이 동반하고 더욱 힘들어서 내가 뭘 잘하는지(적성)가 더욱 중요하다.

안경을 쓰는 이유는 안 보여서가 아니라 더 잘 보기 위함이듯이 세상에 좋아 보이는 직업도 '자신'의 적성에 맞는지가 더 중요하지 않을까? 그래서 '안 좋은' 직업이 존재하는 것이 아니라 '나'에게 안 맞는 직업이 존재하는 것이다. 우리나라 대학생들은 '창업이나 창직'에 대해 사회의 시스템이 잘 갖춰지지 않아서도 있겠지만, 안정적인 '대기업'과 '공무원'에 너무 많이 몰리고 있다. '관점'이 필요한 시점이다.

창의력과 도전 정신이 있는 고등학교 또는 대학을 졸업하는 학생들에게 어떻게 하면 '새로운 기업'이나 '새로운 세상을 만들까'를 고민하도록 온 사회가 고민해야 할 때이다. 똑같은 직업에도 내가 어떻게 임하느냐의 차이가 존재한다. 자 우리가 아는 두 가지 직업을 차례대로 예를 들면, '미용사, 미장원 주인, 헤어디자이너'와 '정치꾼, 정치인, 정치가'를 보면 알 수 있다.

그래서 새벽에 나와서 시내 도로를 환경 정화하는 어느 '환경미화원'의 '나는 지금 지구의 한 모퉁이를 청소하고 있어서 너무 행복하다.'라는 말이 꿈꾸는데 '관점'이 얼마나 중요한지 알려주는 사례라고 할 수 있다.

벽돌공 3인
갑 : 매일 벽돌만 쌓고 있다.
을 : 먹고 살기 위해 벽돌을 쌓고 있다.
병 : 길이 길이 남을 건축물을 만들고 있다.

환경미화원 3인
갑 : 매일 청소를 하고 있다.
을 : 먹고 살기 위해 청소를 하고 있다.
병 : 도시의 한 영역을 깨끗하게 정리하고 있다.

'기적'을 바라는 자는 '적기'를 가벼이 하지 마라

기적기적기적기적지적
적기적기적기적지적기
기적기적기적기적지적
적기적기적기적지적기
기적기적기적기적지적
적기적기적기적지적기

언뜻 보았을 때 어떤 글자로 읽었나요? '기적'인가요? '적기'인가요? 아마 '기적'으로 읽은 분들이 좀 더 많지 않을까 한다. 대부분 '기적'을 바라는 경우가 많기 때문일 것이다. 우리가 꿈의 횡재라고 하는 '로또' 당첨을 바라는 사람이 많다.

그러나 그 금액이 예전만큼 인기가 있지 않다. 서울에 제일 좋은 아파트를 사지 못할 확률이 높으니까 말이다. 그러나 그 '기적'이 힘을 발휘하려면 아주 작은 무언가를 해야만 '기쁨'이 클 것이기 때문이다. 그 기적은 나도 모르게 오는 예도 없지 않다. 단지 내가 모르고 있을 뿐이다. 역으로 설명하면 자신이 될 것이라고는 생각하지 않고 우연히 도전하여 성공하는 경우를 심심찮게 들을 수 있다. 그래서 우리는 기적을 늘 바라고 있지만, 쉽게 만나지 못한다.

우리나라의 유네스코 세계기록유산이 9개가 있어서 전 세계 6위, 아시아 최고의 유산을 가지고 있다. 그중에서 '조선왕조실록'은 태조부터 철종까지 25대 472년간의 왕의 기록인데 1,893권 888책으로 이루어져 있다. 세계에서 유래를 찾아보기 힘든 사례로서 한 나라가 약 500년 가까이 지속하기조차 힘든데도 불구하고 왕의 모든 말과 행동이 기록되어 있다. 이처럼 '기적'은 그냥 하루아침에 우연히 이루어진 것이 아니다.

세상의 급격한 변화만큼 학교에서도 많은 변화가 있었지만, 유독 '적는' 행위만큼은 예전보다 현저하게 줄어들고 있다. 예전에 학교 숙제는 대부분 적는 것이었다. 요즘은 학생들은 적는 것을 하지 못한다. 심지어 대학생들은 교수의 수업을 사진으로 찍어서 공부하는 학생이 많다는 사실이 '적기'의 등한시를 설명하고 있다. 그나마 학창 시절 읽던 책도 성인이 되면 대부분 읽지 않는다. 독서와 적기는 불가분의 관계이다. 많이 읽어야 많이 적을 수 있다. 책 읽기를 게을리하지 않아야 기적에 다가갈 수 있다.

이제는 동영상 시대라서 아마 책 읽기는 점점 힘든 세상이다. 하지만 내 꿈에 관련된 일이라면 꼭 독서가 아니더라도 기록하는 습관을 길러야 한다. 그래야 내 꿈을 더 빨리 더 크게 이룰 수 있다. 그 기록이 확인하고 기록하는 반복적 습관이 기적을 앞당겨 만날 수 있을 것이다.

일반고등학교 학생의 생각들

수능수능수능수능수능수능 능수능수능수능수능수능수 수능수능수능수능수능수능 능수능수능수능수능수능수 수능수능수능수능수능수능 능수능수능수능수능수능수 수능수능수능수능수능수능 능수능수능수능수능수능수	수시수시수시수시수시수시 시수시수시수시수시수시수 수시수시수시수시수시수시 시수시수시수시수시수시수 수시수시수시수시수시수시 시수시수시수시수시수시수 수시수시수시수시수시수시 시수시수시수시수시수시수	정시정시정시정시정시정시 시정시정시정시정시정시정 정시정시정시정시정시정시 시정시정시정시정시정시정 정시정시정시정시정시정시 시정시정시정시정시정시정 정시정시정시정시정시정시 시정시정시정시정시정시정	대입대입대입대입대입대입 입대입대입대입대입대입대 대입대입대입대입대입대입 입대입대입대입대입대입대 대입대입대입대입대입대입 입대입대입대입대입대입대 대입대입대입대입대입대입 입대입대입대입대입대입대
문항문항문항문항문항문항 항문항문항문항문항문항문 문항문항문항문항문항문항 항문항문항문항문항문항문 문항문항문항문항문항문항 항문항문항문항문항문항문 문항문항문항문항문항문항 항문항문항문항문항문항문	석차석차석차석차석차석차 차석차석차석차석차석차석 석차석차석차석차석차석차 차석차석차석차석차석차석 석차석차석차석차석차석차 차석차석차석차석차석차석 석차석차석차석차석차석차 차석차석차석차석차석차석	대학대학대학대학대학대학 학대학대학대학대학대학대 대학대학대학대학대학대학 학대학대학대학대학대학대 대학대학대학대학대학대학 학대학대학대학대학대학대 대학대학대학대학대학대학 학대학대학대학대학대학대	학과학과학과학과학과학과 과학과학과학과학과학과학 학과학과학과학과학과학과 과학과학과학과학과학과학 학과학과학과학과학과학과 과학과학과학과학과학과학 학과학과학과학과학과학과 과학과학과학과학과학과학

고등학생들은 위 글자를 보고 과연 무엇이라고 읽을까? 순서대로, **수능, 수시, 정시, 대입, 문항, 석차, 대학, 학과**로 읽을 확률이 높다. 특히 서로 연관성이 있는 것들끼리 묶은 것이라 더욱더 그럴 것이다. 하루는 온통 공부에만 집중하는 많은 고등학생은 목표 대학과 학과를 정해 놓았으니 그렇게 보일 것이다. 하지만 **능수, 시수, 시정, 입대, 항문, 차석, 학대, 과학**과 같이 다르게 볼 수 있는데도 관점 자체가 대학 입시라는 큰 과제를 앞두고 있으니 다른 글자는 눈에 들어오지 않은 것이다.

그러나 대학은 당연히 가야 하는 것이 아니다. 정말 아무런 재능이나 특별히 잘하는 게 없는 학생들은 공부밖에 할 게 없으니 대학을 가는 것이 맞다. 그렇다고 무조건 대학을 가는 것은 맞지 않는다. 그리고 공부마저도 맞지 않는다면 대학을 진학하면 안 된다. 해마다 4년제 대학 졸업생들이 전문대학을 진학하는 것을 보면 맹목적인 진학은 자신과 집안의 근심만 높일 뿐이다.

고향을 떠나 서울이나 지방 대도시로 엄청난 대학 등록금과 생활비를 감당해야 하는 이중고를 겪는 사실을 잘 살펴볼 필요가 있다. 대학 졸업을 해야만 하는 학과라면 모를까 대학은 심사숙고하여 결정해야 한다.

국영국영국영국영국영국영	영수영수영수영수영수영수	수학수학수학수학수학수학	과학과학과학과학과학과학
영국영국영국영국영국영국	수영수영수영수영수영수영	학수학수학수학수학수학수	학과학과학과학과학과학과
국영국영국영국영국영국영	영수영수영수영수영수영수	수학수학수학수학수학수학	과학과학과학과학과학과학
영국영국영국영국영국영국	수영수영수영수영수영수영	학수학수학수학수학수학수	학과학과학과학과학과학과
국영국영국영국영국영국영	영수영수영수영수영수영수	수학수학수학수학수학수학	과학과학과학과학과학과학
영국영국영국영국영국영국	수영수영수영수영수영수영	학수학수학수학수학수학수	학과학과학과학과학과학과
국영국영국영국영국영국영	영수영수영수영수영수영수	수학수학수학수학수학수학	과학과학과학과학과학과학
영국영국영국영국영국영국	수영수영수영수영수영수영	학수학수학수학수학수학수	학과학과학과학과학과학과
사회사회사회사회사회사회	가정가정가정가정가정가정	체육체육체육체육체육체육	문학문학문학문학문학문학
회사회사회사회사회사회사	정가정가정가정가정가정가	육체육체육체육체육체육체	학문학문학문학문학문학문
사회사회사회사회사회사회	가정가정가정가정가정가정	체육체육체육체육체육체육	문학문학문학문학문학문학
회사회사회사회사회사회사	정가정가정가정가정가정가	육체육체육체육체육체육체	학문학문학문학문학문학문
사회사회사회사회사회사회	가정가정가정가정가정가정	체육체육체육체육체육체육	문학문학문학문학문학문학
회사회사회사회사회사회사	정가정가정가정가정가정가	육체육체육체육체육체육체	학문학문학문학문학문학문
사회사회사회사회사회사회	가정가정가정가정가정가정	체육체육체육체육체육체육	문학문학문학문학문학문학
회사회사회사회사회사회사	정가정가정가정가정가정가	육체육체육체육체육체육체	학문학문학문학문학문학문

위 글자를 보면 또 무엇이라고 읽을까? 아마 순서대로, **국영, 영수, 수학, 과학, 사회, 가정, 체육, 문학**으로 읽을 확률이 높다. 고등학생들이 학교에서 배우는 과목으로 배열로 생각하는 것이다. 매일 매일 수업을 듣는 과목이니까 더욱 그럴 것이다. 그리고 국영은 국어, 영어를 줄여 쓰는 단어이고, 영수는 영어, 수학을 줄여서 쓰는 단어이다 보니 자연스럽게 학생이면 누구나 쓰고 있다. 앞 장에서 보듯이 **영국, 수영, 학수, 학과, 회사, 정가, 육체, 학문**으로도 읽힐 수 있다.

우리나라는 과목 간 경계가 분명하다. 특히 중등학교에서는 교과목이 있고 그 교과목 전공으로 교사로 임용되니 그럴 수밖에 없기도 하고 대학에서도 융합 교육이 부족하기도 하다. 그러나 세상을 살아가다 보면 결코 하나의 지식으로만 살지 않는다. 여러 복합적인 지식이 상호 연관이 있는데 현실과 조금 동떨어져 있다. 이들 교과목은 대학 입시와 연관이 있다 보니 더욱 융합이 쉽지 않다.

학교 교육과정도 학생 선택이 있다고는 하지만 학생들의 다양한 욕구에는 미치지 못하고 있다. 게다가 교과목은 오로지 대학 진학에만 초점이 맞춰져 있다 보니 한국의 미래가 걱정스럽다. 초등학교는 중학교에서 교육이 잘 되기를 바라고 중학교는 고등학교에, 고등학교는 다시 대학 교육이 제대로 되기를 바란다. 서로서로 책임을 미루는 경향이 있다. 반면에 대학에서는 고등학교에서 제대로 배우지 않았다고 아쉬워하고, 고등학교는 중학교에 중학교는 다시 초등학교에 아쉬움을 토로하는 형국이다. 모두의 노력이 필요하다.

학교에 관한 여러 가지 생각들

교장교장교장교장교장 장교장교장교장교장교 교장교장교장교장교장 장교장교장교장교장교 교장교장교장교장교장 장교장교장교장교장교 교장교장교장교장교장 장교장교장교장교장교	교사교사교사교사교사 사교사교사교사교사교 교사교사교사교사교사 사교사교사교사교사교 교사교사교사교사교사 사교사교사교사교사교 교사교사교사교사교사 사교사교사교사교사교	선생선생선생선생선생 생선생선생선생선생선 선생선생선생선생선생 생선생선생선생선생선 선생선생선생선생선생 생선생선생선생선생선 선생선생선생선생선생 생선생선생선생선생선	교육교육교육교육교육 육교육교육교육교육교 교육교육교육교육교육 육교육교육교육교육교 교육교육교육교육교육 육교육교육교육교육교 교육교육교육교육교육 육교육교육교육교육교
교가교가교가교가교가 가교가교가교가교가교 교가교가교가교가교가 가교가교가교가교가교 교가교가교가교가교가 가교가교가교가교가교 교가교가교가교가교가 가교가교가교가교가교	급등급등급등급등급등 등급등급등급등급등급 급등급등급등급등급등 등급등급등급등급등급 급등급등급등급등급등 등급등급등급등급등급 급등급등급등급등급등 등급등급등급등급등급	책상책상상책상책상상 상책상책상책상책상책 책상상책상책상책상상 상책상책상책상책상책 책상책상상책상책상상 상책상책상책상책상책 책상책상상책상책상상 상책상책상책상책상책	의자의자의자의자의자 자의자의자의자의자의 의자의자의자의자의자 자의자의자의자의자의 의자의자의자의자의자 자의자의자의자의자의 의자의자의자의자의자 자의자의자의자의자의

그림을 보면 **교장, 교사, 선생, 교육, 교가, 등급, 책상, 의자**로 보일 것이다. 청소년들 대부분 학교에서 지내는 시간이 많아 학교하고 관련된 용어에 익숙해져 있기 때문이다. 물론 하나씩 보면 **장교, 사교, 생선, 육교, 가교, 급등, 상책, 자의**로도 읽힐 수 있지만, 연관 단어가 한꺼번에 모여 있으므로 익숙한 단어들로 보게 되는 것이다.

예전보다 요즈음은 학교에 다니지 않는 사람은 많지 않다. 중학교까지 의무교육이다 보니 대부분 학창 시절을 겪는다. 그래서 누구나 학교에 관한 여러 가지 추억이 있다. 별로 좋지 않은 추억도 있지만 대부분 친구와 사귀는 시절이라 재미있게 보냈을 것이다.

하지만 고등학교에 가서는 좋은 기억보다 아쉬운 기억이 많을 듯하다. 일반고에서는 성적으로 어쩔 수 없이 아쉬웠을 것이고 전문계고에서는 아무래도 자격증이나 취업으로 아쉬웠을 것이다. 학교가 과연 제대로 역할을 했는지 학생 관점에서 보면 아쉬운 점이 있을 수밖에 없다.

세계적인 전염병이 주기적으로 나타나고 엄청난 기술의 발달로 학교의 역할이 바뀌어야 한다. 좀 더 교육과정이 유연해야 하고 학생들의 다양한 요구에 적극적으로 행·재정적 지원을 해야 할 시기이다.

내가 아는 곳들에 관한 생각

부산부산부산부산부산 산부산부산부산부산부산 부산부산부산부산부산 산부산부산부산부산부 부산부산부산부산부산 산부산부산부산부산부 부산부산부산부산부산 산부산부산부산부산부	인천인천인천인천인천 천인천인천인천인천인 인천인천인천인천인천 천인천인천인천인천인 인천인천인천인천인천 천인천인천인천인천인 인천인천인천인천인천 천인천인천인천인천인	대전대전대전대전대전 전대전대전대전대전대 대전대전대전대전대전 전대전대전대전대전대 대전대전대전대전대전 전대전대전대전대전대 대전대전대전대전대전 전대전대전대전대전대	수원수원수원수원수원 원수원수원수원수원수 수원수원수원수원수원 원수원수원수원수원수 수원수원수원수원수원 원수원수원수원수원수 수원수원수원수원수원 원수원수원수원수원수
용인용인용인용인용인 인용인용인용인용인용 용인용인용인용인용인 인용인용인용인용인용 용인용인용인용인용인 인용인용인용인용인용 용인용인용인용인용인 인용인용인용인용인용	성남성남성남성남성남 남성남성남성남성남성 성남성남성남성남성남 남성남성남성남성남성 성남성남성남성남성남 남성남성남성남성남성 성남성남성남성남성남 남성남성남성남성남성	부천부천부천부천부천 천부천부천부천부천부 부천부천부천부천부천 천부천부천부천부천부 부천부천부천부천부천 천부천부천부천부천부 부천부천부천부천부천 천부천부천부천부천부	부천부천부천부천부천 천부천부천부천부천부 부천부천부천부천부천 천부천부천부천부천부 부천부천부천부천부천 천부천부천부천부천부 부천부천부천부천부천 천부천부천부천부천부
제주제주제주제주제주 주제주제주제주제주제 제주제주제주제주제주 주제주제주제주제주제 제주제주제주제주제주 주제주제주제주제주제 제주제주제주제주제주 주제주제주제주제주제	양산양산양산양산양산 산양산양산양산양산양 양산양산양산양산양산 산양산양산양산양산양 양산양산양산양산양산 산양산양산양산양산양 양산양산양산양산양산 산양산양산양산양산양	전주전주전주전주전주 주전주전주전주전주전 전주전주전주전주전주 주전주전주전주전주전 전주전주전주전주전주 주전주전주전주전주전 전주전주전주전주전주 주전주전주전주전주전	안동안동안동안동안동 동안동안동안동안동안 안동안동안동안동안동 동안동안동안동안동안 안동안동안동안동안동 동안동안동안동안동안 안동안동안동안동안동 동안동안동안동안동안

우리나라는 대부분 도시 지역의 아파트에 살아가고 있다. 교육, 일자리, 교통환경 등으로 인해 도시 지역에 살 수밖에 없다. 우리나라뿐만 아니라 대부분 선진국도 마찬가지이다. 위의 글자들을 보자. 순서대로, **부산, 인천, 대전, 수원, 용인, 성남, 부천, 화성, 제주, 양산, 전주, 안동**으로 읽을 확률이 높다. 특히 우리나라 주요 도시들과 나열한 것이라 더욱 그럴 것이다.

우리가 거주하는 도시뿐만 아니라 여행이나 친척 방문 등으로 여러 도시를 다닐 수밖에 없고 TV나 언론 매체에서도 많이 접해서 아마 도시들을 나열로 보일 것이다. 그러나 **산부, 천인, 전대, 원수, 인용, 남성, 천부, 성화, 주제, 산양, 주전, 동안**으로 보일 수도 있다.

우리는 삶을 살아가는 동안 내가 꿈을 꾸는데 좋은 환경이 아니어서 다른 도시에 살기를 바라는 경우가 있다. 물론 조금 더 좋은 환경이라고 해서 시작은 다른 지역보다 좋을 수는 있다. 하지만 그것이 결정적인 경우는 그렇게 많지 않다. 더군다나 요즘 같은 온라인이나 모바일이 점점 대세가 되어 가는 세상에서는 더욱더 그렇다. 지금 내가 있는 자리가 꽃자리다.

나는 무슨 생각을 많이 하는가?

자기자기자기자기자기자기	자신자신자신자신자신자신	자각자각자각자각자각자각	주도주도주도주도주도주도
기자기자기자기자기자기자	신자신자신자신자신자신자	각자각자각자각자각자각자	도주도주도주도주도주도주
자기자기자기자기자기자기	자신자신자신자신자신자신	자각자각자각자각자각자각	주도주도주도주도주도주도
기자기자기자기자기자기자	신자신자신자신자신자신자	각자각자각자각자각자각자	도주도주도주도주도주도주
자기자기자기자기자기자기	자신자신자신자신자신자신	자각자각자각자각자각자각	주도주도주도주도주도주도
기자기자기자기자기자기자	신자신자신자신자신자신자	각자각자각자각자각자각자	도주도주도주도주도주도주
자기자기자기자기자기자기	자신자신자신자신자신자신	자각자각자각자각자각자각	주도주도주도주도주도주도
기자기자기자기자기자기자	신자신자신자신자신자신자	각자각자각자각자각자각자	도주도주도주도주도주도주

그림을 <u>자기, 자신, 자각, 주도</u>라고 볼 수도 있고 <u>기자, 신자, 각자, 도주</u>로도 볼 수도 있다. 나는 무슨 생각을 많이 하는가?

하루 중에서 어떤 것에 가장 많은 시간을 보내는지 생각해 보자. 내가 가장 중요한 일에 집중한다고 생각하지만, 꼭 그렇지는 않다. 그리고 의외로 다른 사람을 많이 의식한다. 내 생각대로 생활하면 되는데 '이걸 하면 다른 친구들이 어떻게 생각할까?'라고 고민을 하고 있다. 그래서 고등학교에서 보통 친구들이 '너 어제 몇 시간 공부했어?'라고 물어보면 사실대로 이야기하지 않고 공부 시간을 줄여서 대답한다. 보통 내 생각보다는 다른 사람들이 어떻게 생각하는지에 신경을 쓰고 심지어는 결정 장애를 가져오기도 한다.

첫째 그림에서 자기 생각을 많이 하는 '자기'로 볼 수도 있지만, 자기 생각보다 사물이나 현상에 더 비중 있게 고민하는 직업인 '기자'로 볼 수 있다.

두 번째 그림은 자기 생각을 많이 하는 '자신'으로 볼 수도 있고 무엇을 열심히 믿고 따르는 '신자'라고 볼 수도 있다.

세 번째 그림은 스스로 자기 생각을 깨쳐 나가는 '자각'으로 볼 수도 있고 내가 할 일을 내가 알아서 하는 '각자'라고 볼 수도 있다.

마지막, 네 번째 그림은 무슨 일이라도 항상 자기 생각대로 밀고 나가는 '주도'로 볼 수도 있고 무슨 곤란하거나 애매한 일을 만나면 일단 피하고 보자는 '도주'라고 볼 수도 있다.

내 인생에서 내가 가장 중요하다. 나의 인생은 내가 주인공이 되어 만들어가는 거대한 한 편의 장편 영화이다. 내가 감독이고 주연 배우이다.

과연 여러분은 어떤 주인공이 되고 싶은가? 나의 일은 언제나 내가 최종적으로 결정하고 책임지는 자세가 필요하다.

삶에서 무시할 수 없는 '돈'에 대한 생각들

천원천원천원원천원천원	만원만원만원만원만원만원	폐지폐지폐지지폐지폐지폐지	동전동전동전동전동전동전
원천원천원천원천원천원	원만원만원만원만원만원만	지폐지폐지지폐지폐지지폐	전동전동전동전동전동전동
천원천원천원원천원천원	만원만원만원만원만원만원	폐지폐지폐지지폐지폐지지	동전동전동전동전동전동
원천원천원천원천원천천	원만원만원만원만원만맨	지폐지폐지폐지지폐지폐지	전동전동전동전동전동전동
천원천원천원원천원천원	만원만원만원만원만원만만	폐지폐지지폐지지폐지폐지	동전동전동전동전동전동전
원원원천원천원천원천원	원만원만원만원만원만원만	지폐지폐지지폐지폐지지폐	전동전동전동전동전동전동
천원천원천원원천원천원	만원만원만원만원만원만원	폐지폐지지폐지폐지폐지	동전동전동전동전동전동
원천원천원천원천원천원천	원만원만원만원만원만원만	지폐지폐지폐지폐지폐지	전동전동전동전동전동전동

그림을 **천원, 만원, 지폐, 동전**으로 볼 수 있고 **원천, 원만, 폐지, 전동**으로도 볼 수도 있다. 내 삶에서 중요하면서도 결코 무시할 수 없는 것 중에서 경제적인 것에 생각해 보자.

우리는 거의 매일 지출을 한다. 아주 어릴 때를 제외하고는 점점 자라면서 더 큰 지출을 한다. 주말에 집에만 있을 때도 지출은 일상으로 이루어진다. 언택트 시대에는 굳이 외출하지 않아도 뭐든지 주문을 할 수 있다.

화폐의 단위가 '원'이지만 '1원'은 실제 사용되지 않고, '10원'짜리도 잘 통용되지는 않는다. 그리고 물건의 가격을 보통 '100원' 단위 이상으로 정한다. 이제 시간이 조금 더 지나면 '50원', '100원' 동전도 아마 통용되지 않을 것이다.

우리가 경제생활을 하지 않고 살기는 거의 불가능하다. 사람으로 태어나서 무엇을 하든지 경제와 관련되어 있다. 심지어는 생을 마감하는 날까지 경제와 관련되지 않은 것이 없다. 아주 일부 지역이나 사람들이 물물 교환을 할지 몰라도 전반적으로 경제 활동을 할 수밖에 없다.

반드시 직접 지폐나 동전이 오고 가는 것은 아니지만 경제 활동을 한다. 그래서 어릴 때부터 경제 교육은 중요하다. 기본적으로 부모와 자식 사이에서부터 일정 시간이 지나면 경제적으로 독립되어야 한다. 그렇지 않으면 서로 불행해질 수 있다. 부모가 어릴 때부터 경제적 독립심을 키워주어야 하고 노후에는 자식에게 경제적으로 도움을 받으면 안 된다. 물론 1년에 몇 번 기념이나 중요한 일이 생길 때는 예외로 하더라도 말이다.

내 삶에서 온전히 행복해지기 위해서는 경제적으로 어떻게 살 것인가는 예전이나 앞으로도 아주 중요할 수밖에 없다.

자살 금지! 살자 지금!

살자살자살자살자살자살자 | 지금지금지금지금지금지금
자살자살자살자살자살자살 | 금지금지금지금지금지금지
살자살자살자살자살자살자 | 지금지금지금지금지금지금
자살자살자살자살자살자살 | 금지금지금지금지금지금지
살자살자살자살자살자살자 | 지금지금지금지금지금지금
자살자살자살자살자살자살 | 금지금지금지금지금지금지
살자살자살자살자살자살자 | 지금지금지금지금지금지금
자살자살자살자살자살자살 | 금지금지금지금지금지금지

많은 사람이 글을 읽을 때, '자살 지금'이 아니라 '<u>자살 금지</u>' 또는 '<u>살자 지금</u>'으로 읽었을 것이다.

사람은 사회적 동물이라서 주변의 영향을 받는다. 성인이라도 생각이 24시간 항상 같을 수는 없다. 어떤 때는 자기 생각이 주변 사람들에 따라 바뀔 때도 있다.

중국 서진(西晉)의 문신이자 학자인 부현(傅玄)이 자신의 저서에서 '근주자적 근묵자흑(近朱者赤近墨者黑)'이라고 했다. 붉은색 도장밥을 가까이하면 붉게 되고 먹을 가까이하게 되면 검게 물든다는 뜻으로 좋은 사람을 가까이하면 좋은 사람이 된다는 뜻이다. 아울러 좋은 생각을 많이 하는 사람과 만나면 좋은 생각을 많이 하게 된다.

중국의 순자(荀子)는 '마중지봉(麻中之蓬, 삼밭의 쑥)'이라는 말을 했다. 쑥은 보통 곧게 자라지 않지만, 삼밭에서 자라면 똑바로 자란다는 뜻이다. 그만큼 주변 환경이 중요하다는 것이다.

그럼 주변이 환경이 좋은 곳으로 계속 옮겨 다니냐 하는가. 하지만 매번 그럴 수는 없다. 그래서 일단 내가 긍정적으로 생각하고 좋은 생각을 하며 배려하는 삶을 살아야 한다. 내가 바뀌면 내 주변도 바뀔 것이다. 물론 쉬운 일도 아니고 시간이 오래 걸릴 수도 있다. 무엇이든 거저 얻을 수는 없다.

국가별 지역별로 행복을 느끼는 비율이 다르듯 자살하는 비율도 차이가 난다. 내가 평소에 꿈을 이루기 위해 노력하고 행복하게 살아간다면 적어도 내 주변에서는 불행한 일이 일어나지 않을 것이다.

꿈을 이루려고 한다면 꿈을 이룬 사람과 꿈을 향해 열심히 노력하는 사람이 주변에 많으면 좋다. 우물가에서 숭늉을 찾지 말아야 한다. 오늘 지금 조금씩 행복한 꿈을 꾸자. 그리고 내 꿈을 위해 주변 사람에게 알리자.

그래서 지금, 이 순간의 생각이 중요하다. 만약 자꾸 부정적인 생각들이 든다면 내 주변(책상, 출입문, 핸드폰 등)에 좋고 멋진 문장을 적어서 좋은 생각이 들도록 해 보자.

심야에 가출(家出)? 야심차게 출가(出家)?

심야심야심야심야심야	가출가출가출가출가출
야심야심야심야심야심	출가출가출가출가출가
심야심야심야심야심야	가출가출가출가출가출
야심야심야심야심야심	출가출가출가출가출가
심야심야심야심야심야	가출가출가출가출가출
야심야심야심야심야심	출가출가출가출가출가
심야심야심야심야심야	가출가출가출가출가출
야심야심야심야심야심	출가출가출가출가출가

그림을 보고 '야심 가출'로 읽을 수도 있지만, **'심야 가출'** 또는 **'야심 출가'**로도 읽었을 것이다. 일반적으로 자기와 관련되게 읽을 것이다.

석가모니는 '가출'이라고 하지 않고 '출가'라고 하는 것은 목적이 있기 때문이었다. 무엇인가를 이루기 위해 집을 나오는 것이 가출이다.

사람마다 살아가는 방법이 다르다. 그것은 자신이 처한 환경이 다르기 때문이다. 특히 어릴 적 환경은 성, 종교, 지역, 나라, 가정 환경(가족 구성원, 경제력, 형제 순위 등), 신체 조건, 부모 양육 방법 등을 영향을 받는다.

몇십 년 전에는 우리나라가 가난하였다. 그래서 너무 가난하거나 피치 못할 사정으로 집에서 심야에 가출한 사람들도 있었다. 다행스럽게도 우리나라는 지난 몇십 년간 점점 부유해지는 과정이라서 많은 분이 자수성가하였다. 아무 준비가 없었더라도 성실하기만 하면 충분히 가정을 이루고 어느 정도 경제적으로도 어려움이 없게 되었다.

하지만 누구나, 아무나 그리고 무조건 자수성가하는 것은 아니다. 한창 잘 나가더라도 중간에 내리막을 경험하고 말년에 어려움을 겪은 사람도 많았다. 중간에 내리막은 아니더라도 자식에게 모든 것을 투자하여 어려움을 겪은 사람도 적지 않았다.

대부분 청소년이 청년기에 접어들면 자연스럽게 집을 나온다. 그것이 가출인지 출가인지도 모르고 집을 떠난다. 시간이 지나면 가출인지 출가인지 판정이 난다.

청년기에 집으로 다시 돌아오는 '캥거루족'은 대부분 가출이라고 보면 된다. 이제는 예전처럼 특별히 출가라고 하지 않더라도 그 결과가 말해 주는 것이다.

두 가지 경우를 군이 구별하지 않더라도 평소에 꿈이라는 목적을 가지고 다면 '출가'가 되는 것이다. 그러면 자연스럽게 야심차게 준비하고 야심차게 꿈을 이루어갈 것이다.

점(·) 하나로 세상을 다르게 볼 수 있다.

우리가 사소하게 생각하는 것들이 주변에 많이 있다. 그중에서 점(·) 하나쯤은 그다지 중요하게 생각하지 않는다. 아주 작은 것이기 때문이다. 물론 '악마는 디테일에 있다.'라는 말을 하는 분들이 있지만, 평소에는 무심코 보는 경우가 많다.

예를 들어, 우리는 '$2x$는 x보다 더 큰가?'라는 질문에 의외로 '크다'라고 답하는 사람이 많다. x가 '음수'이거나 '0과 1 사이'일 경우에는 크지 않은데도 2가 있으니까 습관적으로 2배 큰 것으로 착각한다.

우리말에는 점(·) 하나 차이에 의미(뜻)가 달라지는 것들이 있다. 세상 모든 일을 모두 세심하게 관찰할 수는 없지만, 적어도 내 꿈에 관련된 일이라면 자세하게 살펴보아야 한다. 때로는 발상의 전환을 할 필요가 있다. 우리는 세상의 일상이 모두 너무나도 당연하게 생각하는 경우가 많다. 그러나 잘 생각해 보자. 아프리카의 원주민이 아닌 이상 정말로 많은 것이 변하고 있다. 그리고 그 변화에 적응하기 위해서는 체험을 포함한 다양한 활동들을 해 보는 것이 좋다.

'부진'에 점(·) 하나를 붙이면 '부친'이 되고, '모진'에 점(·) 하나를 붙이면 '모친'이 되는 것처럼 명사에 점(·) 하나가 의미가 달라지는 것들이 꽤 있다. 그중에서 의미가 조금 많이 달라지는 것들을 일부만 소개하면 다음과 같다.

님	→	남	빗	→	빛	임	→	암
옥	→	욕	빗	→	벗	집	→	잡
걱정	→	격정	부진	→	부친	오점	→	요점
고질 병	→	고칠 병	미녀	→	마녀	오지	→	요지
갑부	→	잡부	방지	→	방치	이제	→	어제
구제	→	규제	빈잔	→	반잔	조롱	→	초롱
극빈	→	국빈	빈칸	→	반칸	정년	→	청년
기만	→	거만	시찰	→	사찰	지지	→	저지
긴 병	→	간 병	신물	→	선물	집무	→	잡무
노인	→	노안	악수	→	약수	집념	→	잡념
논의	→	논외	악재	→	약재	희색	→	회색
모진	→	모친	앙심	→	양심	희생	→	회생

[명사에서 점(·) 하나 차이]

그리고 사물이나 사람의 모양이나 태도·행동 등을 묘사한 단어인 의태어(擬態語)에서도 아래 표와 같이 여러 경우가 있다.

감 감	→	캄 캄	슥 슥	→	속 속
꽐 꽐	→	콸 콸	슬렁슬렁	→	술렁술렁
끌 끌	→	꿀 꿀	심 심	→	삼 삼
끙 끙	→	꽁 꽁	싱 싱	→	상 상
단 단	→	탄 탄	쓸 쓸	→	쏠 쏠
달 달	→	탈 탈	은 은	→	운 운
덜 덜	→	털 털	작 작	→	차 차
둘 둘	→	툴 툴	잔 잔	→	찬 찬
든 든	→	튼 튼	절 절	→	철 철
빙글빙글	→	방글방글	종 종	→	총 총

[의태어에서 점(·) 하나 차이]

또한 의태어 중에서도 'ㅓ'나 'ㅏ'를 붙여 의미가 약간씩 달라지는 경우도 아래 표와 같이 여러 가지가 있다.

껄 껄	←	낄 낄	→	깔 깔
벌 벌	←	빌 빌	→	발 발
솔 솔	←	슬 슬	→	술 술
설 설	←	실 실	→	살 살
쏙 쏙	←	쓱 쓱	→	쑥 쑥
절 절	←	질 질	→	잘 잘
총 총	←	충 충	→	충 충
척 척	←	칙 칙	→	착 착
철 철	←	칠 칠	→	찰 찰
턱 턱	←	틱 틱	→	탁 탁

[의태어 중에서도 'ㅓ', 'ㅏ' 차이]

의태어가 아닌 일반 명사에서도 'ㅓ'나 'ㅏ'에 따라 의미가 달라지는 것들이 꽤 있다. 물론 더 많이 존재할 것이지만, 일부를 소개하는 것이다.

여기에서 이런 글자들을 소개하는 것은 우리가 무심코 지나간 것들을 모아보면 어떤 일정한 규칙들을 찾을 수 있다는 것을 말하고 싶다. 항상 관점을 달리 해서 그 해결 방안을 찾으려고 해야 한다.

그리고 우리는 늘 안전하고 보호받기를 원하지만, 그 보호가 갑각류와 같이 움직일 수 없는 것이라면 우리는 성장할 수 없다. 갑각류는 성장 대신에 보호에 더 먼저 진화했기 때문에 성장을 포기한 것이다.

경적	경직	경작		서정	시정	사정
거구	기구	가구		선물	신물	산물
거기	기기	가기		선발	신발	산발
거름	기름	가름		선수	신수	산수
거미	기미	가미		선장	신장	산장
거사	기사	가사		선정	신정	산정
거상	기상	가상		선호	신호	산호
거인	기인	가인		아첨	아침	아참
거장	기장	가장		자선	자신	자산
거지	기지	가지		저질	지질	자질
대거	대거	대가		전적	전직	전작
대처	대치	대차		정서	정시	정사
도서	도시	도사		정적	정직	정작
동서	동시	동사		주거	주기	주가
무언	무인	무안		주저	주지	주자
머리	미리	마리		증거	증기	증가
생선	생신	생산		저금	지금	자금
서거	서기	서가		저급	지급	자급
서기	시기	사기		저리	지리	자리
수선	수신	수산		저명	지명	자명
서각	시각	사각		저장	지장	자장
서식	시식	사식		저주	지주	자주
서약	시약	사약		저축	지축	자축
서원	시원	사원		전열	진열	잔열
서장	시장	사장		접기	집기	잡기

[일반 명사 중에서 'ㅓ', 'ㅏ' 차이]

우리나라 말만 그런 것이 아니다. 세계의 여러 나라에도 얼마든지 있을 것으로 생각된다. 그럼 영어에서 가장 많이 접하는 영문에서 점(·) 하나 차이로 의미가 달라지는 것을 알아보자.

284

No(아니오)	→	No.(Number, 순서, 번(番)
No Touch!(만지지 마세요)	→	No, Touch!(아니오, 만지세요)
Impure(불순한)	→	I'm pure(순수하다)
Immoral(부도덕한)	→	I'm moral(도덕적이다)
Impiety(모독)	→	I'm piety(경건하다)
Impeach(비난)	→	I'm peach(아주 좋은 사람이다)
Immodest(지만)	→	I'm modest(겸손하다)
Immature(미숙)	→	I'm mature(성숙하다)
Immobile(움직일 수 없는)	→	I'm mobile(자유롭다)
Impolite(무례한)	→	I'm polite(공손하다)
Improper(적절하지 않은)	→	I'm proper(적절하다)
Impurity(오염)	→	I'm purity(깨끗하다)
Impatient(참을성 없는)	→	I'm patient(참을성 있다)
Impartial(편파적)	→	I'm partial(공정하다)
Imbalance(불균형)	→	I'm balance(균형있다)
Impolitic(무분별)	→	I'm politic(공정하다)
Improbity(부정직)	→	I'm probity(정직하다)
Imprudent(경솔한)	→	I'm prudent(신중하다)
Impassable(건널 수 없는)	→	I'm passable(건널 수 있다)
Impalable(난해한)	→	I'm palable(감지하다)
Implacable(노여움)	→	I'm placable(온화하다)
Imevitable(피할 수 없는)	→	I'm evitable(피할 수 있다)
Impossible(불가능)	→	I'm possible(가능하다)
Impotently(무력)	→	I'm potently(강력하다)

[영어에서 점(·) 하나 차이]

우리가 살아가는 일상은 아주 사소한 일들로 채워져 있다. 하지만 아주 작은 습관 하나 (·)가 인생을 좌지우지할 수 있다. 잘 키운 습관 하나가 큰 꿈을 이루게 한다는 말이다. 대표적인 습관을 하나 권한다면 독서이다. 내 손이 닿는 곳(책상, 침대, 화장실, 가방 등)에 책을 둔다면 습관으로 자리 잡을 것이다. 바로 지금 옆에 책을 두자.

시간과 세월은 가는 것인가? 오는 것인가?

우리는 시간 속에서 살아간다. 아주 옛날에는 그냥 아침, 한낮, 밤과 같이 단순하게 생활을 했지만, 요즘에는 시간이 아주 중요하다. 아주 드물지만 어떤 일은 정해진 시간 내에 하지 못하면 영원히 못하는 경우도 있다. 그만큼 시간은 중요한 시대인 것이다.

그래서 우리는 하루하루 정해진 시간 틀 속에서 살아가고 있고 시간은 흐르고 있다고 생각한다. 그러나 특정 사건(수능 및 각종 시험일)을 놓고 보면 우리는 'D-000'과 같이 다가오고 있다고 생각한다. 특정 사건이 아니면 막연한 시간은 가고 있다고 생각한다.

그러나 내가 생각하기에 따라 시간은 가기도 하고 오기도 하는 것이다. 일반적으로 당연히 시간이 가는 것으로만 생각하기 쉽다. 따라서 세월이 간다라고만 생각하지만 온다는 말도 당연히 있다.

가령 '하루는 24시간인가?'라고 물었을 때 '네'라고 답할 것이다. 그리고 하루 24시간은 변함이 없으리라 생각한다. 그러나 그렇지 않다. 1년은 '지구가 공전 궤도를 따라 태양의 주위를 한 바퀴 도는 데 걸리는 시간'이고 하루는 '지구가 자전축을 중심으로 스스로 한 바퀴 도는 데 걸리는 시간'이다. 46억 년 전에 지구가 막 태어났을 때 하루는 4시간이었다.

그리고 시간이 점점 더 흘러서 하루가 길어질수록 시간은 점점 더 짧아졌다. 10만 년에 약 1~2초씩 늘어나서 현재 1년이 365일이고 하루는 24시간이 되었다. 그러나 3억 6천만 년 뒤에는 하루가 25시간이 되고 75억 년 뒤에는 지구가 완전히 자전을 멈추게 되고 낮과 밤의 구분인 하루라는 것이 없어진다.

	20억년 전	8억년 전	4억년 전	1억년 전	현재
1년	800일	500일	400일	375일	365일
하루	11시간	17시간	22시간	23.5시간	24시간

(출처 : 지식채널-e, 1년과 하루)

평소에 꿈꾸는 것을 계획하고 실천하는 삶을 사는 사람은 특정 시간이 오기만을 기다리고 있을 것이다. 따라서 시간과 세월이 간다라고 생각하는 사람은 평범한 사람이고, 꿈을 꾸고 이루는 날만을 손꼽으며 노력하는 사람은 시간과 세월이 오고 있다고 생각할 확률이 높다.

부록

꿈을 이루기 위해 주변에 꿈을 적는 곳

유명한 영화 '터미네이터'의 주인공인 '아널드 슈왈츠네거'는 어린 시절 세 가지 꿈 (케네디가의 여인과 결혼, LA 주지사, 영화 배우)을 자신의 집 여러 곳에 붙여 놓고 자신의 꿈을 키웠으며, '덤 앤 더머', '마스크'의 주인공 짐 캐리는 아주 가난한 무명 시절에 자신이 직접 서명하고 자신에게 지불한다는 천만달러 수표를 만들어 가졌다고 함.

자신의 꿈과 소망을 종이에 적어서 '방'의 벽이나 '수첩', '지갑' 등에 붙여 두고 기회 가 있을 때마다 보는 것이다.   - 우에니시 아키라 -

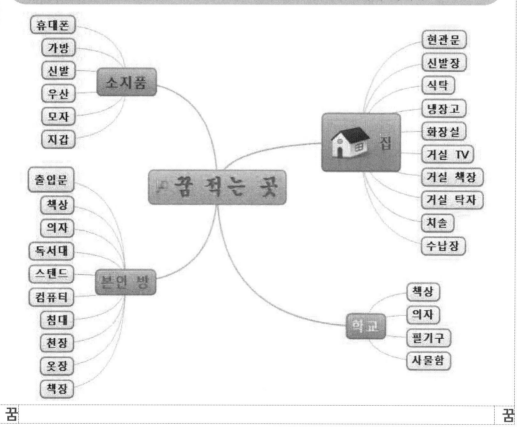

꿈을 이루기 위한 내 운명 '단어(Keyword)' 찾기

운동	달리기, 던지기, 체조, 수영, 태권도, 유도, 레슬링, 복싱, 씨름, 양궁, 사격, 사이클, 펜싱, 역도, 럭비, 배드민턴, 골프, 빙상, 스키, 요트, 조정, 카누, 승마, 볼링, 농구, 야구, 축구, 배구, 탁구, 테니스, 펜싱, 핸드볼, 서핑, 스키, 스케이트, 컬링, 자전거, 당구, 낚시, 클라이밍, 등산, 캠핑, 스킨스쿠버, 요가, 댄스, 등산, 바둑, 장기, 체스
요리	밥, 죽, 떡, 국수, 만두, 비빔밥, 수제비, 떡국, 라면, 냉면, 찌개, 찜, 조림, 생선구이, 계란, 채소, 김치, 갈비, 해산물, 짜장면, 짬뽕, 탕수육, 피자, 파스타, 통닭, 해물요리, 장, 파전, 떡볶이, 순대, 젓갈, 빵, 죽, 전골, 나물, 회, 한과, 화채, 부각
가전제품	TV, 냉장고, 세탁기, 다리미, 드라이어, 밥솥, 오븐, 토스터, 에어포트, 그릴, 믹스기, 전자레인지, 세척기, 에어컨, 청소기, 선풍기, 난방용품, AI 스피커, 컴퓨터, 프린트, 스캐너, 홈 시어터
차량	오토바이, 자동차, 트럭, 레저카, 스포츠카, 봉고차, 캠핑카, 유조차, 시멘트차, 소방차, 경찰차, 군용차, 엠블란스, 레카차
수집	텀블러, 라이터, 악기, 우표, 화폐, 수석, 레고, 분재, 원예, 수조, 곤충, 무선 모형, 인형, 프라모델, 피규어, 음반, CD, 영화 포스터
게임	온라인, 모바일, 보드, 미니어쳐, 콘솔
곡식	쌀, 보리, 벼, 밀, 조, 수수, 콩, 팥, 옥수수
채소	상추, 배추, 쑥갓, 양배추, 갓, 시금치, 셀러리, 파슬리, 양상추, 머위, 두릅, 죽순, 아스파라거스, 양파, 마늘, 토마토, 가지, 딸기, 참외, 수박, 고추, 피망, 오이, 멜론, 박, 호박, 수세미 외, 완두, 강낭콩, 녹두, 무, 당근, 감자, 우엉, 연근, 도라지, 고구마, 마, 생강
과일	감, 귤, 배, 사과, 오렌지, 자몽, 바나나, 파인애플, 아보카도, 키위, 토마토, 참외, 수박, 대추, 매실, 복숭아, 살구, 앵두, 자두, 딸기, 망고, 무화과, 땅콩, 밤, 아몬드, 잣, 호두
꽃	해바라기, 바람꽃, 장미, 백일홍, 어리연, 금잔화, 베고니아, 메리골드, 게발선인장, 절굿대, 나팔꽃, 초롱꽃, 복수초, 원추리, 쑥부쟁이, 무궁화, 노루귀, 칼랑코에, 데이지, 수선화, 팬지, 히아신스, 삿갓나물, 개감수, 앵초, 금불초, 남산제비꽃, 개별꽃, 별노랑이, 과꽃
허브	라벤더, 페퍼민트, 로즈마리, 캐모마일, 재스민, 시계초, 보리지, 클라리세이지, 아니카, 스파티움
생선	가다랑어, 가오리, 가자미, 갈치, 감성돔, 고등어, 고래, 광어, 까나리, 꼼장어, 꽁치, 날치, 놀래미, 농어, 대구, 도다리, 도루묵, 도미(돔), 돌돔, 만새기, 망상어, 메기, 멸치, 명태, 물메기, 미꾸라지, 민어, 방어, 배스, 뱅어, 보리멸, 복어, 볼락, 붕어, 붕장어, 빙어, 송어, 숭어, 쏘가리, 쏨뱅이, 아귀, 연어, 우럭, 은어, 잉어, 장어, 전어, 정어리, 조기, 준치, 쥐치, 참돔, 참치(다랑어), 청새치, 향어, 홍어
악기	트럼펫, 트롬본, 가야금, 거문고, 하프, 피아노, 오르간, 기타, 드럼, 피리, 대금, 소금, 장구, 아쟁, 꽹과리, 북, 오카리나, 심벌즈, 팀파니, 탬버린, 호른, 플루트, 비올라, 첼로, 클라리넷, 오보에, 더블베이스, 바이올린, 바순, 튜바
음악	국악 가수, 대중 가요 가수, 팝 가수, 래퍼, 오페라 가수, 지휘자, 작곡가, 작사가, 보컬, 음반 제작자, 기획사, 매니저
뷰티	스킨케어, 클렌징, 필링, 메이크업, 향수, 남성화장품, 네일, 로드샵, 더모코스메틱, 헤어, 바디용품
생활용품	헤어, 바디, 세안, 화장지, 티슈, 생리대, 구강, 면도, 탈취, 방향, 살충, 세탁세제, 청소, 세탁, 욕실, 생활전기, 수납, 생활잡화, 공구, 철물, 친환경, 안전, 건강, 의료, 성인
IT	프로그래밍, 네트워킹, 보안, 디자인, 앱, 3D, 빅데이터, 인공지능, 로봇, 메모리, 반도체, 메타버스

※ 몇 가지 사례만 나열한 것이며, 찾는 단어가 없으면 어떤 것과도 융합해도 됨

꿈을 이루는 데 도움이 되는 '심리적 현상(現想)'들

피그말리온 효과
(Pygmalion Effect)

▶ 누군가에 대한 사람들의 믿음이나 기대, 예측이 그 대상에게 그대로 실현되는 경향

플레시보 효과(Placebo Effect)

▶ 생물학적으로 아무런 효과가 없는 물질이지만, 효과가 있다고 믿으면 실제 효과가 나타난다는 효과

떠벌림 효과(Profess Effect)

▶ 조건부 계약 또는 공개 표방 자신이 달성하고자 공개 표방해 책임감을 가지고 더 잘 지키는 효과

바넘 효과(Barnum Effect)

▶ 어떤 일반적인 점괘가 마치 자신을 묘사하는 것이라고 받아들이는 현상.

호손 효과(Hawthorne Effect)

▶ 여럿이 함께 일하면 생산성이 올라가는 사회적 촉진 현상. 누군가 관심을 가지고 지켜볼 때 생산성이 향상되는 현상

샐리의 법칙(Sally's Law)

▶ 머피의 법칙 정반대 개념. 우연히 자신에게 유리한 일만 거듭 해서 일어나는(좋은 일만 계속 일어나는) 경우

자성예언 효과
(Self-fulfilling prophecy)

▶ 자기 암시를 통해 신념을 행동과 일치시킴으로써 그것이 현실로 나타날 수 있다는 것

로젠탈 효과(Rosenthal Effect)

▶ 교사가 학생에게 거는 기대가 실제로 학생의 성적 향상에 효과를 미침 긍정적 믿음이 성과 향상에 실질적 기여

꿈을 이루는 데 도움이 되는 '행운의 주문(呪文)'들

아브라카다브라(Abracadabra)

▶ 희망과 꿈이 있는 사람에게
분명 그 꿈을 이루어주는 주문.
'말 한대로 이루어지리라'

카스트로폴로스(CastorPollux)

▶ 행복을 부르는 주문.
행복해지기를 바라는 누구에게나
혹은 상대방에게 전하는 짧은 주문.

루프리텔캄(Roopretelcham)

▶ 모든 것을 이루어지게 하는 주문

마크툽(Maktoob)

▶ 신의 뜻대로 신의 생각대로.
어차피 그렇게 될 것이다. 노력과
열성이면 모든 것을 이룰 수 있다.

세렌디피티(Serendipity)

▶ 우연을 붙잡아 행운으로 바꾸는 힘,
생각지 못한 귀한 것을 우연히
발견하는 능력.

하쿠나 마타타 폴레 폴레
(Hakunamatata pole pole)

▶ 괜찮아, 걱정 마. 다 잘 될 거야.

오블리비아테(Obliviate)

▶ 상대방의 기억을 수정하는 주문.
좋은 기억만을 남겨 두고 나쁜
기억은 지울 수 있다

히투마드리수투만
(Hitmadurisuetoman)

▶ 미얀마 고대 주문.
생명의 어머니의 힘으로 생명을
보호해주는 주문

꿈을 이루는 데 도움이 되는 '한 줄 명언'

❖ 오랫동안 꿈을 그리는 사람은 마침내 그 꿈을 닮아간다.   - 앙드레 말로
❖ 사람은 꿈이 후회로 바뀔 때 비로소 늙는다.   - 존 배리모어
❖ 실패하라. 또 실패하라. 더 잘 실패하라.   - 사무엘 베게트
❖ 오늘 죽을 것처럼 행동하고 영원히 살 것처럼 배워라.   - 간디
❖ 자기 일에 미치지 않은 사람이 성공한 예를 보지 못했다.   - 앤드류 카네기
❖ 기록할수록 목표는 분명해진다.   - 야야 헤릅스트
❖ 꿈을 꾸고, 그것을 마음속으로 생생하게 그려보라.   - 스티븐 스콧
❖ 자신이 가장 절실히 원하는 것, 바로 그것을 상상하라.   - 패기 맥콜
❖ 목표를 설정하고 매일 그것을 달성한 것처럼 읽어라.   - 스펜서 존슨
❖ 미래는 자신의 꿈이 아름답다고 믿는 사람들의 것이다.   - 존 데이비슨 록펠러
❖ 꿈꿀 수 있다면 이룰 수 있다. 한계는 당신 자신 안에 있다.   - 브라이언 트레이시
❖ 어떠한 상상을 하든, 무엇을 믿든, 사람은 그것을 이룰 수 있다.   - 나폴레온 힐
❖ 신의 혼돈이 있은 후에는 언제나 신의 은총이 온다.   - 데지레 마린
❖ 어느 누구도 당신의 허락 없이는 당신을 초라하게 만들지 못한다.   - 루스벨트
❖ 인생은 목표한 꿈만큼만 이루어지는 정직한 거울   - 엘리어트 조
❖ 실패한 자가 패배하는 것이 아니라 포기한 자가 패배하는 것이다.   - 피델로니
❖ 작은 도끼라도 찍고 찍으면 큰 참나무는 넘어진다.   - 세익스피어
❖ 가장 중요한 것은 당장 자리에서 일어나서 무엇인가를 하는 것이다. - 놀란 부쉬넬
❖ 아무도 자신을 믿지 않을 때도 자기 자신을 믿는 것이다.   - 슈거레이 로빈슨
❖ 나는 내 운명의 주인이요. 나는 내 마음의 선장이다.   - 윌리암 어네스트 헨리
❖ 사막이 아름다운 것은 어딘가에 샘이 숨겨져 있기 때문이다.   - 생텍쥐베리
❖ 이기는 것이 중요한 것이 아니다. 어떻게 노력하는가가 문제이다.   - 쿠베르땅
❖ 목적없이 존재하는 것은 아무것도 없다.   - 보들레르
❖ 절대로 고개를 떨구지 말라. 고개를 치켜들고 세상을 똑바로 바라보라. - 헬렌 켈러
❖ 우리 인생은 우리의 생각에 의해 만들어진다.   - 마르쿠스 아우렐리우스
❖ 한 번도 상처받지 않은 것처럼 사랑하라.   - 마크 트웨인
❖ 포기해야겠다는 생각이 들 때야말로 성공에 가까워진 때이다.   - 밥 파슨스
❖ 모든 위대한 사업에도 최초에는 불가능한 일이라고 했던 것들이다.   - 카알라일

무언가를 살 수 있는 '돈'과 무언가를 할 수 있는 '꿈'

1. 돈으로 사람(person)을 부린다면, 꿈은 그 사람의 마음(spirit)을 산다.

2. 돈으로 호화로운 집(house)을 산(buy)다면, 꿈은 행복한 가정(home)에서 산(live)다.

3. 돈으로 최고로 좋은 침대(bed)를 산다면, 꿈은 최상의 달콤한 잠(sleep)은 잘 수 있다.

4. 돈으로 시계(clock)를 산다면, 꿈은 흐르는 시간(time)은 제어할 수 있다.

5. 돈으로 책(book)를 산다면, 꿈은 삶의 지혜(wisdom)는 가질 수 있다.

6. 돈으로 지위(position)를 산다면, 꿈은 가슴에서 우러나오는 존경(respect)은 가질 수 있다.

7. 돈으로 좋은 약(medicine)을 산다면, 꿈은 평생 건강(health)함을 느낄 수 있다.

8. 돈으로 피(blood)를 산다면, 꿈은 영원한 생명(life)은 누릴 수 있다.

9. 돈으로 쾌락(pleasure)을 산다면, 꿈은 마음속 깊은 곳의 기쁨(delight)을 누릴 수 있다.

10. 돈으로 화려한 옷(clothes)을 산다면, 꿈은 내면에서 우러난 참된 아름다움 (beauty)을 지닐 수 있다.

11. 돈으로 사치(luxury)를 꾸린다면, 꿈은 전통어린 문화(culture)를 만들 수 있다.

12. 돈으로 고급품(articles goods)을 산다면, 꿈은 아늑한 평안(peace)을 가질 수 있다.

13. 돈으로 미(beauty)를 꾸민다면, 꿈은 정신적인 평화로움(stability)은 느낄 수 있다.

14. 돈으로 성대한 장례식(funeral)을 치룬다면, 꿈은 행복한 죽음(glorious death)은 맞이할 수 있다.

15. 돈은 일상 생활에 절대 필요하고 편리한 수단이지만, 꿈은 인생의 목적이다.

16. 돈은 인간에게 꼭 필요한 것이다. 그러나 돈만 가지고는 인생에서 가장 가치있고 진정으로 만족스러운 것을 살 수 없으며, 꿈이야말로 모든 것을 이루는 가장 의미있는 행동이다.

     - 진정한 행복은 물질이 아니라 마음에서 온다. Peter Lives -

꿈(Dream) 사전(事典)

꿈 가면 - 꿈을 이루어진 모습을 미리 만들어 쓰는 가면

꿈 가방 - 꿈을 이루어 가는데 사용하는 가방

꿈 관점 - 꿈이 잘 이루어지는 사고방식으로 생각하는 것

꿈 거울 - 꿈을 이룬 모습을 상상할 때 사용하는 거울

꿈길 - 학생들의 꿈을 이루기 위해 교육부에서 만든 진로체험 전산망

꿈 깃발 - 깃발에 적어 꿈을 잘 이루어지게 하는 것

꿈 나무 - 꿈을 향해 힘차게 나아가고 있는 사람

꿈 나이 - 꿈을 이루기 위해 노력한 만큼의 나이(햇수)

꿈 노다지 - 꿈을 이루기 위해 아주 좋은 분야 또는 장소

꿈 담금질 - 꿈을 이루기 위해 갈고 닦는 노력들

꿈 독서대 - 독서대에 꿈을 적어 잘 이루어지게 하는 것

꿈 마중물 - 꿈을 이루는데 작은 밑거름이 되는 여러 행동

꿈맹 - 꿈을 모르거나 없는 사람

꿈 메아리 - 꿈을 소리 질러서 자신이 다시 듣는 것

꿈 명패 - 명패에 꿈을 새겨 잘 이루어지게 하는 것

꿈 명함 - 명함에 꿈을 적어 잘 이루어지게 하는 것

꿈 모자 - 모자에 꿈을 적어 잘 이루어지게 하는 것

꿈 바라기 - 꿈을 이루기 위해 늘 고민하고 실천하는 것

꿈 벗 - 꿈을 이루기 위해 함께하는 친구

꿈 벽지 - 벽지에 꿈을 적어 잘 이루어지게 하는 것

꿈 부채 - 부채에 꿈을 적어 잘 이루어지게 하는 것

꿈 사물함 - 사물함에 꿈을 적어 잘 이루어지게 하는 것

꿈 선언문 - 꿈을 선언문으로 만들어 잘 이루어지게 하는 것

꿈 수저 - 부모로부터 꿈을 이루어가는 방법을 물려받는 것

꿈 수첩 - 수첩에 꿈을 새겨 잘 이루어지게 하는 것

꿈 습관 달력 - 꿈을 이루는 습관을 달력으로 만드는 것

꿈 시계 - 시계에 꿈을 적어 잘 이루어지게 하는 것

꿈 신문 - 꿈을 신문으로 만들어 잘 이루어지게 하는 것

꿈 안경 - 안경이 꿈을 잘 이루어지도록 역할을 하는 것

꿈 **액자** - 액자에 꿈을 적어 잘 이루어지게 하는 것

꿈 **오뚜기** - 꿈을 이루는 과정에 실패해도 꿋꿋이 일어나는 사람

꿈(드림) 원정대 - 꿈을 이루기 위해 모인 조직된 무리

꿈 **여행** - 꿈을 이루기 위해 떠나는 여행

꿈 **인터뷰** - 꿈을 이루었다고 생각하고 이루어지는 인터뷰

꿈 **의자** - 의자에 꿈을 적어 잘 이루어지게 하는 것

꿈 **주간** - 꿈을 이루기 위해 집중적으로 고민하고 실천하는 주간

꿈 **책갈피** - 책갈피에 꿈을 적어 잘 이루어지게 하는 것

꿈 **책상** - 책상에 꿈을 적어 꿈이 잘 이루어지게 하는 것

꿈친 - 꿈을 함께 꾸는 친구

꿈 **침대** - 침대에 꿈을 적어 꿈이 잘 이루어지게 하는 것

꿈 **코칭** - 꿈을 이루기 위해 코치를 받거나 하는 것

꿈 **타령** - 꿈을 이루기 위해 주변에 꿈을 이야기하고 다니는 것

꿈 **통장** - 꿈이 조금씩 이루어지는 것을 적어두는 통장

꿈틀 - 꿈을 담는 틀 또는 꿈을 이루기 위해 노력하는 모습

꿈 **하이파이브** - 꿈을 손바닥에 적어 서로 파이팅하는 것

꿈 **헹가래** - 꿈이 이루어졌을 때 주변에서 번쩍 들어 올려주는 행동

꿈 **현수막** - 현수막에 꿈을 적어 잘 이루어지게 하는 것

꿈 **회견장** - 꿈을 이루어 사람들에게 회견하는 장소(예, 우승 등)

Dream **Archive(드림 아카이브)** - 꿈을 이루어가는 이력들의 디지털 자료들

Dream **Avatar(드림 아바타)** - 꿈이 이루어진 모습의 온라인 캐릭터

Dream **Agitpunkt(드림 아지트)** - 꿈이 이루기 위한 최적의 공간

Dream **Aura(드림 아우라)** - 꿈을 이루어가는 독특한 품위나 품격

Dream **Badge(드림 배지)** - 꿈을 배지로 만들어 잘 이루어지게 하는 것

Dream **Bank(드림 뱅크)** - 꿈을 꿀 수 있게 하는 다양한 재능을 가짐

Dream **Book(드림 북)** - 꿈을 이루는 데 결정적인 역할을 하는 책

Dream **Bromide(드림 브로마이드)** - 꿈을 이루었을 때의 자기 모습을 만든 것

Dream **Button(드림 버튼)** - 꿈을 버튼으로 만들어 잘 이루도록 하는 것

Dream **Buffet(드림 뷔페)** - 여러 꿈을 전부 펼쳐 놓고 마음껏 고르는 것

Dream **Camp(드림 캠프)** - 여러 명의 꿈을 응원하기 위해 열리는 행사

Dream **Career(드림 커리어)** - 꿈의 작은 경력들을 차곡차곡 쌓는 것

Dream Carpet(드림 카페트) - 카페트에 꿈을 적어 잘 이루도록 하는 것

Dream Casting(드림 캐스팅) - 꿈을 이루기 위한 자리에 진입하는 것

Dream Ceremony(드림 세러머니) - 크고 작은 꿈을 이룰 때 하는 행동

Dream Classroom(드림 클래스룸) - 꿈을 꾸는 학급

Dream Clinic(드림 크리닉) - 꿈이 시름시름 시들어 갈 때 다시 살려주는 곳

Dream CPR(드림 심폐소생술) - 꿈이 시들어갈 때 제대로 살리는 행동

Dream Creator(드림 크리에이터) - 이전에 누구도 가지 않은 새로운 개척자

Dream Cup(드림 컵) - 컵에 꿈을 적어 잘 이루도록 하는 것

Dream Curtain(드림 커튼) - 커튼에 꿈을 적어 잘 이루도록 하는 것

Dream Day(드림 데이) - 크고 작은 꿈이 이루어진 날

Dream Designer(드림 디자이너) - 타인의 꿈을 설계해주는 전문가

Dream Devide(드림 디바이드) - 꿈이 있고 없고의 차이

Dream Diary(드림 다이어리) - 꿈을 이루어가는 기록장

Dream DNA(드림 DNA) - 꿈을 이루는데 최적화된 유전자를 가진 사람

Dream Flash mob(드림 플래시몹) - 꿈을 이루도록 하는 여러 행동

Dream Galashow(드림 갈라쇼) - 꿈을 이룬 뒤 열리는 큰 축하 무대

Dream Game(드림 게임) - 꿈을 게임 하듯이 이루어가는 현상

Dream Hi-Five(드림 하이파이브) - 서로의 꿈이 응원하기 위해 손뼉을 마주침

Dream House(드림 하우스) - 꿈을 이루어 주는데 도움을 주는 집

Dream Hug(드림 허그) - 서로의 꿈이 이루어지기를 바라면서 하는 포옹

Dream Icon(드림 아이콘) - 어떤 분야에 최고인 사람(예, BTS)

Dream Interview(드림 인터뷰) - 꿈을 이룬 사람을 만나 본보기로 삼는 일

Dream Landmark(드림 랜드마크) - 꿈을 이룬 사람들의 대표 성지

Dream Letter(드림 레터) - 학생들의 꿈을 응원하기 위한 교육부 진로소식지

Dream MASR(드림 MASR) - 꿈이 무럭무럭 익어가는 소리

Dream Magic(드림 매직) - 최선의 다한 꿈이 마법처럼 이루어지는 것

Dream Mandal-Art(드림 만다라트) - 꿈을 만다라트로 만드는 것

Dream Mania(드림 마니아) - 오로지 자기의 꿈에 최선을 다하는 사람

Dream Mentor(드림 멘토) - 꿈을 이루는 데 도움을 주는 사람

Dream Mindmap(드림 마인드맵) - 꿈을 마인드맵으로 만드는 것

Dream Mini Book(드림 미니 북) - 꿈을 미니 북으로 만드는 것

Dream Mobile(드림 모빌) - 꿈을 모빌로 만들어 잘 이루어지도록 하는 것

Dream Model(드림 모델) - 롤모델과 같이 자기의 꿈을 위해 본받는 사람

Dream Movie(드림 영화) - 꿈을 이루는 데 결정적인 역할을 하는 영화

Dream Music(드림 뮤직) - 꿈을 이루는 데 결정적인 역할을 하는 음악

Dream Nomad(드림 노마드) - 꿈이 시대의 변화에 따라 변하는 것

Dream Note(드림 노트) - 꿈을 이루기 위해 사용하는 노트

Dream Oasis(드림 오아시스) - 꿈을 이루기 위해 최적의 환경

Dream Pen(드림 펜) - 꿈을 이루기 위해 사용하는 펜

Dream Performance(드림 퍼포먼스) - 꿈을 다른 사람들에게 보여주는 행위

Dream Place(드림 플레이스) - 꿈을 이루기 위한 최적의 장소

Dream Recipe(드림 레시피) - 꿈을 이루기 위한 다양한 꿈 요리법

Dream Repertory(드림 레퍼토리) - 꿈을 이루는데 필요한 여러 재능들

Dream Road(드림 로드) - 꿈을 이루기 위해 가는 길

Dream Road map(드림 로드맵) - 꿈을 이루기 위한 전체 일정을 만드는 일

Dream School(드림 스쿨) - 꿈을 이루기 위해 다니는 학교

Dream Seed Money(드림 시드머니) - 꿈을 이루는데 필요한 종잣돈(필요한 돈)

Dream Shoes(드림 슈즈) - 꿈이 이루는데 도움을 주는 신발

Dream Shouting(드림 샤우팅) - 꿈이 이루어져 내지르는 소리

Dream Shower(드림 샤워) - 꿈들로 온몸을 휘감는 것

Dream Signnature(드림 시그니처) - 꿈을 이루는 정황들이 서서히 나타나는 것

Dream Smartphone(드림 스마트폰) - 꿈을 이루는데 사용하는 스마트폰

Dream Song(드림 쏭) - 꿈을 이루는 데 결정적인 역할을 하는 노래

Dream Speech(드림 스피치) - 꿈을 이루는 과정을 이야기하는 것

Dream Stand(드림 스탠드) - 스탠드에 꿈을 적어서 꿈과 불을 밝힘

Dream Studio(드림 스튜디어) - 꿈을 이루기 위한 작업실(방송실)

Dream Tablet(드림 테블릿) - 꿈을 이루는데 사용하는 테블릿

Dream Time(드림 타임) - 온전히 꿈을 이루는데 사용하는 시간

Dream Therapy(드림 테라피) - 꿈이 잘 이루어지지 않을 때 치료요법

Dream Virus(드림 바이러스) - 꿈을 다른 사람에게 전하는 것

Dream Wanna be(드림 워너비) - 먼저 꿈을 이룬 사람을 본받는 것

Dream Zone(드림 존) - 꿈이 이루어지도록 도와주는 구역

꿈 수식(數式)

꿈	+	꿈	=	새로운 꿈을 더하다
꿈	-	꿈	=	너무 많은 꿈에서 사소한 꿈을 빼다
꿈	÷	꿈	=	서로 꿈을 나누기
꿈	×	꿈	=	새로운 꿈을 거듭하여 꾸다

꿈! = 꿈꿈꿈꿈꿈꿈꿈꿈꿈꿈꿈꿈꿈⋯		매일 매일 작은 꿈들을 거듭하여 꾸다

$\sqrt{꿈}$	=	꿈의 뿌리	자신의 재능을 찾다

$\displaystyle\int_{초1}^{고3} 꿈$	=	꿈의 여정	초등학생 때부터 꿈을 쌓아가다

$\displaystyle\sum_{i=초1}^{고3} i꿈(아이의\ 꿈)$	=	초 1 꿈 + 초 2 꿈 + ••• + 고 3 꿈
	=	학창 시절의 꿈을 더해 가다

(재미로 보는) 어디서 잘못되었을까요?

		꿈	=	안 망함			
+	안	꿈	=	망함			
꿈	+	안 꿈	=	안 망함	+	망함	
꿈 (1 + 안)			=	망함 (안 + 1)			양변에 (1+안)으로 나눔
		꿈	=	망함			

꿈 십자말

꿈	은	이	루	어	진	다	음	꿈
틀	림	없	는	실	천	우	적	꾸
꿈	가	치	관	검	사	공	성	는
틀	칠	전	팔	기	마	이	과	시
상	상	초	월	꿈	부	산	흥	간
상	결	성	공	과	작	전	미	행
이	자	숙	명	끼	침	환	희	복
상	해	도	시	부	노	력	망	한
꿈	지	금	부	터	보	랏	빛	꿈

Dream Diary(四子成語, 사자성어)

일	월	화	수	목	금	토
꿈꾸는 달	1 磨斧作針 (마부작침)	2 七顚八起 (칠전팔기)	3 有志竟成 (유지경성)	4 他山之石 (타산지석)	5 苦盡甘來 (고진감래)	6 無汗不成 (무한불성)
7 初志一貫 (초지일관)	8 勤者必成 (근자필성)	9 鵬夢蟻生 (붕몽의생)	10 大志遠望 (대지원망)	11 一日三省 (일일삼성)	12 人一己百 (인일기백)	13 一刻千金 (일각천금)
14 川流不息 (천류불식)	15 寸陰是競 (촌음시경)	16 自勝子强 (자승자강)	17 浩然之氣 (호연지기)	18 至誠感天 (지성감천)	19 根深枝茂 (근심지무)	20 大道無門 (대도무문)
21 愚公移山 (우공이산)	22 一心萬能 (일심만능)	23 十能百達 (십능백달)	24 磨斧作針 (마부작침)	25 一念通天 (일념통천)	26 言行一致 (언행일치)	27 全心全力 (전심전력)
28 孤軍奮鬪 (고군분투)	29 全力投球 (전력투구)	30 螢雪之功 (형설지공)				

우리는 꿈을 꾸고
그 꿈은 우리를 다시 꿈꾸게 한다.

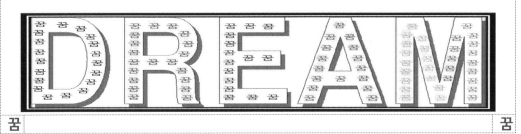

참고 자료

고영성·신영준,『완벽한 공부법』, 로크미디어, 2017, PP 28~29

김충만,『딴 짓의 힘』, 프리윌, 2017

이지성,『꿈꾸는 다락방』, 국일미디어, 2007

전파견문록(MBC TV)

지식채널-e, 1년과 하루

꿈길(https://www.ggoomgil.go.kr/)